Führung auf Distanz

Dorothea Herrmann • Knut Hüneke
Andrea Rohrberg

Führung auf Distanz

Mit virtuellen Teams zum Erfolg

2. Auflage

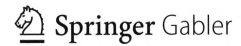

Dorothea Herrmann
Essen, Deutschland

Andrea Rohrberg
Petershagen (b. Berlin), Deutschland

Knut Hüneke
Olching, Deutschland

ISBN 978-3-8349-3005-7   ISBN 978-3-8349-3711-7 (eBook)
DOI 10.1007/978-3-8349-3711-7

Die Deutsche Nationalbibliothek verzeichnet diese Publikation in der Deutschen Nationalbibliografie; detaillierte bibliografische Daten sind im Internet über http://dnb.d-nb.de abrufbar.

Springer Gabler
© Gabler Verlag | Springer Fachmedien Wiesbaden 2006, 2012

Lektorat: Ulrike M. Vetter
Einbandentwurf: KunkelLopka GmbH, Heidelberg

Gedruckt auf säurefreiem und chlorfrei gebleichtem Papier

Springer Gabler ist eine Marke von Springer DE.
Springer DE ist Teil der Fachverlagsgruppe Springer Science+Business Media
www.springer-gabler.de

Geleitwort

Als die Autor/innen mich fragten, ob ich das Geleitwort zu diesem Buch schreiben würde, gingen meine Gedanken natürlich zurück zu unseren eigenen Anfängen mit virtueller Kooperation.

Das Thema „Virtuelle Kooperation" wurde für mich 2000 aktuell, als nach einer Umstrukturierung die Unternehmenskommunikation nicht mehr zentral in Ludwigshafen angesiedelt war, sondern mit der neuen Matrixorganisation nun die Kommunikationsexpert/innen über die ganze Welt verteilt waren.

Damit stellte sich die Frage, wie wir denn nun „in aller Welt" zusammen arbeiten konnten. Was fördert die Zusammenarbeit und den Zusammenhalt unter uns?

Auch wurde unser Abstimmungsbedarf mit der weltweiten Verteilung größer. Ganz zentral war die Frage: Wie können wir sicherstellen, dass unsere Qualitätsstandards weltweit, wo immer BASF tätig ist, eingehalten werden?

Ich habe mich damals intensiv damit auseinandergesetzt, wie virtuelle Kooperation aufzubauen und zu gestalten ist. Aus der Erfahrung der vergangenen 5 Jahre halte ich einige Punkte für besonders wichtig für die weltweite virtuelle Kooperation:

Netzwerken: Der Beziehungsaufbau ist noch wichtiger als in der lokalen Kooperation. Sich in größeren Abständen, aber möglichst regelmäßig zu sehen, ist ein wichtiges Bindeglied für ein virtuelles Team. So können auch neue Kolleg/innen gut integriert werden. Bei unseren jährlichen Treffen pflegen wir auch bewusst die persönliche Ebene. Es geht dabei gar nicht gezielt um private Kontakte, aber es braucht auch Luft und Zeit für beruflichen Austausch unter Kolleg/innen, also Freiraum für Netzwerkbildung. Damit wird dann auch die berufliche Kooperation über das Jahr einfacher, Konflikte werden leichter lösbar, weil man sich besser gegenseitig einschätzen kann.

Interkulturelle Sensibilität: Durch die Dezentralisierung und Internationalisierung wird der respektvolle, interessierte Umgang mit dem Fremden, dem Andersartigen und Neuen besonders wichtig. Auch dabei hilft natürlich, dass wir uns einmal im Jahr persönlich begegnen.

Technik: „High Tech" ist nicht notwendig, um gut zu kooperieren. Wir nutzen selbst vor allem Mails und Telefonkonferenzen, seltener Videokonferenzen. Von der Technik darf man sich auf keinen Fall abschrecken lassen, man kann sie nach und nach aufbauen.

Ermutigung der weltweit verteilten Führungskräfte: Die Führungskräfte müssen ihren räumlich verteilten Teammitgliedern vermitteln, dass Eigenverantwortlichkeit, bessere Strukturierung, Vertrauen und Sensibilität füreinander wichtige Säulen erfolgreicher virtueller Zusammenarbeit sind – und sie müssen es ihnen vorleben. Darin unterstützen wir sie als Communication Leadership Team, indem wir diese Fragen zu Themen der internationalen Präsenztreffen machen und so deren Wichtigkeit hervorheben.

Durch den bewussten Einsatz von Methoden virtueller Kooperation konnten wir die neue Situation im Konzern gut gestalten, sie produktiv nutzen – und es funktioniert erfolgreich!

Die Internationalisierung verlangt virtuelle Kooperation, das ist strategisch absolut notwendig. Nur so können Zeit und Kosten der Zusammenarbeit im Rahmen bleiben und kurzfristig Entscheidungen getroffen werden, die dann eine in sich abgestimmte internationale Entwicklung ermöglichen.

Als Führungskraft muss man sich immer vergegenwärtigen, dass ein virtuelles Team kein normales Team ist, dass das Führen sich verändert. Die Führungsstruktur ist bei weltweiter virtueller Kooperation komplexer, der konkrete Führungsprozess vielschichtiger und unwägbarer, dem muss man sich stellen.

Die Autor/innen geben in diesem Buch Einblick in den Alltag virtueller Teamleitung. Sie haben aus ihrer Beratungserfahrung einen reichen Fundus an Leitlinien, konkreten Tipps und Beispielen aus der Unternehmenspraxis zusammengestellt, die Ihnen dabei helfen können, diese komplexe Herausforderung zu meistern.

Ich wünsche Ihnen viele Anregungen und vielfältige Unterstützung für die Leitung Ihres virtuellen Teams!

Jutta Rösl

Corporate Brand Management

BASF

Vorwort zur zweiten Auflage

Sechs Jahre nach Erscheinen der ersten Auflage freuen wir uns, nun die zweite Auflage veröffentlichen zu können.

Dass die technologische Entwicklung auf jeden Fall eine Aktualisierung des Kapitels „Medien als Brücke für die Kommunikation im virtuellen Team" erfordern würde, war für uns selbstverständlich. Hier hat sich in den Jahren seit der ersten Auflage enorm viel verändert: Die Grenzen zwischen Nutzen und Produzieren von Inhalten verwischen, die Webanbindung ist breiter und vor allem: mobil verfügbar. Kommunikation und Kooperation auf Distanz werden damit leichter, vielfältiger und tendenziell hierarchieärmer. In den Unternehmen ist überdies die Generation derjenigen angekommen, die völlig selbstverständlich mit Computern, Mobiltelefonen und anderen digitalen Medien aufgewachsen sind.

Auch bei der Neuauflage haben wir uns allerdings auf die Kooperation auf Distanz konzentriert und der Versuchung widerstanden, alle anderen Möglichkeiten der neuen Web-2.0-Medien (z. B. im Marketing oder im Customer Relationship Management) mit aufzuzeigen.

Die Grundlagen und Handlungsleitlinien zum „Führen auf Distanz" haben sich dagegen in den letzten Jahren wenig geändert. Welche Handlungsmöglichkeiten sich für Teamleitungen räumlich verteilter Teams ergeben, welche Sensibilität für eingeschränkte Wahrnehmung und Medieneffekte zu entwickeln ist, welche Instrumente das Führen auf Distanz erleichtern, all das gilt in gewissem Maße unabhängig von der jeweils genutzten Technologie.

Trotzdem haben wir, einmal am Werk, auch die übrigen Kapitel einer kritischen Sicht unterzogen, einige (Kap. 5, 6.4 und 9) deutlich verändert und ansonsten quer durch das Buch eine Reihe kleinerer redaktioneller Änderungen vorgenommen, die – hoffentlich – der Verständlichkeit und dem Lesefluss dienlich sind.

Dorothea Herrmann   Knut Hüneke   Andrea Rohrberg

Danke

sagen wir all denen, die uns auf dem Weg von der Buchidee bis zum fertigen Text begleitet haben: Matthias Rohs, Evamaria Bohle, Tilman Weiss und Juliane Bier für viele Anregungen und kritische Hinweise aus fachlicher Sicht, Bärbel Philipp (textperlen, München), die uns als Lektorin half, Schneisen in die Materialfülle zu schlagen, und Wilfried Sauter, der beharrlich dafür sorgte, dass der Text an Verständlichkeit gewann.

Ein besonderer Dank gilt allen Interviewpartner/innen aus den Unternehmen, die trotz knapper Zeit gern bereit waren, Einblick in ihren Arbeitsalltag zu gewähren, und damit die Inhalte dieses Buches auf vielfältige Weise lebendig machen.

Auch unsere Kunden und Seminarteilnehmer/innen haben entscheidend zu diesem Buch beigetragen. Ihre Erfahrungen und vor allem ihre Fragen haben in den letzten Jahren mit dafür gesorgt, dass unser Erfahrungsschatz und unser Fundus zur Unterstützung virtueller Teamleitung beständig gewachsen sind.

Danke auch an den Gabler Verlag und unsere Lektorin, Frau Ulrike M. Vetter, die uns einen großen Vertrauensvorschuss entgegenbrachte, breiten Gestaltungsspielraum einräumte und andererseits Orientierung und Hilfestellung gab, wo immer diese nötig war.

Dieses Buch ist in virtueller Kooperation entstanden – wir freuen uns als Autor/innenteam, auch damit belegt zu haben, wie viel produktive Kraft die Kooperation auf Distanz entfalten kann.

Da die Entfaltung dieser produktiven Kraft neben dem normalen beruflichen Alltag allerdings eine durchaus zeitraubende Angelegenheit darstellte, gilt ein großer Dank unseren „lokalen Teams", unseren Familien, die in der Zeit der Bucherstellung und -überarbeitung nicht nur unsere Versorgung sicher stellten, sondern auch auf viele gemeinsame Abende und Wochenenden, Kinobesuche, Konzerte und Fahrradtouren verzichtet haben.

Dorothea Herrmann   Knut Hüneke   Andrea Rohrberg

Inhalt

Abbildungen

Checklisten und Arbeitshilfen

1.   Einführung

Ein Team zu leiten, gehört vermutlich schon lange zu Ihrem Alltag als Führungskraft. Zwei Hauptaufgaben sind dabei immer wieder zu leisten: Zum einen sind in der Prozesssteuerung Kräfte und Ressourcen auf klar beschriebene Ziele hin zu bündeln und wirkungsvoll einzusetzen, zum anderen gilt es, in der Mitarbeiterführung die beteiligten Personen zu gewinnen, ihre Fähigkeiten in den Dienst der gemeinsamen Aufgabe und Ziele zu stellen.

Vielleicht haben Sie als Teamleiter/in darüber hinaus auch schon Erfahrungen damit, dass Sie und Ihre Teammitglieder

- nicht mehr auf demselben Flur angesiedelt sind und sich u. U. nicht mehr regelmäßig oder sogar kaum persönlich treffen,

- sich überwiegend über Medien gegenseitig informieren, austauschen und kooperieren und

- nicht nur räumliche Distanz überwinden, sondern auch zeitliche, kulturelle, soziale und technische Unterschiede überbrücken müssen.

Oder stehen Sie unmittelbar vor einer solchen Situation?

Wenn Sie sich genauer damit auseinandersetzen wollen, welche Auswirkungen solch eine standortverteilte Arbeit auf Prozesssteuerung und Mitarbeiterführung mit sich bringt, wie Sie sich als Teamleitung noch besser darauf einstellen und wie Sie diese Arbeit produktiver machen können, wie Technik Ihnen dabei hilft und welche neuen Möglichkeiten sie bereitstellt, dann kann Sie dieses Buch dabei tatkräftig unterstützen.

Aus Seminaren, aus Beratungen und nicht zuletzt aus eigener Praxis kennen wir viele Fragen, die sich Führungskräfte zur Teamarbeit auf Distanz stellen:

- Wie verhindere ich, dass in unserem standortverteilten Team immer wieder wichtige Informationen verloren gehen?

- Wie können wir durch effektivere Kommunikation die verschiedenen Standorte noch besser miteinander vernetzen?

- Wie sichern wir unsere regelmäßige Kommunikation, auch wenn wir uns nie sehen?

- Wie kann ich solch ein standortverteiltes Team zielorientiert steuern und kontrollieren?

- Welche der vielen Medien und Tools, die auf dem Markt sind, sind wirklich notwendig für die Zusammenarbeit?

- Was kann ich gegen ausufernde und ineffektive Telefonkonferenzen tun?

- Wie kann ich meine Teammitglieder gewinnen, die neuen Medien auch tatsächlich angemessen zu nutzen? Wie lassen sich unterschiedliche Erfahrungen im Umgang mit den neuen Medien kompensieren oder sogar produktiv nutzen?

■ Wie können wir über solche Entfernungen unsere Erfahrungen systematisch sichern, so dass Erkenntnisse auch wirksam in zukünftiges Handeln einfließen?

■ Wie gehe ich mit interkulturellen Unterschieden im virtuellen Team um?

■ Wie stelle ich trotz Distanz und unterschiedlicher Kulturen Verbindlichkeit her?

■ Wie sichere ich für mein räumlich verteiltes Team den Anschluss an die Unternehmensentwicklung?

■ Wie gehe ich mit fehlender Unterstützung für diese Arbeitsform im Unternehmen um?

Die Führungspraxis steht also im Mittelpunkt dieses Buches. Die systematische Bearbeitung der Themenfelder erleichtert Ihnen, handlungsleitende Prinzipien für die Führung virtueller Teams herauszufiltern, die dann Ihr Verhalten in unterschiedlichsten Situationen stärken können.

Standortverteilte Teams können unterschiedliche Aufgaben haben und sehr verschieden organisiert sein: als dauerhaft auf Distanz kooperierendes Team, als zeitlich befristetes räumlich verteiltes Projektteam, als Team vor Ort mit einzelnen Telearbeiter/innen oder als mobiles Team (z. B. in der Kundenbetreuung) bis hin zu unternehmensübergreifenden Kooperationen, virtuellen Unternehmen oder Verbänden. Einige dieser Teams arbeiten grundsätzlich auf Distanz zusammen, für andere ergänzt die standortverteilte Arbeit zeitweise die Zusammenarbeit vor Ort. Wir wollen Ihnen Anregungen zur Teamleitung geben, die – wenn auch unterschiedlich gewichtet – für alle diese Teamformen gelten.

Auch Ihre Leitungsrolle kann recht unterschiedlich ausgestaltet sein. In der Leitung eines dauerhaft zusammen arbeitenden Teams sind fachliche und disziplinarische Führung meist gebündelt. Gerade in Projektteams sind Sie jedoch oft nicht disziplinarische/r Vorgesetzte/r Ihrer Teammitglieder. Dann ist es für Sie wichtig, gut mit den Dienstvorgesetzten zusammen zu arbeiten, die oft genauso räumlich verteilt sind wie Ihre Teammitglieder, und wo nötig Ihr Handeln auf Distanz untereinander abzustimmen.

Die Zielsetzung des Buches

Zwei Ziele verfolgen wir mit diesem Buch, um Sie in Ihrer Führungspraxis zu unterstützen:

■ Sie aufmerksam zu machen auf viele, nicht immer auf den ersten Blick erkennbare Einflussfaktoren und deren Wirkungen auf die Arbeit im virtuellen Team, so dass Sie mit diesem Hintergrundwissen Ihre Sensibilität für virtuelle Arbeitsbedingungen schärfen können;

■ Ihnen praktisches, erfahrungsgestütztes Handwerkszeug für die Teamleitung auf Distanz zu vermitteln.

Basis-Know-how der Teamleitung werden wir nur soweit darstellen, wie es für das Verständnis der Führung auf Distanz notwendig ist. Wir fokussieren die Besonderheiten virtueller

Teamleitung, die entweder zu den gewohnten Verfahrensweisen der „klassischen" Teamleitung hinzukommen oder aber diese Verfahrensweisen modifizieren:

▤ Was ist neu in der Führung virtueller Teams, was verstärkt sich, was wird anders?

▤ Mit welchen konkreten Maßnahmen können Sie Ihr räumlich verteiltes Team wirksam leiten und in der Entwicklung fordern und fördern?

Das Buch wendet sich also in erster Linie an Leiter/innen virtueller Teams sowie an deren Führungskräfte, die oft für mehrere virtuelle Teams Verantwortung tragen; ihre Perspektive steht im Mittelpunkt. Aber auch Mitglieder virtueller Teams, Personal- und Organisationsentwickler/innen sowie betriebliche Entscheider/innen können von diesem Buch profitieren, weil sie hier die praktischen Erfordernisse und Rahmenbedingungen für virtuelle Teamarbeit kennen lernen.

Der Aufbau des Buches

Wir starten in Kapitel 2 mit einer kompakten Darstellung, welche Herausforderungen die standortverteilte Arbeit kennzeichnen und welche Voraussetzungen auf Seiten der unmittelbar Beteiligten unabdingbar sind: Welche Kompetenzen alle Teammitglieder mitbringen sollten und vor allem, welche Kompetenzen und Haltungen für Sie in der Teamleitung entscheidend sind.

In den dann folgenden Kapiteln erfahren Sie, wie Sie den Herausforderungen mit Ihrem Führungshandeln begegnen. Wir arbeiten dazu Schritt für Schritt die praktischen Erfordernisse der Führung virtueller Teams im Vergleich zu konventioneller Teamführung heraus:

▤ Was Kommunikation in virtuellen Teams leisten muss, wie Medien diese Kommunikation beeinflussen und wie Sie durch geschickte Medienwahl und modifiziertes Führungsverhalten trotzdem eine effektive Kommunikation in Ihrem Team etablieren (Kapitel 3).

▤ Wie Sie Auftrag, Teammitglieder und kommunikative Verbindungen verknüpfen – am Anfang eines neuen Arbeitsabschnittes oder auch zum Start eines neu aufgesetzten Teams – und wie die Klärung von Aufgabenstellung und Zielen Ihrem Team als Leitplanke über die Distanz dienen kann (Kapitel 4).

▤ Wie Sie die Brücke zwischen Team und Organisation bauen und festigen, damit Ihr Team nicht zum „Satelliten weit draußen" wird (Kapitel 5).

▤ Welche Routinen Sie sinnvollerweise zur Unterstützung der standortverteilten Arbeit etablieren (Kapitel 6).

▤ Wie Sie in schwierigen, konfliktbeladenen Teamsituationen vorgehen und der medieninduzierten Dynamik in solchen Situationen wirksam entgegentreten können (Kapitel 7).

- Wie Sie Verhalten, Gepflogenheiten und Bedürfnisse der standortverteilten Mitglieder in Ihrem interkulturellen Team erkunden und Ihr eigenes Führungsverhalten auf Distanz angemessen anpassen können (Kapitel 8).

- Wie Sie Ihr Team mit systematischer und kontinuierlicher Personalentwicklung, z. B. zu Schlüsselqualifikationen virtueller Kooperation wie Medien- und Selbstorganisationskompetenz, weiter voran bringen können (Kapitel 9).

Im abschließenden Kapitel 10 ziehen wir eine Quintessenz, orientiert an den Erfolgsfaktoren virtueller Teamleitung auf drei Handlungsebenen.

Wir wollen das Buch auch für „Quereinsteiger/innen" lesbar halten und haben deshalb die Kapitel in sich geschlossen formuliert. Wer das Buch von vorn bis hinten liest, wird deshalb auf die eine oder andere Redundanz stoßen.

Zur Orientierung noch einige „Lesehilfen":

Vielen Kapiteln haben wir ein *Praxisinterview* vorangestellt, das jeweils eine/r von uns Autor/innen mit einer in virtueller Teamarbeit erfahrenen Führungskraft, in einigen Fällen auch mit in virtueller Kooperation erfahrenen Personal- oder Organisationsentwickler/innen geführt hat. Es beleuchtet immer bestimmte Aspekte virtueller Kooperation im Kontext des Kapitelthemas. Die Interviews aus der ersten Auflage von 2006 haben wir unverändert übernommen, weil sie nichts an Aktualität eingebüßt haben. Die Firmen- und Funktionsbezeichnungen der Interviewpartner/innen beziehen sich somit auf den damaligen Interviewzeitpunkt, auch wenn sich hier zwischenzeitlich Veränderungen ergeben haben sollten.

Sie erkennen die Interviews am grauen Balken links mit dem Schriftzug „Praxisinterviews".

Mit diesem grauen Balken sind *Praxisbeispiele* im fortlaufenden Text gekennzeichnet. Sie stammen alle aus der Unternehmenspraxis, sind aber oft auf die Aspekte hin reduziert, um die es im jeweiligen Kapitelkontext gerade geht. Unternehmen und handelnde Personen sind in der Regel anonymisiert bzw. mit fiktiven Namen versehen.

Exkurse

finden Sie in einem solchen Kasten. Die darin enthaltenen Texte sind für den Lesefluss nicht unbedingt notwendig, für einige von Ihnen aber vielleicht recht interessant und nützlich.

Checklisten

- ☑ geben Ihnen Schritt

- ☑ für Schritt Handlungs- und Reflexionsanregungen

▪ Auf einen Blick ▬▬▬▬▬▬▬▬▬▬▬▬▬▬▬▬▬▬▬▬▬▬▬▬

fasst am Ende jedes Kapitels wesentliche Aspekte und Handlungsleitlinien zum jeweiligen Kapitelthema auf einer Seite zusammen.

Alle fachspezifischen Begriffe und Abkürzungen haben wir im *Glossar* erläutert, so dass auch „Neueinsteiger/innen" unter Ihnen ausreichend Orientierung erhalten. Sie finden das Glossar am Ende des Buches.

Wir benutzen übrigens die Begriffe virtuelle Teamarbeit, Teamarbeit auf Distanz, standortverteilte Teamarbeit gleichbedeutend. „Virtuell" ist für diese Art Teamarbeit der am weitesten verbreitete Begriff, überdies kurz und sprachlich flexibel verwendbar. Anders als der englische Begriff „virtual" leidet er aber im Deutschen unter einer Konnotation, einer ergänzenden Wortbedeutung: „virtuell" klingt nach „nicht real vorhanden". Virtuelle Teams sind aber echte, real existierende und arbeitende Teams. Insofern kennzeichnen die ausführlicheren Begriffe „auf Distanz", „standortverteilt", „räumlich verteilt" die Arbeitssituation dieser Teams treffender. Für die „Führung auf Distanz" hat sich im Englischen inzwischen der Begriff „remote management" etabliert.

In diesem Buch geben wir viele Erfahrungen und Praxistipps an Sie weiter. So vielfältig sie sind, ihren Wert erhalten sie erst durch die Einbettung in Ihr Führungshandeln. Und das unterliegt in jeder Situation erneuter Reflexion und Entscheidung und modifiziert sich immer wieder, wie Dietrich Dörner in einem Interview sehr anschaulich auf den Punkt bringt:

> „Manchmal, das wissen gute Komplexitätsmanager auch, ist es vernünftig, gar nichts zu tun. Und dann wieder alle Kraft in eine Sache zu stecken. Es ist in bestimmten Situationen sogar richtig, autoritär zu führen, wirklich diktatorisch. In einer anderen Situation wiederum ist das völlig verrückt. Das ist nun mal die Aufgabe des Managers: die jeweils zur richtigen Zeit richtigen Analysen und Handlungen durchzuführen und Entscheidungen zu treffen und es auch manchmal zu lassen. Manchmal, was übrigens sehr anstrengend ist, denn auch darüber müssen Sie nachdenken. (...) Wenn man so will, handelt es sich dabei um bedingte Gesetze, nicht um unbedingte, also stets gültige Gesetze. Erst wägen, dann wagen – so macht es meistens Sinn. Andererseits verdankte der Feldherr Napoleon seine Siege dem Motto: „Man fängt mal an, und dann sieht man schon, wie es wird." Das ist dann vernünftig, wenn wir wenig Zeit haben, es keine oder nur sehr vage Informationen über eine Situation gibt, wenn also Handlungsbedarf besteht, ohne dass man genügend Informationen hat. Durch dieses Losgehen lernt man und verschafft sich auch Zeit." (Dietrich Dörner, 2006)

Das Feld virtueller Teamarbeit birgt auch heute, 6 Jahre nach Erscheinen der ersten Auflage, noch viele Ungewissheiten, nicht alle Wege sind schon gut erkennbar. Wir hoffen, dass dieses Buch Ihnen viele Anregungen zum „Wägen", aber vor allem auch zum „Wagen" und „Losgehen" gibt und Sie in Ihrem Mut und Ihrer Experimentierfreude unterstützt, Ihr virtuelles Team auch ohne permanenten Sichtkontakt zum Erfolg zu führen.

2. Kooperation auf Distanz: Zentrale Herausforderungen und notwendige Schlüsselqualifikationen

Dr. Jürgen Serafin, Sirona Dental Systems GmbH, Bereichsleiter Dentale CAD/CAM-Systeme:

Herr Dr. Serafin, warum haben Sie beschlossen, dem Thema Zusammenarbeit über Distanz ein besonderes Augenmerk zu widmen?

Ein globales Geschäft erfordert internationale Präsenz, und dabei brauchen wir eine effiziente Kommunikation. Die kann zum Teil über physische Präsenz gesichert werden, aber natürlich nicht kontinuierlich. Das muss dann durch eine effizientere Kommunikation zwischen den einzelnen Standorten ausgeglichen werden.

Wenn noch hinzukommt, dass ein Teil der Menschen im Unternehmen viel reisen muss, dann muss man eine effiziente Kommunikation auch außerhalb des gewohnten Büros sicherstellen.

Wenn Sie zurückschauen: Woran haben Sie gemerkt, dass die Zusammenarbeit über Standorte hinweg anders ist als innerhalb eines Standortes?

Innerhalb eines Standortes verfügt man über informelle Kommunikationsmöglichkeiten. Diese informellen Zugänge habe ich über Distanz weniger. Man kann in der Verständigung innerhalb eines Standortes auf Regelkreise zurückgreifen, um Informationen rückzuversichern. Missverständnisse sind relativ schnell auszuräumen. Das kann man von unterschiedlichen Standorten aus nicht mehr machen. Es ist außerdem schwieriger, zwischen den Zeilen zu lesen, wenn vor allem über Mail und Telefon kommuniziert wird. In Präsenz kann ich die Botschaft „zwischen den Zeilen" aus der nonverbalen Gestik noch leichter herauslesen.

Was sind die besonderen Herausforderungen für Führung dabei?

Für Entscheidungsträger muss sichergestellt werden, dass sie über die richtigen Informationen verfügen und diese auch erhalten. Auch die Informationen zwischen den Zeilen. Je unterschiedlicher die Kulturen sind, die in der Zusammenarbeit über Distanz beteiligt sind, desto schwieriger ist es, diese Informationen auch über Telefon und Mail richtig zu interpretieren.

Woran haben Sie gemerkt, dass hier möglicherweise zusätzliche Kompetenzen notwendig sind?

Unterschiedliche Menschen agieren unterschiedlich und können mit diesen Situationen nicht im gleichen Maße umgehen. Einige kommen besser mit dieser verteilten Welt zurecht als diejenigen, die gewohnt sind, alle an einem Ort zu haben, zum Beispiel die „informellen Networker".

Besonders problematisch wird es, wenn auf der Grundlage unvollständiger Fakten falsche oder nicht adäquate Entscheidungen gefällt werden. Als wir feststellten, dass bestimmte Situationen aufgrund der räumlichen Verteilung und der damit einhergehenden Informationsdifferenzen höchst unterschiedlich eingeschätzt wurden, war klar, dass es einen Handlungsbedarf gibt.

Welche Rolle spielen neue Kommunikationsmedien dabei?

Neue Kommunikationsmedien werden wahrscheinlich die einzige Lösung sein, etwas zu verbessern. Nur mit modernsten Kommunikationswerkzeugen kann man diese Herausforderungen angehen. Man kann nicht noch schnellere Flugzeuge bauen. Allerdings müssen die Menschen dann auch lernen, mit den Techniken umzugehen und sie richtig anzuwenden, und sicher sein, was sie in der Kommunikation bedeuten.

Das heißt einerseits, die Medien zu „customizen", also die technischen Möglichkeiten auf die spezifischen Situationen der Mitarbeiter/innen und des Unternehmens anzupassen. Andererseits müssen wir uns damit beschäftigen, wie die Einführung dieser Arbeitsform in der Organisation erfolgen kann, also wie lernfähig die Organisation ist.

In einem Team unterstützt soziale Vernetzung die effiziente Zusammenarbeit. Welche Bedeutung hat das für virtuelle Teams? Welche Rolle kommt der Teamleitung dabei zu?

Wir machen regelmäßig internationale Präsenztreffen. Da ist es einfacher, in direkten Kontakt zu kommen als nur über Medien. Solch ein „Event" verbindet und verringert die Barrieren, so dass man sich dann auch in der Zeit zwischen den Treffen über Medien austauschen kann. Der informelle Rahmen solcher Veranstaltungen ermöglicht, dass die Verbindungen zwischen den Menschen enger werden und man die Scheu verliert, vielleicht auch schwierigere Themen über Distanz anzusprechen. Es geht darum, ein Vertrauensverhältnis aufzubauen. Das muss die Teamleitung allerdings aktiv steuern, zumindest in einer größeren Gruppe.

Gibt es so etwas wie eine „Basiskompetenz" bei Teamleitungen und Teammitgliedern, die Sie für förderlich bei der Zusammenarbeit über Distanz halten?

Einen Projektmanagement-Ansatz zu verfolgen. Damit habe ich ein Verständnis davon, wie ich etwas zielgerichtet angehe, ich nutze eine gewisse Analytik. Wenn diejenigen, die über Distanz zusammen arbeiten, das gleiche Verständnis von Prozesssteuerung haben, ist das sehr hilfreich. Dann habe ich die gleiche Ausgangsbasis, weil jeder weiß, wie es zu funktionieren hat. Das kann aber von Kulturkreis zu Kulturkreis unterschiedlich sein.

Danke für das Gespräch!

Neue Kommunikationsmedien zusammen mit dem Internet machen neue Formen der Zusammenarbeit über Distanz möglich. Dass sich darin viel Potenzial für Unternehmen verbirgt, das es auszuschöpfen gilt, ist seit längerem bekannt. In einer ersten Phase lag die Aufmerksamkeit darauf, herauszufinden, was man alles mit diesen neuen Möglichkeiten erreichen kann: Zeitersparnis, Reisekostenersparnis, Least-cost-working/Offshoring, Erschließung neuer Märkte, Integration von Expertenwissen weltweit, Best-Team-Forming, Reduzierung von Leerlauf, Rund-um-die-Uhr-Service („follow-the-sun") und anderes mehr.

Dem eigentlichen Arbeitsprozess über Distanz widmete man sich zunächst vergleichsweise wenig. Seit einigen Jahren rückt das „Wie" der standortverteilten, globalen Zusammenarbeit zunehmend in den Fokus der Unternehmen, und die Erkenntnis setzt sich durch, dass erfolgreiche Kooperation auf Distanz mehr braucht als „neueste Technik", teamerprobte Mitarbeiter/innen und guten Willen.

Unsere vielfältigen Erfahrungen mit virtueller Teamarbeit zeigen, wie überraschend gut und intensiv Menschen zusammen arbeiten können, die sich nicht oder kaum persönlich kennen, wie auch über Distanz durchaus „Teamgeist" entstehen kann und welche großen Chancen in diesen neuen Möglichkeiten der Zusammenarbeit liegen. Wer dieses „Neue" und „Andere" kennt, über ein angepasstes Handlungsrepertoire verfügt und es zielgerichtet verwendet, kann – entsprechende Unterstützung des Unternehmens vorausgesetzt – diese Kooperationsform mit hohem Nutzen und bereichernd einsetzen.

Was virtuelle Kooperation ausmacht, ist zunächst einmal einfach erklärt:

Mitglieder eines Teams oder einer Arbeitsgruppe haben ihren Arbeitsplatz an unterschiedlichen Orten und arbeiten von dort aus zu einem erheblichen Anteil mit Hilfe neuer Kommunikationsmedien zusammen.

Bei genauerer Betrachtung verbirgt sich dahinter allerdings eine wahre Vielfalt an Arbeitsformen:

- Räumlich verteilte Teams als dauerhafte Teams, z. B. in Forschung und Entwicklung, Service oder Vertrieb, oder als zeitliche befristete Projektteams

- lokale Gruppen und Teams mit einzelnen Mitgliedern (z. B. externen Expert/innen, Kunden), die von einem anderen Ort aus mit dem Team zusammen arbeiten

- Tele(heim)arbeit (z. B. Vertrieb, Kundenbetreuung)

- informelle Netzwerke (z. B. berufsgruppenspezifische Netzwerke, „Communitys")

- Unternehmensnetzwerke (z. B. Kooperationsverbünde, Branchennetzwerke)

- virtuelle Unternehmen bzw. virtuelle Organisationen (Kooperation rechtlich unabhängiger Unternehmen, Organisationen oder Personen, die sich nach außen als ein einziges Unternehmen darstellen)

Was macht nun die Besonderheit der virtuellen Teamarbeit aus? Was unterscheidet virtuelle Teams im Kern von lokalen Teams?

2.1   Zentrale Herausforderung virtueller Teamarbeit: medienvermittelte Kommunikation

Die grundlegende Aufgabenstellung ist für virtuelle Teams zunächst einmal dieselbe wie in lokalen Teams: Die Teams arbeiten auf Zeit oder dauerhaft zielorientiert an bestimmten Aufgabenstellungen. Sie organisieren sich dabei in weiten Teilen selbst und übernehmen gemeinsam die Verantwortung für ihr Arbeitsergebnis.

Das Entscheidende in virtuellen Teams sind ihre durchgängig genutzten zentralen Arbeitsmittel: Die neuen Kommunikationsmedien.

Alte und neue Kommunikationsmedien

Medien sind Hilfsmittel zur Informationsübermittlung. Über Medien erreichen uns Informationen in einer jeweils spezifisch sinnlich erfahrbaren Form: als Sprache, als Text, als Bild, multimedial. Der Begriff „Medien" bezeichnet zweierlei: Zum einen sind Medien Apparate zur Herstellung der Nachrichten (z. B. PC, Telefon, Smartphone), zum anderen sind sie „Träger" der Nachricht (Bildschirm bzw. Display oder Papier, Anrufbeantworter/Voice Box).

Unter neuen Kommunikationsmedien werden üblicherweise computervermittelte Kommunikationsmedien verstanden, insbesondere solche, die auf Internet- oder Web- bzw. Mobilfunktechnologie basieren oder sich dieser bedienen.

Die sogenannten Web-2.0-Tools stellen eine neue Generation dieser „neuen Medien" dar. Sie umfassen webbasierte Anwendungen und Dienste, die Nutzer/innen zugleich ermöglichen, Inhalte zu produzieren und öffentlich zur Verfügung zu stellen sowie Beziehungen zu anderen Nutzer/innen zu knüpfen.

Gleichwohl: „Alte" und „neue" Medien lassen sich nicht scharf trennen. Manche Fachleute ordnen nur Papier/Printmedien eindeutig den „alten" Medien zu. Das Medium Telefon gilt diesbezüglich als Zwitter: Das reine Telefonieren ist „alt", neue Zusatzfunktionen wie Empfang und Versand von SMS, MMS, E-Mails oder die Teilhabe an den Social Media mittels Smartphone stellen ein „neues" Medium dar. Und inzwischen steht für das „alte" Medium Telefon auch eine ganz neue Übertragungstechnik (VoIP/Voice over Internet Protocol) zur Verfügung.

Diese Kommunikationsmedien prägen die Zusammenarbeit virtueller Teams in ganz besonderer Weise, und damit unterscheiden sich virtuelle Teams doch erheblich von lokalen Teams. Erfolgreiche virtuelle Teams leisten exakt all das, was sich lokalen Teams im Laufe ihrer Zusammenarbeit als Aufgabe stellt (vgl. Abb. 1) – und sie schaffen das außerdem immer noch über die Brücke medienvermittelter Kommunikation und Wahrnehmung hinweg.

Die besondere Herausforderung dabei: Die Brücke ist schmal, denn verglichen mit einem persönlichen Gespräch engt medienvermittelte Kommunikation immer die Möglichkeiten ein, sich umfassend mitzuteilen und sich gegenseitig umfassend wahrzunehmen. Jedes Medium filtert nämlich: Weil Informationen nur über ausgewählte Sinneskanäle (z. B. Optik oder Akustik) transportiert und manche Sinneskanäle durch Medien gar nicht bedient werden (z. B. Olfaktorik) oder weil nur ein Teil der Informationen (z. B. Sprache) übertragen wird und ein anderer wichtiger Teil (z. B. Mimik, Gestik, Kontext) außen vor bleibt (ausführlicher dazu in Kapitel 3, Medien).

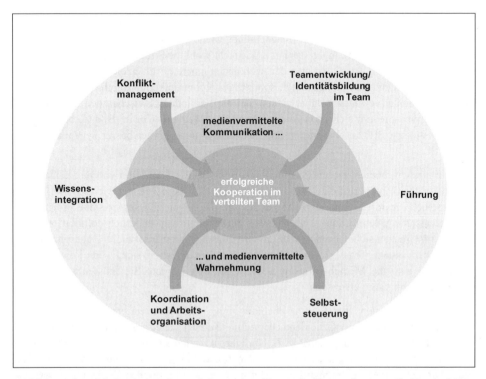

Abbildung 1:   *Medienvermittlung als besondere Herausforderung für virtuelle Teamarbeit*

Selbst mit intensiver technischer Unterstützung sind nicht alle relevanten Informationen vollständig zu transportieren, die der/die Empfänger/in für die sichere Interpretation einer bestimmten Situation benötigt. Wie sehr Menschen auf umfassende Informationen angewiesen sind und deshalb Wahrnehmungsausschnitte, die sie sich nicht als kohärent erklären können, durch Interpretationen und Phantasien ergänzen, zeigen die Gedanken eines Teammitglieds am Standort Köln während der Videokonferenz mit den Partnern aus Wien:

> Irgendetwas stimmt heute nicht. Die Partner in Wien sind irgendwie nicht richtig bei der Sache. Zweimal war im Hintergrund schon die Tür aufgegangen und jemand hatte etwas hereingerufen. Leider konnten wir das hier in Köln nicht verstehen. Immer wieder Unruhe und Getuschel, was ist da nur los? Irgendein Ärger? Oder hat das was mit uns hier in Köln zu tun? Habe ich was falsch gemacht mit meiner deutlichen Rückmeldung vorhin zur Qualität des letzten Exposés? Dabei habe ich doch nur angemerkt, dass ... halt, da kommt tatsächlich die Chefin persönlich rein. Aber was ist das? Ein Tablett mit Gläsern und ... ja, ei-

ne Sektflasche ... seid doch mal leise hier, man kriegt ja gar nichts mit ... was, die haben den Großauftrag von Leyer an Land gezogen, ja das ist ja toll!

Solche Irritationen kommen in virtuellen Teams immer wieder vor. Damit sie nicht ernsthaft die Arbeit behindern, ist es wichtig, sich immer wieder bewusst zu machen, dass Medien filtern und welche Auswirkungen das hat. „Wie sieht wohl die Situation gerade von der anderen Seite der „Leitung" aus?" ist eine der wichtigsten inneren Prüfschleifen für Sie als Teamleiter/in. Dann kann man mit gezielter, sorgfältiger Kommunikation durchaus gegensteuern, diese kommunikative „Mauer" überwinden und die Verbindung zwischen den räumlich verteilten Teammitgliedern sichern (vgl. auch Kapitel 3, Medien). Um im Bild zu bleiben: Die mediengestützten Brücken befestigen und ausbauen, um sie immer besser begehbar zu machen.

Diese filigranen mediengestützten Kommunikations-Brücken sind von enormer Bedeutung. Sie stellen das Grundgerüst eines virtuellen Teams dar: Äußere Zeichen wie dasselbe Gebäude, derselbe Flur im Unternehmen, die Schilder an den Türen, das gemeinsame Projektbüro, die gemeinsame Meeting-Zone – all das, was ein lokales Team äußerlich definiert, Zugehörigkeit und Grenzen sichtbar macht, hat ein virtuelles Team zunächst nicht. Zugespitzt ausgedrückt: Das virtuelle Team gewinnt erst Kontur und manifestiert sich, wenn kommuniziert wird, wenn also die Medien-Brücken aktiv beschritten werden. Sie müssen sich deshalb unbedingt als tragfähig erweisen.

Was die Verbindungen über Distanz ebenfalls prägt: Die reine Entfernung, in Kilometern gemessen, ist nicht allein entscheidend. Vermutlich kennen Sie es aus Ihrem Alltag im Unternehmen: Die Mediennutzung selbst, z. B. häufiger zu mailen als zum Telefon zu greifen oder beim Kollegen zur Tür hereinzuschauen, verändert auch schon die Kommunikation von einer Etage zur anderen. Mit einer räumlichen Distanz, wie sie in virtuellen Teams üblich ist, also mit unterschiedlichen Standorten, Regionen, Ländern, Kontinenten und vielleicht auch unterschiedlichen Organisationen sind aber oft auch noch kulturelle und damit auch soziale Distanzen verknüpft. Mit ihnen konstruktiv umzugehen, ist eine Herausforderung, die sich in virtuellen Teams regelmäßiger stellt als in lokalen Teams.

Die medienvermittelte Kommunikation als Kernstück virtueller Kooperation verlangt Ihnen also in der Führung Ihres virtuellen Teams einiges ab:

- Umgehen können mit unvollständigen Informationen und unsicheren Situationen,

- Perspektivenwechsel vornehmen durch Rollenübernahmefähigkeit und -willigkeit und

- auf der Grundlage dieses Perspektivenwechsels bewusst und sorgsam kommunizieren.

Welche grundsätzlichen Qualifikationen braucht es in einem virtuellen Team und mit welchen zentralen Kompetenzen können Sie als Teamleiter/in dazu beitragen, um diese besondere Arbeitssituation gut zu bewältigen, damit die unsichtbaren Drähte über Hunderte von Kilometern ein stabiles Netz bilden und ein virtuelles Team zusammen schmieden, das auch schwierige Zeiten meistert? Wir haben es immer wieder beobachtet und auch selbst erlebt: Wie in einem virtuellen Team durch intensive Zusammenarbeit die gefühlte Entfernung schrumpft, wie man sich einem Kollegen, den man kaum gesehen hat, im gemeinsamem Ringen um gute Lösungen nah und verbunden fühlt, wie man kreativen Ausgleich für die fehlenden sozialen Kontakte in der Kantine schafft, wie man, nur verbunden durch Telefonleitungen, den erfolgreichen Abschluss eines wichtigen Arbeitsabschnittes gemeinsam feiert.

Um eine solche Teamentwicklung und die Chance auf hohe Leistungen zu fördern, haben sich als besonders wichtige Schlüsselqualifikationen virtueller Kooperation herausgestellt:

- Selbstorganisationskompetenz und

- Medienkompetenz

Was diese Schlüsselqualifikationen umfassen, beschreiben wir in den nächsten beiden Abschnitten. Für Sie als Teamleitung stellen sich dabei zwei Fragen: Verfüge ich selbst über diese Schlüsselqualifikationen, was davon muss ich ggf. noch weiter entwickeln? Und wie kann ich die Mitglieder meines Teams darin unterstützen, diese Schlüsselqualifikationen auf- und auszubauen?

Für die Leitung eines virtuellen Teams braucht es neben dieser „Grundausstattung" außerdem noch

- besondere Haltungen und Verhaltensanpassungen in der Führung auf Distanz.

Mit welchen Handlungsleitlinien Sie ein virtuelles Team erfolgreich führen, arbeiten wir deshalb im letzten Teil dieses Kapitels heraus. Wie Sie diese Leitlinien dann in unterschiedlichen Situationen Ihres virtuellen Teams in konkretes Führungshandeln „übersetzen", das zeigen die weiteren Kapitel dieses Buches auf.

2.2 Auf sich gestellt sein – Schlüsselqualifikation Selbstorganisation

Zwei Kompetenzfelder der „Selbstorganisation" prägen erfolgreiche virtuelle Teamarbeit:

- Die Fähigkeiten und Fertigkeiten zur individuellen Arbeitsorganisation

- Die Fähigkeiten, sich als Team selbst zu organisieren

Als Führungskraft müssen Sie sich immer wieder klar machen, dass in einem virtuellen Team das einzelne Teammitglied in erster Linie auf sich selbst gestellt ist. Formale Festlegungen, Vorgaben und auch eingespielte Gepflogenheiten des Unternehmens zu Dokumenten, Abläufen, Entscheidungsprozessen usw. stellen natürlich einen Rahmen dar, die Arbeitskontexte und damit Arbeitsabläufe virtueller Teamarbeiter/innen unterscheiden sich jedoch sehr. Manche sind in einen Standort eingebunden, arbeiten von dort aus aber mit räumlich entfernten Teamkolleg/innen mehr zusammen als mit den Kolleg/innen vor Ort. Andere sind in multiple Loyalitäten eingebunden: Mit einem Teil ihrer Arbeitskraft arbeiten sie im lokalen Team, mit einem anderen für ein virtuelles Team. Wieder andere arbeiten völlig eigenständig „einsam und allein" als Telearbeiter/innen oder Fachexpert/innen, je nach Projektphase mal mehr oder weniger eng angebunden an ein virtuelles Team. In jedem dieser Arbeitskontexte ist es notwendig, sich selbst „Leitplanken" für die Gestaltung des eigenen Arbeitsalltags zu setzen:

▣ Zu welchen Zeiten arbeite ich für das virtuelle Team?

▣ Wie teile ich meine Arbeit ein? Wie teile ich ggf. – bei multipler Gruppenzugehörigkeit – meine Arbeit auf?

▣ Wie gestalte ich meinen Arbeitsplatz?

▣ Wie organisiere ich meine Arbeitsmittel?

▣ Wie grenze ich mich ab?

▣ Wie diszipliniert und wie effizient dokumentiere ich?

▣ Wie gehe ich bei multipler Gruppenzugehörigkeit mit Widersprüchen in Loyalitätserfordernissen um?

▣ und vieles mehr.

Für Selbständige sind solche Fragen Routine – oder sollten es zumindest sein. Mitglieder virtueller Teams, die bisher in eher strukturierten Arbeitsbedingungen innerhalb eines Standortes gearbeitet haben, müssen nun ohne äußere Taktung durch Werksuhren, Mittagspausen und Kolleg/innen einen guten Rhythmus finden und sich organisieren.

Mit der Frage „Wie organisiere ich mich?" ist auch diese Frage verbunden: „Wie motiviere ich mich?". Sich selbst zu motivieren, Durststrecken allein durchzustehen, fällt denen schwerer, die kontinuierlichen sozialen Kontext als „Salz in der Suppe" der Arbeitsmotivation und persönlichen Zufriedenheit brauchen.

Wie sieht es bei Ihnen persönlich aus – auf dem Schreibtisch, im Kalender, im Tagesablauf? Haben Sie Stärken in der Prozessorganisation? Dann sind Sie für die Leitung eines virtuellen Teams gut gerüstet. Ihre persönliche Selbstorganisationskompetenz prägt die Arbeit Ihres Teams in mehrfacher Weise: Bei guter Selbstorganisation sind Sie verlässliche/r Ansprechpartner/in für Ihre Teammitglieder wie für Ihre eigenen Vorgesetzten und erledigen Ihre originären Teamleitungsaufgaben zuverlässig und nachvollziehbar. Darüber hinaus sind dann vermutlich auch Ihre Steuerungsimpulse in das Team hinein (Arbeitsaufträge formulieren, gliedern, bündeln, ...) wie auch die Meetings (Vorbereitung und Durchführung) gut strukturiert. So erleichtern Sie Ihren Teammitgliedern deren eigene Arbeit.

Gehören Sie eher zu den „kreativen Chaotikern"? Wird Ihr Führungsstil schon einmal halb schmunzelnd, halb seufzend als „Management by Helicopter" gekennzeichnet (also: Einfliegen, mächtig Staub aufwirbeln, wieder abheben und dann länger nicht gesehen werden)? Das ist für virtuelle Teams viel schwieriger zu tragen als für lokale Teams.

Wenn Sie in Ihrer Selbstreflexion feststellen, dass Sie hier Nachholbedarf haben, kümmern Sie sich zügig darum. Literatur und Seminare zu „Arbeitsorganisation und Selbstmanagement" sind leicht zu finden. Dort erhalten Sie viele praktische Tipps, oft können Sie mit kleinen Maßnahmen große Wirkungen erzielen.

Gute Organisation und strukturiertes Arbeiten gerade seitens der Teamleitung stützen die Arbeit des virtuellen Teams insgesamt. Im Zweifelsfalle sind Sie die Person, die mehr im Blick hat und haben muss als alle anderen Teammitglieder und mit all dem deshalb besonders strukturiert umgehen muss.

Als Teamleitung müssen Sie im Blick haben, dass gerade für räumlich verteilte Teammitglieder die Organisation der eigenen Arbeit zudem nicht selten durch einen Spagat zwischen der Arbeit vor Ort und dem virtuellen Team erschwert ist:

> Clara Kremm hat in München ihren Standort, seit 3 Monaten ist sie zu 60 % ihrer Arbeitszeit für die Projektarbeit in einem verteilten Team aus New York, Hongkong, Ankara und Milano abgestellt. Aber sie ist nach wie vor für die Kolleg/innen und ihren Chef vor Ort präsent, während ihre Arbeit mit dem verteilten Team für die anderen wenig sichtbar über PC und Telefon läuft. Also legt man ihr Aufträge auf den Tisch, bindet sie in die Kooperation vor Ort ein. Clara Kremm ist gewohnt, das „wegzuarbeiten", was ihr so offensichtlich vor Augen liegt – und ehe sie sich versieht, nimmt diese Arbeit vor Ort weit mehr als 40 % ihrer Zeit ein. Der Druck der Kolleg/innen aus dem virtuellen Team lässt nicht lang auf sich warten, und plötzlich sitzt sie regelmäßig bis spät abends am Schreibtisch. Ihr Frust steigt, als sie merkt, dass die Kolleg/innen vor Ort gar nicht anerkennen, dass sie manchen „Feierabend" zu Hause zeitzonenbedingt für Meetings mit dem virtuellen Team opfert – weil sie es nämlich gar nicht mitbekommen.
>
> Die Projektleiterin aus Milano interveniert, wenn auch spät, da sie die Probleme zunächst nicht mitbekommen hat. Nach Rücksprache mit Clara Kremm erfolgt ein klärendes Gespräch mit der Linienvorgesetzten, die mehrere Unterstützungsmaßnahmen vorschlägt: Ein Plakat mit der Projektstruktur in Frau Kremms Büro ruft allen Hereinkommenden immer wieder ins Gedächtnis, woran sie mit dem Hauptteil ihrer Zeit arbeitet, bei Telefonkonferenzen gibt das Schild „Bitte nicht stören – bin gerade im Meeting mit meinem online-Team" den anderen Orientierung. Ein webbasierter Kurs in Zeitmanagement und Selbstorganisation sowie eine bilaterale Zeit-Zielvereinbarung sorgen für Entlastung. Zudem wird ein Rotationssystem für die Online-Meetings etabliert, so dass Teammitglieder jeder Zeitzone mal den Vorteil günstiger wie auch den Nachteil ungünstiger Meeting-Zeiten haben.

Wenn Sie bei Ihren Teammitgliedern beobachten, dass diese ihre eigene Arbeit nicht gut organisiert bekommen, geben Sie Hilfestellung. Am besten funktioniert das über „Best practice": Lassen Sie die anderen teilhaben, wie Sie selbst mit den Bergen auf Ihrem Schreibtisch fertig geworden sind oder wie Sie Ihre elektronische Ablage optimiert haben. Sorgen Sie dafür, dass gute Erfahrungen und praktische Tipps anderer Teammitglieder zur Sprache kommen, die Sie vielleicht beiläufig mitbekommen haben. Es gibt für fast alles mehr als einen Weg, sich gut zu organisieren.

Jedes virtuelle Teammitglied muss sich also in deutlich stärkerem Maße als in lokalen Teams selbst organisieren, motivieren und ggf. abgrenzen. Diese individuelle Selbstorganisation findet da ihre Grenzen, wo dann die unterschiedlichsten Teammitglieder mit ihren individuellen, regionalen oder kulturellen Gepflogenheiten der Selbst- und Arbeitsorganisation aufeinandertreffen. Auch wenn manches mitunter als „unnötige Bürokratie" abgelehnt wird: Es gilt, eine gute Balance aus gemeinsamen Notwendigkeiten und individuellen Freiheiten zu finden.

Über die Fragen der gegenseitigen Anpassung in der individuellen Arbeitsorganisation hinaus ist ein Team gefordert, den gemeinsamen Arbeitsprozess zu organisieren. In einem erfolgreichen Team ist Steuerungsverantwortung nicht nur bei der Teamleitung angesiedelt, sondern bei jedem Teammitglied. Auf den Punkt gebracht: Wer eine Steuerungsintervention (antreiben, verlangsamen, bündeln, klären, informieren, entscheiden ...) für notwendig hält, wartet nicht darauf, dass die Teamleitung selbst drauf kommt, sondern führt sie selbst aus oder regt sie an. Diese Selbstorganisation unterscheidet Teams von Arbeitsgruppen – lokal wie virtuell. In virtuellen Teams kommt nun hinzu, dass diese Selbstorganisation und Steuerung auch über Medien gelingen muss. Ein gemeinsames Methodenrepertoire aller Teammitglieder, z. B. Projektmanagement, erleichtert diese gemeinsame Steuerung sehr. Sie sprechen dann eine gemeinsame Sprache und haben eine gemeinsame Vorstellung davon, wie Arbeitsabläufe gut und für alle transparent zu strukturieren sind.

Auch in der Art und Weise, wie Sie als Teamleitung die Verknüpfung unter den Teammitgliedern anregen, können Sie diese Selbstorganisation und die gemeinsame Verantwortung für das Gelingen der Aufgabe fördern.

2.3   Medienvermittelt arbeiten – Schlüsselqualifikation Medienkompetenz

Effektiv mediengestützt zu arbeiten, heißt weit mehr als nur, Medien bedienen zu können. Wir unterteilen die Kommunikations- und Medienkompetenz in vier Facetten (vgl. Abb. 2).

Diese 4 Kompetenzen ergänzen sich natürlich gegenseitig. Wir erläutern im Folgenden, was sich jeweils dahinter verbirgt und welche Bedeutung diese Kompetenz für die Arbeit in virtuellen Teams hat.

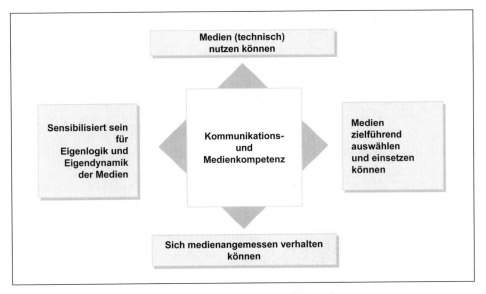

Abbildung 2: *Die Facetten der Kommunikations- und Medienkompetenz*

2.3.1   Medien (technisch) nutzen können

Medien zu nutzen, ist unabdingbar für verteiltes Arbeiten. Die ganz praktische technische Beherrschung haben wir in der Abbildung deshalb als Basiskompetenz ganz nach oben gestellt. Ziel muss sein, die Medien möglichst automatisiert, also ohne bewusste Steuerung nutzen zu können, vergleichbar der Fähigkeit, Auto oder Fahrrad zu fahren. Denn jeder Mensch hat nur eine begrenzte Verarbeitungskapazität: Bewusstsein, das für die Bedienung der Technik benötigt wird, steht nicht für die inhaltliche Verarbeitung zur Verfügung. Besonders deutlich wird dieser Unterschied, wenn Medienprofis mit medienunerfahrenen Kolleg/innen auf Distanz kommunizieren. Während Profis etwa bei einem Online-Meeting parallel eine Präsentation anschauen und zugleich den Chat verfolgen und bedienen können, ‚kämpfen' die Unerfahreneren noch mit der Technik und können sich daher viel weniger auf die Fachinhalte und die kollegiale Auseinandersetzung konzentrieren.

Für nicht in Firmen eingebundene Teammitglieder umfasst dieser Teil der Medienkompetenz auch, selbst Hand an die Technik (Hard- und Software) anlegen zu können, also neue Geräte (etwa eine Webcam) und Programme (etwa eine neue Groupwareversion) installieren und konfigurieren zu können sowie zumindest einfache Probleme mit der Technik selbst zu lösen.

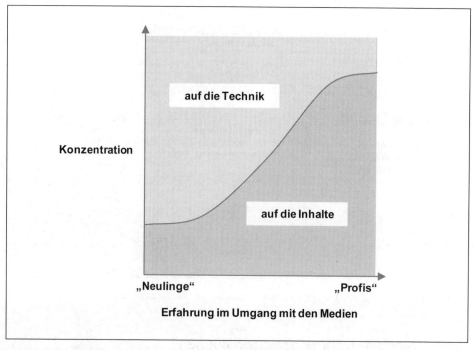

Abbildung 3:   *Über den Übungseffekt im Umgang mit der Technik*

2.3.2   Medien zielführend auswählen und einsetzen können

Welche Medien für welches Anliegen, für welche Aufgabe, für welches Ziel auszuwählen und wie diese einzusetzen sind, stellt eine weitere Facette der Kommunikations- und Medienkompetenz dar. In Ihrem Fokus stehen dabei vor allem folgende zwei Aspekte:

Zum einen die Zusammenstellung, mit welchen Medien Sie in Ihrem Team überhaupt kommunizieren und kooperieren wollen bzw. welche Medien überhaupt bei allen Teammitgliedern verfügbar sind (teamspezifisches „Medienportfolio", vgl. auch Kapitel 3.3.1), z. B.:

▪ Bleibt die Videokonferenz das Mittel der Wahl für die wöchentlichen Routinemeetings, wenn ich weiß, dass die Kollegin in Lissabon an ihrem Arbeitsplatz nur schmalbandig ans Netz angeschlossen ist und daher für die Meetings immer erst einen Videokonferenzraum buchen und ans andere Ende der Stadt fahren muss?

▪ Ist eine Ergänzung des Medien-Portfolios angebracht, also z. B. eine neue Groupware(version) mit neuen Funktionalitäten, oder sollte ich lieber das bewährte und eingeübte Tool beibehalten?

Zum anderen geht es um die Passung des jeweiligen Mediums zur Situation und zur Aufgabe: Sie müssen aus den gegebenen Medien situationsspezifisch eines auswählen: „Welches Me-

dium ist angemessen für meinen nächsten Schritt und unterstützt meine Intention am besten?"
z. B.:

▨ Soll ich eine Verhaltenskritik per Mail übermitteln, lieber zum Telefon greifen oder gar das
   nächste Treffen abwarten?

▨ Ist für eine Ideenfindung ein Chat das geeignete Medium oder soll ich eher ein Conferen-
   cing-Tool zum Einsatz bringen?

2.3.3 Sich medienangemessen verhalten können

Ein angemessenes Medienverhalten ist der Schlüssel zur effizienten Mediennutzung. Jedes
Medium erfordert aufgrund seiner spezifischen Eigenarten angepasste Verhaltensweisen, die
deutlich differieren können von der persönlichen Kommunikation von Angesicht zu Angesicht.

Ein Beispiel: Telefonieren kann inzwischen jede/r, die angepasste Sprechweise (z. B. regelmäßig akustische Signale geben, mehr Vergewisserungsschleifen einziehen) ist selbstverständlich. Bewusst wird einem diese selbstverständliche Anpassung des eigenen Verhaltens
erst, wenn sie fehlt: „Sind Sie noch dran?" Eine Telefonkonferenz effektiv zu moderieren,
beherrscht jedoch längst nicht jede/r sofort, der eine Präsenzbesprechung moderieren kann.

Über medienspezifische Notwendigkeiten hinaus definieren gesellschaftliche Veränderungen
und damit verbunden Gepflogenheiten in der beruflichen Kommunikation zusätzlich Verhaltensregeln: In E-Mails haben sich Anreden und Grußformeln eingebürgert, die in Briefen
nicht genutzt würden, der Stil in E-Mails ist oft kurzgefasst und näher an der Alltagssprache.
Auch die Nutzung mancher technischer Features verändert die Kommunikation. So erhalten
E-Mails trotz der Asynchronizität fast einen dialogischen Charakter, wenn man die Zitier-
funktion nutzt und Antworten direkt bestimmten Zitatabschnitten zuordnet. Dieser „implizite
Verhaltenskodex" ist allerdings in beständiger Veränderung, nicht zuletzt aufgrund von sich
vermengenden internationalen Einflüssen.

2.3.4 Sensibilisiert sein für die Eigenlogik der Medien

Die letzte Facette der Kommunikations- und Medienkompetenz betrifft die Sensibilität für
die Eigenlogik der Medien und die damit einhergehenden Effekte.

Wer weiß, dass E-Mail-Kommunikation zur Sachlichkeit tendiert, wird in einer nüchternen
Mail nicht unbedingt sofort eine Beziehungsstörung konstatieren. Wer weiß, dass die Schnelligkeit von E-Mails eine Konfliktdynamik ausgezeichnet anheizen kann, wird eine vorwurfs-
volle Mail bewusst erst einige Stunden ruhen lassen, bis er die Mail in Ruhe beantwortet –
oder zum Telefon greifen. Wer die Sensibilität einiger Teammitglieder bezüglich gegenseitiger Transparenz kennt, wie sie in Groupware-Tools über gemeinsame Kalender, Dateiabla-

gen, Diskussionsforen bis hin zur sogenannten Awareness gegeben ist, wird dies bei der Einrichtung eines solchen gemeinsamen Arbeitsraumes berücksichtigen. Viele weitere Hinweise dazu finden Sie in den Kapiteln 3.2.4, Integrierte Anwendungen, und 7, Konfliktmanagement.

2.4   Auf Distanz führen – Führungskompetenzen anpassen

Für Ihre Teamleitung gilt Ähnliches wie für die Kooperation unter den Teammitgliedern. Sie müssen zunächst als Sockel all das beherrschen, was auch in der Führung eines lokalen Teams notwendig ist: Den fachlichen Inhalt im Blick behalten, den Arbeitsprozess steuern und koordinieren und die Arbeitsbeziehungen der Beteiligten untereinander wie auch in den Unternehmenskontext hinein gestalten. Stempfle und Badke-Schaub (2005, vgl. Abb. 4) haben dieses Aufgabenportfolio einer Führungskraft aus unserer Sicht sehr kompakt und treffend zusammengestellt.

Die darauf aufsetzende Herausforderung für Sie: Dieses Portfolio der Prozess-Steuerung und Mitarbeiterführung nun auch noch über Medien vermittelt virtuos zu realisieren.

Es gibt Untersuchungen darüber (vgl. z. B. die umfangreiche Zusammenstellung von Hertel und Konradt, 2007), welche Faktoren im Führungsverhalten auf Distanz virtuelle Teams in besonderer Weise unterstützen und hoch leistungsfähig machen:

▥ Vertrauen aufbauen als Basis des Führungsverhaltens

▥ soziale Vernetzung fördern

▥ ergebnisorientiert führen

Inhalt	Koordination	Beziehungsgestaltung
Zielklärung: Ziele formulieren, diskutieren, Anforderungen festlegen	**Planung des Arbeitsprozesses**	**Coaching:** Mitarbeiter/innen bei fachlichen, organisatorischen oder persönlichen Problemen unterstützen
	Strukturdefinition: Definition oder Veränderung organisatorischer Strukturen	
	Prozessdefinition: Definition oder Veränderung organisatorischer Abläufe	
Lösungsentwicklung und Auswahl zwischen Lösungsalternativen	**Ressourcenmanagement**	**Konfliktmanagement/ Beziehungsklärung**
	Prozesskorrektur	
	Prozesskontrolle/ Personenkontrolle	
Fehleranalyse Fehlerbehebung Lösungskontrolle	**Schnittstellenmanagement**	**Mikropolitik:** Einfluss sichern, mit Verbündeten und Gegnern umgehen
Störungsmanagement: Umgang mit unerwarteten Krisen und Problemen und den daraus entstehenden fachlichen, organisatorischen und emotionalen Belastungen		

Abbildung 4: *Typologie führungsrelevanter Situationen (gekürzt aus Stempfle/Badke-Schaub, 2005)*

Diese Charakteristika erläutern wir im Folgenden. Sie werden ihnen bei den praktischen Hinweisen in den nächsten Kapiteln immer wieder begegnen. Ein solchermaßen geprägtes Führungsverhalten ist nicht ausschließlich in virtuellen Teams nützlich, aber in virtuellen Teams sind diese Aspekte besonders wichtig und werden zu kritischen Erfolgsfaktoren.

2.4.1 Vertrauen aufbauen

Schon bei Teams, die an einem Standort zusammen arbeiten, wäre es eine Illusion – bei virtueller Kooperation wird es offensichtlich: Sie bekommen als Führungskraft vom eigentlichen Arbeitsprozess Ihrer Teammitglieder längst nicht alles mit. Das ist auch nicht notwendig. Die neuen Formen der Zusammenarbeit mit der fehlenden persönlichen Face-to-face-Kommunikation und dem sehr geringen Einblick in den Arbeitskontext der Teammitglieder bringen für viele Führungskräfte jedoch eine besondere Unsicherheit mit sich. Bei allen praktischen Möglichkeiten, auch auf Distanz in Kontakt zu bleiben und Arbeitsfortschritte im Blick zu behalten (vgl. Kapitel 6, Arbeitsalltag, und darin insbesondere auch den Abschnitt zum Controlling): Ohne Mut zur Lücke, ohne Vertrauen können Sie kein Team auf Distanz

führen. Vertrauen ist dabei die notwendige Grundhaltung. Mit einer solchen vertrauensge-
prägten Grundhaltung gehen Sie davon aus,

▫ dass Ihre Mitarbeiter/innen leistungswillig sind,

▫ dass sie das gemeinsame Ziel realisieren wollen und sich dafür engagieren und

▫ dass sie Sie bei Abweichungen oder Schwierigkeiten informieren, so dass Sie intervenie-
ren oder nachsteuern können.

Eine vertrauensvolle Kooperation ist gleichwohl kein Geschenk des Himmels. Deshalb
braucht es auch die Fähigkeit, Vertrauen über viele kleine Bausteine aktiv aufzubauen und
Vertrauenszeichen von anderen wahrzunehmen. In Kapitel 4.4 erhalten Sie Hinweise, wie Sie
das konkret im Aufbau eines Teams umsetzen.

2.4.2   Soziale Vernetzung im Team fördern

Damit in einem räumlich verteilten Team nicht nur bilaterale „Lieferbeziehungen" zwischen
den Teammitgliedern „draußen" und Ihnen als Teamleitung entstehen, müssen Sie aktiv daran
arbeiten, dass sich die Teammitglieder untereinander vernetzen – auch wenn die sternförmige
Kommunikation zunächst einfacher scheint. Aber als „Spinne im Netz" sind Sie nur scheinbar stark. Die schwache Verbindung unter den anderen mindert die gemeinsame Verantwortung und gegenseitige Unterstützung, die wir im vorhergehenden Abschnitt als notwendig für
erfolgreiche Teamarbeit auf Distanz beschrieben haben, und wenn Sie zeitweise ausfallen,
drohen die standortverteilten Teammitglieder auseinanderzudriften.

Drei Ansatzpunkte stehen Ihnen zur Verfügung, die Vernetzung auch unter den Teammitgliedern zu stärken:

▫ Den *Aufgabenzuschnitt überlappend* gestalten, so dass jeweils 2 oder 3 Teammitglieder
eine Teilaufgabe bearbeiten müssen. Das sichert Austausch, der der Aufgabe wie auch den
kollegialen Beziehungen zugute kommt.

▫ *Feedback-Kultur* aufbauen – und selbst mit gutem Beispiel aktiv vorangehen. Geben Sie
einzelnen Teammitgliedern Feedback, bei positivem Feedback durchaus teamöffentlich.
Das geht auch bei Widerspruch in der Sache, wenn die Beziehung grundsätzlich gut ist
und das Ringen um eine gute Lösung im Vordergrund steht. Persönliche Kritik gehört unter vier Augen (oder in ein entsprechend „privates" Medium). Regen Sie auch an, dass sich
die Teammitglieder untereinander Feedback geben, zu Sachbeiträgen genauso wie zu
wertgeschätzten Verhaltensweisen. Und bitten Sie auch selbst immer wieder um Feedback
zu Ihrem eigenen Verhalten.

▫ *Nicht aufgabenbezogene Kommunikation* fördern. Kollegialität entsteht auch, wenn sich
Menschen nicht nur fachlich einig sind, sondern auch gegenseitig mehr von sich kennen.
Bei aller Knappheit der persönlichen Begegnungen: Sorgen Sie dafür, dass dazu Zeit ist.

Diese Initiativen können Sie als Führungskraft natürlich besonders gut in der Aufbauzeit eines Teams verankern. Wenn Sie in einem Team, das schon länger miteinander arbeitet, dazu Defizite feststellen, können Sie aber genauso gut noch etwas nachholen. Jeder kleine Einschnitt ist dafür gut: Das neue Jahr, ein neuer Arbeitsabschnitt, der Wechsel eines Teammitglieds.

Wenn Sie dies in Ihrem grundsätzlichen Führungsverhalten immer wieder so praktizieren, stärken Sie das soziale Netz unter den Teammitgliedern. In der Kombination mit ergebnisorientiertem Führen fördern Sie so die Partizipation, die alle Beteiligten fordert, bindet und motiviert.

2.4.3   Ziel- und ergebnisorientiert führen

Wer Führungskräfte fragt, ob sie zielorientiert führen, erntet heute breiteste Zustimmung: „Selbstverständlich." Nicht immer wird dies auch konsequent im Alltag umgesetzt. Wenn Sie ein virtuelles Team führen, müssen Sie es allerdings tatsächlich tun, um ein erfolgreiches, leistungsstarkes Team aufzubauen.

Eine hohe Qualität der Zielsetzungsprozesse unterscheidet hoch leistungsfähige von weniger leistungsfähigen virtuellen Teams (Hertel/Orlikowski/Konradt, 2001). Die Fähigkeit, über Ziele und Visionen zu steuern, angemessen delegieren zu können und Spielräume zu gewähren, muss einhergehen mit einem niedrigen Kontrollbedürfnis – hier liegt die Brücke zum Thema „Vertrauen". Das heißt nicht, den roten Faden aus dem Blick oder aus den Händen gleiten zu lassen. Klare Interventionen bei Abweichung von Vereinbarungen sind absolut notwendig, nicht aber ständige Nachfragen und allzu enge Berichtspflichten.

Mit ziel- und ergebnisorientiertem Führen geht es nicht primär um die „großen" plakativen Jahresziele („Umsatz steigern um X%, Y % Neukunden gewinnen"). Für Sie als Teamleitung sollte die zielorientierte Steuerung im Verlauf des gemeinsamen Arbeitsprozesses mindestens genauso wichtig sein:

- Welche Erwartung haben Sie nicht nur quantitativ, sondern auch qualitativ an die Arbeit Ihrer Teammitglieder – bei Daueraufgaben wie bei einzelnen Projektarbeiten?

- Sind Sie sicher, dass Sie ein gemeinsames Verständnis dieser Qualitätskriterien haben?

- In welcher Form soll das Ergebnis vorliegen und (bis) wann?

- Wo liegt der Gestaltungsspielraum der einzelnen Teammitglieder?

- Wie geht man mit Abweichungen auf dem Weg zum Ziel um?

Der Verständigungsprozess über das „Ende" hilft bei der Arbeit auf Distanz enorm. Die Vision, das gemeinsame Bild über das Ziel, wenn am Anfang vielleicht auch noch unscharf, trägt ein Team auf Distanz mehr noch als ein lokales Team. Am Beispiel einer Tour in den Bergen: Wenn jeder den Gipfel kennt, auf den alle hinauf müssen, wenn jeder in die Topographie eingewiesen ist, mit Karten umgehen kann, hochgebirgserfahren ist oder zumindest hinreichend über die Gefahren im Gebirge informiert ist, dann können alle los. Und Sie können als Teamleiter/in ganz gelassen zusehen, wie manche den Klettersteig wählen, die anderen mit der Verpflegung auf dem Buckel sich für den längeren Weg über die Serpentinen entscheiden, manche noch einen Abstecher oder eine Brotzeit machen. Sie bleiben ruhig, wenn Ihnen dabei immer wieder mal jemand aus Ihrem Blickfeld verschwindet. Und wenn ein Wetter aufkommt, dann sind Sie da und stimmen kurz ab, dass die Schutzhütte unterhalb des Gipfels vorübergehend den gemeinsamen Zielpunkt darstellt. So lässt sich ein verteiltes Team am ehesten erfolgreich führen.

Anfangs ist das gemeinsame Arbeitsergebnis oft noch nicht konturenscharf, eher so, wie man etwas mit zusammengekniffenen Augen sieht. Welchen Sinn erfüllt das, was wir tun, herstellen, leisten? Das ist die Gemeinsamkeit, die verbindet. Auf dieser Basis können Sie Teammitgliedern große Autonomie in der Gestaltung der Aufgabenbearbeitung geben, was die Arbeitszufriedenheit erhöht. Die gute Klärung von Zielvorstellungen wiederum sichert Ihnen als Führungskraft, dass diese Gestaltungsfreiheit sich in dem gemeinsam vereinbarten Korridor bewegt.

Zielorientiert zu führen ist weit entfernt von schlichter Plansollerfüllung. Vielfach sind auch Zielkorrekturen im Prozess sinnvoll – sie müssen aber transparent werden und natürlich von Ihnen gesteuert und gegebenenfalls im Unternehmen rückgekoppelt sein.

Wenn Sie an dieser Stelle denken, dass Führen auf Distanz mehr noch als Führen eines lokalen Teams Ihnen eine ziemliche Spannbreite in Ihren Einstellungen und in Ihrem Handeln abverlangt:

- dicht und präzise am Ball, also an der Aufgabe und dem Ziel zu bleiben und zugleich Freiheit zu geben und auch Blindflug-Phasen zu ertragen,

- beherzt zu steuern und zugleich den Teammitgliedern die Mitsteuerung zu überantworten,

- trotz minimaler Basis gegenseitigen persönlichen Erlebens eine Verbundenheit im Team herzustellen,

dann stimmen wir Ihnen da unbedingt zu. Genau das ist die Kunst und das überaus Reizvolle der Teamleitung auf Distanz. Belohnung für die Anstrengung: Aus etwas anfänglich nur schwer Greifbarem ein tragfähiges und erfolgreiches Team geschaffen zu haben – mit Möglichkeiten und Leistungen, die an einem Ort so niemals zu erreichen gewesen wären.

Die folgenden Kapitel begleiten Sie nun durch Ihren Führungsalltag. Lassen Sie sich anregen, Ihre eigene Praxis zu überdenken, Erprobtes zu bekräftigen und neue Impulse zu integrieren und Ihrer spezifischen Arbeitssituation anzupassen.

Auf einen Blick

Zentrale Herausforderungen der Kooperation auf Distanz und notwendige Schlüsselqualifikationen

⇨ Das Entscheidende in virtuellen Teams sind ihre durchgängigen *zentralen Arbeitsmittel: Die neuen Kommunikationsmedien.*

⇨ Alle Kommunikationsmedien filtern, und deshalb erschweren sie Kommunikation und Wahrnehmung. Erfolgreiche virtuelle Teams gehen bewusst und konstruktiv mit der *Filterwirkung von Medien* um.

⇨ *Das virtuelle Team gewinnt erst Kontur und manifestiert sich, wenn kommuniziert wird,* wenn also die Medien-Brücken aktiv beschritten werden.

⇨ Als Teamleiter/in eines virtuellen Teams müssen Sie *mit unvollständigen Informationen und unsicheren Situationen umgehen* können und immer wieder bewusst die *Perspektive Ihrer verteilten Teammitglieder* einnehmen: „Wie sieht die Situation gerade von der anderen Seite her aus?" ist eine Ihrer wichtigsten Prüffragen.

⇨ Besonders wichtige *Qualifikationen für die Arbeit im virtuellen Team* sind:

- *Selbstorganisationskompetenz*: individuelle Arbeitsorganisation, sich als Team selbst organisieren können. Hilfreiche gemeinsame Basis: Projektmanagement-Know-how.
- *Medienkompetenz*: Medien (technisch) nutzen können; Medien zielführend auswählen und einsetzen können; sich medienangemessen verhalten können; sensibilisiert sein für die Eigenlogik der Medien.

⇨ Besonders wichtige Kompetenzen für die Führung auf Distanz:

- *Vertrauen aufbauen* als Basis des Führungsverhaltens
- *Soziale Vernetzung fördern*: Ein starkes Netz unter den räumlich verteilten Teammitgliedern fordert, bindet und motiviert alle.
- *Ergebnisorientiert führen*: Eine hohe Qualität der Zielsetzungsprozesse unterscheidet hoch leistungsfähige von weniger leistungsfähigen virtuellen Teams.

3. Medien als Brücke für die Kommunikation im virtuellen Team

Dr. Bernhard Frohn, Geschäftsführer VIKA Ingenieurgesellschaft, Schwerpunkt Produkt- und Projektentwicklung im Planungsbereich für innovative Baukonzepte

Herr Dr. Frohn, Sie verwenden einen webbasierten Arbeitsraum für die Zusammenarbeit Ihrer Ingenieure. Wie kam es dazu, dass Sie solch ein Tool eingeführt haben?

Wir sind dabei, uns auszudehnen und verschiedene Standorte in ganz Deutschland aufzubauen. Dabei müssen wir sowohl im Unternehmen als auch mit anderen Partnern verteilt zusammen arbeiten. Hinzu kommt, dass wir zeitlich und räumlich sehr flexibel arbeiten: Wir haben keine festen Arbeitszeiten, und unser Arbeitsplatz wechselt zwischen Homeoffice oder direkt vor Ort bei einem Partner oder Kunden und dem Büro.

Gleichzeitig ging es uns darum, trotz der Standortverteilung einen Wissenspool in der Firma aufzubauen, zu dem jeder Zugang hat.

In welchen Situationen genau nutzen Sie den Arbeitsraum?

Wir nutzen das Tool erstens zum Austausch von Plänen und Protokollen, also Dateien. Zweitens nutzen wir es für die Unterstützung der individuellen Arbeit. Jeder hat seinen privaten Bereich, seinen „persönlichen Desktop", der von überall auf der Welt her zugänglich ist. Da kann jeder von zu Hause oder vom Hotel aus darauf zugreifen und Feedback zum aktuellen Stand eines Projektes geben.

Schließlich nutzen wir das Tool, um strukturiert Wissensbausteine abzulegen. Dies geschieht kontinuierlich und ist nicht unmittelbar einem Projekt zuzuordnen.

Welche Art von Aufgabenstellung muss das Tool in Ihrem Fall besonders unterstützen? Und wofür nutzen Sie das Tool nicht?

Das Tool wird in jedem Projekt von Anfang an genutzt. Das ist so gesetzt von der Projektleitung. Dabei liegt der Schwerpunkt auf der Kooperation, also auf dem Austausch von Unterlagen im Projekt. Die notwendige begleitende Kommunikation findet über die Schnittstelle des Groupwaretools mit unserem Mailprogramm statt. Solch ein Tool ersetzt auch nicht das direkte Gespräch, es entfrachtet es vielleicht etwas von sachlichen Inhalten.

Was haben Sie bei der Kommunikation über Medien in der Zusammenarbeit beobachtet?

Die Kommunikation über Medien ist nicht so inhaltsreich wie der direkte Austausch. Im direkten Gespräch können viel mehr Aspekte transportiert werden. In die schriftliche Kommunikation, wie zum Beispiel eine Mail, packt man eher sachliche Informationen. Damit konnten wir uns in persönlichen Treffen auf andere Dinge konzentrieren.

Ein ungünstiger Effekt war dagegen, dass Verantwortlichkeiten schneller hin und her geschoben werden: Mit „Das habe ich dir doch zugemailt" scheint die Verantwortung „weggeschickt" zu sein. Das ist bei uns besonders kritisch, da wir im Zweifel schnell etwas rechtsgültig nachweisen müssen. Außerdem produziert diese Art von Absicherung eine Datenflut: Jeder mailt jedem alles zu.

Wie sind Sie mit dieser Situation umgegangen?

Man muss sich zuerst überlegen, welche Kommunikation in welcher Phase des Arbeitspaketes sinnvoll ist, und dann, über welches Medium diese Kommunikation am besten erfolgen soll, speziell auch, welche Inhalte wie kommuniziert werden. Dazu machen wir im Vorfeld einzelner Projektphasen eine Abklärung im gegenseitigen Gespräch.

Welchen Anforderungen musste in Ihrem Fall die Technik standhalten?

Für uns war das Wichtigste die leichte Bedienbarkeit. Auch Partner und Kollegen, die nicht so technikorientiert sind, sollten das Tool intuitiv nutzen können. Wir haben dabei festgestellt, dass die Einfachheit einerseits aus der Technik resultiert, andererseits aber auch durch die Kompetenz des Projektleiters hergestellt wird, die Aufgaben medienangemessen zu strukturieren. Außerdem mussten schnelle Zugriffszeiten gewährleistet sein.

Als Sie das Tool in der Arbeit das erste Mal genutzt haben, was ist da im Team passiert?

Wir haben es zunächst ganz langsam eingeführt, es bestand anfangs kein Zwang, es zu nutzen. Inzwischen haben wir in der Zusammenarbeit mit anderen Netzwerken gemerkt, dass es auch schneller geht. Wenn die Bedienung einfach ist und das Tool den Arbeitsprozess unterstützt, dann wird es auch genutzt. Schwierig war es bei Teams, die mehr als 10 Mitglieder hatten.

Was hat Ihnen bei der Einführung besonders geholfen?

Wir hatten einen Ansprechpartner für technische Probleme. Wichtig war für uns, dass man das Tool aufmacht und es versteht. Bei dem neuen Projekt musste da nicht viel erklärt werden. Es gibt immer Personen, die sich auch in komplexere Anwendungen selbständig einarbeiten, und andere, die eher einen Widerstand dagegen haben. Die letzteren werde ich nie erreichen können, wenn es zu kompliziert wird.

Welche Hürden gab es bei der Einführung?

Eigentlich keine, außer bei der Auswahl des Tools, wo wir ja dann auch unseren Weg gefunden haben. Eine Hürde gab es, die aber ihren Ursprung nicht in der Technik hatte: Wenn die gegenseitigen Abhängigkeiten im Team oder in der Gruppe zu gering waren, dann hat auch die Nutzung des Tools nicht funktioniert.

Danke für das Gespräch!

E-Mail, gemeinsame Dateiablage, Teamkalenderfunktionen, Diskussionsforen, Telefonkonferenzen gehören wahrscheinlich jetzt schon zu Ihren gewohnten Arbeitsmitteln im Unternehmen, vielleicht auch Videokonferenzen. Wenn Sie Projekte zu verantworten haben, arbeiten Sie vermutlich auch mit entsprechenden Projektmanagement-Tools.

Tools zur Unterstützung räumlich verteilter Besprechungen („Meetingtools") einschließlich Application Sharing, Chat, ein gemeinsames Bookmarkarchiv, VoIP (Voice over Internet Protocol), Instant Messaging, Wikis und Blogs sind in der unternehmerischen Anwendung noch eher dünn gesät.

Virtuelle Kooperation hängt allerdings nicht von der Menge der eingesetzten Medien und Tools ab. Die Bedeutung immer neuerer Technik und einer möglichst großen Zahl von Anwendungen wird oft überschätzt – besonders gern von Anbietern entsprechender Software. Andererseits kommt der Frage, welche Medien Ihre räumlich verteilte Arbeit in angemessener Weise unterstützen können, schon eine große Bedeutung zu.

Ganz konkret heißt das: Lassen Sie sich nicht verrückt machen vom Feuerwerk wöchentlicher Markteintritte neuer Tools oder den ständig neuen Features altbekannter Produkte, von Kolleginnen und Bekannten, die mit dieser oder jener Anwendung über ihr Smartphone angeblich die Kommunikation mit ihren Teams auf ganz neue Beine gestellt haben. Stellen Sie Ihre Arbeitsaufgaben in den Mittelpunkt, schauen Sie genau, was Sie dafür brauchen, und starten Sie dann eher nach dem Prinzip „small ist beautiful". Zu einem solchen zielorientierten, eher sparsamen, damit aber wirksamen Medieneinsatz zeigen wir Ihnen in diesem Kapitel Entscheidungsleitlinien auf.

Medien sind jedoch nicht nur Dienstleister Ihrer räumlich verteilten Zusammenarbeit. Die extrem dynamische IT-Entwicklung eröffnet auch neue Möglichkeiten für virtuelle Zusammenarbeit: Wie sähe heutige virtuelle Kooperation aus ohne die Erfindung des Internets und die Veränderungen der Kommunikation und Kooperation durch die sogenannten „Web-2.0"-Anwendungen? Einige Schlaglichter:

- Während in den frühen Jahren Inhalte zentral bereitgestellt und von Nutzer/innen abgerufen wurden, verwischt heute die Unterscheidung zwischen „Produzent" und „Nutzer" – alle an einer bestimmten „Community" Beteiligten können dezentral Inhalte erstellen, zur Verfügung stellen und weiterverwerten.

- Die Web-Erreichbarkeit hat sich deutlich erweitert – man kann nicht mehr nur an einem stationären PC seine Mails abrufen und versenden, sondern auch von unterwegs und mit einer Vielzahl von mobilen, Hand- und Jackentaschen-kompatiblen Endgeräten kommunizieren, kooperieren und auf Informationen und Dokumente zurückgreifen.

- Unternehmensübergreifende Netzwerke werden durch webbasierte Anwendungen erleichtert. Die Webbasierung bis hin zum Cloud Computing macht alle Beteiligten immer unabhängiger vom jeweiligen Endgerät und den dort installierten Programmen und Dateien.

- Anwendungen integrieren immer häufiger Funktionen (z. B. Kalender, Aufgabensteuerung, Kontaktmanagement, Besprechungsplanung oder Projektmanagement-Funktionen), oder Portale machen zumindest die verschiedensten Funktionen und Anwendungen über eine gemeinsame Startseite und einen einzigen Log-In zugänglich.

▓ Im privaten Bereich haben sich Social Media („Web 2.0") insbesondere bei jüngeren Nutzer/innen schnell durchgesetzt: Microblogging-Dienste wie Twitter für schnelle aktuelle Informationen an Freunde, Communities wie XING oder Facebook für den personenbezogenen Austausch zu unterschiedlichsten Themen, Bookmark-Dienste wie Mr. Wong oder Delicious zur Verbreitung und Wertung von Web-Angeboten oder auch Informations-Abonnements („Feeds"). Diese Entwicklung schwappt in den Unternehmensbereich hinein, so dass dort der Entwicklungsdruck steigt, vergleichbare Tools für unternehmensinterne Community-Aktivitäten zur Verfügung zu stellen. Inzwischen gibt es eine Reihe von Beispielen aus Unternehmen für diese flexiblen, dezentralen medienbasierten Kommunikations- und Kooperationsformen, die in Analogie zum Web 2.0 unter der Überschrift „Enterprise 2.0" vorgestellt und diskutiert werden.

Und in einigen Jahren werden sich vermutlich weitere Formen der Kooperation ergeben, an die heute noch niemand denkt …

Die Auflistung soll allerdings keinen blinden Fortschrittsglauben widerspiegeln. Die Entwicklung ist keineswegs glatt, nicht alle partizipieren gleichermaßen:

▓ Die Zunahme webbasierter Anwendungen bei gleichzeitig steigenden Dateigrößen behindert z. B. allein hier in Deutschland die Teilhabe von kleinen Unternehmen oder Freelancern, die im ländlichen Raum unter einer äußerst schlechten technischen Anbindung leiden.

▓ Die umfassende Erreichbarkeit („24/7") durch Smartphones u. Ä. führt zu einer Anspruchshaltung gegenüber Mitarbeiter/innen, die in kritischen Projektphasen angemessen sein mag, ansonsten aber allenfalls vorübergehend das Ego pinselt und langfristig die Burn-out-Gefährdung erhöht.

▓ Die Rollenveränderungen, die sich durch die Partizipationsmöglichkeiten ergeben, werden alle diejenigen begrüßen, die gern in hierarchiearmen Kontexten flexibel miteinander arbeiten. Wer seine berufliche Identität und Sicherheit aus der Klarheit von Hierarchie und Rechtezuweisung zieht, wird die Flexibilität und Unabhängigkeit des Austausches vielleicht als anarchisch und bedrohlich erleben.

Aufmerksam die Entwicklung zu beobachten, die Chancen für die räumlich verteilte Kooperation zu erkennen und zugleich die möglichen Nebenwirkungen zu bewerten, wird auch zu Ihren Aufgaben als Teamleiter/in eines räumlich verteilten Teams gehören. Den Blick darauf zu haben, welche neuen Möglichkeiten Ihnen aktuelle Technikentwicklungen bieten, gilt aber auch besonders für diejenigen unter Ihnen, die als Personal- oder Organisationsentwickler/innen oder aus der IT-Abteilung heraus teamübergreifend und eher für das Unternehmen insgesamt Entwicklung begleiten und vorantreiben.

Damit Sie auch nach Erscheinen dieses Buches einen Überblick über die aktuelle Angebotsvielfalt von Kommunikationsmedien mit ihren technischen Details haben, recherchieren Sie am besten im Internet unter den Stichworten Groupware oder Collaboration-Tools sowie Enterprise 2.0 (siehe auch Link-Tipps am Ende des Buches).

Wir behandeln die Medien in diesem Buch nicht mit allen ihren Möglichkeiten für die Unternehmensentwicklung insgesamt – Open Innovation, E-Commerce und ähnliche Themen bleiben also außen vor. Wir konzentrieren uns darauf, wie durch Medien die Umsetzung der gemeinsamen Ziele und Aufgaben in einem virtuellen Team effektiv und effizient unterstützt werden kann.

Dazu geben wir Ihnen einen Überblick darüber,

- was Kommunikation im virtuellen Team und für virtuelle Führung leisten muss,

- welche Medien(typen) Ihnen zur Verfügung stehen,

- wie Sie den Bedarf an Funktionalitäten neuer Medien für Ihr Team feststellen,

- wie Sie sich Ihr teamspezifisches Medienportfolio zusammenstellen, so dass die jeweiligen Kooperationserfordernisse gut unterstützt werden,

- wie Sie Medien situationsangemessen nutzen können,

- wie Kommunikationsmedien die Kommunikation im Team beeinflussen,

- wie Sie konstruktiv mit den spezifischen Medieneffekten umgehen und

- was Ihr Team ggf. neu lernen muss und wie Sie dies am besten bewerkstelligen.

3.1   Was virtuelle Kommunikation leisten muss

Die Basis für Zusammenarbeit wie auch für Führung ist Kommunikation. Über die Abfolge einzelner Kommunikationsakte werden Handlungen koordiniert, Einigungen über Ziele und Vorgehen hergestellt und Probleme gelöst:

- Ein Sender codiert seine Botschaft (z. B. in Worten oder Schrift) und

- sendet sie über ein Medium (z. B. Sprache, E-Mail),

- ein Empfänger nimmt diese Botschaft auf (hört, liest) und

- decodiert sie (interpretiert sie, gibt ihr Bedeutung).

Die Antwort verläuft in umgekehrter Reihenfolge in denselben Schritten: Codierung – Übermittlung – Decodierung.

Schon in persönlicher Kommunikation kann es zu Irritationen oder Störungen in diesem Prozess kommen: Codierung oder Decodierung können misslingen („Es ist schwer in Worte fassen." „Das habe ich so nicht herausgelesen.") oder Sender und Empfänger verfügen vielleicht über unterschiedliche Codiermechanismen (unterschiedliche Sprachen, Sprachebenen oder Fachvokabulare, verschiedener kultureller Hintergrund).

In virtuellen Teams ist die Kommunikation über Medien weitaus gebräuchlicher als persönliche Kommunikation, und damit kommen weitere Störquellen für den Kommunikationsprozess hinzu: Die technische Übertragung ist beeinträchtigt, z. B. durch Hintergrundlärm, der Empfänger ist gerade nicht empfangsbereit oder das Medium überträgt nur einen Teil der kommunikativen – z. B. nur die akustischen – Signale.

Die besonderen Klippen mediengestützter Kommunikation über Distanz lassen sich leichter erkennen, wenn man sich klarmacht, was grundsätzlich notwendig ist, damit berufliche Kommunikation mit ihren Codier- und Decodiervorgängen effektiv und effizient abläuft:

▓ Kommunikation muss vielschichtig und vielfältig sein, damit gemeinsames Handeln funktioniert.

▓ Das gemeinsame Handeln lässt sich am ehesten über intensive, zeitnahe Rückkopplungsprozesse steuern.

In den folgenden Abschnitten erläutern wir, wieso diese beiden Faktoren für die gemeinsame berufliche Arbeit so wichtig sind und welche Fragen sich dazu bei mediengestützter Kommunikation in Ihrem virtuellen Team stellen. Anschließend betrachten wir Medien und ihre Einflüsse auf diese kommunikativen Erfordernisse.

3.1.1   Vielfältige Botschaften transportieren

Friedemann Schulz von Thun (2000) hat ein Kommunikationsmodell entwickelt, nach dem jede Kommunikation unterschiedliche Botschaften enthält, ausgesprochene und unausgesprochene.

So beinhaltet der Satz: „Ich habe dich gestern fünfmal angerufen!", in vorwurfsvollem Ton vorgetragen,

▓ eine Sachaussage: „Ich habe gestern fünfmal (*und nicht etwa zwei- oder viermal*) versucht, dich anzurufen.",

▓ eine Selbstkundgabe: „Ich war genervt, ärgerlich, enttäuscht.",

▓ Beziehungsaussagen: „Du bist unzuverlässig." „Du bist kein Freund, der da ist, wenn ich ihn brauche." und

▓ einen Appell: „Jetzt hör dir an, was ich von dir wollte. Mach es wieder gut und steh mir jetzt zur Verfügung!"

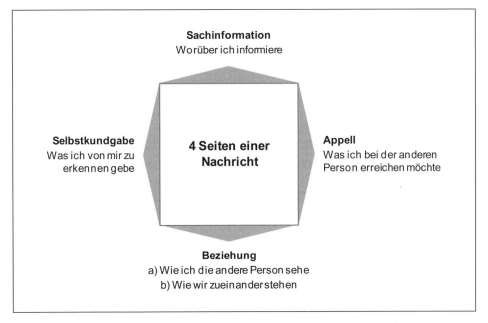

Abbildung 5: Die vier Seiten einer Nachricht nach Friedemann Schulz von Thun (2000)

Die die Sachaussage ergänzenden Botschaften erfüllen eine wichtige Funktion: Sie helfen, eine Sachinformation einzuordnen, Absichten und Ziele zu erkennen und geben Interpretationshilfe. Die unausgesprochenen Botschaften werden oft aus Mimik, Gestik, Körperhaltung (nonverbalen Signalen) oder Stimmführung, Lautstärke, Räuspern und Betonung (paraverbalen Signalen) geschlossen. Diese Muster haben wir zu interpretieren gelernt. Zum Beispiel „Ironie": Deren Wirkung besteht gerade darin, dass Mimik oder Stimmführung signalisieren: „Nimm das Gesprochene nicht wörtlich – ich meine genau das Gegenteil."

Wo solche Hinweise fehlen, z. B. bei schriftlicher Kommunikation, tendieren Menschen dazu, diese „Lücke" durch eigene Gedanken aufzufüllen. Diese werden gespeist aus allgemeinen Erfahrungen, der speziellen Vorgeschichte, vermeintlichen Hintergrundinformationen, eigenen Einschätzungen, Einstellungen und Emotionen.

Gerade in kritischen Situationen entsteht dadurch leicht eine Verschärfung: Ein knapp formulierter Satz kommt beim Empfänger nicht mehr nur als Sachinformation an, sondern wird angereichert mit vermuteten Absichten (unterstellte Selbstkundgabe des Senders), mit empfundener Abwertung (unterstellte Beziehungsaussage) und empfundener Beeinträchtigung (impliziter Appell, Auftrag), auf die dann der Empfänger entsprechend reagiert.

Grit Ballmer erhält eine Mail ihres Kollegen Fred Teuber: „Habe eine Reihe von Korrekturen im Konzept vorgenommen – see attachment. mfg Fred". Die Sachinformation ist klar: Das mitgeschickte Dokument weist gegenüber dem ursprünglichen Konzept Veränderungen auf. Dass Grit ein komisches Gefühl hat, ergibt sich aus ihren Vermutungen über unausgesprochene Begleitbotschaften, die viele Gedanken auslösen: „Fred formuliert so knapp, sogar ohne Anrede – ist er sauer auf mich?" (vermutete Selbstkundgabe). „Er sagt mir auch ziemlich deutlich, dass mein Konzept offenbar nicht gut war – vielleicht sogar, dass er von mir mehr erwartet hätte" (vermutete Beziehungsbotschaft). „Und ich soll das jetzt so schlucken, ohne noch mal was dazu zu sagen!" (vermuteter Appell).

Vielleicht denken Sie jetzt, dass Grit ihrer Phantasie – noch dazu ihrer negativen – zu viel freien Lauf lässt. Mag sein. Jemand anders hätte die kurze Mail vielleicht einfach nur gleichmütig zur Kenntnis genommen. Wenn das Verhältnis zwischen den beiden sehr gut und die Arbeitssituation gerade entspannt ist, hätte vermutlich auch Grit eher so reagiert. Aber wenn die Situation im Unternehmen oder mit dem Kollegen angespannt ist, dann hat sie sicher alle Antennen ausgefahren, „hört das Gras wachsen" und „liest zwischen den Zeilen". In virtuellen Teams gibt es wenig direkte persönliche Begegnung, in der normalerweise nonverbale und paraverbale Signale Nachrichten interpretieren helfen. Medien filtern gerade diese Botschaften oft heraus, und das verunsichert.

Wenige Worte mehr hätten die Situation vermutlich völlig entspannt: „Habe eine Reihe von Korrekturen im Konzept vorgenommen – see attachment. Okay so? In Eile – mfg Fred". Neben der Sach-Botschaft hätte Grit mit „Okay so?" klare Botschaften auf der Beziehungsebene („Du sollst in die endgültige Freigabe einbezogen sein, deine Meinung ist wichtig.") und auf der Appellebene („Guck es dir bitte noch mal an und gib eine Rückmeldung.") erhalten. Und mit der expliziten Selbstkundgabe „In Eile" hätte Grit die kurze Mail auf der Beziehungsebene gut einordnen können: „Es liegt nicht an dir, dass die Mail so knapp ausfällt."

Was in dem Beispiel deutlich wird: Die Nutzung der neuen Kommunikationsmedien beeinflusst die Kommunikation, da die Medien filtern, was an (ausgesprochenen und unausgesprochenen) Informationen transportiert werden kann. Die Sachebene bedient sich mehr der digitalen Kommunikation, kann in einzelnen Zeichen, d. h. in Worten und damit auch in Schrift, ausgedrückt werden, lässt sich also durch viele Medien gut übermitteln. Die anderen drei Ebenen – Selbstkundgabe, Beziehungsaussage, Appell – hingegen bedienen sich eher analoger Kommunikation wie Gesten, Stimmmodulation, Körperhaltung und ähnliches. Gerade die analoge Kommunikation wird über viele Medien aber nur eingeschränkt transportiert.

3.1.2 Prozesssteuerung durch Rückkopplungsprozesse ermöglichen

Kommunikation baut sich als wechselseitiger Rückkopplungsprozess zwischen zwei oder mehr Kommunikationspartnern auf. Diese ständige Rückkopplung hilft den Kommunikationspartnern zu prüfen, ob sie einerseits die Botschaft des anderen verstanden haben und ob andererseits die eigene Botschaft beim Partner richtig angekommen ist. Gegebenenfalls werden die nächsten Botschaften korrigiert und angepasst. Schritt für Schritt nähern sich die Beteiligten nun einem gemeinsamen Verständnis an. Damit diese Annäherung geschehen kann, müssen die Wege der Kommunikation diese gegenseitigen Rückkopplungsprozesse überhaupt ermöglichen. Je unmittelbarer die Reaktionen eingeholt und gegeben werden können, desto besser für das gemeinsame Verständnis von Problemstellungen und -lösungen, Aufgaben, Entscheidungen und vieles andere, was im Alltag von Teams eine Rolle spielt.

Wie dicht diese Rückkopplungsprozesse sein müssen, hängt auch von der Aufgabenstellung im Team ab. Wo im Rahmen eines gemeinsamen Auftrags weitgehend arbeitsteilig in gut bekannten Bahnen zusammen gearbeitet wird, können Rückkopplungen in größeren Abständen, hintereinander geschaltet und mit gewissen Verzögerungen, durchaus ausreichen. Wo aber „echte" Teamarbeit an einem gemeinsamen Gegenstand oder in der Entwicklung eines gemeinsamen Produktes geschieht, müssen solche Rückkopplungsprozesse in hoher Dichte ohne Zeitverzögerung in beide oder viele Richtungen möglich sein.

Medien, die Ihre Arbeit im Team unterstützen sollen, müssen sich also daran messen lassen, ob sie der Aufgabe angemessene Rückkopplungsprozesse ermöglichen.

3.2   Medien – ein Überblick

Da Medien ein zentrales Arbeitsmittel für virtuelle Teams darstellen, müssen Sie als Führungskraft mit ihnen vertraut sein, um sie im Arbeitsprozess gezielt einsetzen zu können. Dieser Abschnitt ist also vor allem für diejenigen unter Ihnen interessant, die bisher vornehmlich auf Mail und Telefon setzen.

Wir stellen Ihnen nachfolgend die Grundtypen der Medien vor, die genutzt werden, um virtuelle Teamarbeit zu unterstützen. Dazu werden wir die in Abbildung 6 schlicht alphabetisch aufgelisteten Medien unter mehreren Aspekten näher beleuchten. So erhalten Sie verschiedene Raster, die Ihnen bei der Einordnung, Beurteilung der Eignung und Wirkung sowie bei der Auswahl von Medien gute Dienste leisten.

Ausdrücklich sei nochmals erwähnt, dass wir uns auf die Medien zur Unterstützung virtueller Zusammenarbeit beschränken.

Medium/Funktion	Was sich dahinter verbirgt
App	Kurzform für Application; im Speziellen sind damit kleine (über das Internet beziehbare) Anwendungen für Smartphones bezeichnet, denen für die Kommunikation und Kooperation im Rahmen von Enterprise-2.0-Anwendungen ein großes Potential zugesprochen wird.
Application Sharing	Auch wenn nicht jede/r eine bestimmte Anwendung auf dem eigenen PC installiert hat, kann diese Anwendung gemeinsam genutzt werden, indem einer Person die Steuerung einer Anwendung auf dem räumlich entfernten PC einer anderen Person ermöglicht wird.

Medium/Funktion	Was sich dahinter verbirgt
Blackboard/Pinnwand	Elektronisches „Schwarzes Brett", an dem man einzelne Notizen und Nachrichten hinterlassen kann.
Blog oder Weblog	Chronologische (Tagebuch) oder themenzentrierte Einträge, meist aus der Ich-Perspektive, öffentlich, durch Kommentarfunktion und über gegenseitige Verlinkung („backtracking") dialogorientiert. In Unternehmen (bisher) eher genutzt zur Führung von Projekttagebüchern oder Projektdokumentationen, teils auch gezielt für Projektmarketing („What's new" im Projekt).
Bookmarkarchiv	Öffentlich oder in einer definierten Gruppe gemeinsam zugängliches Verzeichnis von Weblinks.
Buddy-List/ICQ	Liste der Mitglieder eines Teams/Anzeige der Gruppenzugehörigkeit bzw. Online-Statusanzeige (ICQ ist ein Laut-Akronym für „I seek You").
Dateiablage	Gemeinsamer Speicherort für Dateien (ob web- oder (client-)serverbasiert), auf den alle Berechtigten zugreifen können, meist noch mit einer Hinweisfunktion auf neue Dateien oder neue Dateiversionen.
Diskussionsforum	Gesammelte Textbeiträge, nach Themen und Antwortbezug geordnet (in sog. „Threads", also strukturierten Diskussionssträngen).
E-Mail	Textnachricht an ausgewählte Empfänger/innen über ein Mailprogramm.
Follow Me oder Location Based Service	Über Mobiltelefone der neueren Generation/Smartphones angebotener Dienst der Lokalisierung des Gerätes. Darüber können Nutzer einem definierten Kreis an Followern mitteilen lassen, wo sie sich gerade befinden. Erste Versuche zur Anwendung solcher Dienste im Sinne von Enterprise 2.0 werden gerade für den Bereich Vertrieb und Logistik entwickelt (Kopplung mit Geodaten der Kundendatenbank).
Instant Messaging	Direkte Zusendung von Text-Nachrichten an ausgewählte Empfänger/innen aus der Buddy-List, die gleichzeitig online sind.
Kalender	Gemeinsam zugängliche elektronische Kalender (individuelle und kollektive), in denen eingetragene Termine zudem mit Benachrichtigungs- und Erinnerungsfunktion, Zuordnung von Aufgaben u. Ä. verknüpft werden können.
Meeting Manager	Unterstützungsfunktion zum Planen, Vorbereiten und Protokollieren von Meetings
Microblog	Spezialform des Bloggens, meist mit Zeichenbegrenzung (z. B. auf 140 Zeichen bei Twitter, dem bekanntesten Microblogging-Dienst). Diese Microblogs werden über SMS, E-Mail, Instant Messaging oder das Web (meist über Widgets) an Empfänger übermittelt, die diese Meldungen abonniert haben (Followers). Je nach Abonnentenkreis sind diese Microblogs privat, öffentlich oder teilöffentlich. Als Enterprise-2.0-Anwendung wie Blogs genutzt z. B. für Projekttagebücher, aber auch für die gezielte Suche nach Expertise im Unternehmen. Hierbei kommt vor allem das ReTweet zum Tragen, also die Weiterleitung von erhaltenen Tweets an die eigenen Follower. Darüber lassen sich in extrem kurzer Zeit Nachrichten/ Anfragen an große, aber gezielte Verteilerkreise versenden.
Online-Polling	Online-Abfragen und -Abstimmungen in Netzwerken (auch „Cockpits" oder „online questionnaires")

Medium/Funktion	Was sich dahinter verbirgt
Outliner	Textbasierte Sammlung von Ideen u. Ä. (sortierbar)
Projekt-Manager	Unterstützt Projektmanagement und vereint dafür oft mehrere einzelne Werkzeuge wie Aktivitätenplanung, Abrechnung, Ressourcenüberwachung oder Terminierung in einer Anwendung.
SMS	Short Message Service, eigentlich ein Übertragungskanal für Service-Mitteilungen in Mobilfunknetzen, der heute vielfältig genutzt wird für diverse Anwendungen im Mobilfunkbereich.
Social Tagging	(Tag = Etikett) Gezieltes Verschlagworten/Verlinken von Inhalten durch die Nutzer/innen in Wikis, Blogs oder Microblogs. Dadurch können Dokumente sortiert oder gefiltert oder Nutzer/innen entsprechend ihrer Schwerpunktthemen in Verbindung gebracht werden. Die Schlagworte werden mitunter in einer „Tag Cloud" (Schlagwort-Wolke) dargestellt, in der unterschiedliche Schriftgrößen auf die Häufigkeit der Vergabe dieses Schlagworts (und damit der zugehörigen Dokumente) verweisen.
Telefonkonferenz	(mehr als zwei) zusammengeschaltete Telefone. Tools, die das unterstützen, bieten oft Zusatzfunktionen wie Einladung an die Gesprächsteilnehmer/innen oder Protokoll.
Text-Chat	„Unterhaltung" mittels geschriebenem Text.
Terminfinder	Webtool zur Abfrage von Terminen, dient der Terminkoordination (z. B. doodle).
Video-Konferenz	Bild-Ton-Konferenz in hoher Auflösung als spezialisierte Anwendung (gerade für Videokonferenzen zwischen Gruppen) oder über IP mittels Webcam und PC („Video-Chat").
Voice-Chat/VoIP	Voice over Internet Protocol. Synchrone Stimmübertragung über das Internetprotokoll („Telefon per Internet").
Voice-Mail	Übersendung von Sprachnachrichten als Audio-File im Anhang von Mails; wird auch als Anrufbeantworterfunktion bei VoIP verwendet.
Whiteboard (shared)	Für mehrere Personen zugängliches Werkzeug (meist webbasiert) mit Text, Zeichen- und Grafikfunktionen; also elektronische Tafel, elektronisches Flip-Chart.
Widgets	Kleine, unselbständige Desktop- oder Website-Elemente, die die Anzeige oder Einbindung von Informationen oder Funktionen aus anderen Anwendungen ermöglichen (z. B. Reiseinfos, Kalendereinträge oder Einträge aus Social-Web-Anwendungen).
Wiki	Hypertextbasiertes System zur (kollektiven) Erstellung von Inhalten für Webseiten. Meist als Synonym gebraucht für das Ergebnis, also umfangreiche Stoffsammlungen oder Lexikoneinträge, die in einem mehr oder weniger verteilten und dialogischen Prozess das Wissen der Beteiligten abbilden. Im Rahmen von Enterprise 2.0 für Wissensmanagement genutzt oder für Skill-Informationen/Profileinträge von Unternehmensmitarbeitern, manchmal erweitert um Kundenprojektdarstellungen.
Workflow	automatisierter und teilautomatisierter Ablauf von Aktivitäten; elektronische Vorgangssteuerung.

Abbildung 6: *Die wichtigsten neuen Kommunikationsmedien und ihre Funktionen*

3.2.1 Einteilung der Medien nach dem Zeitaspekt: Asynchrone und synchrone Kommunikation

Eine erste grundsätzliche Einteilung der Medien lässt sich anhand der Frage vornehmen: Unterstützt das Medium zeitgleiche oder zeitversetzte Kommunikation zwischen Sender und Empfänger?

Asynchrone, zeitversetzte Kommunikation bedeutet, dass Sender und Empfänger nicht exakt zur selben Zeit das Medium nutzen müssen, um miteinander kommunizieren zu können. Die gebräuchlichsten asynchronen neuen Kommunikationsmedien sind E-Mail, SMS, Blogs und Microblogs, Diskussionsforen, Wikis, Voice Mail/Anrufbeantworter und gemeinsame Datei-ablagen.

Damit können Nachrichten, Dateien usw. unabhängig von der zeitgleichen Erreichbarkeit anderer Teammitglieder abgelegt werden. Das entlastet den Sender, der die Dinge damit „aus dem Kopf bekommt".

Aber auch der Empfänger kann seinem eigenen Arbeitsablauf entsprechend die Nachrichten, Arbeitsaufträge, Dokumente flexibel abrufen und bearbeiten. So entstehen konzentriertere Arbeitsphasen, und die vielen Kleinigkeiten können dann in einem Rutsch bearbeitet werden.

Der Nachteil asynchroner Kooperation: Die für effektive Kommunikation so wichtigen Rückkopplungsprozesse werden verzögert. Und die Aufwände für Rückversicherungsschleifen können erheblich anwachsen, da der Empfänger nicht schon in die Nachricht hinein Rückmeldungen geben kann (Nicken, Nachfragen, hochgezogene Augenbrauen, Signale von Dringlichkeit, Zustimmung oder Ablehnung).

Andere neue Medien unterstützen synchrone, also zeitgleiche Kommunikation und ermöglichen damit diese unmittelbare Rückkopplung zwischen den Beteiligten. Angefangen beim schriftbasierten Chat, mit dem ein Teammitglied am Standort in Europa mal schnell mit einem Teammitglied in Asien den richtigen Zeitpunkt für ein Telefonat ausmachen kann, über die online-Statusanzeige, die den anderen Teammitgliedern zeigt, dass Sie gerade prinzipiell erreichbar sind, bis hin zur Telefon- und Videokonferenz, in der komplexe Aufgabenstellungen besprochen werden können.

Die zunehmende (zeitliche) Allverfügbarkeit der neuen Medien verwischt die Grenzen zwischen synchronen und asynchronen Medien allerdings zunehmend. Da immer mehr Mitarbeiter/innen über z. B. Smartphones zu (fast) jeder Zeit („Auflösung der Normalarbeitszeit") an jedem Ort Zugriff auf jegliche elektronisch verfügbare Informationsquelle haben, wird aus einer E-Mail-Folge schnell ein Chat, eine Suchanfrage über Microblogging wird zu einer gemeinschaftlichen Onlinerecherche mit Tagging durch Kolleginnen und Kollegen etc.

Trotzdem ist es wichtig, sich die Unterscheidung zwischen asynchroner bzw. synchroner *Kommunikation* für die Wirkung der medienvermittelten Zusammenarbeit zu vergegenwärtigen: Auch eine schnelle Abfolge von Mails ist noch nicht dasselbe wie ein zeitgleicher Dialog, in den in jeder Sekunde alle Beteiligten hineinagieren können.

3.2.2   Einteilung der Medien nach der Aufgabenstellung

Kommunikationserfordernisse sind nicht immer gleich. Je nachdem, welche Anforderung oder Aufgabenstellung im Vordergrund steht, erscheinen andere Medien von Vorteil. Deshalb stellen wir Ihnen hier ein Modell vor, das unterschiedliche Arten der Zusammenarbeit differenziert. Jede dieser Aufgaben wird von verschiedenen neuen Kommunikationsmedien unterstützt.

Das Modell unterscheidet Kommunikation, Koordination und Kooperation als grundsätzliche Formen der Zusammenarbeit, die je nach überwiegendem Aufgabenzuschnitt des Teams dessen Zusammenarbeit prägen.

Wie die nachfolgende Graphik zeigt: Die Aufgabenbereiche sind unterschiedlich, überschneiden sich aber auch. Teams haben selten Arbeitsaufträge, die nur genau einen dieser Bereiche umfassen. Gleichwohl unterscheiden sich Teams hinsichtlich der Art der Zusammenarbeit, die für sie im Vordergrund steht. Den Arbeitsschwerpunkt Kommunikation finden Sie z. B. in Expertenteams oder Communities of Practice, aber auch in unternehmensweiten Projekten zum Wissensmanagement oder zur Vernetzung („Skill-Management"/Übersicht von Qualifikationen, Projektdatenbanken). In vielen Projektteams steht die Koordination im Vordergrund, manche andere Projektteams, aber auch Forschungs- und Entwicklungsteams stehen insbesondere vor Kooperationserfordernissen.

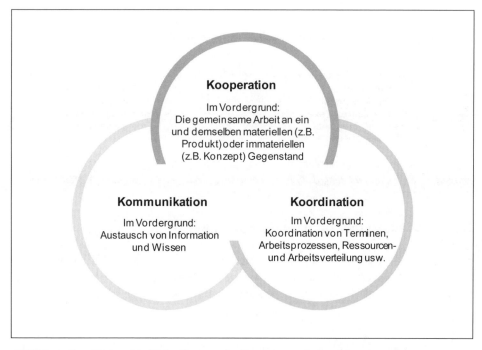

Abbildung 7:   *Unterschiedliche Formen der Zusammenarbeit*

Falls Sie irritiert sind über die doppelte Verwendung von „Kooperation" in diesem Zusammenhang – dieser Begriff wird tatsächlich oft zweifach verwendet: einerseits als Oberbegriff für die Zusammenarbeit im Team, andererseits präzise abgegrenzt gegenüber Kommunikation und Koordination (s. u.). Im englischsprachigen Raum vermeidet man diese Doppelung, indem man die drei Teilaufgaben „communication" – „coordination" – „cooperation" unter der Überschrift „collaboration" zusammenfasst. Im Deutschen ist der Begriff „Kollaboration" allerdings negativ besetzt (Zusammenarbeit mit einer feindlichen Besatzungsmacht) und wird deshalb im Kontext virtueller Zusammenarbeit nicht genutzt. Wir verwenden „Zusammenarbeit" im Sinne dieser „Collaboration" als Oberbegriff.

Jeder dieser Formen der Zusammenarbeit lassen sich Medien zuordnen, die die jeweiligen spezifischen Erfordernisse besonders gut unterstützen – Überschneidungsbereiche nicht ausgeschlossen.

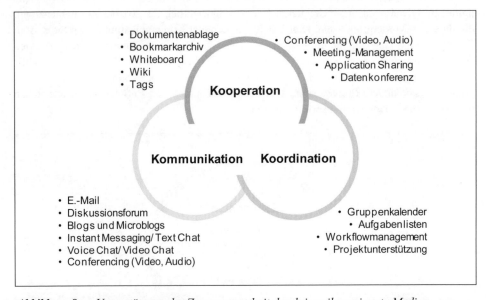

Abbildung 8:   *Unterstützung der Zusammenarbeit durch jeweils geeignete Medien*

3.2.3   Weitere unterstützende Funktionen

Neben der zeitlichen Dimension (synchron/asynchron) und der Frage, welcher Zusammenarbeitstypus vorherrscht, wollen wir noch zwei weitere Funktionsbereiche von Medien näher beleuchten, die für alle Typen verteilter Zusammenarbeit relevant sind:

Awareness

Awareness (= Bewusstheit, Aufmerksamkeit) bezeichnet die Unterstützung der Wahrnehmung in der medienvermittelten Kommunikation. Es gibt dabei zwei Ausprägungen: eine eher soziale und eine eher aufgabenorientierte Awareness.

Die *soziale Awareness* vermittelt sich z. B. durch eine (online-)Statusanzeige („Buddy-List") oder die ICQ-Funktion, mit deren Hilfe Teammitglieder sehen können, wer zum Team gehört bzw. gerade online ist und damit prinzipiell für Kommunikation zur Verfügung steht. Diese Funktion von synchronen Medien erleichtert die schnelle Kontaktaufnahme. Sie vermittelt auch ein Gefühl von Verbundenheit, schließlich wird spürbar, dass man nicht allein an der Arbeit sitzt (vgl. auch Kapitel 3.2.4, Groupware).

Die eher *aufgabenorientierte Awareness* wird durch Funktionen hergestellt, die vor allem in asynchronen Medien zum Tragen kommt. Sie steigert die Aufmerksamkeit und garantiert außerdem die Verbindung der Kommunikation im webbasierten Projektraum oder in der Dateiablage mit der Regelkommunikation im Alltag. Zu diesen Awareness-Funktionen zählen z. B. die Benachrichtigung der Teammitglieder per Mail/SMS über neu hochgeladene Dokumente oder neue Forumsbeiträge („Abonnement") oder die Kennzeichnung neuer Dokumente oder Beiträge durch ein Symbol, das erst verschwindet, wenn die Datei oder Nachricht geöffnet oder durch einen Mausklick zur Kenntnis genommen wurde.

Besonders wenn für das Team die Nutzung einer gemeinsamen Plattform oder eines virtuellen Projektraums noch relativ neu ist und die Teammitglieder nicht automatisch jeden Tag den Raum besuchen, sind diese Funktionen zentral, um den Fluss der Kommunikation über Distanz und damit die Aufmerksamkeit für den Ablauf der gemeinsamen Aufgaben zu gewährleisten.

Sicherheit

Mit der zunehmenden Nutzung des Internets im Arbeitsprozess haben in Unternehmen sicherheitsrelevante Fragen stark an Bedeutung gewonnen. Neueste Ergebnisse aus Forschung und Entwicklung, die veränderte Unternehmensstrategie, eine pfiffige Marketinginitiative, Kunden- oder Mitarbeiterdaten oder gar sicherheitsrelevante Daten selbst sollen nicht in falsche Hände geraten. In abgeschotteten Unternehmensnetzwerken, vor allem in einem Intranet, stellt dies kein so großes Problem dar, in der Kommunikation über das Internet und damit auch in Web-2.0-Anwendungen dagegen schon. Die Möglichkeit der Verschlüsselung (z. B. SSL/Secure Sockets Layer), Authentifizierung und Zertifizierung sind dann ganz konkret Kriterien, die Medien erfüllen müssen, die der vertraulichen Kommunikation dienen sollen.

Die (Mit-)Nutzung von allgemeinen Microblogging-Diensten für die interne Kommunikation in Unternehmen oder die Anlage von Blogs im öffentlichen Raum der Web-2.0-Anwendungen verbietet sich aus oben genannten Gründen gleichfalls. Für die Nutzung in kritischen Zusammenhängen müssen also unternehmenseigene und damit abgeschottete Lösungen gesucht werden.

Dies ist auf jeden Fall ein Thema, das Sie mit Ihrer internen IT-Abteilung besprechen sollten. Und lassen Sie sich dabei nicht von einem hastigen Abwinken entmutigen: Häufig gibt es zu gängiger Office- und Kommunikations-Software, die sowieso schon in Ihrem Unternehmen eingesetzt wird, zusätzliche Anwendungen, die Ihr Team in puncto Sicherheit unterstützen können.

Interessant ist hier ein kulturell geprägter Umgang mit dem Thema Sicherheit: Während amerikanischen Führungskräften nachgesagt wird, weniger Bedenken zu haben, ein Strategiepapier auch auf einem externen Server zu lagern, ist das für viele deutsche Führungskräfte unvorstellbar. Hier steht die amerikanische Einstellung „Bis das jemand entdeckt und die Informationen einordnen kann, sind wir schon Meilen voraus – das Medium unterstützt mich bei der Schnelligkeit" einer geringeren Risikobereitschaft auf deutscher Seite gegenüber, was in einem internationalen Unternehmen durchaus zu Irritationen führen kann.

3.2.4   Integrierte Anwendungen

Vielleicht entsteht in Ihrem Kopf jetzt schon ein Set unterschiedlicher Medien für Ihr Team: Telefon und E-Mail sowieso, ggf. auch noch weitere Medien oder hilfreiche Tools (z. B. für die automatische Einsortierung von Mails in Themenordner), meist orientiert daran, was in Ihrem Unternehmen überhaupt zur Verfügung steht. Oder Sie blicken schon darüber hinaus auf die Angebote am Markt, finden das ein oder andere Tool attraktiv und nützlich für Ihr Team. Der Nachteil einer solchen Sammlung: Selbst bei den PC-gestützten Medien müssten Sie immer zwischen den Anwendungen hin- und herwechseln, es gibt eventuell Medienbrüche und Inkompatibilitäten.

Eine Möglichkeit, solche Medienbrüche und Inkompatibilitäten zu überwinden: über Schnittstellen sowie den Aufruf einer Anwendung aus einer anderen heraus bzw. die Übertragung von Informationen aus einer Anwendung in eine andere (z. B. über Widgets) die volle Funktionsvielfalt möglichst vieler Tools in einer Oberfläche gemeinsam anzubieten.

Dabei fehlt jedoch oft eine einheitliche Bedienoberfläche; es werden zwar Informationen aus anderen Anwendungen angezeigt, sie sind aber nicht voll integriert. Dass heißt z. B.: Termine können angezeigt werden, aber die Übernahme von Terminen aus den persönlichen Kalendern in ein Tool zur gemeinsamen Terminsuche ist nicht möglich. Insbesondere die großen Cloud-Anbieter arbeiten intensiv an solchen Funktionalitäten und der zunehmenden Integration. Da aber gerade hier die Sicherheit und der Schutz der Daten vielen Anwenderunternehmen nicht hinreichend gewährleistet scheint, stehen solche Lösungen für viele Unternehmen außer Frage.

Hier sind integrierte Anwendungen das Mittel der Wahl: Die Verknüpfung einzelner Medien zu einer integrierten Anwendung, einer sog. Medien-„Suite". Es gibt dabei nicht die eine, ideale Lösung, dazu sind die vielfältigen Aufgabenerfordernisse und Anforderungen an Zusammenarbeit einfach zu komplex. Daher haben diese integrierten Tools bestimmte Anwendungsszenarien im Fokus, setzen ihren Schwerpunkt entweder mehr in der Unterstützung der asynchronen oder der synchronen Kommunikation, dienen z. T. mehr dem Informations- und Wissensaustausch, z. T. eher der Kooperation oder der Koordination oder dem Lernen.

Abbildung 9 gibt Ihnen dazu einen Überblick.

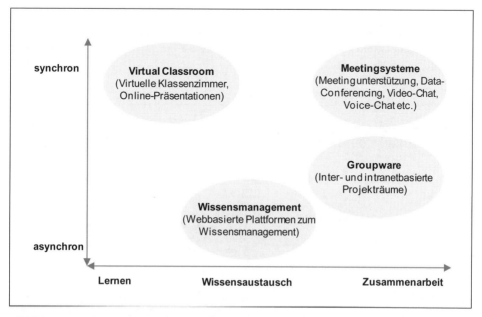

Abbildung 9:   *Integrierte Mediensysteme*

Wir wollen uns, schließlich geht es hier um die Zusammenarbeit auf Distanz, im Folgenden auf die Darstellung der Tools auf der rechten Seite der Abbildung konzentrieren: Groupware mit dem Schwerpunkt asynchroner Unterstützung und Meeting Tools, die synchrone Kooperation unterstützen, wobei auch hier im Rahmen der zum Teil rasanten technischen Entwicklung die Grenzen zunehmend verschwimmen.

Groupware – das virtuelle Teambüro

Damit Teams sich als Team erleben, ist ein äußerer Rahmen sehr hilfreich. Dazu gehört vor allem ein gemeinsamer Ort, wo man sich trifft, aufgabenbezogen und informell Informationen austauschen und gemeinsam an einer Aufgabe arbeiten kann, wo jeder seinen Platz hat und wo die Materialien zu finden sind, die man zur Arbeit braucht: das Gebäude des Unternehmens, der gemeinsame Flur mit den Büros der Teammitglieder, das gemeinsame Sekretariat. Selbst wenn ein einzelnes Teammitglied gerade unterwegs ist, gibt es diesen gemeinsamen Raum immer noch, Informationen und Materialien sind für alle zugänglich.

Ein solcher gemeinsamer Raum fehlt Ihnen als virtuelles Team. Das hat Auswirkungen in zwei Richtungen: Die Aufgabenerledigung ist erschwert. Und das Zusammengehörigkeitsgefühl stellt sich nur schwer ein, wenn, bildlich gesprochen, jeder in einem abgeschlossenen „Kämmerchen" sitzt, unsichtbar für die anderen und lediglich zeitweise per Telefon, Brief, Mail oder Tweet mit den anderen verbunden.

In einer Groupware wird versucht, einen solchen Ort sinnreich nachzubilden und so virtuell ein gemeinsames Büro für das Team zu schaffen. Es ist einem Intranet vergleichbar, das jeweils für einen bestimmten Nutzerkreis, z. B. für ein räumlich verteiltes Team, zugänglich ist.

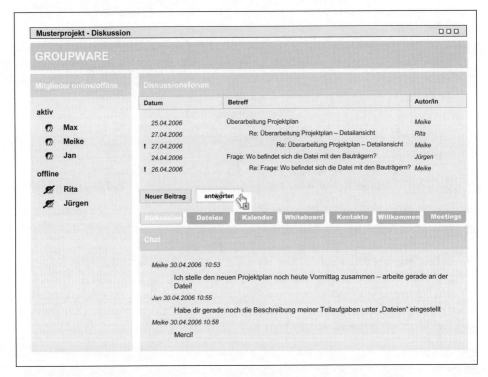

Abbildung 10: *Skizze einer Groupwareoberfläche als Basis des virtuellen Büros*

Ein solches virtuelles Büro vereint viele Funktionen, die ein Team braucht:

▨ Die gemeinsame *Dateiablage* ist Aktenschrank und Archiv vergleichbar, hier können Sie gut geordnet Dokumente ablegen, aufbewahren und über Versionenmanagement deren Modifikationen verfolgen.

▨ Am *Schwarzen Brett* lassen sich schnell Informationen für andere hinterlegen.

▪ Ein *Diskussionsforum*, sowohl nach Themen wie innerhalb der Themen nach Diskussionssträngen („threads") sortiert, macht den fachlichen Austausch und die Bearbeitung von Problemen übersichtlich.

▪ Mit einem *Chat* oder *Instant Messaging* (für Kurznachrichten) lässt sich schnell und unkompliziert Kontakt zu einzelnen oder zu Gruppen von Teammitgliedern aufnehmen, die gleichfalls online sind (sichtbar über eine Awareness-Funktion) – und anschließend kann man entscheiden, ob man den Inhalt löscht oder noch an die anderen als Kommunikationsprotokoll weitergibt.

▪ Ein *gemeinsamer Kalender* schließlich erlaubt neben der Terminverwaltung die Planung und Vorbereitung von Team-Treffen, seien es persönliche Besprechungen oder solche per Telefon, Chat oder Videokonferenz, wie auch die Verwaltung von Ressourcen.

▪ In neueren Groupware-Tools bietet ein *Blog* Gelegenheit zum chronologischen Austausch über das Projektgeschehen (was alles Neues passiert), in *Wikis* können themenbezogen und strukturiert Erfahrungen gesammelt werden (z. B. alles zur Software X – insbesondere: was in keinem Handbuch steht …).

Manche dieser virtuellen Büros oder „Collaboration Tools" haben auch den Zugang zu einer *Online-Konferenz* integriert (siehe dazu den folgenden Abschnitt zu Meeting-Tools).

Inzwischen gibt es spezialisierte Projektmanagement-Tools, die über die genannten Elemente hinaus mannigfache Sonderfunktionen bereitstellen und damit Ihr Projektmanagement sehr gut unterstützen: Zeit- und Ressourcenplanung mit den entsprechenden Möglichkeiten der graphischen Abbildung (Gantt-Diagramm), Aufgabenzuordnung mit Aufwandserfassung, Controllingfunktionen (tabellarische und graphische Darstellung von plangemäßen und planüberschreitenden Gegebenheiten einschl. Warnfunktion), Vorbereitung von Berichten u. v. m. Was nach unserer Erfahrung wichtig ist: Dass die Projektmanagement-Software nicht nur die sachlogische Abwicklung der Teilprojekte und Arbeitspakete unterstützt, sondern daneben auch die projektbegleitende Kommunikation ermöglicht.

Wächst in Ihnen jetzt gerade Skepsis gegenüber einem solchen „virtuellen Büro"? Ob das denn wirklich notwendig sei? Soviel Aufwand …? Mails mit Anhängen zu verschicken, sei doch gut und ausreichend? Wir laden Sie zu einer kleinen Erinnerungsübung ein: Wie lange haben Sie in Ihrem Mailverzeichnis diese eine Mail gesucht, mit der neulich das Dokument X verschickt wurde, das Sie unglücklicherweise noch nicht auf Ihrer Festplatte gespeichert hatten? Wie oft ist es vorgekommen, dass ein Teammitglied mit einer überholten Vorversion eines Dokuments weitergearbeitet hat? Wie oft ist es vorgekommen, dass ein Teammitglied behauptete, eine Mail mit Attachment nie bekommen zu haben – und sich dann herausstellte, dass diese wahrscheinlich inmitten eines Mailberges nach dem Urlaub im elektronischen Papierkorb versenkt worden war? Haben Sie schon einmal fachlich zusammengehörige Mails gesucht, die in Ihrer täglichen Mailflut weit voneinander entfernt bei Ihnen eintrafen und die Sie dann vielleicht noch in unterschiedlichen Ordnern abgelegt haben? Wie oft hatten einzelne Teammitglieder von bilateralen Absprachen per Mail anderer Teammitglieder nichts mitbekommen? Oder haben Sie schon einmal einen Text-Entwurf an 5 Kollegen/innen zur Korrektur versandt und anschließend gebrütet, wie Sie die 5 Rückmeldungen integrieren?

Dass neben der in sich stimmigen Groupware-„Suite" der Integration mit der ‚normalen' Bürowelt eine große Bedeutung zukommt, wird Ihnen schnell klar, wenn Sie überlegen,

- wie aufwändig es ist, wenn Sie die Daten Ihres sorgsam gepflegten elektronischen Terminkalenders nicht automatisch in einen solchen Groupware-Terminkalender übertragen können oder

- wie viel zusätzliche Arbeit entsteht, wenn der Übergang von einem im Groupware-Tool gehaltenen Text in die Textverarbeitung nur unter Verlust aller Formatierungsinformationen möglich ist oder

- wie ärgerlich es ist, wenn ein Link zu einer Wiki-Passage oder einem externen Blog nicht nahtlos in die Oberfläche der Suite integriert werden kann und daher mühsames Copy & Paste angesagt ist.

Virtuelle Büros sind kein Wundermittel, aber sie erleichtern die Zusammenarbeit enorm. Und sie haben einen wichtigen zweiten Zweck: Sie helfen, Teamidentität zu bilden. Das virtuelle Büro ist der Ort, an dem ein verstreutes Team „greifbar" wird, sich „materialisiert", und stärkt das Zusammengehörigkeitsgefühl deshalb sehr.

Dabei spielen Funktionen der synchronen Kooperation wie Buddy-List/ICQ sowie Text- oder Voice-Chat eine nicht zu unterschätzende Rolle, auch wenn sie oft als Spielerei belächelt werden: Da werde nur geplaudert, das lenke von der Arbeit ab. Aber so wie ein lokales Team ohne Gespräche über Dinge links und rechts der eigentlichen Arbeit hinaus nicht funktioniert, so kommt auch ein virtuelles Team nicht ohne vordergründig zweckfreie Kommunikation aus. Diese kleinen synchronen Funktionen bieten Anreiz und Gelegenheit für niederschwellige Kontaktaufnahme und sind unschlagbar, wenn es um das Zusammenschmieden des Teams geht:

- Man kann mal eben „den Kopf ins Nachbarbüro stecken", „Hallo sagen" und kurz „schnacken" – so wie man es eben auch machen würde, wenn man morgens in die Abteilung kommt und der Kollege schon da ist. Solch ein kleines kommunikatives Polster hilft, wenn es ein anderes Mal stressig wird.

- Man kann unkompliziert Kontakt aufnehmen und eine strukturierte Form der Arbeit für später verabreden oder kurz etwas abklären, ohne dafür die Software-Anwendung wechseln zu müssen, z. B. ein gesondertes Mail-Programm aufzurufen.

- Auch wenn man nur sieht, dass die anderen zur selben Zeit aktiv im virtuellen Büro sind, und nicht Kontakt aufnimmt, ist der Gedanke: „Ich bin nicht allein, die anderen arbeiten gerade auch an unserer gemeinsamen Sache." absolut wichtig für Motivation und Commitment.

Einige Anmerkungen noch zur Struktur und zur technischen Basis solcher Groupwarelösungen. Folgende Fragen sollten Sie für sich vor der Auswahl eines virtuellen Büros klären:

Checkliste 1:   Auswahl einer Groupware

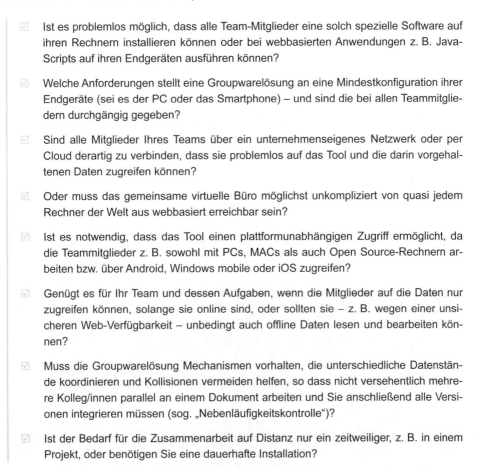

☑ Ist es problemlos möglich, dass alle Team-Mitglieder eine solch spezielle Software auf ihren Rechnern installieren können oder bei webbasierten Anwendungen z. B. Java-Scripts auf ihren Endgeräten ausführen können?

☑ Welche Anforderungen stellt eine Groupwarelösung an eine Mindestkonfiguration ihrer Endgeräte (sei es der PC oder das Smartphone) – und sind die bei allen Teammitgliedern durchgängig gegeben?

☑ Sind alle Mitglieder Ihres Teams über ein unternehmenseigenes Netzwerk oder per Cloud derartig zu verbinden, dass sie problemlos auf das Tool und die darin vorgehaltenen Daten zugreifen können?

☑ Oder muss das gemeinsame virtuelle Büro möglichst unkompliziert von quasi jedem Rechner der Welt aus webbasiert erreichbar sein?

☑ Ist es notwendig, dass das Tool einen plattformunabhängigen Zugriff ermöglicht, da die Teammitglieder z. B. sowohl mit PCs, MACs als auch Open Source-Rechnern arbeiten bzw. über Android, Windows mobile oder iOS zugreifen?

☑ Genügt es für Ihr Team und dessen Aufgaben, wenn die Mitglieder auf die Daten nur zugreifen können, solange sie online sind, oder sollten sie – z. B. wegen einer unsicheren Web-Verfügbarkeit – unbedingt auch offline Daten lesen und bearbeiten können?

☑ Muss die Groupwarelösung Mechanismen vorhalten, die unterschiedliche Datenstände koordinieren und Kollisionen vermeiden helfen, so dass nicht versehentlich mehrere Kolleg/innen parallel an einem Dokument arbeiten und Sie anschließend alle Versionen integrieren müssen (sog. „Nebenläufigkeitskontrolle")?

☑ Ist der Bedarf für die Zusammenarbeit auf Distanz nur ein zeitweiliger, z. B. in einem Projekt, oder benötigen Sie eine dauerhafte Installation?

Je nachdem, wie Ihre Antworten ausfallen, kommen unterschiedliche Lösungen in Frage, die sich hinsichtlich ihrer grundsätzlichen Softwarearchitektur unterscheiden und jeweils unterschiedliche Funktionen technisch unterstützen. Diese technischen Details hier zu vertiefen, würde den Rahmen des Buches sprengen. Für Sie als Teamleiter/in ist es wichtig, sich weder verunsichern noch blenden zu lassen. Bleiben Sie bei Ihrer Orientierung auf die Arbeitsprozesse in Ihrem virtuellen Team, die unterstützt werden müssen. Was braucht Ihr Team? Gehen Sie verschiedenen Szenarien anhand der obigen Fragestellungen durch, Mitglied für Mitglied,

Situation für Situation. Und fordern Sie die technischen Antworten von den Spezialisten ein, das ist deren Funktion.

Und ob Sie am Ende Open Source einsetzen oder die Komplettlösung eines etablierten Anbieters kaufen und in Ihrem Unternehmen selbst installieren, auf ein Mietmodell (ASP/Application Service Providing) setzen und zunächst Erfahrungen sammeln oder auf Angebote in der Cloud zurückgreifen, das hat alles mit Ihren spezifischen Anforderungen, den Möglichkeiten in Ihrem Unternehmen oder Netzwerk und dem Angebot am Markt zu tun.

Meeting-Tools

Meeting Tools unterstützen virtuelle synchrone Besprechungen. Sie bilden einen Besprechungsraum virtuell nach und vereinen so verschiedene Funktionen, die Ihr Team für eine Besprechung braucht. Solche synchronen Meeting Tools sind auch – mit graduell unterschiedlichen Funktionalitäten – im E-Learning eingesetzt worden, dort hießen sie „Virtual Classrooms". Inzwischen wachsen „Virtual Classrooms" und „Meeting Tools" zusammen.

In Meeting Tools finden Sie viele Dinge wieder, die auch ein Präsenzmeeting ausmachen:

▨ Sammlung von *Besprechungsunterlagen:* Agenda, Einstellung von Tisch- und Beschlussvorlagen.

▨ Mit der *online-Präsentation* können Sie eine Datei einspielen, die Sie dann wie mit dem Beamer für alle sichtbar an die „gemeinsame Wand", in diesem Fall den jeweiligen Bildschirm, werfen; mit Zeigeinstrumenten können Sie darin auf Details verweisen.

▨ Mittels *Web-Cam* ist der Referent, die Referentin sichtbar für die anderen, optional können hier auch Standbilder verwendet werden.

▨ Mittels eines *Whiteboard* können Sie wie auf einem Flip-Chart Ideen sammeln, Mitschriften und Zeichnungen machen.

▨ In der *Teilnehmerliste* sehen Sie die Teammitglieder, die jeweils *Handzeichen* geben können, wenn sie sich zu Wort melden, eine Frage stellen oder Applaus, Zustimmung oder Ablehnung ausdrücken wollen.

▨ Mit *Instant Messaging* haben die Teammitglieder die Möglichkeit, untereinander via Textmitteilung bilateral Kontakt aufzunehmen oder der Referentin eine Frage zu stellen, auf die sie dann an gegebener Stelle eingehen kann, ohne den Redefluss zu unterbrechen.

▨ Viele Meeting-Tools bieten außerdem einen ganz normalen *Text-Chat* für die multilaterale Kontaktaufnahme.

▨ *Application-Sharing* erspart den Teilnehmer/innen lange Erklärungen zu gewünschten Änderungen in einem gerade für alle sichtbaren Dokument: Sie können die Steuerung übertragen bekommen und ihre Änderungen direkt in die Anwendung hinein setzen, selbst wenn sie die entsprechende Software nicht lokal auf ihrem Rechner installiert haben.

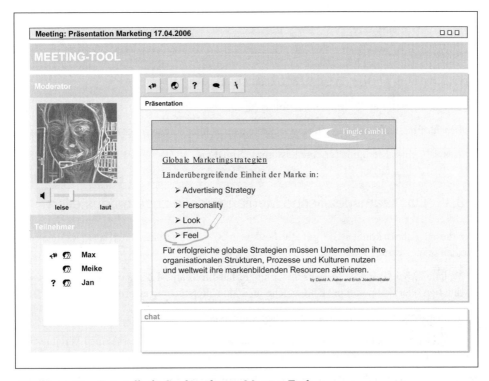

Abbildung 11: Beispielhafte Struktur für ein Meeting-Tool

▦ Mit kleinen *automatisierten Abfragen* (Online-Requests/Online-Polling) können Sie als Leiter/in des Meetings einen schnellen Überblick gewinnen, ob die Teammitglieder noch weiteren Gesprächsbedarf zu einem Thema haben oder noch ein Beispiel zur Erläuterung benötigen oder welcher Teilaspekt jetzt im weiteren Verlauf vorrangig behandelt werden soll. Das ist praktisch vor allem bei Teamgrößen jenseits von fünf Personen, die Sie sonst langwierig alle nacheinander abfragen müssten. Und Sie können die automatisch zusammengefassten Ergebnisse natürlich auch sofort ins Team zurückspiegeln.

▦ In der Regel haben Sie auch die Möglichkeit, das gesamte Meeting *aufzuzeichnen.*

Meeting Tools sind natürlich gewöhnungsbedürftig und es dauert, bis alle die Werkzeuge beherrschen, aber sie vermitteln eine hohe soziale Präsenz und sind gerade dann einer Telefonkonferenz vorzuziehen, wenn Sie über gemeinsame Dokumente diskutieren und daran arbeiten wollen.

3.3   Medien auswählen

Die Auswahl von Medien findet auf mehreren Ebenen statt:

▦ Zusammenstellung des Medienportfolios für Ihr Team

▦ Beschaffung von Tools zur Zusammenarbeit, sei es über Ankauf oder Anmietung

▦ Auswahl eines Mediums für eine bestimmte Situation

3.3.1   Das teamspezifische Medienportfolio zusammenstellen

Für diesen Schritt können Sie gut die beiden in Kap. 3.2 erläuterten Klassifikationen der Medien heranziehen:

▦ Welche Arbeits- und Aufgabenschwerpunkte hat Ihr Team? Eher Kommunikation, Koordination oder Kooperation? Und welche mediale Unterstützung erfordern sie?

▦ Welche synchronen, welche asynchronen Tools brauchen Sie?

Auf dieser Basis können Sie dann aus der grundsätzlich in Ihrem Unternehmen bereitgestellten Medienauswahl das für Ihr Team geeignete Medienportfolio zusammenstellen.

In den seltensten Fällen steht in virtuellen Teams nur eine einzige Aufgabe im Vordergrund, Überschneidungen sind eher die Regel. Konzentrieren Sie sich trotzdem zunächst auf die wesentlichen Geschäftsprozesse in Ihrem Team und wählen Sie Medien oder eine integrierte Anwendung aus dem dazu am besten passenden Bereich aus.

Wie unterschiedlich die Überlegungen für ein Team sein können und wie unterschiedlich dann auch das zusammengestellte Medien-Portfolio ausfällt, möchten wir Ihnen an zwei Fallbeispielen skizzieren.

Ein Rundfunksender hat zum Beispiel für seine Kooperation über unterschiedliche Standorte hinweg folgende Aufgabenschwerpunkte und medialen Unterstützungsbedarf herausgearbeitet:

> Die Programmgestaltung wurde von drei Standorten aus betreut. Einerseits mussten standortverteilt Ressourcen für den Ablauf geplant und Zuständigkeiten zugewiesen werden, um einen reibungslosen Ablauf der Sendungen zu gewährleisten. Andererseits wurden täglich mittags und kurz vor Redaktionsschluss am Spätnachmittag für den nächsten Tag Besprechungen mit Vertretern aller Standorte durchgeführt. Hier wurde sowohl über die kurzfristige Planung des nächsten Tages als auch über die langfristigere Programmgestaltung entschieden. Für die Erstellung der einzelnen Beiträge und Sendungen waren die Standorte dann weitgehend unabhängig voneinander selbst verantwortlich. Nur

manchmal mussten standortübergreifend spontan noch Rückfragen oder noch Details geklärt werden.

In diesem Team stand vor allem die Unterstützung der synchronen Kommunikation im Vordergrund, da zuverlässig und kurzfristig Entscheidungen getroffen werden mussten, die unmittelbar in die Programmgestaltung einflossen. Außerdem trug eine verlässliche Unterstützung der Koordination von Ressourcen wesentlich zum reibungslosen Ablauf der Sendungen bei. Schließlich profitierte das Team auch davon, dass die jeweiligen Erreichbarkeiten der Beteiligten für die anderen Standorte durchgängig transparent waren, so dass spontane Feinabstimmungen unkompliziert möglich waren.

Schwerpunkte der Medienunterstützung mussten also in den Bereichen Kommunikation – Koordination – Awareness liegen. Die unmittelbare Kooperation zur Produktion einzelner Sendungen wurde innerhalb der Standorte geleistet, war also virtuell nicht so wichtig.

Im zweiten Beispiel geht es um ein gemeinsames Entwicklungsprojekt zwischen einem Unternehmen und einer Forschungseinrichtung, an dem Ingenieurinnen und Ingenieure beider Einrichtungen beteiligt sein werden. Vorerfahrungen in der organisationsübergreifenden Zusammenarbeit und Nutzung entsprechender Plattformen zur Kooperation brachte in dem Team nur die Projektleiterin mit. Sie bereitet gerade ihr Gespräch mit der IT-Abteilung vor. Und das geht ihr dabei durch den Kopf:

„Im ersten Teamtreffen zum Kennenlernen haben wir uns glücklicherweise sehr schnell geeinigt, dass wir ein webbasiertes virtuelles Büro brauchen, denn sonst hätten wir die Grenzen der beiden Organisationen nur per Mail überwinden können – diese Flut wollten wir uns ersparen. Es hat einfach alle überzeugt, dass ein gemeinsamer Kalender, eine gemeinsame Dateiablage mit Benachrichtigungsfunktion, wenn neue Dokumente eingestellt werden, und eine einfache Projektplanung für alle eine gute Übersicht bieten. Und eine Liste mit Fotos, Profilen und Kontaktdaten aller Beteiligten war auch willkommen, das erleichtert einen schnellen Draht untereinander.

Ich kenne eine gute Groupware, die ich schon mal in zwei großen Projekten genutzt habe. Die ist aber vermutlich erst einmal abschreckend, weil sie so viele Zusatzfunktionen bietet, v. a. zur Projektdokumentation und -abrechnung, das brauchen wir diesmal nicht. Ich werde Frank, den Kollegen von der IT, fragen, ob er diese Funktionen ausblenden kann.

Was mich noch beschäftigt: Dass wir auch immer wieder übergreifend an Dokumenten arbeiten müssen. Aus beiden Organisationen werden fortlaufend Prüfergebnisse und Zwischenstände vorliegen, die integriert werden müssen. Diese Sammlung muss, schon während sie entsteht, für alle einsehbar sein. Das könnten wir natürlich über die Dateiablage herstellen, aber ich sehe mit Sorge die Unmenge an nebeneinander stehenden Dokumenten. Ich würde gern das Experiment eingehen, die Prüfergebnisse und Erkenntnisse aus den Experimentalreihen in ein gut strukturiertes Wiki einfließen zu lassen, so dass gleich etwas Gemeinsames entsteht. Ich weiß vom ersten Treffen, die Unternehmenskolleg/innen kennen nur Wikipedia, selbst haben sie noch nie ein Wiki erstellt. Claudia, die erst vor kurzem von der Uni zu uns in die Forschung gewechselt ist, hat während des Studiums aber schon öfter Wikis erstellt. Und sie kann Sachverhalte so gut und ganz praktisch erklären. Ich werde sie bitten, das Wiki unter ihre Fittiche zu nehmen. Bei ihr hätten die anderen Kolleg/innen auch bestimmt keine Sorge nachzufragen. Ich hoffe, die IT kann uns so ein Wiki zur Verfügung stellen.

Für unser Projekt werden aber nicht nur Zahlen, Fakten und Ergebnisse eine Rolle spielen. Wir müssen Partner gewinnen und Vertrauen aufbauen zwischen unseren doch ziemlich verschiedenen Institutionen, das ist ein wenig heikel. Da sollten auch informelle Nachrichten schnell ausgetauscht werden können, wir müssen einfach gegenseitig mehr mitkriegen. Meine Idee ist ein Blog, ein „Projekttagebuch", in das jeder unkompliziert schreiben kann, was so los ist, was er oder sie so beobachtet hat. Ich hoffe, Frank kann so etwas in das virtuelle Büro einbauen. Vielleicht ist es für die anderen erst mal ungewohnt, auch solche Sachen aufzuschreiben. Zum Ankurbeln könnte ich gerade in der Anfangszeit regelmäßig einen Tagesrückblick schreiben mit Hintergrundinformationen, die eben kein Forschungsergebnis darstellen, aber trotzdem für unser Projekt wichtig sind. Vielleicht auch mal das eine oder andere witzige Ereignis, irgendwie müssen wir auch zwischen den Standorten eine gute Atmosphäre kriegen, wir sehen uns ja als ganzes Team nur in größeren Abständen persönlich.

Und was ich auch mit Frank besprechen möchte: Dass wir beim nächsten Teamtreffen einen Zeitblock vorsehen, in dem alle das virtuelle Büro erkunden können. Eine kurze Anleitung für die wichtigsten Funktionen des virtuellen Büros wäre auch gut.

Ich glaube, das Wichtigste wird sein, die innere Schwelle zu überwinden. Meine Erfahrung ist: Wer Mails schreiben und den elektronischen Kalender bedienen kann, ist eigentlich auch mit dem virtuellen Büro nicht überfordert. Aber das muss man erst mal erleben …"

Suchen Sie bei einer Groupware erst gar nicht nach der „eierlegenden Wollmilchsau"! Wir haben einige Teams erlebt, die in ihrer Arbeit blockiert waren, nur weil sie das Tool nicht gefunden haben, das alle ihre Bedürfnisse bediente. Setzen Sie Prioritäten und fangen Sie zunächst möglichst einfach an. So gewöhnen sich alle an die Nutzung, und Ihr Team baut Kompetenzen und Erfahrungen auf, die Ihnen im nächsten Projekt oder bei der nächsten Anforderung einen Sprung in eine komplexere Anwendung ermöglichen.

Die Wahl einer komplexen Groupware mag vielleicht auf den ersten Blick die beste Lösung sein, hat man hier doch für alle Eventualitäten alles unter einem Dach. Die vielen Vorteile haben jedoch auch eine Kehrseite: Teammitglieder, die nicht gewohnt sind, den PC auch als vielseitiges Planungsinstrument zu nutzen, fühlen sich angesichts so zahlreicher Funktionalitäten überfordert. Ein virtuelles Büro lebt aber nur von der aktiven Nutzung durch alle. Deshalb sollten Sie eine Groupware immer so individuell gestalten, dass sie ausreichend funktional, andererseits aber übersichtlich ist. Die meisten Groupware-Tools unterstützen dies glücklicherweise, indem sie modular aufgebaut sind und Sie nach Bedarf einzelne Module hinzu- oder abschalten können. Sie können also die Funktionen auswählen, die Sie für Ihr spezifisches Team für notwendig halten. Dies kann sich z. B. anfangs auf je ein Tool zur fachlichinhaltlichen Ebene (z. B. Dateiablage), zur Kommunikation (z. B. Diskussionsforum) und zur Koordination (z. B. Kalender) beschränken. Wenn alle Teammitglieder mit diesen Funktionalitäten sicher umgehen, kann das virtuelle Büro ausgebaut werden. Ist Ihr Team bereits in der medienunterstützten Arbeit versiert und erfordert es die Aufgabe, setzen Sie eher eine komplexere Groupware ein, z. B. auch mit einer Schnittstelle zu einem mächtigen Projektmanagement-Tool.

Unsere langjährige Erfahrung: Jedes Groupwaretool hat bestimmte Vorteile – und es gibt keins ohne Nachteile. Was Sie genau benötigen und welche Nachteile Sie getrost als nicht relevant in Kauf nehmen können, können nur Sie selbst entscheiden. Wenn es in Ihrem Unternehmen möglich ist: ASP-Lösungen (Application-Service-Providing-Mietlösungen) können eine günstige Form darstellen, Medien zu erproben. Und fragen Sie auch Kolleg/innen nach deren Erfahrungen, wenn die Aufgabenstellung ihrer Teams mit der Ihres Teams vergleichbar ist.

Checkliste 2:   Zusammenstellung des Medien-Portfolios

Folgende Fragen helfen Ihnen bei der Eingrenzung zur Auswahl von Medien:

- ☑ Was sind die Hauptaufgaben, die unser Team zu bewältigen hat?

- ☑ Welche der Bereiche Kommunikation, Kooperation, Koordination stehen dabei im Vordergrund?

- ☑ Welche Medien/Funktionalitäten benötigen wir deshalb?

- ☑ Welche Medien unterstützen uns darin, die gegenseitige Wahrnehmung der Teammitglieder untereinander zu stärken?

- ☑ Welche Sicherheitsfunktionen müssen gewährleistet sein?

- ☑ Welche Medien stehen im Unternehmen generell zur Verfügung? Decken die bereits (zumindest zu einem Teil) die Erfordernisse meines Teams ab?

- ☑ Falls nein: Gibt es zur bestehenden Infrastruktur passende, ergänzende Tools, die ggf. mit geringem Aufwand beschaffbar und einsetzbar sind?

- ☑ Welche Medienkompetenz bringen die Teammitglieder mit, und wie viel wollen wir investieren, um uns in ein noch unvertrautes Unterstützungstool einzuarbeiten?

3.3.2 Beschaffung

Als „normale" Führungskraft in einem großen Unternehmen, als Leiter/in eines virtuellen Teams sind Sie eher selten an IT-Beschaffungsprozessen beteiligt. Anders sieht es dagegen in kleinen Betrieben oder gar in Freiberuflernetzwerken aus. Wo immer möglich, sollten Sie die Chance nutzen, sich als Praktiker/in deutlich einzumischen. Sie kennen die Bedarfe Ihres Teams, Sie wissen – spätestens nach der Lektüre dieses Buches ;-) – worauf es ankommt.

Um sich allerdings mit den anderen Beteiligten auseinandersetzen zu können, sollten Sie auch deren Perspektiven kennen. Daher möchten wir Ihnen einen Überblick darüber geben, welche Aspekte im Beschaffungsprozess zu bedenken sind.

Perspektive der IT-Abteilung

▤ Vorhandene IT-Infrastruktur: Was gibt es schon? Woran kann angeknüpft werden in Bezug auf Vernetzung oder Anwendungen? Was lässt sich leicht ausbauen?

▤ IT-Strategie: Ist man eher auf große Anbieter orientiert? Will man in vorhandenen Systemlandschaften verbleiben oder sind auch Experimente mit Nischenanbietern oder Open Source-Anwendungen denkbar?

▤ Interoperabilität: Wie kann ein Tool zur Zusammenarbeit mit den vorhandenen Anwendungen Daten austauschen? Können also z. B. Texte aus dem Tool problemlos in die Textverarbeitung übernommen werden und umgekehrt? Können vorhandene Anwendungen wie Kalender und Mailprogramm mit dem Tool kommunizieren, ohne dass doppelte Eingabe und doppelte Datenhaltung notwendig werden? Ist die Systemverwaltung mit den vorhandenen Systemverwaltungstools kombinierbar, z. B. bezüglich der Rechteverwaltung oder ‚Single Sign-On' (mit einer einzigen Authentifizierung alle Anwendungen nutzen können)?

▤ Sicherheit: Fügt sich das ins Auge gefasste Tool in die bestehenden technischen und organisatorischen Vorkehrungen zur Sicherstellung der Netz- und Anwendungsintegrität ein? Harmoniert es z. B. mit der Firewall und dem Virenschutz?

▤ Mindestkonfiguration: Welche technischen Mindest-Voraussetzungen müssen bei allen Beteiligten gegeben sein? Verbinden sich damit erhöhte Investitionen und Pflegeaufwände?

▤ Betriebssicherheit: Ist das Tool an sich zuverlässig im Betrieb? Beeinträchtigt es im Betrieb die Stabilität der Gesamtsystemumgebung?

▤ Zuverlässigkeit: Bietet der Anbieter hinreichend technische (Pflege, Updates) und unternehmerische Zuverlässigkeit?

Wenn mit solchen Fragen gezielt die Passung von Medien im Blick ist und „Stand-alone-Lösungen" oder der Ausschluss einzelner Kooperationspartner vermieden werden, hilft das in der Regel später auch den Anwender/innen in der täglichen Praxis. Wenn damit jedoch Neues ausgebremst werden soll, brauchen Sie als Praktiker/in vermutlich noch andere Verbündete, z. B. die klare Aussage des Managements, für diese neue und gewollte Form der Zusammenarbeit auch technisch neue Wege zu gehen.

Perspektive des Managements

- Unternehmensstrategie: Passen die Medien zur Unterstützung virtueller Teamarbeit in die allgemeine Unternehmensstrategie, z. B. die engere Zusammenarbeit mit Lieferanten, Kunden oder die Internationalisierung des Geschäfts?

- Sind andere Projekte des Unternehmens wie der Aufbau von Skill- oder Projektdatenbanken über Profile berührt, soll ein Wissensmanagement, z. B. per Wiki, aufgebaut werden?

- Ist mit Einführung von Social Media auch ein Kulturwandel angestrebt und unterstützt oder behindert die Gleichzeitigkeit der Maßnahmen diesen Wandel?

- Aufgabenbereiche: Soll eher Lernen, Wissensaustausch oder Zusammenarbeit unterstützt werden, und steht dabei eher Kommunikation, Koordination oder Kooperation im Vordergrund?

Diese Management-Sicht erleichtert den Blick über Details hinaus. Wenn Ihr Unternehmen den gezielten Aufbau globaler Kooperation anstrebt, wird dies oft auch von der Personalentwicklung unterstützt. In diesem Fall geht es dann auch häufig um die Auswahl komplexer Collaboration Tools.

Perspektive der Personalentwicklung

- Change Management: Wie unterstützt ein Tool die gewollte kulturelle Änderung hin zu Wissensaustausch, Projektorientierung und Management von Diversity? Ist ein Tool flexibel genug, um unterschiedliche Ausgangssituationen abbilden zu können, also z. B. verschiedene Arten der Herangehensweise an Probleme?

- Usability und Erlernbarkeit: Ist das Tool vor dem Hintergrund der Erfahrung der Beteiligten intuitiv zu bedienen, benutzt es z. B. aus dem lokalen Büro vertraute Begrifflichkeiten bzw. arbeitet es mit eingängigen Analogien? Stimmen die Bedienfunktionen mit denen anderer Anwendungen überein? Können die Anwender/innen das Tool leicht ihren jeweiligen Bedürfnissen anpassen?

Und last not least spielen natürlich auch Preis-, Lizenzmodelle sowie der interne Aufwand für Implementation und Integration eine Rolle.

Aus Ihren Anforderungen und denen der sonstigen Beteiligten am Auswahlprozess wird in der Regel zunächst eine sogenannte Wunschliste erstellt: Das wollen wir, das soll das Tool leisten etc. In einem nächsten Schritt werden die diversen Anforderungen priorisiert, Muss-, Soll- und „nice-to-have"-Anforderungen definiert und daraus ein Pflichtenheft erstellt. Hier wird es für Sie als Teamleitung evtl. richtig spannend, müssen Sie doch dafür Sorge tragen, dass Ihre Belange ausreichend berücksichtigt werden. Mischen Sie sich dann auch in den eigentlichen Auswahlprozess ein, beteiligen Sie sich an den Produktpräsentationen und probieren Sie das Tool möglichst selbst auch einmal aus, um über werbliche Versprechungen hinaus konkrete eigene Erfahrungen zu sammeln.

3.3.3   Situationsangemessene Medienwahl

Nachdem das Medienportfolio für das und ggf. mit dem Team ausgewählt ist, bleibt die Frage, welches der Medien, die Ihnen grundsätzlich für Ihre Teamarbeit zur Verfügung stehen, sich zur Kommunikation in einer spezifischen Situation im Arbeitsalltag eignet: Was ist jetzt in dieser spezifischen Situation zu leisten? Und welches Medium unterstützt das am besten?

Bei dieser Entscheidungsfindung hilft das „Media-Richness-Modell" (vgl. Abb. 12). Um zu entscheiden, ob ein Medium für eine spezifische Situation geeignet ist, setzt das Modell zwei Dimensionen miteinander in Bezug:

▤ Informationsreichtum des verwendeten Kommunikationsmediums und

▤ Komplexität der in dieser Situation zu bewältigenden Aufgabe.

Der Informationsreichtum eines Mediums basiert auf der Anzahl der Wahrnehmungskanäle eines Menschen, die bei der Kommunikation über das jeweilige Medium angesprochen werden. Damit beschreibt Informationsreichtum zugleich die unterschiedliche Kapazität eines Mediums zur authentischen Übertragung analoger und digitaler Informationen (Reichwald und Möslein, 2000). Ein „reiches" Medium überträgt somit Informationen auf der Inhalts- oder Sachebene und zusätzlich Informationen über die beteiligten Menschen sowie den Kontext der Situation.

Die Komplexität einer Aufgabe unterscheidet sich, je nachdem ob „nur" Daten und Fakten ausgetauscht oder Ideen für eine Problemlösung generiert werden müssen. Entscheidungen zu fällen und Konflikte zu klären sind wiederum noch komplexere Aufgaben. Die Komplexität einer Aufgabe erhöht sich also,

▤ wenn der Weg zum Ziel und ggf. auch das Ziel selbst unbekannt und noch zu schärfen ist,

▤ je mehr Informationen aus dem Umfeld und

▤ je mehr individuelles Wissen der Beteiligten zu integrieren ist.

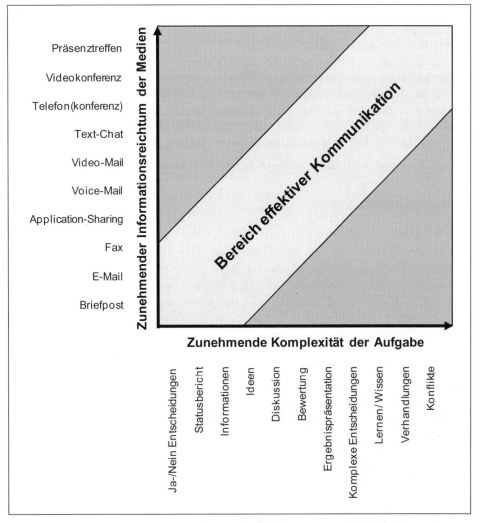

Abbildung 12: *Media-Richness-Modell (in Anlehnung an Picot et al. 2001)*

Zwischen Informationsreichtum des Mediums und Aufgabenkomplexität wird eine positive Korrelation behauptet: Einfach strukturierte Aufgaben werden gut mit „ärmeren" Medien bewältigt, komplexe Aufgaben mit „reichen" Medien (Diagonale in der Abbildung oben). Dagegen liefert ein zu reiches Medium viele Informationen, die für eine simple Aufgabe gar nicht benötigt werden. Sie irritieren und lenken von der eigentlichen Aufgabenbearbeitung ab. Und umgekehrt wird eine komplexe Aufgabenstellung durch ein zu informationsarmes Medium völlig unzureichend gestützt.

Um den nächsten Besprechungstermin zu finden, ist also der Austausch über ein webbasiertes Tool zur gemeinsamen Terminfindung, E-Mail oder die entsprechenden Funktionen des Kalenders ausreichend. Wertvolle Zeit während eines Meetings kann so für Wichtigeres gespart werden. Die argumentative Vorbereitung einer Produktpräsentation für einen Kunden ist z. B. gut in einer Telefonkonferenz aufgehoben, da so Fachkompetenz und persönliche Einschätzungen der Teammitglieder, Argumentationswege und bisherige Erfahrungen zum Tragen kommen. Die praktische Erstellung mit Änderungsschritten geschieht besser per E-Mail oder Dokumentenablage und Kommentarfunktion in der konkreten Präsentationsdatei. Ein ‚informationsreiches' Medium ist also keineswegs immer automatisch das passende Medium.

Grundsätzlich sollten Sie die situative Medienwahl mit der folgenden Daumenregel verfolgen:

▒ Immer so einfach wie möglich

▒ und nur so aufwändig wie nötig.

Diese Regel bietet eine sinnvolle Grundorientierung. Aber zu jeder Regel gehören auch Ausnahmen. So hat es sich bewährt, manchmal bewusst auf ein reicheres Medium zurückzugreifen, um ein Kommunikationspolster zu schaffen für Situationen, in denen es heikel wird. Sie wirken so auch der Versachlichung entgegen, die sich mit der Zeit gerade bei „routinierten" virtuellen Teams immer wieder einschleicht und die den Zusammenhalt und die Loyalität im standortverteilten Team untergräbt. Dann kann es also auch einmal gut sein, einen Termin per Telefon zu bestätigen und sich bei dieser Gelegenheit nach dem letzten Urlaub oder der Bachelorprüfung der ältesten Tochter zu erkundigen.

Außerdem ist die Medienwahl längst nicht immer ein so rationaler Prozess, wie es das Media-Richness Modell nahe legt: Die generelle Verfügbarkeit der Medien beeinflusst sie genauso wie Medienkompetenz und spezielle Vorlieben der Beteiligten.

3.4   Medieneffekte

Welchen Einfluss haben die verschiedenen Medien mit ihren Eigenschaften nun auf die alltäglichen Kommunikations- und Kooperationsabläufe im Team? Es ist hilfreich, wenn Sie als Teamleiter/in sich dieser Wirkungen bewusst sind – dann können Sie manche Phänomene besser einordnen und ggf. gezielt aktiv werden.

Wir greifen zunächst den wichtigsten Effekt, die Filterung durch Medien, noch einmal detaillierter auf. Diese Filterwirkung betrifft alle Medien, wenn auch in unterschiedlichem Maße. Im Anschluss daran machen wir Sie auf Medienwirkungen aufmerksam, die jeweils von bestimmten Medien ausgehen.

Filtereffekt

Alle Medien filtern Kommunikation und damit auch die Botschaften der „4 Seiten" (vgl. Abb. 5), die gesendet werden können. Auf der Empfängerseite schränken sie die Wahrnehmung entsprechend ein. Dieser Filtereffekt, also die Eingrenzung und in gewissem Sinne „Verarmung" der transportierten Informationen, ist nicht bei allen Medien gleich stark und betrifft auch unterschiedliche Aspekte der Kommunikation:

▪ Filtereffekt aufgrund von Kanalreduktion

Neue Kommunikationsmedien bedienen häufig nur ein oder zwei Wahrnehmungs- und Kommunikationskanäle. So läuft die Kommunikation in einer Telefonkonferenz vor allem über die Akustik, vermittelt also verbale und paraverbale Information. In einer Videokonferenz werden über Optik und Akustik auch in gewissem Umfang nonverbale und Kontextinformationen vermittelt. In schriftlicher Kommunikation liegt sämtliche Information sogar nur in Zeichen/Worte gefasst, vor.

▪ Filtereffekt aufgrund unvollständiger Übertragung

Trotz der Übermittlung mehrerer Wahrnehmungskanäle bei Videokonferenzen ist die visuelle Wahrnehmung jedoch im Vergleich zu einer Präsenzsituation aufgrund von Bildschirmgröße und ungenügender Bildauflösung eingeschränkt. Bei eingeschränkter Datenübertragung treten bei Videokonferenzen zudem Zeitverzögerungen auf. Und auch die akustischen Signale sind gerade bei größeren Gruppen wegen der nicht immer befriedigenden Tonübertragung oder schlechten Raumakustik nicht ohne erhöhte Anstrengung zu verstehen. Die bewusste technische Unterdrückung niedrigschwelliger Geräusche hebt zwar die gerade sprechende Person klarer heraus, filtert aber z. B. halblaute Signale von Zustimmung oder Missbilligung und damit gerade einen wichtigen Teil der Kommunikation zur Meinungsbildung heraus.

Die Filterung der Kommunikation durch Medien bewirkt, dass

▪ wichtige Begleitbotschaften, Interpretations- und Rückmeldehilfen rund um die Sachinformation nicht zur Verfügung stehen, weil ein Medium paraverbale und nonverbale Informationen aufgrund der jeweils spezifischen Kanalreduktion nicht oder nur teilweise transportiert,

▪ die Differenziertheit menschlicher Äußerungen verschwindet. Äußerungen wirken eindeutiger, als sie vielleicht sind, weil z. B. eine Diskrepanz zwischen Worten und Gesichtsausdruck oder Stimmführung nicht mehr ablesbar ist,

▪ nur sehr große, ausdrucksstarke non-verbale Signale wahrgenommen werden (z. B. ausladende Gesten in einer Videokonferenz – hochgezogene Augenbrauen dagegen nicht),

▪ die Konzentration in synchroner Kommunikation (z. B. Telefonkonferenz) schneller nachlässt, da alle Informationen über einen oder maximal zwei Kanäle ausgetauscht werden. Diese Ermüdung durch Kanalreduktion tritt auch bei asynchroner Kommunikation ein, wenn Sie z. B. mühsam aus Mails unterschiedlicher Absender ein Meinungsbild zu verschiedenen Aspekten einer komplexen Situation herausarbeiten wollen.

Barbara Mettler-Meibom (1987, S. 40) fasst diese Filtereffekte unter dem Begriff „Informatisierung" zusammen: „Informatisierung steht als Begriff für die inhaltlichen Änderungen, die Informationen durchlaufen, wenn sie maschinen- bzw. rechnergerecht werden (Komplexitätsreduktion, Entsinnlichung, Entmaterialisierung, Vereindeutlichung, Standardisierung, Algorithmisierung usw.)."

Im praktischen Alltag, vor allem in arbeitsteilig organisierten Teams, kann man mit dieser eingeschränkten Informationsübermittlung oft wunderbar leben und arbeiten. Die Informationsreduzierung wirkt sich erst dann aus, wenn es um heikle Themen und differenzierte Abstimmungsprozesse geht und man merkt, dass man Zwischentöne nicht mitbekommen hat.

Dieser Medieneffekt ist also für Teams mit unterschiedlichen Aufgaben unterschiedlich bedeutsam und beeinträchtigend. Deshalb ist es für Sie als Führungskraft wichtig zu unterscheiden, welche Anteile an Kommunikation jetzt gerade für Sie und das Team besonders wichtig sind und welche Medien gerade das möglichst wenig herausfiltern, was Sie brauchen.

Starke Verschriftlichung der Kommunikation

Bei der Kommunikation über Distanz kommen verstärkt Medien zum Einsatz, die Informationen schriftlich übertragen (E-Mail, Blogs, Microblogs, Chats, Instant Messaging, Beiträge zu Foren, Eintragungen in Wikis). Auch eine gemeinsame webbasierte Plattform transportiert Informationen vor allem in schriftlicher Form. Auf die Kommunikation im virtuellen Team hat das folgende Auswirkungen:

▪ Nachrichten und Informationen schriftlich zu fassen, braucht in der Regel mehr Zeit als gesprochene oder visuelle Kommunikation. Schrift kann zwar vieles von dem vermitteln, was im persönlichen Gespräch parallel ausgedrückt wird, sie kann ebenfalls Gedanken in Worte fassen, Befindlichkeiten wie Zufriedenheit oder Ärger ausdrücken und persönliche Einstellungen vermitteln. Aber im Geschriebenen muss alles hintereinander geschehen, was im persönlichen Gespräch gesprochene Worte, nonverbale Gestik und Mimik und Sprechweise – forsch oder zögerlich – zeitgleich vermögen. Zeit ist also das mindeste, was diese „Linearisierung" benötigt, es kommt aber noch ein weiterer Aspekt hinzu:

▪ Sachaussagen lassen sich leichter in Worte fassen und stehen damit im Vordergrund. Analoge Botschaften wie Einstellungen, Befindlichkeiten, Interpretationshilfen und Beziehungsaussagen sind für viele Menschen schwieriger oder zumindest ungewohnter zu formulieren, sie werden deshalb seltener transportiert und rücken somit (zu) sehr in den Hintergrund.

▪ Um den Aufwand zu verringern, der mit Verschriftlichung verbunden ist, werden für berufliche schriftgebundene Kommunikation häufig Formulare, Tabellen, Textbausteine u. ä. genutzt. Diese Standardisierung spart Zeit, reduziert aber die differenzierte Informationsbasis und gaukelt mehr Einheitlichkeit und Klarheit vor, als tatsächlich gegeben ist (vgl. auch Kapitel 6.4, Controlling auf Distanz).

Beschleunigte und vereinfachte Vervielfältigung von Nachrichten

Neue Kommunikationsmedien speichern Informationen digital. Damit können diese Informationen unkompliziert und kostengünstig vervielfältigt und schnell an einen großen Empfängerkreis versendet werden. Dieser große Vorteil verleitet dazu, Empfängerkreise größer zu ziehen als notwendig— mit nachteiligen Auswirkungen:

- Bei den Empfänger/innen nimmt die Masse an eingehenden Informationen zu, die dann zeitintensiv eingeordnet werden müssen.

- In der Masse der Informationen lassen sich teilweise wichtige und unwichtige Information nicht mehr unterscheiden.

- Durch die übertriebene Nutzung von „cc" (carbon copy = „Durchschlag", Kopie an: ...) entsteht eine neue Art von Öffentlichkeit, die Energien bindet und im Konfliktfall eine Situation schneller und unkontrollierter eskalieren lässt.

- Das pure Weiterreichen von Informationen wird oft schöngefärbt als „Strategie der Transparenz", stellt aber mitnichten eine Informationsstrategie dar, die gezielt Mitarbeiter/innen mit den Informationen versorgt, die diese auch wirklich brauchen.

Wir werden in Kapitel 6.4, Controlling, und in Kap. 7, Konstruktives Konfliktmanagement, auf diese Phänomene zurückkommen und mögliche Abhilfe aufzeigen.

Veränderte Beteiligungschancen

Bei elektronisch vermittelter Kommunikation wird oft größere Chancengleichheit unterstellt, da offensichtliche Statussymbole wie Sitzplatz, Kleidung, neueste Mobiltelefone oder auch Unterschiede hinsichtlich der rhetorischen Gewandtheit entfallen. Dieser Vorteil relativiert sich insofern, als auch bei der Mediennutzung individuelle Unterschiede bedacht werden müssen, z. B. wie leichthändig jemand die eigenen Gedanken in die Tasten tippt. So können sich auch die Chancen für eine Beteiligung an Kommunikation und Kooperation verändern: Die Kommunikation per E-Mail und erst recht per Chat bringt solchen Kolleg/innen einen Vorteil, deren Stärke in der schnellen und differenzierten sprachlichen Formulierung liegt und die ihre Gedanken auch zügig und ohne Scheu niederschreiben. Wer sich im teaminternen Diskussionsforum nicht beteiligt, signalisiert deshalb keinesfalls automatisch Desinteresse und Rückzug, sondern vielleicht nur Unsicherheit.

Ungleiche Beteiligungschancen ergeben sich auch in Videokonferenzen, hier allerdings aus anderen Gründen: Die Signalverzögerung und die Störgeräuschunterdrückung führen dazu, dass es Personen an einem Standort schwer fällt, sich in die Diskussion am anderen Standort einzuschalten und sich dort Gehör zu verschaffen, allein aufgrund der technisch bedingten Verzögerung in der Übertragung.

Nicht zuletzt verändert Kommunikation durch Medien auch gewohnte Rollen: Wessen Stärke es z. B. ist, im Verlauf einer hitzigen Diskussion im Präsenzteam am Flip-Chart die zentralen Argumente in ein Strukturbild zu fassen, dadurch allen ein gemeinsames Orientierungsraster zu verschaffen und die Debatte zielorientiert voranzutreiben, der kann diese Stärke in einer Telefonkonferenz kaum und in einer Onlinekonferenz nur über die vielleicht erst einmal ungewohnte Nutzung eines neuen Tools (z. B. Whiteboard) einbringen.

Es gibt aber auch Hinweise darauf, dass rollenbezogene Neigungen die jeweilige Beteiligung prägen: So scheinen ausgewiesene Expertinnen und Experten eher davor zurückzuschrecken, nicht vollständig elaborierte Darstellungen in Wikis einzustellen und die weitere „Veredelung" der Community zu überlassen (Warta 2007).

Aktive und passive Nutzung

In einem virtuellen Team gibt es neben der mediengestützten aufgabenbezogenen Kommunikation, an der sich meist alle beteiligen, auch nicht unmittelbar aufgabenbezogene Kommunikation, die z. B. dem Wissensmanagement, also der Sicherung von Erfahrungen und dem fachlichen Austausch dienen. Dazu scheint sich im Bereich von Unternehmens-Wikis und Unternehmens-Foren zum Wissensaustausch eine Erkenntnis aus der Forschung zu Diskussionsforen im Web zu bestätigen: ca. 1 % sind aktive Einsteller, ca. 9 % gelegentliche Einsteller (die aber durchaus kontinuierlich mitlesen) und ca. 90 % eher passive Konsumenten, so die „Faustregel".

Das sog. *Lurking* (= nur lesen) sollte aus unserer Sicht nicht ausschließlich negativ gesehen werden, kann es doch auch gerade für Teamitglieder mit einer noch jungen Berufsbiographie einen ersten Schritt der Beteiligung darstellen.

Trotzdem: In einem virtuellen Team sollte diese Verteilung in Richtung einer „aktiveren" Mischung verschoben sein. Ansonsten besteht die Gefahr, dass die wenigen aktiven Teamitglieder irgendwann demotiviert aufgeben und der Erfahrungsaustausch austrocknet. Wenn also Erfahrungsaustausch und -sicherung für die Arbeit Ihres Teams wichtig ist, überlegen Sie am besten mit Ihrem Team, welche Form des Austausches den meisten entgegenkommt: ein strukturierterer, z. B. in einem Wiki, oder ein weniger strukturierter, z. B. in einem Diskussionsforum oder über Microblogging.

Vereinfachung von hierarchieübergreifender Kommunikation

Unternehmen, die Neue Medien einführen oder ihre Nutzung deutlich ausweiten, müssen sich auf Veränderungen im Beziehungsgefüge einstellen. Die bisherige formelle Hierarchie qua Funktion oder informelle Hierarchie qua Fachkenntnis und Erfahrung wird in Frage gestellt:

▪ Fachlich versierte Mitarbeiter/innen geraten plötzlich ins Hintertreffen, weil jüngere Kollegen und Kolleginnen („digital natives") als Vorreiter im Umgang mit neuen Technologien und dazugehörigen Anglizismen die Aufmerksamkeit auf sich ziehen.

▪ Hierarchiesymbole wie Vorzimmer mit Abschirmung (ob persönlich oder am Telefon) und ähnliches fallen weg bzw. können unkompliziert durch eine direkte Mailanfrage umgangen werden.

▪ Direkte Kommunikation mit höheren Ebenen oder anderen Unternehmensbereichen ist leichter möglich, auch ohne den eigentlich verbindlichen Dienstweg einzuhalten. Der eigene Vorgesetzte oder andere Schlüsselpersonen in der Organisation werden nicht mehr unbedingt als „Kontaktanbahner" gebraucht.

In vielen Diskussionen zu den neuen Medien, insbesondere den Social Media, wird der damit einhergehende Kulturwandel hin zu einer offeneren und hierarchiefreien Kommunikation sogar als der wesentliche Effekt herausgestellt und nicht selten ausdrücklich begrüßt.

Ob diese Einschätzungen für Freiberufler-Netzwerke und große, alteingesessene Unternehmen in gleichem Maße gelten, wird sich zeigen müssen. Und darüber hinaus bleibt in dieser Umbruchzeit offen, ob Ihr Chef oder die Chefin der benachbarten Abteilung wie auch die übergeordneten Hierarchieebenen Ihres Unternehmens solche Entwicklungen begrüßen und selbst mittragen.

Besonders im interkulturellen Kontext wird Hierarchie deutlich unterschiedlich bewertet. Dem muss beim Einsatz neuer Medien in der Kommunikation Rechnung getragen werden – die nun leicht mögliche Hierarchieumgehung ist nicht immer hilfreich (vgl. Kapitel 8, Kulturelle Unterschiede).

Veränderte Transparenz

Neue Kommunikationsmedien verändern die gegenseitige Transparenz in zwei Richtungen: Einerseits bekommt man einen ungewohnt offenen Einblick in Tätigkeiten, Zeiteinteilung, Arbeitsabläufe und Software-Skills von Kolleg/innen. Das kann Bedenken vor Überwachung und Kontrolle auslösen.

Andererseits wird die Transparenz eingeschränkt, wenn mediengestützte Kommunikation den persönlichen Austausch ersetzt: Es werden weniger Kontext-Informationen transportiert, die Einblick in Hintergründe und Zusammenhänge geben. Damit ist der Überblick erschwert, wer was mit welchen Informationen macht und wie welche Botschaft aufzufassen ist. Nur das, was von einem Standort aus explizit an andere Standorte vermittelt wird, findet für die anderen auch „wirklich" statt. Viele Informationen über Abläufe *zwischen* solchen Meldungen erreichen die anderen gar nicht. Damit fehlen viele Zusatzinformationen, die diese Meldungen einordnen helfen. Dies kann u. U. (Vor-)Urteile über andere Teammitglieder prägen, wenn der Kontext, aus dem heraus sie agieren, nicht gesehen wird. So kann z. B. ein Lachen in der Videokonferenz von den Kolleg/innen am zweiten Konferenzort als arrogant oder als humorvoll interpretiert werden, je nachdem, ob sie den Auslöser am ersten Ort mitbekommen haben oder nicht.

Dass diese Transparenz nicht oder zu wenig hergestellt wird, geschieht oft nicht aus bösem Willen, sondern weil man sich nicht immer klar macht, wer welchen Ausschnitt der Wirklichkeit tatsächlich mitbekommen hat oder eben auch nicht:

> In einem Präsenztreffen mit der Bereichsleiterin, Manuela Berger, wird die Präsentation diskutiert, die diese auf dem nächsten Treffen mit den internationalen Entwicklungsteams vorstellen will. Sebastian Maier wird mit der Aufgabe betraut, die Präsentation inhaltlich und gestalterisch „festzuzurren". Drei Tage später schickt er per E-Mail die Präsentation an Manuela Berger mit den Worten: „Anbei die Präsentation mit Titel für das F&E-Treffen". Sie leitet die E-Mail weiter an den Programmgestalter des standortübergreifenden Treffens, der an der Präsenzbesprechung nicht teilgenommen hatte: „Können Sie das noch einbauen in die Agenda? – Danke im Voraus". Das Resultat: Sebastian Maier taucht in der Agenda als Referent für die Präsentation auf. Die Klärung kostet Zeit und Nerven, der Druck der Unterlagen musste verschoben werden.
>
> Ein kurzer Zusatz in der Mail von Manuela Berger zu ihrer Rolle, dem Zweck der Präsentation und den Erwartungen an den Programmgestalter hätten dies vermieden.

3.5   Medienwirkungen kompensieren

Wie gehen Sie nun mit all diesen Effekten um? Wie können Sie ungünstige Effekte ausgleichen? Im Folgenden zeigen wir zentrale „Hebel" erfolgreicher virtueller Kommunikation auf.

Zeitnahe Rückkopplungsprozesse fördern

Sie können Rückkopplungsprozesse im Team anstoßen, indem Sie zum Beispiel in der gemeinsamen wöchentlichen Telefonkonferenz immer wieder Vergewisserungen einbauen, z. B.: „Da niemand mehr auf den ersten Aspekt eingeht, kann ich diesen Punkt als geklärt betrachten?" oder auch: „Dass auf meine letzte Mail keine Antworten gekommen sind, interpretiere ich so, dass die Situation damit für Sie alle vollständig geklärt ist – ist das so okay?" Auch ein Medienwechsel hat sich bewährt: Wenn beispielsweise eine empfangene E-Mail bei Ihnen Ärger auslöst, lohnt sich der Wechsel zu einem synchronen Medium, z. B. Telefon, um einerseits den Ärger loszuwerden, andererseits aber sofort im Dialog zu klären, wo tatsächlich Differenzen liegen und wo es sich nur um ein Missverständnis handelt.

Kontextinformationen liefern

Neben möglichst zeitnahen Rückmeldemöglichkeiten ist es für die Kommunikation in Ihrem standortverteilten Team wichtig, den Interpretationsspielraum von Nachrichten möglichst gering zu halten, besonders wenn es entscheidend oder heikel wird. All Ihr Handeln hat gute Gründe, die aber eben Teammitglieder anderswo nicht wissen können und auch nicht zufällig mitbekommen. Dazu gehören insbesondere auch Ereignisse „im Hause", die Sie als Teamleitung in Ihrem dortigen Büro über Besprechungen oder „Flurfunk" mitbekommen, Ihre Teammitglieder aber eben nicht.

Reduzieren Sie Gerüchtebildung und individuelle Interpretationen und reichern Sie Ihre Nachrichten – gleich über welches Medium – um solche Kontextinformationen an. Setzen Sie solche Beiträge allerdings ggf. deutlich erkennbar als Einschätzung oder persönlichen Eindruck von Sachinformationen ab. Halten Sie auch Ihre Teammitglieder dazu an. Im ersten Moment scheint es zwar lästig, „so viel drum herum" zu schreiben oder zu sagen, aber früher oder später müssen die Informationen sowieso auf den Tisch, damit alle sinnvoll und zielgerichtet gemeinsam agieren können.

Vollständig kommunizieren

Mit dem vorhergehenden Aspekt verbunden ist die Strategie, möglichst vollständig zu kommunizieren. Die „Vollständigkeit" bezieht sich auf die Vier Seiten einer Nachricht aus dem Schulz von Thun'schen Modell. Wir haben die Ihnen schon bekannte Grafik (vgl. Abb. 5) in Abbildung 13 auf der nächsten Seite mit Prüffragen versehen, die Sie sich durch den Kopf gehen lassen sollten, bevor Sie Nachrichten losschicken.

Nicht alle Prüffragen passen zu jeder Nachricht, die Sie über Distanz an andere übermitteln, nicht jede Nachricht braucht Aussagen zu allen Ebenen und allen Fragen. Es lohnt sich aber auf jeden Fall, das Viereck einmal kurz in Gedanken zu durchwandern, bevor Sie beispielsweise eine E-Mail abschicken. Formulieren Sie dann die wichtigen Botschaften respektvoll, klar und offen.

Manch einem fällt es schon in Präsenzsituationen schwer, Anforderungen und Erwartungen klar zu formulieren oder eigene Einschätzungen und Befindlichkeiten kundzutun. Von der Leitung eines virtuellen Teams ist aber gerade das gefordert. Es geht dabei nicht um falsch verstandenes Psychologisieren, sondern um Empfindungen, die durchaus in den beruflichen Kontext gehören: sehr zufrieden mit einem Arbeitsergebnis sein, irritiert sein wegen einer ausbleibenden Rückmeldung, ärgerlich auf nicht Erledigtes, besorgt wegen bestimmter Einflussfaktoren. Dies würde ein Teammitglied sonst aus Mimik und Stimmführung ablesen und zur Steuerung seines eigenen Handelns nutzen (z. B. besonders sorgfältig zu agieren). Nun müssen Sie dies aber bewusst und explizit schriftlich oder mündlich ausdrücken.

Falls Sie den Eindruck bekommen, dass eine so formulierte Mail-Botschaft Ihnen zu lang gerät (mehr als eine Bildschirmseite z. B.), dann ist dies ein deutliches Zeichen dafür, dass Sie viel zu viele Kontextinformationen mitliefern müssen, um die Kernbotschaft verständlich zu machen und die richtigen Interpretationshinweise zu geben. Es handelt sich vermutlich um eine komplexe, heikle, sensible oder konfliktträchtige Angelegenheit. Dann ist E-Mail oft auch nicht das geeignete Medium, und Sie sollten wohl besser zum Telefon greifen oder gar das persönliche Gespräch suchen. Oft genügen aber schon 2 – 3 Sätze ergänzend zur Sachbotschaft, damit die Teammitglieder diese besser einordnen können.

Sachinformation
Was ist meine derzeitige zentrale Botschaft?
Worum geht es jetzt im Wesentlichen?
Welchen Sach-Kontext brauchen die anderen jetzt?

Selbstkundgabe
Wie stehe ich persönlich
gerade dazu?
Was hat mich im
Augenblick dazu
bewogen?
Was ist meine derzeitige
Absicht, mein Ziel?
Was müssen die anderen
gerade jetzt von mir
wissen, um meine
Botschaft, meine
Aufforderung einordnen
zu können?

Nachricht

Appell
Was will ich genau hier
bewirken?
Was genau erwarte oder
wünsche ich in dieser
Situation, dass die anderen
tun und lassen sollen?
Was brauchen die anderen
jetzt, um in meinem Sinne
handeln zu können?

Beziehung
Wie stehe ich derzeit zu den
Teammitgliedern?
Was freut mich an deren aktuellen
Beiträgen, was stört mich?
Wie läuft die momentane
Zusammenarbeit?
In welcher Rolle sehe ich sie bezogen
auf die eben übermittelte
Information?

Abbildung 13: *Prüffragen zur vollständigen Kommunikation*

Für manche ist diese „vollständigere" Kommunikation zunächst ungewohnt, mitunter auch unangenehm: Das, was in persönlicher Kommunikation oft in unausgesprochener Übereinkunft nur nonverbal gezeigt wird und somit dezent bleibt, wird jetzt ausgesprochen bzw. „ausgeschrieben" und dadurch mehr ins Blickfeld gerückt. Der Empfänger kann sich dann unter dem Erwartungsdruck sehen, jetzt ebenso explizit darauf reagieren zu müssen. In manchen Kulturen stellt eine solch offene Kommunikation sogar einen Tabubruch dar, so dass Sie unsere Empfehlungen unter Umständen für ein internationales Team relativieren müssen, zumindest bezogen auf die (team)öffentliche Transparenz von Beweggründen, Absichten und Befindlichkeiten.

Eine fatale Schlussfolgerung, der wir in Teams, die Medien in der Zusammenarbeit einsetzen, immer wieder begegnen, lautet: „Wie praktisch, wir konzentrieren uns also auf die Sachebene, das erspart uns die Kommunikation auf der (lästigen) Beziehungsebene." Das mag kurzfristig funktionieren, auf längere Sicht trägt das unserer Erfahrung nach aber nicht dazu bei, dass das virtuelle Team zu einer gemeinsamen Verständigung findet, auf deren Basis dann effektiv zusammen Aufgaben gelöst, Entscheidungen gefällt und konstruktive Problemlösungen angegangen werden können (vgl. Kapitel 4, Teamentwicklung).

Emoticons und Akronyme

Dass es zur „vollständigen" Kommunikation auch nicht immer vieler Worte bedarf, zeigen die inzwischen breit eingebürgerten „Emoticons" und Akronyme, die in der teaminternen schriftlichen Kommunikation Botschaften auf Ebene 2 (Selbstkundgabe) knapp, witzig und mediengerecht „übersetzen". In mancher „Netiquette" wird empfohlen, am besten völlig auf Ironie, Humor und Sarkasmus zu verzichten. Das teilen wir für die teaminterne Kommunikation allerdings nur in Bezug auf Sarkasmus, der sollte unbedingt unterbleiben. Ironie und Humor aber sind das Salz in der kommunikativen Suppe von Mails, Forumsbeiträgen und Chats.

Dass diese sprachlichen Ausdrucksformen mit Vorsicht eingesetzt werden, wenn man sich noch nicht so gut kennt, aus unterschiedlichen Kulturen stammt oder mit Externen kommuniziert, sollte jedoch ebenso selbstverständlich sein.

Beispiele für Emoticons

:-)   Lachen
:-(Trauer
;-)   Zwinkern oder auch „das gerade Geschriebene ist ironisch gemeint"

Beispiele für Akronyme

g   Grinsen
lol   „laughing out loud"
rofl   „rolling on the floor laughing"

Für Sie als Teamleitung stellen sich deshalb zwei Aufgaben:

▤ Praktizieren Sie selbst vollständigere Kommunikation und zeigen Sie, wie man eigene Befindlichkeiten, Aussagen über die Beziehungen untereinander und Erwartungen klar, selbstverständlich und nicht verletzend ausspricht. Auf diese Weise werden solche Themen auch zum normalen Bestandteil von Teamgesprächen.

▤ Laden Sie die anderen gezielt dazu ein, mehr über sich, ihre Beweggründe und Bewertungen zu äußern. Mit konkreten Nachfragen helfen Sie ihnen am besten, diese „Begleitbotschaften" zu formulieren, ohne dass Sie lange Vorträge über Kommunikation halten müssen.

Verschriftlichen

In verteilten Teams muss deutlich mehr verschriftlicht werden. Dies betrifft zum einen die Nachricht selbst, zum anderen die in den vorherigen Abschnitten dargestellten notwendigen „Begleitbotschaften". Und es sind mehr Hintergrundinformationen zu dokumentieren. Das ist lästig, aber gerade in weit verstreuten und ggf. zeitversetzt arbeitenden Teams unabdingbar. Dies gilt für aktuelle Nachrichten genauso wie für Nachsteuerungen in Aufgabenteilung, Zuständigkeiten u. ä., um Transparenz für alle Teammitglieder sicher zu stellen.

Ein kleiner Trost ist mit der stark verschriftlichten Kommunikation verbunden: Sie müssen nicht jedem Teammitglied alles einzeln erklären, und Dokumentationen am Ende von Projekten oder nach bestimmten Arbeitsphasen sind in virtuellen Teams leichter zu erstellen.

Aktiv kommunizieren

Mit dieser auffordernden Überschrift fassen wir einen Kern zusammen, der schon in den vorangehenden Hinweisen immer wieder aufleuchtete und der für einige von Ihnen vielleicht die zentrale Herausforderung darstellt: Im Vergleich zu einem Präsenzteam müssen Sie aktiver, prägnanter, offensiver kommunizieren und Kommunikation einfordern. Steuern Sie bisher eher aus dem Hintergrund, durch kleine Andeutungen, beiläufige Gespräche? Dann müssen Sie Ihr Repertoire für die Leitung eines virtuellen Teams tatsächlich deutlich erweitern.

Diese aktive, explizite Kommunikation ist nicht nur Aufgabe der Führung. Sie sind allerdings Modell darin. Praktizieren Sie sie und machen Sie Ihre Teammitglieder auf diese sorgfältige Kommunikation aufmerksam, dann können sie sie leichter übernehmen und auch untereinander pflegen.

3.6   Ausblick: Was gelernt werden muss

Die Beschreibung „ein Ort, an dem sich Menschen treffen, miteinander reden, Geschäfte abschließen, Dinge herausfinden, Komitees bilden und Gerüchte verbreiten" hört sich wie eine Beschreibung des Forum Romanum an. Kaum zu glauben, dass Esther Dyson, die zu ihrer Zeit als „First Lady des Internet" galt, hier „nur" das Internet meint! (Dyson 1999, S. 26 f.)

Wie in diesem Kapitel sichtbar geworden ist, bleiben für ein virtuelles wie für ein lokales Team die Aufgabenstellung und das Wesen der Inhalte, über die kommuniziert wird, grundsätzlich gleich. Was sich verändert, ist, *wie* über diese Inhalte kommuniziert wird.

Bleibt die Frage, was ein virtuelles Team deshalb neu lernen muss. Damit schlagen wir den Bogen zum Eingang dieses Kapitels: Neben der Selbstorganisation ist es vor allem die Medienkompetenz.

Stellen Sie sich selbst und Ihrem Team folgende Fragen:

- Können wir die uns zur Verfügung stehende Technik kompetent anwenden?

- Können wir die Inhalte und die Botschaften über Medien so gestalten, dass sie möglichst wenig Interpretationsspielraum bei den Empfänger/innen der Nachricht lassen?

- Können wir die Effekte, die durch Mediennutzung in unserem standortverteilten Team auftauchen, einschätzen? Wissen wir, wie wir darauf reagieren können, oder werden wir immer wieder von der Eigendynamik der Medien überrollt?

- Können wir Medien situationsangemessen auswählen, so dass alle nötigen Informationen, auch die sozialen, transportiert werden können, um gemeinsam effektiv unsere Ziele zu erreichen?

Lautet Ihre Antwort auch einmal „Nein"? Dann ist sicher das Kapitel 9, Personalentwicklung, für Sie hilfreich.

▬ Auf einen Blick ▬▬▬▬▬▬▬▬▬▬▬▬▬▬▬▬▬▬▬▬▬

Medien als Brücke für die Kommunikation im virtuellen Team

⇨ *Neue Medien* sind *nicht nur Dienstleister* räumlich verteilter Zusammenarbeit, ihre dynamische Entwicklung eröffnet auch neue Möglichkeiten für virtuelle Zusammenarbeit.

⇨ Die *Basis für Zusammenarbeit wie auch für Führung ist Kommunikation:* Sie muss vielschichtig und vielfältig sein und zeitnahe Rückkoppelungen zur Handlungssteuerung ermöglichen.

⇨ Verschiedene Medien unterstützen in besonderer Weise *unterschiedliche Formen der Zusammenarbeit: Kommunikation, Koordination oder Kooperation* jeweils *synchron oder asynchron.*

⇨ *Awareness-Funktionen* unterstützen zum einen die Wahrnehmung der anderen Teammitglieder und stärken so die Verbundenheit, zum anderen lenken sie die aufgabenorientierte Wahrnehmung durch Signale bei Veränderungen im Arbeitsprozess (Dokumente, Eintragungen).

⇨ Die zunehmende Nutzung des Internet im Arbeitsprozess erfordert *Maßnahmen zur Sicherung der Vertraulichkeit* (Verschlüsselung, Authentifizierung, Zertifizierung).

⇨ *Integrierte Anwendungen* unterstützen komplexe Arbeitsprozesse: *Virtuelle Büros (Groupware)* erleichtern die vorwiegend asynchrone Zusammenarbeit und stärken die Teamidentität. *Meeting-Tools* unterstützen virtuelle synchrone Besprechungen und vermitteln hohe soziale Präsenz.

⇨ Die *Auswahl von Medien* geschieht auf drei Ebenen:

Zusammenstellung des teamspezifischen Medienportfolios (nach Aufgabenschwerpunkt),

Beschaffung (in Abstimmung mit IT-Abteilung, Management, Personalentwicklung),

Situationsangemessene Medienwahl: Passung von Informationsreichtum des Mediums und Aufgabenkomplexität in einer spezifischen Situation.

⇨ Alle Medien beeinflussen durch spezifische Charakteristika den Verlauf der Kommunikation. Der wichtigste Effekt von Medien ist die *Filterung der Kommunikation und Wahrnehmung.* Andere Effekte entstehen durch Verschriftlichung, beschleunigte Vervielfältigung, vereinfachte hierarchieübergreifende Kommunikation, veränderte Transparenz.

⇨ Durch *geschickte Medienwahl und -nutzung* können Sie diese Wirkungen reduzieren.

⇨ Medienwirkungen lassen sich auch *kompensieren*, indem Sie Rückkoppelungsprozesse initiieren, Kontextinformationen liefern, „vollständig" kommunizieren, ausreichend verschriftlichen und vor allem aktiv kommunizieren.

4. Verbindungen knüpfen – ein virtuelles Team aufbauen

Praxisinterview mit Britta Weitbrecht, Koordinatorin „Berater-Praxis-Netzwerk", Stiftung Ökologie und Landbau (SÖL)

Frau Weitbrecht, wie setzen Sie in der Stiftung virtuelle Zusammenarbeit ein?

Wir unterstützen die Zusammenarbeit und Vernetzung der Fachberater innerhalb einzelner Facharbeitskreise auch zwischen den jährlichen Präsenztreffen. Bei uns kommt dem Start der virtuellen Teams eine sehr große Bedeutung zu, da sich die Teammitglieder größtenteils freiwillig für die Mitarbeit entscheiden. Dazu setzen wir verschiedene Instrumente ein, z. B. die Nutzung einer gemeinsamen Datenbank und internetgestützte Arbeitsräume. Die Bundesanstalt für Landwirtschaft und Ernährung (BLE) hat uns beauftragt, eine gemeinsame Datenbank aufzubauen, mit Fachinformationen zu füllen und diese organisationsübergreifend nutzbar zu machen.

Eines der Fachteams bezeichnen Sie als „vorbildlich". Woran sehen Sie, dass dieses Team besonders erfolgreich über die Distanz zusammen arbeitet?

Die Teammitglieder sehen sich nur einmal für vier Tage im Jahr persönlich. Trotzdem haben sie einen sichtbar hohen Output: Sie haben ein gemeinsames Beratungsangebot entwickelt, ein eigener Redakteur arbeitet für sie, die Datenbank ist gut gefüllt, das Diskussionsforum wird rege genutzt. Wenn ich das Team auf einer Fachtagung treffe, sehe ich, dass ihr Umgang durch sehr hohe Verbindlichkeit in der Zusammenarbeit, ein hohes Fachniveau und große Offenheit gekennzeichnet ist.

Stichwort Verbindlichkeit. Wie stellen Sie diese Verbindlichkeit in der Anfangszeit eines virtuellen Teams her?

Einerseits dadurch, dass sich das Team selber Regeln gibt und diese auch einhält. Dabei ist es ganz wichtig, dass die Regeln zur Entwicklung der Gruppe passen. Ich erzähle zwar immer kurz von den „Erfolgsgruppen" und dass es für diese Gruppen wichtig war, Regeln aufzustellen, rege dann aber eher die Diskussion an, die eigenen Themenfelder zu finden, in denen Regelungen für die Gruppe sinnvoll erscheinen.

Wie verankern Sie den Auftrag im Team, und was ist dabei besonders im Hinblick auf die virtuellen Rahmenbedingungen zu beachten?

Ich frage zunächst die Erwartungen und Wünsche der Einzelnen ab, auch, welche Chancen sie in dieser Form der Zusammenarbeit sehen. Als Basis der Zusammenarbeit ist wichtig, sich über die eigenen Zielstellungen klar zu sein. Ich gebe dann aber auch Raum für Befürchtungen. Da kommen dann ganz konkrete Aspekte wie: „Muss ich dann noch mehr Zeit investieren?", „Das ist aber kompliziert.", „Dann habe ich schon wieder ein neues Passwort." etc. Diese Anmerkungen sind bei näherem Hinschauen eher Symptome für grundsätzliche Vorbehalte, die viel mit Transparenz und persönlicher Profilierung zu tun haben, und spielen dann bei der konkreten Arbeit meistens keine Rolle mehr. Es gibt natürlich auch ernst zu nehmende Befürchtungen: „Wer investiert wie viel Know-how?" oder „Wie geschützt ist der internetbasierte Raum wirklich?"

Entscheidend für die weitere Zusammenarbeit über Distanz ist, dass zu diesem Zeitpunkt die technischen Voraussetzungen gut vorbereitet sind und die Leute gleich einsteigen können. Denn wenn dann jemand nicht nach dem zweiten Mal in den gemeinsamen Gruppenraum kommt, habe ich ihn fast wieder verloren. Optimal ist es, wenn es einen Ansprechpartner bei technischen Schwierigkeiten gibt.

Der Aufbau von Vertrauen trotz Distanz ist in einer solchen Gruppe besonders wichtig. Welche Maßnahmen haben Sie dazu als besonders hilfreich erlebt?

Transparenz: in Kontakt bleiben, präsent bleiben, besonders die Teamleiter oder ich als Koordinatorin. Die Präsenz-Jahrestreffen sind ebenfalls sehr wichtig, da entsteht positive Energie für ein gemeinsames Projekt. Und für die weitere Zusammenarbeit kann man dann daraus schöpfen. Zum Beispiel verwende ich ein Foto eines Flip-Charts, auf dem die Gruppe die gemeinsamen Ziele festgehalten hat, später in einer Mail, um daran zu erinnern. Präsenztreffen sind also Fixpunkte, auf die sich im Laufe der Arbeit über Distanz immer wieder gut zurückgreifen lässt.

Wie sichern Sie schon zu Beginn die Vernetzung der Teammitglieder untereinander?

Wir erarbeiten zusammen in der Gruppe die technische Grundlage der Kommunikation. Wichtig ist dabei meines Erachtens, dass die einzelnen Teammitglieder auch passiv in der Kommunikation gehalten werden, z. B. dadurch, dass sie über alles, was sich im gemeinsamen Gruppenraum tut, per Mail informiert werden.

Mit welchen Ansätzen unterstützen Sie über Distanz die Rollenfindung im Team?

In einigen Gruppen gibt es zum Beispiel die Rollen „Alte Hasen" vs. „Junge Profiteure", die schnell in eine Schräglage miteinander kommen und die Zusammenarbeit auf Distanz blockieren können. Die Auseinandersetzung mit diesen Rollen lässt sich z. B. bei einer Evaluierung nach einem Jahr gut anstoßen: Wer hat was eingebracht – quantitativ und ggf. auch qualitativ? Wie lässt sich eine gute Balance herstellen? Bei einigen unserer Gruppen ist es so, dass die Jungen mehr Energie in die Vorbereitung von Foren oder Präsenztreffen stecken und dafür vom Fachwissen der Erfahreneren profitieren können. Wichtiger Grundsatz, den ich immer wieder in die Gruppen hineintrage: Unterschiede anerkennen, z. B. den beiderseitigen Gewinn von Beratern, die viel vor Ort sind und wenig schreiben können, aber viel Praxiserfahrung mitbringen, und anderen, die eher im Büro sitzen und dafür die Datenbank befüllen können.

Danke für das Gespräch!

Das Interview zeigt, dass organisationsübergreifende virtuelle Zusammenarbeit besondere Herausforderungen für den Vertrauensaufbau und den Umgang mit unterschiedlichen Beiträgen zur gemeinsamen Arbeit mit sich bringt. Vieles davon gilt trotz anderer äußerer Rahmenbedingungen für unternehmensinterne virtuelle Teams in vergleichbarer Weise.

4.1   Teamzusammensetzung und Teamstruktur

Nur in den seltensten Fällen dürften Sie in der Situation sein, ein Team völlig frei zusammenstellen zu können: Neben Fragen der Fachkompetenz steht die Verfügbarkeit im Vordergrund, oder Sie sind mit der Tatsache konfrontiert, mit vorhandenem Personal einer Abteilung (z. B. nach Fusion oder Reorganisation) ein virtuelles Team aufsetzen zu müssen.

Wenn Sie Einfluss auf die Zusammensetzung Ihres virtuellen Teams nehmen können, ist ein Anforderungsprofil mit den Zielkompetenzen für Ihre Teammitglieder eine sinnvolle Basis: Welche fachlichen, methodischen, sozialen Fähigkeiten und Fertigkeiten braucht dieses Team (vgl. Kapitel 9.2, Inhalte der Personalentwicklung)? Mit dieser Zielkompetenz-Beschreibung können Sie sich selbst darüber klar werden, wen Sie für Ihr Team benötigen, und dieses Profil hilft Ihnen auch in der Kommunikation mit den Personalverantwortlichen.

Ein solches Anforderungsprofil zu erstellen, kann übrigens auch dienlich sein, wenn Sie mit Ihrem Team schon länger zusammenarbeiten. In diesem Fall nutzen Sie den Abgleich zwischen Anforderungsprofil und Teammitgliedern als Bildungsbedarfsanalyse.

Wie sollte nun ein virtuelles Team über individuelle fachliche Qualifikationen hinaus zusammengesetzt sein? Folgende Charakteristika machen ein virtuelles Team zu einem hoch leistungsfähigen „Winning Team":

■ *Heterogenität* ist unabdingbar, nicht nur im Hinblick auf die jeweilige konkrete Aufgabenstellung, sondern gerade im Hinblick auf die hochgradig komplexe Situation der verteilten Arbeit. Nur Heterogenität bei den Teammitgliedern (Alter, Geschlecht, Kultur, fachlicher Hintergrund, Lebens- und Berufserfahrung) und bei den Rahmenbedingungen (z. B. multiple Gruppenzugehörigkeit) bietet einen hinreichend breiten Hintergrund an Fertigkeiten, Fähigkeiten und Erfahrungen zur Bewältigung der vielen und oft neuen Herausforderungen im virtuellen Team. Diese Heterogenität stellt allerdings eine zentrifugale Kraft dar, die ein Gegengewicht benötigt.

■ *Homogenität* wiederum ist der Kitt, der gerade verteilte Teams zusammen hält. Die Orientierung auf das gemeinsame Ziel, ein gemeinsames Leistungsbewusstsein und das Bewusstsein, für eine erfolgreiche Arbeit aufeinander angewiesen zu sein, stellen zentripetale Kräfte dar. Diese Basis an Homogenität im Team hilft, sich immer wieder auf die Aufgabe zu konzentrieren, sich dabei untereinander verbunden zu fühlen und so die Herausforderungen virtueller Arbeit produktiv zu bewältigen.

▓ Die Fähigkeit zur *Metakommunikation*, also auch auf Distanz mediengestützt die Art und Weise zu thematisieren, wie kommuniziert, koordiniert, kooperiert wird, ist das unverzichtbare Schmiermittel für ein virtuelles Team. Sie ermöglicht Analyse, Reflexion und (Nach-)Steuerung des Kooperationsprozesses. Dazu gehört die Auseinandersetzung mit den eigenen Stärken und Schwächen im Team wie mit den auseinanderdriftenden und zusammenbindenden Kräften.

Ein starkes Team („winning team") ist in der Lage, Zentrifugalkräfte und Zentripetalkräfte in einem Gleichgewicht zu halten, sowie sich selbst immer wieder aus der „Vogelperspektive" zu betrachten und auf der Basis dieser Selbstreflexion Handlungssteuerung zu betreiben.

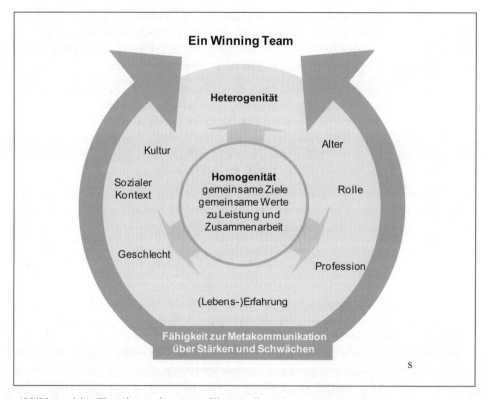

Abbildung 14: *Charakteristika eines „Winning Team"*

Ein Team ist nicht von seiner Gründung an ein hoch leistungsfähiges Team – und kann es auch gar nicht sein. Vorgegebene Ziele, Aufgaben, Strukturen geben ihm einen Rahmen, innerhalb dessen sich Teammitglieder und ihre Arbeitsbeziehungen untereinander entwickeln.

Im Folgenden beschreiben wir, wie die Entwicklung in einem Team typischerweise verläuft und was Sie als Teamleitung tun können, Ihr Team in seiner Entwicklung positiv zu unterstützen.

4.2   Teamentwicklung fördern

Arbeitsgruppen und Teams entwickeln sich nach einem bestimmten Muster – in jeweils unterschiedlicher Intensität, je nach Aufgabenstellung und Form der Zusammenarbeit. Im Laufe dieser Entwicklung muss sich Leitungsverhalten verändern, damit das Team hohe Leistungen erzielen kann und mehr und mehr Verantwortung für die Gesamtaufgabe und den Arbeitsprozess mitträgt. Wie können Sie als Teamleiter/in nun Teambildung und Teamentwicklung möglichst vorteilhaft für die beteiligten Menschen und die Arbeitsergebnisse beeinflussen?

Das wohl berühmteste Modell für die Teamentwicklung beschrieb Bruce W. Tuckman bereits 1965. Francis und Young (1982) übertrugen die Entwicklungsphasen in das Bild der sogenannten „Teamentwicklungsuhr". Wir wollen dieses Modell kurz in Erinnerung rufen, bevor wir die besonderen Herausforderungen der Teamentwicklung in virtuellen Teams herausarbeiten und Vorschläge zu ihrer Unterstützung unterbreiten.

Dabei ist zu beachten: Die Teamentwicklungsuhr bildet wie alle Modelle nicht die komplexe Wirklichkeit ab, sondern reduziert und vereinfacht sie. Aber sie ist ein hervorragendes Instrument, die Entwicklung des eigenen Teams zu betrachten, Abläufe zu analysieren und eigene Handlungsstrategien für die Teamführung abzuleiten.

Die Grundaussage des Modells:

Ein erfolgreiches Team entsteht erst als Folge eines längeren Prozesses. Dabei durchläuft es immer die gleichen Phasen, wenn auch in unterschiedlicher Ausprägung: Intensiv, wenn sich ein echtes Team mit einer herausfordernden Aufgabenstellung entwickelt, eher oberflächlich bei größeren oder nur punktuell miteinander arbeitenden Gruppen. Die Phasen sind deshalb – anders als das Uhr-Bild suggeriert – durchaus recht unterschiedlich lang. Die Phasen der Teamentwicklung bauen jedoch immer aufeinander auf, die erfolgreiche Bewältigung vorausgehender Phasen ist unabdingbare Voraussetzung für die nachfolgenden.

Dieser Phasenablauf findet sich übrigens auch bei schon länger zusammen arbeitenden Teams, wenn sie z. B. ein neues Projekt in Angriff nehmen oder wenn sich das Team in seiner Zusammensetzung ändert. Bei Teams, die grundsätzlich schon in ihrer Hochleistungsphase sind, werden die ersten Phasen dann jedoch meist schnell, konstruktiv und zielorientiert durchlaufen.

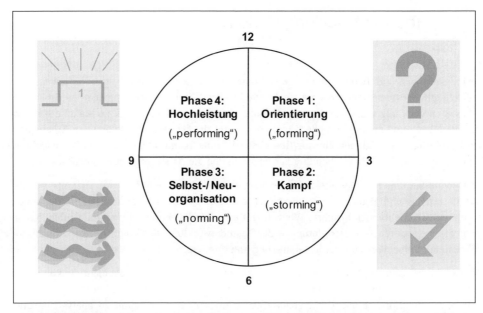

Abbildung 15: *Die Teamentwicklungsuhr nach Tuckman (1965) und Francis/Young (1982)*

4.2.1 Die Teamentwicklungsphasen

Phase 1: Orientierung und Teamfindung (Forming)

In der Startphase versucht jede/r, sich zu orientieren, die anderen Teammitglieder kennen zu lernen, die eigene Rolle im Team zu finden. Alle gehen in der Regel noch recht vorsichtig miteinander um, haben ihre „Antennen" ausgefahren und beobachten aufmerksam, was passiert. Noch existiert keine (ausgeprägte) innere Struktur, zumeist orientieren sich alle noch stark an der Teamleitung. Auch die Kommunikation läuft bevorzugt über sie. Erste Aktivitäten starten, aber eher von Einzelnen als gemeinsam erbracht. Der in dieser Zeit praktizierte freundlich-kollegiale Umgang hilft, Kontakte zu knüpfen und erste Absprachen zu treffen, die von Wohlwollen geprägt sind. Das reicht aber noch nicht für die Bewährung in Konflikten und bei hohen Anforderungen an die Leistungsfähigkeit des Teams.

Phase 2: Kampf (Storming)

Jetzt werden zum ersten Mal tiefgründigere und durchaus auch konfliktreiche Themen bearbeitet. Lösungen ergeben sich erst durch eine wirkliche Zusammenarbeit, ein freundliches Nebeneinanderher reicht nicht mehr. Inhaltliche Auseinandersetzungen, Methoden- und Rollenkonflikte, Streit um den Zugriff auf Ressourcen etc. werden verdeckt oder offen ausgetragen. Um die Zielsetzung wird erbittert gerungen, auch die Teamleitung ist Gegenstand von Auseinandersetzungen. Ein wichtiger Test für Sie als Teamleitung, wenn in dieser Phase

Führung unterlaufen wird. Die „Frage" dahinter: Ist unsere Teamleitung stark und klar genug? Untergruppen oder sogar Cliquen bilden sich heraus, es entstehen Polarisierungen. Mitunter zerbricht ein Team in dieser Phase, oder auch Einzelne verlassen das Team, sofern möglich.

Es wird manche Diskussion geführt, bei denen allen Beteiligten klar ist, dass es um mehr als um das Sachthema geht – nämlich um die Grundfrage: Wie stehen wir zueinander? Diese Phase ist notwendig, um zu schärfen, was in einem Team wirklich geklärt sein muss: Wie steht es um Macht, Einfluss, gegenseitigen Respekt, Kontrolle, Verbindlichkeit von Absprachen? Wenn ein Team diese Themen immer wieder „umschifft" und Klärung vermeidet, kommen diese nicht gelösten Konflikte in Stresssituationen sofort wieder an die Oberfläche.

Phase 3: Selbst- und Neuorganisation (Norming)

In dem Maße, wie es gelingt, die wichtigen Konflikte produktiv zu lösen und gegenseitigen Respekt und Wertschätzung im Umgang der Teammitglieder untereinander auszubilden, wächst das Team nun wirklich als Team zusammen. Es sorgt für seine Funktionsfähigkeit, bildet gemeinsame Werte und Normen aus, gibt sich Spielregeln, definiert Ziele und diskutiert die Qualität der Aufgabenerledigung. Über nun vermehrt aufgabenorientierte Kommunikation gelingt Kooperation immer besser. Das Team bemüht sich um Ökonomie bei der Planung und bei der Ausführung der Arbeit. Energie und Engagement kennzeichnen die Arbeit. Teambesprechungen werden zum Kristallisationspunkt der gemeinsamen Arbeit, Aufgabenlösungen werden vorangetrieben, individuelle Beiträge zur gemeinsamen Sache verknüpft. Das Verständnis der Teammitglieder untereinander wächst. Die Leistungen der einzelnen werden miteinander konstruktiv bewertet.

Natürlich gibt es auch in dieser Phase Konflikte und Auseinandersetzungen. Es werden aber mehr und mehr Konfliktbearbeitungsverfahren und konstruktive Konfliktpräventionsstrategien entwickelt.

Phase 4: Hochleistung (Performing)

Aufgabenanforderungen und persönliche Bedürfnisse sind jetzt ausbalanciert – das Team ist sehr handlungsfähig. Effizienzsteigerung steht im Mittelpunkt. Geschlossen und in engem Kontakt untereinander kann das Team echte Teamleistungen vollbringen, d. h. die Teamleistung liegt über der Summe der Einzelleistungen, die Einzelleistung tritt gegenüber der Teamleistung in den Hintergrund. Die Teammitglieder wissen um ihre spezifischen Funktionen und wie jede und jeder von ihnen einen wichtigen und unverwechselbaren Beitrag zur Erfüllung der Gesamtaufgabe leistet. Wenn nötig, werden Arbeitsteilungen und Kooperationsstrukturen verfeinert. Jedes Teammitglied weiß, dass es sich auf die anderen verlassen kann, im Notfall sind alle gegenseitig bereit einzuspringen. Vertrauen untereinander ermöglicht Kreativität und Experimente. Der Kontakt zueinander ist von Achtung und gleichzeitig von Unkompliziertheit geprägt, wird sorgfältig gepflegt und von Zeit zu Zeit reflektiert. Es entsteht ein ausgeprägtes Wir-Gefühl, ohne dass die Gruppe sich abschottet. Ein „high-performing"-Team setzt sich ambitionierte Ziele oder übernimmt solche von außen gesetzten Ziele. Dabei sichert es auch seinen Bestand, indem es für Anerkennung und Unterstützung in der Organisation sorgt und seine Rolle in der Gesamtorganisation klärt und vorantreibt.

Bei weitem nicht alle Teams erreichen diese Phase.

Später hat Bruce W. Tuckman seinem Modell noch eine 5. Phase hinzugefügt, die Phase der Auflösung – Adjourning. Die ist gerade für virtuelle Teams mit Projektaufgaben bedeutsam, die zeitlich befristet in immer wieder neuen Konstellationen arbeiten. Das Team gemeinsam, aber auch jedes Teammitglied für sich, muss Auflösung und Abschied angemessen bewältigen: Lessons learned vergegenwärtigen, sich neu orientieren und auf neue Situationen und Menschen einstellen können (vgl. Kap. 9.3.2).

4.2.2   Die Herausforderung, die Entwicklung eines virtuellen Teams zu fördern

Es ist wohl nicht sonderlich schwierig sich vorzustellen, wie erschwert die Teamentwicklung unter virtuellen Bedingungen abläuft, wenn ...

- sich die Mitglieder eines weltweiten 24/7-Service Desks vielleicht gerade einmal bei einer gemeinsamen Qualifizierung gesehen haben, sie ansonsten aber ihre Aktivität gegenseitig nur über die softwaregenerierte Liste anfragenbearbeitender Kolleg/innen wahrnehmen und ihre Leistungsfähigkeit sich nur in Kennzahlen wie der Zahl nicht erledigter Anfragen bei Schichtübergabe oder den monatlichen Benchmarks des IT Service Managements ausdrückt;

- eine buntgemischte Truppe von Marketingspezialist/innen aus verschiedenen Ländern eine globale Image-Kampagne zu Social Responsibility aufsetzen soll, die allen kulturellen Besonderheiten der weltweiten Märkte gerecht wird, sich diese Gruppe aber nur alle zwei Jahre beim globalen Managementmeeting flüchtig sieht;

- die Mitglieder eines Projektteams sich nur beim Kick-Off-Meeting persönlich gesehen haben, ansonsten aber auf ihre Groupware-, Telefon-/Mobilfunk- und Videosysteme angewiesen sind.

Was können Sie als Leiter/in solcher standortverteilter Teams tun, um dennoch die Entwicklung zu einem hoch leistungsfähigen Team zu stärken?

Anforderungen an Leiter/innen virtueller Teams in der Phase 1: Forming

In der Startphase müssen Sie ermöglichen und fördern, dass

- sich die Teammitglieder wahrnehmen und kennen lernen können,

- ein Meinungsaustausch stattfinden kann,

- die gemeinsamen Themen identifiziert werden,

▪ eine gemeinsame Zieldefinition bzw. Zielinterpretation stattfindet,

▪ erste Schritte bestimmt und Verantwortlichkeiten zugewiesen werden,

▪ jedes Teammitglied einen (vorläufigen) Platz und eine Rolle im Team finden kann.

Neben den sachorientierten Anteilen sollten Sie auch die „Soft Facts" nicht aus den Augen verlieren: Fördern Sie Kontakt zu den Teammitgliedern und unter den Teammitgliedern, bauen Sie persönliche Drähte über die reine Aufgabe hinaus auf und etablieren Sie von Beginn an netzförmige Kommunikationsstrukturen.

Schauen wir anhand eines konkreten Teams, wie diese Handlungsstrategien umgesetzt werden können:

> Marie Graf hat sich als Projektleiterin einen detaillierten Plan gemacht, um möglichst positiv auf die virtuelle Forming-Phase einzuwirken. Zunächst hat sie mit jedem der Teammitglieder einzeln Kontakt aufgenommen, sie im Team begrüßt und im Gespräch nicht nur die Aufgabe thematisiert, sondern auch einiges zur Arbeitssituation, zur Vorgeschichte und auch Persönliches einfließen lassen, soweit dies im jeweiligen kulturellen Kontext „schicklich" war, und die entsprechende Resonanz aufgenommen. Für jedes Teammitglied war darüber hinaus schnell ihre Erreichbarkeit und Ansprechbarkeit transparent.
>
> Schon im Vorfeld des Kick-Off hatte sie die lokalen Rahmenbedingungen der Teammitglieder erkundet und die einzelnen Teammitglieder mit kleinen Aufträgen untereinander in Kontakt gebracht. So gab es zügig eine eigene Teamseite im Intranet, wo jedes Teammitglied mit einem kleinen Steckbrief inkl. Foto präsent war. Mit einigen Absprachen, Teamregeln und Verabredungen für die gemeinsame Dateiablage und die Groupware waren erste Grundlagen für das Team geschaffen. Im Kick-Off-Meeting verwandte sie viel Zeit zur Erarbeitung einer gemeinsamen Zielinterpretation sowie den Austausch von Erfahrungen und Erwartungshorizonten. Insgesamt hat sie zu Beginn deutlich gestaltend agiert, dabei die anfängliche Orientierung der Teammitglieder auf sie als Teamleitung geschickt genutzt und dann zügig für netzartige Kommunikation unter allen gesorgt.

Damit hat die Leiterin dieses virtuellen Teams einen guten Zusammenhalt begründet, der eine solide Basis für das engagierte Verfolgen der Projektziele darstellt.

Im nächsten Teil dieses Kapitels (Kapitel 4.3) erhalten Sie eine systematische Anleitung für diese Einstiegsphase und das grundlegende Kick-Off-Meeting.

Anforderungen an Leiter/innen virtueller Teams in der Phase 2: Storming

Storming ist für Teams das, was die Pubertät für die menschliche Entwicklung ist: eine schwierige, aber unvermeidliche und letztlich enorm wichtige Phase. Also gilt es, diese heiße Phase in möglichst produktive Bahnen zu lenken. Ihre Aufgabe als Teamleitung ist es,

▪ durch intensives „communicating around" Konflikte frühzeitig zu entdecken,

▪ mit Mut und zugleich Fingerspitzengefühl potenzielle Konflikte anzusprechen,

▓ generell Konflikte nicht wegen falsch verstandener Harmonie „unter den Teppich zu kehren",

▓ einen kühlen Kopf zu bewahren, obwohl die Teamleitung in dieser Phase oft auch selbst Gegenstand von Auseinandersetzungen im Team ist,

▓ moderierend einzugreifen, wo möglich,

▓ aber auch Entscheidungen zu treffen, wo nötig,

▓ und im Zweifelsfall auch professionelle, nicht ins Teamgeschehen verstrickte Hilfe hinzuzuziehen.

Wichtig ist, dass Sie auch in Konfliktzeiten ein erkennbares und glaubwürdiges Bemühen erkennen lassen, alle Teammitglieder und Teamstandorte im Rahmen der Möglichkeiten und Realitäten gleichwertig zu behandeln und niemanden auf Grund räumlicher Nähe oder früherer Beziehungen zu bevorzugen. Bei der Informationsweitergabe, der Kommunikationsrate, bei der Chance auf Beteiligung an Diskussions- und Entscheidungsprozessen sind Mitglieder verteilter Teams gerade in dieser teamkonstituierenden Storming-Phase extrem empfindlich, und empfundene Ungerechtigkeit ist nur schwer auszuräumen.

In Kapitel 7, Konstruktives Konfliktmanagement, werden die Möglichkeiten ausführlich erläutert, wie Sie unter virtuellen Bedingungen Konflikte konstruktiv angehen können. Hier möchten wir Ihnen an einem Beispiel zeigen, welche Konflikte sich in der Entwicklung eines konkreten Teams anbahnten und wie Teamleiter und Teammitglieder diese Storming-Phase letztlich konstruktiv wenden konnten.

Das neue Service-Desk-Team eines Konzerns betreut die Region Deutschland und ist auf die Standorte Hamburg, Düsseldorf und Augsburg verteilt. Die IT-Zentralabteilung hat ihren Sitz in Augsburg, ebenso der Service-Manager. Die Neuordnung war nötig geworden, um ein Jahr nach der Fusion zweier Firmen das Nebeneinander der alten Service-Desks zu beenden und Synergieeffekte auszuschöpfen. Rollenverteilung und Aufgabenzuordnung waren gemäß dem Vorschlag eines Beratungsunternehmens erfolgt. Die neue Help-Desk-Software wurde relativ problemlos sowohl für die Service-Desk-Mitarbeiter/innen als auch die User/innen eingeführt, alles schien auf dem besten Weg zu sein.

Als aber aufgrund von Erreichbarkeits- und Reaktionszeitproblemen des Service einige eigentlich wenig bedeutende Feinjustierungen im Bereich Rufbereitschaft, Schichtplan und Aufgabenzuordnung vorgenommen wurden, brach praktisch „Krieg" aus. Vorwürfe über mangelndes Engagement und Unprofessionalität wurden in den wöchentlichen Videokonferenzen der Standort- und Gruppenleitungen laut, die Service-Requests würden mit Absicht liegen gelassen etc. Dies alles wurde personalisiert und hoch emotional vorgebracht – oft über unerfreuliche E-Mailketten mit umfangreichem Verteiler. Dabei zeigte sich schnell, dass die Konfliktlinien vor allem entlang der Standorte verliefen. Der Service Manager hatte, als sich die ersten Feinjustierungsbedarfe am Konzept zeigten, aus Zeitmangel – die Budgetplanung stand an – die Problematik nur mit einigen der Kolleg/innen vor

Ort in Augsburg besprochen, mit diesen eine Lösung erarbeitet und in einer der wöchentlichen Videokonferenzen den Standort- und Gruppenleitungen eher nebenbei präsentiert.

Als sich die Hamburger Kolleg/innen dann im Nachgang zur Videokonferenz näher mit den Daten der Erreichbarkeit und den Reaktionszeiten befassten, zogen sie daraus andere Schlüsse. In der darauffolgenden Videokonferenz wurden die von den Hamburger/innen erarbeiteten alternativen Interpretationen der Daten und vorgeschlagenen Maßnahmen vor allem von den Augsburgern abgewiesen.

Erste Mails mit einschlägigen Vorwürfen, dass die Augsburger die Hamburger Initiative als „übliches Gejammer von Fusionsverlierern" abgetan hätten, kursierten danach zunächst unter den Hamburger Kolleg/innen des Service Teams, wurden dann auch in anderen Abteilungen in Hamburg verbreitet. Mails mit dem Versuch, die Düsseldorfer Kolleg/innen auf die eigene Seite zu ziehen, wurden schnell auch an die Augsburger weitergeleitet. Alles andere war dann nur eine Frage der Zeit: E-Mails in schneller Abfolge, nach und nach um ungeklärte Rollenkonflikte und Statusfragen angereichert, tiefe Griffe in die Historie, hochdramatische Videokonferenzen mit persönlichen Angriffen bei eher nachgeordneten Sachfragen u. Ä. führten zur Eskalation.

Der Service Manager versuchte daraufhin, anhand harter Fakten, nämlich der Keyindikatoren aus der Help-Desk-Software, den Konflikt wieder auf die Sachebene zurückzuführen, aber das ging vollkommen daneben. Es rief nämlich umgehend den Betriebsrat auf den Plan, in dem ein Kollege aus Hamburg als Vorsitzender des IT-Arbeitskreises eine einflussreiche Rolle hat: Es liege eine unerlaubte Leistungs- und Verhaltenskontrolle vor, die qualitativen Aussagen der Datenanalyse fänden gar keine Beachtung. So stand der Manager selbst jetzt wegen dieser Vorgehensweise massiv in der Kritik.

Solch eine eskalierte Konfliktsituation fordert mitunter Unternehmensleitungen zu einem „Machtwort" heraus. Das sorgt zwar, vor allem wenn es mit entsprechenden Drohungen personeller Konsequenzen verknüpft wird, für kurzfristige „Ruhe" an der Oberfläche, der Konflikt schwelt aber weiter, das Zusammenwachsen zu einem Team wird unmöglich.

In diesem Fall ging der Service-Manager klüger vor:

Der Service Manager setzte eine Konfliktmoderation an, zu der jeder Standort möglichst viele Teammitglieder entsandte. Eine intensive Konfliktanalyse förderte dann einige ganz zentrale Faktoren für den Konflikt zu Tage:

- Die Fusion und die Frage, wer wen geschluckt hat, wer formal und wer fachlich dominiert, bildeten als unbewältigter Hintergrund einen hervorragenden Nährboden für den weiteren Gang der Dinge. So war z. B. Hamburg für alle objektiv klar führend in der Ausstattung und dem Management der IT, die IT-Zentrale wurde jedoch aus unternehmenspolitischen Überlegungen nach Augsburg vergeben.

- Das Team hatte nie Gelegenheit, sich in der neuen Situation selbst zu organisieren, da über das Service Management Konzept der Unternehmensberatung Rollen und

Aufgaben nach vermeintlich sachlogischen Überlegungen von außen vorgegeben und einer Diskussion nicht zugänglich waren.

- Die Hamburger Kolleg/innen hatten das Gefühl, „hinten herunter zu fallen". Düsseldorf hatte diesem Gefühl ohne böse Absicht Vorschub geleistet, als sie im Vertrauen auf ihre früheren Kolleg/innen den Augsburgern in ihrer Auseinandersetzung mit den Hamburgern zustimmten.

- Untergruppenbildung, unvollständige Information, ungeklärte Rollen, Statusfragen und persönliche Verletzungen waren die Zutaten, die letztlich zur Eskalation beigetragen hatten.

Auf der Basis dieser Analyse konnten unter Anleitung einer Moderatorin recht schnell Maßnahmen vereinbart werden, um den aktuellen Konflikt, aber auch die dahinter stehenden Konfliktursachen konstruktiv abzuarbeiten. Im Zuge dieser Konfliktregelung kamen auch die ungeklärten Rollen- und Statuskonflikte auf den Tisch. Die örtlichen Zuordnungen blieben wie entschieden, trotzdem entspannte sich die Situation, nachdem die Kränkungen, Ärgernisse und Fehlinterpretationen erst einmal offen auf dem Tisch lagen. Das Team stellte gemeinsame Regeln auf, etablierte Routinen und schaffte so den Übergang in die Phase des Norming.

Anforderungen an Leiter/innen virtueller Teams in der Phase 3: Norming

Norming heißt: Rollen klären, Spielregeln verabreden, Routinen etablieren, Vertrauen aufbauen etc., um sich dann in diesem klaren Rahmen und zugleich entlastet der eigentlichen Aufgabe, der Teamsachbearbeitung, dem neuen Produkt, der neuen Produktionstechnik, der Marketingkampagne etc. zuwenden zu können. Als Teamleitung sind Sie immer noch wichtig für die Steuerung der Teamprozesse, aber eher moderierend und unterstützend. Gestehen Sie dem Team mehr Selbstorganisation zu, es muss seine eigenen Arbeitsabläufe finden. Dazu hat es schließlich inzwischen genug eigene Erfahrung mit der virtuellen Kooperation.

Eine besondere Herausforderung gerade für erfahrene, tatkräftige Teamleiter/innen liegt darin, dem Team genügend Zeit zu lassen für die eigene Entwicklung von Regeln, Ablauf- und Kooperationsgestaltung und nicht zu schnell aus dem persönlichen Erfahrungsschatz heraus Regeln vorzugeben. Viel stärker als in lokalen Teams sind verteilte Teams auf verinnerlichte Normen und Regeln angewiesen – ausschließlich von außen gesetzt, schwindet deren Wirkung dramatisch mit der Distanz. Sie müssen also die Herausbildung solcher Regeln offensiv betreiben, so dass diese von allen gemeinsam getragen werden, vielleicht sogar bis hin zur einvernehmlichen Verabredung von Sanktionen bei Nichteinhaltung.

Unterstützen Sie die Übernahme von Querschnittsaufgaben für das Team durch Teammitglieder – nicht alles müssen Sie selbst machen: Technikverantwortung und Kontakt zur IT-Abteilung, das Einpflegen aktueller Fachinformationen, selbst das Einspeisen von teamrelevanten Nachrichten aus der Zentrale kann gut jemand als „Team-Job" übernehmen.

Sie sollten darüber hinaus die Kooperation zwischen den Teammitgliedern aktiv fördern. Aufgrund der Erschwernisse der Zusammenarbeit auf Distanz halten es viele für den einfacheren Weg, Aufgaben so zuzuschneiden, dass diese möglichst unabhängig voneinander bearbeitet werden können. Das konterkariert den erhofften Teameffekt, mehr als die „Summe der Teile" aus der gemeinsamen Arbeit herauszuholen. Nur durch Gegenlesen der jeweiligen Einzelergebnisse, durch die Fallübergabe beim Schichtwechsel oder die Staffelholzübergabe zum nächsten Entwicklungsschritt kann aber eine solche Teamleistung nicht erbracht werden. Aufgabenpakete sollten also immer wieder ganz bewusst so zugeschnitten werden, dass sich Zwänge zur intensiven Kooperation auch über Distanz ergeben.

Anforderungen an Leiter/innen virtueller Teams in der Phase 4: Performing

Hat das Team den Übergang vom Norming zum Performing geschafft, können Sie sich, was die Teamentwicklung angeht, etwas zurücklehnen. Aus dieser „stand by"-Haltung greifen Sie ein, wo es nötig ist, immer mit der Ausrichtung, Selbststeuerung im Team anzuregen. Das heißt, eher aus dem Hintergrund heraus zu leiten und sich auf den Erhalt oder den Ausbau günstiger Bedingungen im Team wie auch in der umgebenden Organisation zu beschränken. Im Idealfall steuert sich das Team weitgehend selbst, moderierende und beratende Eingriffe reichen in der Regel aus, Ihr Augenmerk kann also verstärkt nach außen gerichtet werden. Sie haben mit einem „Weitwinkel" die Entwicklung der Gruppe im Blick, um gegebenenfalls ungünstige Entwicklungen (Abschottung nach außen, Entwicklung von „groupthink", d. h. Gruppenkonformitätsdruck) frühzeitig wahrzunehmen und, rückgekoppelt mit der Gruppe, aufzufangen. „Störungen" können auch in dieser Phase ein Team irritieren oder gar wieder zurückwerfen in eine frühere Phase. Keinesfalls darf also Ihre Sinnesschärfe nachlassen.

In virtuellen Teams läuft die Teamentwicklung oft mit reduzierter Intensität und verändertem Tempo ab. Die ausschnitthafte Wahrnehmung des gesamten Teams führt dazu, dass Sie Übergänge in nächste Teamentwicklungsphasen nicht immer gut mitbekommen. Von Zeit zu Zeit mit etwas Abstand die Teamentwicklung zu reflektieren, kann schon für Sie allein hilfreich sein, aber auch Teams haben in der Regel viel davon, ihre eigene Entwicklung zu reflektieren. Der wichtigste Effekt: Die Dynamik passiert nicht mehr „einfach so", sich anbahnende ungünstige Entwicklungen können abgefangen werden.

Für diese Reflexion können Sie die Teamentwicklungsuhr als „Analyseinstrument" und Gesprächsleitfaden hinzuziehen.

Checkliste 3:   Arbeitshilfe zur gemeinsamen Reflexion der Entwicklung im eigenen
Team

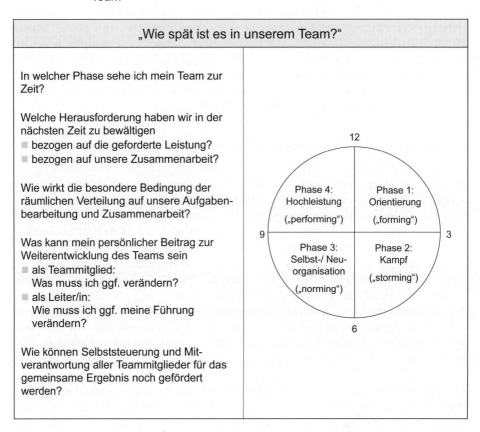

„Wie spät ist es in unserem Team?"

In welcher Phase sehe ich mein Team zur
Zeit?

Welche Herausforderung haben wir in der
nächsten Zeit zu bewältigen
▨ bezogen auf die geforderte Leistung?
▨ bezogen auf unsere Zusammenarbeit?

Wie wirkt die besondere Bedingung der
räumlichen Verteilung auf unsere Aufgabenbearbeitung und Zusammenarbeit?

Was kann mein persönlicher Beitrag zur
Weiterentwicklung des Teams sein
▨ als Teammitglied:
Was muss ich ggf. verändern?
▨ als Leiter/in:
Wie muss ich ggf. meine Führung
verändern?

Wie können Selbststeuerung und Mit-
verantwortung aller Teammitglieder für das
gemeinsame Ergebnis noch gefördert
werden?

Das Gespräch über Beobachtungen, die zu diesen Einschätzungen führen, ist, Sie ahnen es
vermutlich, wichtiger als die Einigung auf einen „minutengenauen" Teamentwicklungszeit-
punkt.

Das Modell der Teamuhr ist leicht erklärt und für viele Teams eine gute Möglichkeit, schnell
konkret ins Gespräch zu kommen. Wenn Ihr Team interkulturell gemischt ist, müssen Sie
allerdings beachten, ob offenes Ansprechen möglich ist oder möglicherweise einschüchtert.
Die Phase 2 dann eher als „notwendige Klärungsphase" statt als „Storming" zu bezeichnen,
kann dabei schon ein hilfreicher Schritt sein.

4.3   Das Kick-Off-Meeting

Prinzipiell gilt: Ein Kick-Off-Meeting sollten Sie immer dann durchführen, wenn im Team Neues auszuhandeln ist. Das ist natürlich bei jedem Start eines neuen Projektes gegeben, aber auch, wenn Sie in einem bestehenden Team einen neuen Auftrag bekommen oder wenn im Rahmen einer Fusion zwei bestehende Teams mit der gleichen Aufgabenstellung zusammen gelegt werden.

4.3.1   Aufgabe des Kick-Off im virtuellen Team

In einem Kick-Off klären Sie im Team für den vor Ihnen liegenden Arbeitsabschnitt die Aufgabe, die damit zu erreichenden Ziele und den Kontext. Ein Kick-Off ist also eher auf eine Übersicht der Gesamtsituation angelegt. Rein operative Themen, wie sie häufig in Routinebesprechungen bearbeitet werden, sollten weniger Platz einnehmen.

In einem standortverteilten Team müssen Auftrag und Ziele, Aufgaben und Verantwortlichkeiten besonders transparent und klar herausgearbeitet und auch nach Ende des Kick-Off mediengestützt gut wahrnehmbar gehalten werden. „Nachverhandlungen" von Zielen, Rollen, Aufgaben und Verantwortlichkeiten sind über Distanz viel schwerer zu erreichen.

Im Kick-Off sind auch die Interaktionswege, Verbindungen und Regelungen anzubahnen, die die Teammitglieder zur Bewältigung ihrer Aufgabenstellung brauchen. Im virtuellen Team müssen Sie also schon zum Start verbindliche Vereinbarungen dazu treffen, damit die Kommunikationsinfrastruktur als Nervensystem des Teams von Beginn an funktioniert und auch genutzt wird.

Schließlich bestehen in einem neu zusammengestellten Team oder in einem Team, das im Rahmen einer Fusion neu zusammenfinden muss, häufig noch keine gefestigten Beziehungen zwischen *allen* Teammitgliedern. Ein Kick-Off dient also auch dazu, Beziehungen im Team anzustoßen, eine Identifikation mit dem Team als Ganzes zu ermöglichen und erste Rollenklärungen im Team vorzunehmen.

Virtuelle Teams sind noch mehr als Präsenzteams auf Teamidentität und Zusammenhalt angewiesen. In manchen Phasen eines virtuellen Teams, z. B. wenn es besonders konflikthaft zugeht oder einzelne Teammitglieder streckenweise allein vor dem PC sitzen, ist Zusammengehörigkeitsgefühl das einzig tragende Moment.

Zusammengefasst muss ein Kick-Off also Folgendes leisten (Duarte/Snyder 2001, S. 99):

- Das Ziel des Teams, die daraus resultierenden Aufgaben und Verantwortlichkeiten müssen verankert sein.

- Die Interaktion und Vernetzung der Teammitglieder untereinander muss gesichert sein.

▨ Die Teammitglieder sollten sich als Team erlebt und Zusammenhalt erfahren haben.

So legen Sie einen der wichtigsten Grundsteine erfolgreicher Teamarbeit über Distanz.

4.3.2   Das Vorfeld eines Kick-Off

Ein Kick-Off-Meeting beginnt lange, bevor es tatsächlich stattfindet: Die kostbare Meetingzeit – ob im persönlichen oder im mediengestützten Treffen – sollte für die entscheidenden Klärungen untereinander reserviert sein. Sie müssen also als Teamleiter/in möglichst viel vorab geklärt haben:

▨ Was genau ist unser Auftrag, was ist das Ziel und woran wird das Team gemessen?

▨ Wer ist unser Auftraggeber?

▨ Wie sieht die Zusammenstellung des Teams aus?

▨ Was sind die genauen Rahmenbedingungen und welche Ressourcen stehen zur Verfügung?

▨ Wer im Unternehmen hat ein Interesse an den Ergebnissen des Teams?

▨ Wer unterstützt unsere Arbeit mit Ressourcen, mit Kontakten, mit Informationen?

▨ Wer außerhalb des Teams könnte ein Partner zum Erfahrungsaustausch für standortverteilte Teamarbeit sein?

Dabei sollte ein umfassendes Bild vom zukünftigen virtuellen Team und seinem Umfeld mit seinen Unterstützern, Sponsoren und Sparringspartnern entstehen.

Aber auch die Teammitglieder sollten untereinander schon Kontakt aufnehmen können. Per Mail oder im Intranet können Sie

▨ den Austausch persönlicher „Steckbriefe" mit Namen und Kontaktdaten, Arbeits- und präferierten Meetingzeiten (besonders bei Verteilung über verschiedene Zeitzonen hinweg), einem Foto, bisherigen Erfahrungen und evtl. einem persönlichen Wunsch an die Zusammenarbeit anregen. Dabei sollte die Information schon spezifischer sein als das, was in allgemeinen Profilen z. B. in einem unternehmensweiten Wiki hinterlegt ist;

▨ erste Aufgabenbeschreibungen und Rollen innerhalb des (Projekt-)Teams abstecken;

▨ eine Checkliste zur Hard- und Softwareausstattung (verwendete Mailprogramme, Projektmanagementsysteme, ...) der einzelnen Teammitglieder erstellen und

▨ Zugangskennungen zur gemeinsamen Groupware oder Projektplattform vergeben.

Diese Vorabklärung über Medien hat zudem den Vorteil, dass erste Erfahrungen zur mediengestützten Kommunikation im zukünftigen Team vorliegen und diese Erfahrungen im Kick-Off schon ausgewertet werden können.

4.3.3   Die Gestaltung eines Kick-Off in Präsenz

Wie lassen sich nun die oben formulierten drei Ziele des Kick-Off konkret erreichen? Zu jedem geben wir noch einige praktische Hinweise:

Ziele, Aufgaben und Rollen klären

▨ Ein gutes Mittel zur Zielklärung ist, den Auftraggeber selbst für eine Zeit ins Kick-Off zu holen, sei es als Auftakt oder im Rahmen eines abendlichen „Kamingesprächs". In jedem Fall sollte das Team zum Abschluss der Aushandlungen und Diskussionen sein Verständnis des Teamauftrages und der Ziele mit eigenen Worten formulieren. Dokumentieren Sie diese Zielklärung visuell oder auch auditiv. So ist sie jederzeit transparent und kann nach einer gewissen Zeit als Reflexionsgrundlage in einem Meeting dienen.

▨ Da standortverteilte Teams häufig nur ein bruchstückhaftes Bild von ihrem gesamten, ebenfalls verteilten Umfeld haben, ist es wichtig, dass für die Teammitglieder die Verbindung des Teams mit der Organisation im Kick-Off sichtbar wird. Bilder (Graphiken, MindMaps, groß ausgedruckte Zitate usw.) sind dabei besonders einprägsam. In organisationsübergreifenden Teams ist es wichtig zu klären, welche unterschiedlichen Interessenslagen und institutionsbedingten Hintergründe sich möglicherweise auf das Projektziel auswirken, und den gemeinsamen Strick herauszuarbeiten, an dem das Team trotz aller Unterschiede gemeinsam zieht.

▨ Sich der eigenen Bedeutung bewusst zu sein und wahrgenommen zu werden, stärkt die Motivation räumlich verteilter Teammitglieder. Besprechen Sie deshalb, welche Chancen die Mitarbeit in diesem Team für den einzelnen bietet. In diesem Zusammenhang sind gerade in neu zusammengesetzten Teams auch die Rollen der Teammitglieder zu klären: Wer ist warum und wozu dabei? Verzichten Sie darauf auf keinen Fall, auch wenn sich Teammitglieder bereits flüchtig kennen.

> Zu einem organisationsübergreifenden Team im Tourismus gehörte neben Vertretern von Verbänden auch ein Vertreter der örtlichen Behörde. Zunächst liefen die organisationsübergreifenden Treffen relativ zögernd an. Im Zeitraum zwischen den Treffen, in dem mediengestützt kommuniziert wurde, verstärkte sich diese Zögerlichkeit noch. Dies wurde bei einem der Präsenztreffen diskutiert. Dabei entdeckte der Behördenvertreter, dass seine Rolle von den Vertretern der Verbände argwöhnisch als „Überwacher" charakterisiert wurde, Informationen von den Beteiligten deswegen nur zaghaft gegeben wurden. Er selbst verstand seine Arbeit aber als „Berater und Dienstleister für gesetzliche Regelungen". Die Kommunikation über Distanz hatte dieses Missverständnis noch verstärkt. Nach der Klärung lief der Austausch im Team sehr konstruktiv ab.

Wären die Erwartungen und das Rollenselbstverständnis schon im Kick-Off diskutiert worden, hätte auch die Zusammenarbeit über die Distanz von Anfang an bessere Ergebnisse gezeigt.

Interaktion und Vernetzung

▦ Welches ist Ihr zentrales Medium oder Ihre Medienkombination zur Kommunikation? Machen Sie ungewohnte Medien für das Team erfahrbar, sei es durch gemeinsames „Surfen" im webbasierten Gruppenraum oder im neuen Meeting-Tool. Oder nutzen Sie das eine oder andere für alle oder für einzelne Teammitglieder neue Tool (z. B. Microblog, Wiki) exemplarisch. Fragen zur Handhabung können dann gemeinsam geklärt werden, und Sie verhindern von Vornherein die Spaltung in „Könner" und „Nicht-Könner".

▦ Gewöhnungsbedürftig für standortverteilte Teams mit einer gemeinsamen Projektplattform (Groupware) ist die Veränderung der Kommunikation von *Push-* hin zu *Pull-Informationen*. Das heißt: Wer bisher gewohnt war, alle Informationen über Mail zugeschickt zu bekommen, muss sich jetzt daran gewöhnen, diese Informationen im webbasierten Projektraum abzuholen. Eine solche Plattform hat auch den Vorteil, dass die gemeinsame Kommunikation für alle Teammitglieder transparent und sichtbar wird und nicht nur bilateraler Austausch über Mail stattfindet, von dem die anderen nichts mitbekommen (vgl. auch Kap. 6.4, Controlling).

Zusammenhalt und Umgang

▦ Machen Sie Ihrem Team transparent, welche Rahmen und Standards zur Kommunikation und zu Verfahrensabläufen seitens des Unternehmens gesetzt sind. Nicht jedes Team muss das Rad neu erfinden, und manche Standardisierung ist darüber hinaus für die „grenzüberschreitende" Kooperation mit anderen Teams unabdingbar.

▦ Klären Sie zum anderen, wo Sie in diesem gegebenen Korridor eigene Regeln und Verfahrensweisen aushandeln können und wollen. Diese betreffen häufig den teaminternen Umgang miteinander. Vereinbaren Sie im Kick-Off nur die notwendigsten ersten Regeln. Welche sich für viele Teams als praktisch erwiesen haben, finden Sie in Kapitel 6, Arbeitsalltag. Oft kann ein Team hier auch von den Vorerfahrungen einzelner Teammitglieder profitieren. Schriftliches Festhalten erhöht die Verbindlichkeit.

▦ Für den Zusammenhalt im standortverteilten Team ist auch die Struktur der Kommunikation wichtig. In virtuellen Teams ist häufig festzustellen, dass Kommunikation fast ausschließlich sternförmig über die Führungskraft läuft, die dann Informationen weiterverteilt, Aufgaben zuweist, Feedback gibt etc. Besonders in Teams, deren Leitung in der Unternehmenszentrale und deren Teammitglieder in Tochtergesellschaften ansässig sind, ist das zu beobachten – mit dem Ergebnis, dass keine Beziehungen unter den Teammitgliedern aufgebaut werden und bei einem Ausfall der zentralen Person die Kommunikation im ganzen Team zum Erliegen kommt. Deswegen sollten Sie als Teamleiter/in darauf achten, dass schon rund um den Kick-Off auch Kommunikation der Teammitglieder untereinander stattfindet, indem Sie z. B. gezielt Aufträge zur Bearbeitung im Tandem definieren.

▦ Planen Sie das Präsenz-Kick-Off-Meeting nicht zu straff, sondern lassen Sie ausreichend informelle Zeit. Wenn erst einmal die aufgabenbezogene Diskussion alle in Kontakt gebracht hat, sind großzügig bemessene Essenszeiten, ein gemeinsam verbrachter Abend oder ein gemeinsamer Spaziergang Gold wert für vertiefende persönliche Gespräche und das Entdecken von Gemeinsamkeiten auch jenseits der Arbeit, sie stellen damit eine gute Investition in die Basis des Teams dar.

4.3.4   Das mediengestützte Kick-Off

Wenn Sie das Kick-Off auf Distanz bestreiten, dann stellen sich Ihnen zusätzliche Herausforderungen.

Da es sich um komplexe Problemstellungen handelt, die Sie während des Kick-Off klären müssen, sollten Sie in jedem Fall auf ein „reiches" Medium als synchrones Kommunikationsmittel für diesen gemeinsamen Start zurückgreifen: Videokonferenz oder Telefonkonferenz, gegebenenfalls ergänzt um ein Meeting Tool.

Auch wenn das Präsenz-Kick-Off-Meeting aus Budgetgründen ausfällt, lässt sich die Zeit zum Kennenlernen keinesfalls einsparen. In jedem Fall sollten Sie noch mehr Zeit in die Vorbereitung des mediengestützten Treffens investieren.

▨ Nehmen Sie ausführlich mit jedem einzelnen Teammitglied Kontakt auf, als Präsenzbesuch oder über Telefon. Bitten Sie alle Teammitglieder um einen detaillierten „Steckbrief" mit Foto zur Veröffentlichung im gemeinsamen Groupware-Tool.

▨ Richten Sie den zukünftigen gemeinsamen virtuellen Projektraum oder die Groupware im Intranet mit ersten Dokumenten zur Teamaufgabe, einer Willkommensseite und ersten Begrüßungen im Diskussionsforum ein und verschicken Sie die Zugangskennungen und eine Beschreibung für einen ersten virtuellen Rundgang an die Teammitglieder.

▨ Gestalten Sie eine motivierende Einladung zum Kick-Off, z. B. mit einer Gruppen-Collage aus den Fotos der Teammitglieder oder mit einem Screenshot der Projektwebseite – Bilder sagen mehr als tausend Worte!

▨ Testen Sie die Technik im Vorfeld. Das gilt besonders, wenn Sie ein neues Medium einführen wollen. Schlechte Erfahrungen der Teammitglieder schon an diesem Punkt schüren die Widerstände – „ich habe es ja gleich gewusst, das klappt sowieso nicht" – und bestätigen den Gang auf ausgetretenen Wegen (E-Mail), ohne die Vorteile einer besser unterstützenden Technik zu sehen. Der Teufel steckt hier oft im Detail, wenn z. B. die Headsets an den Desktoprechnern nutzbar sind, aber an den Laptops nur noch USB-Anschlüsse verwendet werden können. Gleichwohl heißt das nicht, dass Sie eine perfekte „Show" hinlegen müssen: Gut vorbereitet zu sein und gleichzeitig sichtbar zu machen, dass man den Umgang mit Technik lernen muss, bereitet im Team ein Klima des konstruktiven Umgangs mit Fehlern vor. Alternativ können Sie auch mit einem bekannten Medium wie Telefon einsteigen und erst im letzten Teil des synchronen Treffens auf das „Experimentierfeld" umsteigen. Sind sehr viele Teammitglieder vermutlich wenig vertraut mit neuen Kommunikationsmedien, kann ein Start per Telefonkonferenz am besten sein.

Zur praktischen Durchführung des synchronen Kick-Off-Meetings noch einige Tipps, die sich als hilfreich erwiesen haben:

▨ Begrenzen Sie das erste Treffen über Video- oder Telefonkonferenz auf max. 2 Stunden. Mit einem gut durchstrukturierten Ablauf, der Raum genug für den Austausch der Teilnehmerinnen untereinander bietet, ist mehr erreicht als mit einem ermüdenden Marathon. Alternativ lassen sich gleich von Vornherein zwei Termine à 2 Stunden ansetzen: einer für das Kennenlernen und die gemeinsamen Ziele, der zweite am nächsten Tag für die Planung der ersten Schritte.

▨ Legen Sie zum Abschluss des virtuellen Treffens eine Runde zur Reflexion über den Ablauf ein ("Metablick"): Wie ist aus Sicht jedes Teammitglieds das Meeting gelaufen? Was hat uns unterstützt, was weniger? Was können wir beim nächsten Mal anders machen? Brauchen wir noch Hilfe in Bezug auf die Technik? Welches Bild habe ich jetzt vom Team?

▨ Schließen Sie das Treffen nicht mit dem Auflegen der Telefonhörer, sondern bereiten Sie zeitnah eine ansprechende und übersichtliche Zusammenfassung der Ergebnisse auf. Dies macht allen deutlich, wie synchrone und asynchrone Kommunikation im Team auf Distanz aneinander anschließen und die kontinuierliche Zusammenarbeit und Verbindlichkeit sichern.

Zusammenfassend lässt sich sagen, dass das erste Mittel der Wahl für das Kick-Off-Meeting eines virtuellen Teams immer ein Präsenztreffen ist. Dies bietet die reichste Form des Informationsaustausches und Kennenlernens, besonders wenn es sich um ein komplexes Projekt handelt. Dennoch bieten auch medienvermittelte Treffen eine Reihe von Möglichkeiten, wenn das eigentliche Meeting konzentriert und auf die zentralen Anforderungen fokussiert durchgeführt und durch entsprechende Maßnahmen im Vorfeld sowie gute Nachbereitung bestens eingebettet wird.

Checkliste 4:   Kick-Off-Meeting

Ziele und Aufgaben:

☑ Teamleiter/-in erläutert anhand der Projektübersicht, ggf. gemeinsam mit Auftraggeber, Auftrag, Ablauf, Meilensteine etc.

☑ Besonders wichtig: Hintergrundinformation, Sinn der Aufgabe, Verknüpfung mit anderen Projekten, Projektumgebung verdeutlichen (Organisationen, Personen).

☑ Den Teammitgliedern ausreichend Gelegenheit geben für Fragen, Kommentare, Anregungen.

☑ Überblick herstellen über die spezifischen Kompetenzen, die jedes Teammitglied im Hinblick auf die Aufgabe mitbringt.

☑ Rollen und Funktionen der Projektmitglieder klären.

☑ Bei organisationsübergreifenden Teams: Organisationseigene „Fach-"Sprachen und Verwendung von Begriffen erkunden und ggf. Übereinkünfte dazu treffen.

Kommunikation und Vernetzung:

☑ Kommunikations- und Medienplan verabschieden: verfügbare Tools, genutzte Software-Versionen, was zu welchem Zweck? (auf der Basis der im Vorfeld erhobenen Informationen)

☑ Evtl. ein gemeinsames Projekttool vorstellen und erproben.

☑ Regeln zum Updaten (immer nur nach Absprache gemeinsam!) verabreden.

☑ Jeweilige Erfahrung der Teammitglieder im Medieneinsatz beleuchten und ggf. Mediennutzung darauf abstimmen.

☑ Sich verpflichten, diese Medien und die vereinbarten Wege zum Informationsaustausch konsistent zu nutzen (also z. B. teamrelevante Informationen immer per Beitrag in das für alle sichtbare Diskussionsforum einzuspeisen, statt sie zwischendurch über bilaterale Mails zu verbreiten). Die im Vorfeld erhobenen Adressen- und Kontaktinformationen ggf. ergänzen.

☑ Erhöhte Notwendigkeit der Verschriftlichung von Anfang an verankern.

☑ Falls notwendig, Übersicht über Zeitzonen, Arbeitszeiten und regionale Besonderheiten während der Projektzeit (Feiertage, Ferien) zusammenstellen.

☑ Erste Regeln vereinbaren, z. B. Hol- und Bringschuld für Informationen, Abruf- und Antwortverpflichtung zum Mailverkehr definieren, Konfliktlösungsstrategien.

☑ Jour fixe: feste Zeiten für eine virtuelle Teambesprechung = synchrone mediengestützte Kommunikation, z. B. Telefonkonferenz, oder face-to-face-Treffen verabreden.

Nachbereitung des Meetings

☑ Protokoll des Treffens innerhalb von 2 Tagen fertig stellen und in den virtuellen Teamraum einstellen oder zur Not über Mail verschicken.

☑ Alle wesentlichen Arbeitsergebnisse des Meetings in die Groupware des Teams integrieren.

☑ Fragen, die beim Meeting nicht geklärt werden konnten, nachträglich über Mail oder im gemeinsamen Diskussionsforum beantworten.

☑ Das Meeting reflektieren, z. B. mit Hilfe eines Mini-Fragebogens. Ergebnisse bei der Vorbereitung des nächsten Meetings aufgreifen.

4.4   Vertrauensaufbau erleichtern

Der Aufbau von Vertrauen hat für virtuelle Teams eine besondere Bedeutung: Die Situation in einem virtuellen Team ist noch weniger über- und durchschaubar als jede sonstige berufliche Situation. Nur wenn ein Team trotz dieser grundsätzlich unsicheren und potenziell verunsichernden Situation Vertrauen untereinander aufbaut, wird es handlungs- und hochleistungsfähig sein.

Ein Team mit ausgeprägtem Vertrauen untereinander kann viele Lücken in der Kommunikation ausgleichen, wie sie durch die Medienvermittlung und die seltenen persönlichen Treffen häufig entstehen. Dies gilt insbesondere für Sie in der Führung dieses Teams: Auch Sie müssen mit dieser fragmentarischen Kommunikation leben – und konstruktiv mit ihr umgehen.

Im nachfolgenden Interview schildert der Gesprächspartner, welche Bedeutung er dem Vertrauen in virtuellen Teams beimisst und wie er konkret in einem internationalen Projekt Vertrauen aufgebaut und gepflegt hat.

Praxisinterview

Urs Balke, Geschäftsführer Trinex GmbH, Projektmanagement und -Controlling auf Zeit in dezentral organisierten Softwareentwicklungsprojekten (Off-Shoring)

Herr Balke, welche Erfahrung mit virtueller Teamarbeit hat Sie hinsichtlich der Wichtigkeit von Vertrauen im Team besonders geprägt?

Meine Zeit als Projektleiter in einer ERP-Entwicklung (Enterprise Resource Planning) für einen Mittelständler in Deutschland. Die Programmierung erfolgte in Indien, und ich war mit meinem Team verantwortlich für die Spezifizierungen und Anpassungen der Anforderungen in Europa. Das größte Problem war die Kommunikation zwischen der Produktionsstätte in Indien und dem Team hier in Europa.

Welche Bedeutung hat ein hohes Maß an Vertrauen Ihrer Erfahrung nach für die effektive Zusammenarbeit über Distanz?

Vertrauen ist wichtiger als alle anderen qualitativen Ziele. Wenn das Vertrauen fehlt, ist man als Projektleiter isoliert, gerade wenn verschiedene Kulturen eingebunden sind.
Uns war vor allem wichtig aufzuschlüsseln, welche Bedeutung sich hinter welcher Aussage versteckt. Dadurch stieg das Vertrauen enorm. Zu Beginn wurde nicht direkt kommuniziert, sondern nur über die Hierarchie. Die Hürde der formalen Hierarchiestufen konnten wir durch den Aufbau eines informellen Informationsflusses ausgleichen. Wie wichtig dieser informelle Kontakt war, haben wir auch daran gemerkt, dass dadurch Informationen bei allen Teammitgliedern länger präsent waren.

Was haben Sie konkret getan, um Vertrauen über Distanz und Kulturen hinweg aufzubauen?

Ich habe regelmäßig über verschiedene Medienkanäle Feedback gegeben. Ich habe dabei auch dargestellt, was meine Probleme sind, und habe die anderen in die Problemlösung einbezogen. Das baut eine Verbindung auf. Dann spielen die Kilometer, die zwischen den Teammitgliedern liegen, nur eine sekundäre Rolle.

Was zum Vertrauensaufbau auch beigetragen hat: Transparenz über den ganzen Weg der Erstellung, Problemlösung und Lieferung zum Kunden. Mein Ziel ist dabei, aus internen Lieferanten Partner zu machen. Dazu müssen die internen Lieferanten wissen, wie sie sich entwickeln können. Ich als Projektleiter muss ihnen einen Weg dazu aufzeigen und dabei nicht nur die Probleme sehen, sondern auch positives Feedback geben.

Wenn ich dann auch noch das Umfeld des entfernten Teammitgliedes einbeziehe und zeige, dass ich in Gedanken bei ihm und seiner speziellen Situation bin, dann stärkt das diese Partnerschaft noch. So habe ich bei manchen positiven Rückmeldungen per Mail bewusst den Vorgesetzten auf „cc" gesetzt, weil ich weiß, dass es für den Entwickler eine große Anerkennung in der Hierarchie dort bedeutet.

Zusammenfassend würde ich es so ausdrücken: Ich setze mich mit den Entwicklern in das gleiche Boot und frage mich: „Wie fühlen sie? Was brauchen sie? Was tun sie?" Ich gebe viel Anerkennung und respektiere die Hierarchie, in der sich die Leute bewegen.

Wie haben Sie Medien eingesetzt, um eine angemessene Kommunikation zu ermöglichen?

Generell habe ich das Feedback meist telefonisch gegeben. Beim Telefonieren war jedoch manchmal die Qualität schlecht, dann bin ich auf Chat oder Mail ausgewichen.

Wir hatten auch Videoconferencing, Online-Meeting-Tools und Desktop-Sharing. Ich habe am Anfang darüber gelacht und mich gefragt, was die Bilder sollen. Aber es hat sich als die beste Variante zur Unterstützung der Zusammenarbeit herausgestellt, vor allem, wenn noch eine andere Kultur im Spiel ist: Man sieht, in welcher Gemütsverfassung die Leute sind. Das sieht man am Telefon nicht.

Außerdem haben wir eine „Voice Over IP (VoIP)"-Anwendung eingesetzt, mit der wir sehen können, wer gerade online ist, und die zugleich Text- und Voice-Chat ermöglicht. Wir waren in dauerndem Kontakt. Zwar gab es Hürden wie Stromausfall, unterbrochene Internetverbindungen etc. Aber wir haben eben die verschiedenen Medien kombiniert.

Vertrauensaufbau und Controlling sind eng verknüpft. Was ist Ihnen beim Controlling über Distanz wichtig?

Eine Herausforderung war, dem indischen Teil des Teams das Qualitätsbewusstsein so zu vermitteln, dass die Anforderungen nach europäischen Erwartungshaltungen umgesetzt werden konnten. Erwartungshaltungen kann man aber sehr schwer auf Papier vermitteln. Wenn wir hier in Europa mit einem Kunden ein Projekt aushandeln, dann versteht er unter dem genannten Lieferumfang, der angegebenen Zeit usw. im Großen und Ganzen dasselbe wie wir. Kulturübergreifend werden viele dieser Rahmensetzungen im Projekt evtl. ganz anders verstanden, z. B. ein Liefertermin als beabsichtigter, aber nicht unbedingt genauso zu realisierender Rahmen. Solche Differenzen stören das Projekt dann an den verschiedensten Stellen. Und der damit verbundene Ärger kann das gegenseitige Vertrauen schon sehr erschüttern.

Für mich hat es am meisten gebracht, die Teammitglieder zu besuchen und zu sehen, wie sie leben. In Indien lebt man z. B. in und nach der Überzeugung, dass das Leben vorbestimmt ist. Controlling, wie wir es verstehen, sagt: „Du bist auf der Spur oder du bist nicht mehr auf der Spur" – und im letztgenannten Fall steuert man dann nach. Wenn man aber davon ausgeht, dass sowieso alles vorher bestimmt ist, dann verliert das „selbst nachsteuern können" an Bedeutung.

Als Controller muss man ja auch Druck ausüben. Da können kulturelle Unterschiede die Vertrauensbasis schon sehr erschüttern. Wenn ich z. B. einen Inder dränge, endlich etwas zu liefern, dann kommt es in den absolut falschen Hals, weil er denkt, man kritisiert seine Person. Dort kennt der Vorgesetzte die Familie des Mitarbeiters, die ganze Firma ist eine Familie. Dann wertet Kritik die ganze Person ab. Die kennen Kritik nicht so wie wir. Dass man danach zusammen ein Bier trinken geht, ist für sie undenkbar. Sie vermeiden dann den Kontakt, und mit diesem Vertrauensverlust kommen die ersten Dissonanzen ins Projekt. Da muss man sehr sensibel vorgehen, das aufgebaute Vertrauen ist neben den Fachkompetenzen das wichtigste Gut in einem virtuellen Team.

Danke für das Gespräch!

Zum Vertrauensaufbau lassen sich zwar schon einige Grundsteine im gemeinsamen Kick-Off legen, nachhaltig gestärkt wird das Vertrauen im standortverteilten Team aber erst, wenn diese positiven Bilder auch immer wieder im Arbeitsalltag bestätigt werden.

Was Vertrauen ausmacht und wie Sie den Vertrauensaufbau in Ihrem virtuellen Team unterstützen können, beschreiben wir im Folgenden.

4.4.1   Vertrauen als tragende Basis

Vertrauen ist die Bereitschaft eines Menschen, aufgrund positiver Erwartungen an die Intentionen und Handlungen anderer „Verwundbarkeit" zuzulassen. Mehrere Faktoren bauen im Team gegenseitiges Vertrauen auf:

- Wahrnehmbarer Einsatz für das gemeinsame Ziel

- Einschätzung der fachlichen Kompetenzen des Gegenübers

- Persönliche Vorerfahrungen mit Kooperation

- Für virtuelle Teams sind darüber hinaus Zuverlässigkeit, Berechenbarkeit, Transparenz (Büssing et al. 2003) und der Rückhalt in der Organisation (Konradt/Hertel 2002) wichtig.

Die Aufgabe für ein virtuelles Team besteht nun darin, diese Einflussfaktoren auch über Distanz erfahrbar werden zu lassen.

Einsatz für das gemeinsame Ziel

Im Kick-Off haben Sie das gemeinsame Ziel herausgearbeitet. Sorgen Sie dann kontinuierlich dafür, dass die Teammitglieder ihre Leistungen im Hinblick auf dieses Ziel für alle sichtbar einbringen können:

- In Telefon- oder Videokonferenzen können Teammitglieder die Ergebnisse ihrer Arbeitspakete selbst vorstellen.

- Wenn die genutzte Software die Dokumentenhistorie nicht abbildet und damit z. B. nach Überarbeitungen oder Verschiebungen zwischen Ordnern nicht nachvollziehbar ist, wer welches Dokument ursprünglich erstellt oder welchen Diskussionsbeitrag verfasst hat, sollten Sie Gepflogenheiten entwickeln, die dies ausgleichen. Sie können z. B. mit Namenskürzeln im Dateinamen sichtbar machen, wer das Dokument erstellt hat – und bei wenigen Bearbeiter/innen sogar, wer es bearbeitet hat; ansonsten Fußzeilen nutzen!

- Nutzen Sie auch die Kommentarfunktion intensiv, angefangen mit einem Erstkommentar des Erstellers mit Hintergrundgedanken oder Fragen zur erstellten Datei. Die später dem Text, der Präsentation oder der Graphik unmittelbar zugeordneten Kommentare der Kolleg/innen erleichtern auch die weitere Bearbeitung zur nächsten Version.

- Nicht nur in der Aufgabenerledigung wird wahrnehmbar, wie stark sich Teammitglieder für die gemeinsamen Ziele einsetzen. Auch an der konstruktiven Beteiligung in einer Telefonkonferenz und an der Frequenz von Beiträgen über Mail oder im gemeinsamen Diskussionsforum lesen Teammitglieder ab, ob und wie sich jemand für das Team engagiert. Das heißt nicht, dass jedes Teammitglied nur genügend Beiträge schreiben muss, um Vertrauen aufzubauen. Die Inhalte müssen genauso stimmen. Aber aus allzu spärlich geschriebenen Mails oder kontinuierlich zurückhaltenden Wortmeldungen in der Telefonkonferenz wird auf mangelndes Engagement geschlossen – ob zu Recht oder zu Unrecht. Allzu menschlich ist es, den eigenen Beitrag zu über- und den der anderen zu unterschätzen. Ihre Aufgabe als Teamleitung ist es, hier ausgleichend tätig zu sein und die Beiträge aller darzustellen bzw. auch ganz bewusst herauszustellen. Damit motivieren Sie insbesondere die eher Zurückhaltenden und beugen so deren Rückzug vor.

Seien Sie sich klar darüber, welche Auswirkungen abnehmendes Engagement eines Teammitglieds für das Vertrauen und auch die Motivation der anderen Teamkolleg/innen hat. Hier entsteht eine echte Schwachstelle im Kooperationsnetz.

Sollten Sie als Teamleitung also den Eindruck haben, dass einem Teammitglied Zielorientierung und Engagement abhanden gekommen ist, versuchen Sie alsbald in einem bilateralen Gespräch Hintergründe für seine Demotivation herauszufinden und diese abzustellen, damit er/sie den Sinn seiner Beteiligung im virtuellen Team wiederfindet. Ggf. müssen Sie dafür auch die Unterstützung lokaler Linienvorgesetzter einholen.

Fachliche Kompetenzen

Je nach Fachgebiet sind spezifische Kompetenzfelder mehr oder weniger gut medienvermittelt wahrnehmbar. Für den IT-Bereich ist das seltener ein Problem, bei Ingenieurs- oder Designkompetenzen schon eher. Hier wird Fachkompetenz teilweise durch ausgeklügelte Funktionen oder Bedienbarkeit einer Maschine oder Material und Form erfahrbar. Noch schwieriger wird es mit Personen, deren Aufgabe und Stärke in der unmittelbaren Anleitung ihrer Mitarbeiter/innen z. B. im Produktionsbereich liegt.

Solche Aspekte können aus zwei Gründen für Ihr virtuelles Team wichtig werden: Zum einen, weil Sie diese Kompetenzen unmittelbar im Arbeitsprozess des Teams benötigen. Zum anderen, weil Sie Ihren Teammitgliedern aus den unterschiedlichsten fachlichen Disziplinen gleiche Beteiligungschancen ermöglichen wollen und damit auch Chancen, mit ihren Stärken sichtbar und anerkannt zu werden. Beides erhöht das Vertrauen der anderen ihnen gegenüber.

Wählen Sie Medien so, dass die entscheidenden Informationen transportiert werden können. Das kann ein Online-Präsentations-Tool sein, in dem Sie einen Film über einen bestimmten Produktionsablauf abspielen. Sie können auch vorab per Post Materialproben verschicken und dann in einer Videokonferenz das Gesamtmodell zeigen. Mit der geeigneten Medienwahl können auch Teammitglieder, denen das reine Erläutern am Telefon schwerer fällt, ihre Kompetenzen präsentieren.

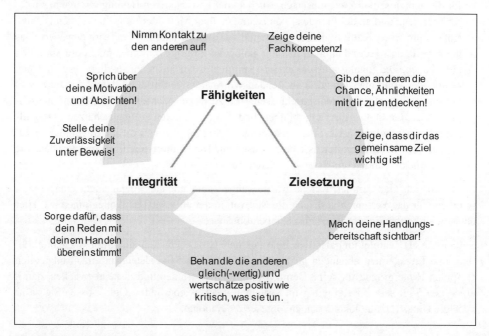

Abbildung 16:   *Wege zum Vertrauensaufbau*

Ein einfaches Mittel sei nicht vergessen: Sie können jederzeit gezielt Fragen an einzelne Teammitglieder stellen, bei deren Beantwortung diese die Möglichkeit haben, ihre Fachlichkeit unter Beweis zu stellen.

Persönliche Vorerfahrungen

Vorerfahrungen in der eigenen Biografie prägen, wie sich eine Person auf neue Menschen und unsichere Situationen einlassen kann. Dies gilt natürlich auch für den Beruf: Welche Vorerfahrungen Ihre Teammitglieder mit Kooperation allgemein, mit Teamarbeit und ganz speziell mit virtueller Kooperation haben, wirkt sich darauf aus, wie offensiv und mutig oder auch wie vorsichtig sie in die Teamarbeit auf Distanz einsteigen.

Vorerfahrungen zur Bedeutung von Vertrauen in der Zusammenarbeit führen in manchen virtuellen Teams zu einem „culture clash" – weniger in Bezug auf unterschiedliche Nationalitäten, sondern eher darauf, welch unterschiedliches Verständnis von vertrauensvoller Teamarbeit besteht.

Menschen, für die jegliche Vertrauensbasis dadurch entsteht, dass man „sich gegenseitig in die Augen schaut" oder auch Privates voneinander erfährt, treffen zunehmend auf Menschen, die es gewohnt sind, auf einer zunächst oberflächlich erscheinenden Basis zusammen zu arbeiten und sich dabei wesentlich ziel- und sachorientierter aufeinander zu zu bewegen. Es gibt Menschen, die zunächst einmal volles Vertrauen entgegenbringen bis zum Beweis des Gegenteils, und andere, für die jede/r Kolleg/in zunächst in vielen Situationen Vertrauenswürdigkeit „erarbeiten" muss, bis sie diesen einmal in einer wichtigen Situation vertrauen. Letztere haben es in virtuellen Teams sehr schwer.

Manchmal spielt auch die Organisations-Biographie zum Thema „Vertrauen" eine wichtige Rolle.

> In einem Automobilwerk wurde zu einer neuen Produktgruppe ein Diskussionsforum eingerichtet, zu dem Expert/innen unterschiedlicher Hierarchieebenen eingeladen waren. Eine Abteilungsleiterin bezog zu einem bestimmten Merkmal dieser Produktlinie sehr pointiert und kritisch Position. Mitarbeiter/innen aus der Ebene darunter schätzten dieses Detail ganz anders ein. Befragt, wieso sie diese Meinung nicht auch im Diskussionsforum kund taten, war die Antwort einhellig: „Was, ich soll einer Abteilungsleiterin öffentlich Contra geben und das können dann alle lesen?!? Was ist, wenn ich demnächst etwas von ihrer Abteilung brauche? Lieber nicht!"

Dass dieses Unternehmen keine Tradition kritisch-kreativen Dialogs aufgebaut hat, wird klar. Das quasi-öffentliche Medium „Diskussionsforum" ist allein kein geeignetes Mittel, Misstrauen ab- und Vertrauen aufzubauen.

Zuverlässigkeit, Berechenbarkeit und Transparenz als vertrauensbildende Maßnahme

Regelungen und Vereinbarungen stellen zum einen Arbeitsabläufe und Koordination im virtuellen Team sicher. Zum anderen machen sie das Verhalten der Teammitglieder gegenseitig berechenbar. Sich auf bestimmte „Wenn – dann"-Zusammenhänge verlassen zu können, ist Basis für Vertrauen untereinander: „Wenn Tom sich nicht abgemeldet hat, liest er meine Mail auf jeden Fall innerhalb von 24 Stunden und antwortet mir auf jeden Fall innerhalb von 48 Stunden." Zuverlässige Reaktionen sind Zeichen, dass die andern intensiv am Ball sind.

Wenn diese Kontingenzen nicht regelmäßig eintreffen, hat dies Folgen:

▦ Man wird unruhig und das kostet Energie: „Ob Tom wohl seine Mails abruft? Vielleicht sollte ich ihn noch anrufen oder ihm eine SMS schicken. Aber es ist ja vielleicht doch unnötig, oder er fühlt sich bedrängt. Obwohl ..." Konzentriertes Arbeiten sieht anders aus.

▦ Man fühlt sich „hängen gelassen", damit gerät Geben und Nehmen im Team in eine Schieflage.

▦ Die Sicherheit, dass die anderen genauso engagiert an der gemeinsamen Aufgabe sitzen, geht verloren – und damit auch die eigene Motivation.

Regelungen zu Antwort- und Reaktionszeiten, Abwesenheitsnotizen und Terminvereinbarungen stellen das Grundgerüst an Berechenbarkeit zwischen Teammitgliedern. Erläutern Sie im Team, warum Sie diese Regelungen für besonders wichtig erachten und lassen Sie möglichst wenig Regelbruch zu. Der Regelkorridor kann ruhig weiter gefasst sein, aber er muss vorhersagbar und damit verlässlich sein. Wenn es dann einmal eine Ausnahme gibt, ist die leicht wegzustecken. Wenn Vereinbarungen nicht mehr passen, müssen sie geändert werden. Aber diese neuen gelten danach wieder verbindlich.

Vertrauen wird auch dadurch unterstützt, dass Teammitglieder untereinander Ähnlichkeiten feststellen können – zu Alter, Berufsweg, Biographie, Kompetenzen, Arbeitsstil, aber auch zu Privatem wie Familienstand, Vorlieben für Musik, Essen, Hobbies und vieles mehr. Der psychologische Mechanismus: „Wer mir ähnlich ist, wird auch eher in meinem Sinne handeln." Informelles, Persönliches braucht also seinen Platz im virtuellen Team.

Rückhalt in der Organisation und im Umfeld

Als weiterer wichtiger Einflussfaktor für den Aufbau von Vertrauen in virtuellen Teams hat sich die Einstellung des Umfeldes erwiesen. Wie das Team in die Organisation eingebunden ist und welche Unterstützung es von ihr z. B. in Form von Technologie, Schulungen oder Berücksichtigung der virtuellen Projektarbeit in der Karriere erhält, erhöht das Commitment der Mitarbeiter/innen und trägt durch Identifikation mit dem „Ganzen" zum Vertrauensaufbau im virtuellen Team bei. Unternehmen, die virtuelle Teams und ihre Mitglieder auch als Beitrag zu ihrer Wertschöpfung schätzen und aktiv unterstützen, machen damit die Mitarbeit im standortverteilten Team attraktiv und leisten so einen wesentlichen Beitrag zum Vertrauensaufbau in solchen Teams.

4.4.2   Vertrauensaufbau: wichtige Säule des Führungskonzeptes

Vertrauen im virtuellen Team ist ein wesentlicher Erfolgsfaktor für ein Team: Den Vertrauensaufbau zu unterstützen, ist damit eine wichtige Führungsaufgabe.

Es hat sich bewährt, wenn Sie als Teamleiter/in besonders am Anfang eines virtuellen Teams „das Ohr auf die Schienen legen". Sprechen Sie es im Team an, sobald Sie negative Entwicklungen bemerken, die das gegenseitige Vertrauen betreffen. In den meisten Fällen besteht Unsicherheit über das Verhalten, in den seltensten Fällen eine böse Absicht.

Gleichzeitig ist Vertrauen eine wesentliche Säule eines adäquaten Führungsstils in virtuellen Teams (Konradt/Hertel 2002, S. 101): Es gibt wenig Möglichkeiten zur persönlichen Kontrolle, deswegen sind direktive Führungstechniken kaum wirksam. Stattdessen sollten Teammitglieder dazu ermuntert werden, eigenverantwortlicher zu handeln. Dies setzt eine gemeinsame Aushandlung der Ziele und transparente Kategorien zur ergebnisorientierten Kontrolle der Zielerreichung mit der Führungskraft voraus.

Als Teamleitung müssen Sie darauf verzichten, alles mitbekommen und alles wissen zu wollen. Damit jetzt keine falsche Vorstellung entsteht: Blindes Vertrauen trotz negativer Erfahrungen ist keinesfalls unsere Empfehlung. Wie Sie Vertrauen mit Überblick verknüpfen, wie Sie auch in einer unsicheren Gesamtsituation die Fäden in der Hand behalten, beschreiben wir in Kapitel 6.4, Controlling auf Distanz.

Zur Anregung geben wir Ihnen hier einige Fragestellungen als Checkliste an die Hand. Sie müssen weder an alle Punkte gleichzeitig denken noch permanent das Thema „Vertrauen" im Team anschneiden. Aufmerksam zu sein, mal hier und dort eine Prise zum Thema einzustreuen hilft mehr als ein überfrachtetes Meeting zum einzigen Tagesordnungspunkt: „Wie finden wir über 1500 km hinweg Vertrauen?"

Checkliste 5:   Vertrauen aufbauen

Sichtbarer Einsatz für das gemeinsame Ziel:

☑ Habe ich das Gefühl, dass jedem Teammitglied das gemeinsame Ziel noch vor Augen ist?

☑ Brauchen wir im Team wieder einmal eine Runde „Metakommunikation" über das, was wir tun und wofür wir es tun?

☑ Bringt jedes Teammitglied den Einsatz für das gemeinsame Ziel, wie es vom Team erwartet wird?

Fachliche Kompetenzen:

☑ Werden die fachlichen Kenntnisse der Teammitglieder auch unter den Bedingungen der mediengestützten Zusammenarbeit untereinander sichtbar?

☑ Welche fachlichen Kompetenzen welcher Teammitglieder haben es schwer, via „Datei", „Blogbeitrag" und „Reden über" sichtbar, hörbar und erlebbar zu werden?

☑ Wie kann ich als Führungskraft diese Sichtbarkeit fördern?

Persönliche Kompetenzen:

☑ Gibt es genügend Möglichkeiten im Team, dass teamunterstützende Fähigkeiten einzelner Teammitglieder wie Humor, Atmosphäre schaffen, Organisationstalent etc. sichtbar werden?

☑ Gibt es genug Gelegenheiten, in denen die Teammitglieder Ähnlichkeiten untereinander feststellen können?

Zuverlässigkeit, Berechenbarkeit und Transparenz:

☑ Was ist unser „Standard" an Zuverlässigkeit im Team? Halten wir unsere selbst gesetzten Regeln dazu ein – auch ich als Teamleitung?

☑ Ist für das Team sichtbar, was sich hinter den Handlungen der einzelnen Teammitglieder verbirgt, oder gibt es dazu Klärungs- und Regelungsbedarf?

Rückhalt in der Organisation:

☑ Werden die Teammitglieder so von der Organisation unterstützt, dass sie genügend Identifikation und Commitment für diese Art der Arbeit aufrecht erhalten?

☑ Woran ist diese Unterstützung für die Teammitglieder wahrnehmbar?

▦ Auf einen Blick ▤▤▤▤▤▤▤▤▤▤▤▤▤▤▤▤▤▤▤▤▤▤▤▤▤

Ein virtuelles Team aufbauen

⇨ Ein starkes virtuelles Team ist

   – *heterogen* hinsichtlich seiner Fertigkeiten, Fähigkeiten und Erfahrungen,
   – *homogen* hinsichtlich seiner Zielorientierung und seines Engagements und
   – fähig zur *Reflexion und Metakommunikation* über den Prozess der Zusammenarbeit.

⇨ Die *Entwicklung eines virtuellen Teams* verläuft in denselben Phasen wie die eines lokalen Teams (Forming – Storming – Norming – Performing), jedoch oft weniger intensiv. Deutlichere Steuerung ist von Ihrer Seite als Teamleiter/in gefragt.

⇨ Das *Kick-Off-Meeting* Ihres Teams muss über lange Zeit und über große Entfernung hinweg tragen. „Nachverhandlungen" sind über Distanz viel schwieriger. Nach dem Kick-Off müssen

   – das Ziel des Teams, Aufgaben und Verantwortlichkeiten verankert sein,
   – Interaktion und Vernetzung der Teammitglieder untereinander gesichert sein,
   – die Teammitglieder sich als Team erlebt und Zusammenhalt erfahren haben.

⇨ Meeting-Zeit in virtuellen Teams ist kostbar. Also bereiten Sie möglichst viel vorab vor.

⇨ Ein *Präsenztreffen* ist – sofern möglich – immer die erste Wahl für ein Kick-Off-Meeting eines virtuellen Teams.

⇨ Wenn trotzdem nur ein medienvermitteltes Meeting möglich ist, wählen Sie dafür ein informationsreiches Medium (Telefon- oder Videokonferenz) und bereiten Sie es noch intensiver vor und nach.

⇨ *Vertrauen* im virtuellen Team ist ein wesentlicher Erfolgsfaktor: Die Situation in einem virtuellen Team ist weniger über- und durchschaubar als jede sonstige berufliche Situation. Nur mit Vertrauen kann ein Team auf Basis dieser fragmentarischen Information und Kommunikation arbeiten.

⇨ Vertrauen speist sich aus der Wahrnehmung der anderen (Einsatz für das gemeinsame Ziel, Einschätzung der fachlichen Kompetenzen, Zuverlässigkeit, Berechenbarkeit, Transparenz des Handelns) und aus persönlichen Vorerfahrungen. Auch der empfundene Rückhalt in der Organisation stärkt Vertrauen.

⇨ Vertrauensaufbau zu unterstützen, ist eine wichtige Führungsaufgabe. Vertrauen ist darüber hinaus eine wesentliche Säule eines adäquaten Führungsstils in virtuellen Teams.

5.   Virtuelle Teams im Kontext der Organisation

Praxisinterview

Praxisinterview mit Dr. Gerhard Schiffner, Schering AG, Organisationsentwicklung

Herr Dr. Schiffner, Sie sind Organisationsentwickler in einem global tätigen Unternehmen mit Standorten in über 100 Ländern. Was sind Ihrer Ansicht nach die größten Herausforderungen, die standortverteilte Teamarbeit an die Organisationsentwicklung in einem globalen Unternehmen stellt?

Die ganz praktischen Rahmenbedingungen: Zum einen die unterschiedlichen Zeitzonen, da hat man unter Umständen nur eine Stunde, die von der Tageszeit her für alle einigermaßen vertretbar ist, um ein Meeting auf Distanz abzuhalten.

Zum anderen ist es der Zeitdruck, unter dem alle diese Teams bzw. Projekte stehen. Die Initialisierung von Projekten kommt häufig zu kurz. Das betrifft das Kennenlernen als Basis der Zusammenarbeit über Distanz, aber auch den Aufbau der geeigneten Infrastruktur.

Wie verstehen Sie Ihre eigene Rolle dabei?

Wir geben deutliche Hinweise, worauf die Teams jeweils bei ihrer standortübergreifenden Arbeit achten müssen. Sind wir in Projekte eingebunden, achten wir darauf, dass die benötigten Kompetenzen aufgebaut und organisatorische Standards bei der Durchführung gesetzt werden: Vereinbarungen über Responsezeiten, Vertretungsregelungen, Ablauf und Regeln für Telefonkonferenzen, Regeln zum Mailverkehr. Dazu legen wir konkrete Werkzeuge auf den Tisch und etablieren sie im Team. Es ist für viele Teammitglieder hilfreich, wenn sie da nicht viel diskutieren müssen.

Dann sorgen wir im weiteren Verlauf dafür, dass das jeweils höhere Management über verschiedene Kanäle virtuell eingebunden wird. Mal durch einen Videoauftritt, mal mit einer Mail an das Team, so dass das Team nicht das Gefühl bekommt, organisatorisch im Nirwana zu verschwinden.

Wie unterstützen Sie die Zusammenarbeit technisch?

Wir initiieren standardmäßig die Einrichtung einer toolbasierten Plattform für Dokumentenablage und -austausch mit allen notwendigen Berechtigungen. Idealerweise sollten alle geschult werden, das passiert aber nicht immer. Dann kommt es im Laufe eines Projektes häufiger zu Missverständnissen und man muss das im Prozess noch aufholen. Ist die OE in Projekten beteiligt, sind wir Ansprechpartner bei der Unterstützung standortverteilter Projekt-Teams, manchmal übernimmt dies auch der Projektmanager.

Gibt es auch den Fall, dass ohne Ihr Zutun virtuelle Kooperation praktiziert wird?

Ja, dieses Phänomen kennen wir auch. Für problematisch halte ich einen „schleichenden Verbreitungsprozess". Das kann dann konkret so aussehen, dass ein Projektleiter sich nach seinen eigenen Vorstellungen die nötigen Kompetenzen aneignet, die er für notwendig und sinnvoll erachtet. So werden aber keine gemeinsamen Standards geschaffen und es besteht die Gefahr, dass Dinge übersehen werden, die für die Zusammenarbeit über Distanz wichtig sind.

Wo sehen Sie Erfolgsfaktoren für eine erfolgreiche Zusammenarbeit über Distanz?

Projektmanagement bekommt einen viel höheren Stellenwert. Es zeigt sich auch, dass in einem virtuellen Team explizit geführt werden muss. Als Führungskraft muss ich mich z. B. bei meinen Teammitgliedern aktiv melden. Das erfordert eine höhere Kompetenz der Führungskräfte.

Ein Erfolgsfaktor ist außerdem die Einbindung der Teamleiter der standortverteilten Teams in das lokale Management. Man muss klar abstimmen, welche Ressourcen sie jeweils vor Ort bekommen. Wir haben im Auftrag der Firmenleitung zunehmend globale Funktionen eingeführt: Dies sind Linienfunktionen, die im Unternehmen für bestimmte Geschäftsaktivitäten global verantwortlich sind und deren „Unterbau" geographisch verteilt ist. Diese Funktion kann global Ressourcen anfordern und zuweisen. Dadurch wird das Gerangel mit den lokalen Standorten und deren Interessen verringert. Das ist auch hilfreich für die Verankerung der virtuellen Teams im Management.

Welche Rolle spielt Führung bei der Einführung dieser Arbeitsform?

Für die Führungskräfte ergeben sich mehrere Ansatzpunkte: Erstens, dass sie sich selber bewusst machen, dass wir aufgrund der räumlich verteilten Kapazitäten zwangsläufig virtuelle Teamarbeit betreiben. Zweitens, dass sie als Führungskraft ihren Mitarbeitern die Konsequenzen und Notwendigkeiten vermitteln müssen, die daraus entstehen. Diese Arbeitsform braucht klare Steuerung und Anerkennung der zusätzlichen Herausforderungen und Belastungen. Alle müssen sich bewusst sein, dass hier ein Teil der notwendigen Qualifizierungen liegen muss. Das müssen die Führungskräfte vorantreiben.

Welche Elemente einer Organisationskultur unterstützen Ihrer Meinung nach die Arbeit in virtuellen Teams?

Zusammengefasst sind das aus meiner Sicht die folgenden: Zum einen die gezielte Förderung von Projektmanagement, also auch der Personen, die darin befähigt sind. Und dass man in diesem Zusammenhang auch eine Kultur aufbaut, die realistische Rahmenbedingungen für die Anwendung von Projektmanagement-Prinzipien schafft: dass man zu einer Planung steht und dass die Planung auch verfolgt wird.

Andererseits ist ein kultureller Wandel anzustoßen für ein allgemeines Verständnis, dass ein globales Geschäft globale Prozesse braucht. Das heißt konkret für uns, dass wir unabhängig von einzelnen Projekten, unabhängig von einzelnen Standorten globale Prozesse mit einheitlichen Rollen und Standards der Zusammenarbeit entwickeln. Das wiederum unterstützt die virtuelle Teamarbeit. Um diese globalen Prozesse aufzubauen, braucht man selbst wieder virtuelle Teamarbeit: Ein echter Kreislauf!

Danke für das Gespräch!

In den meisten Fällen, so unsere Erfahrung, hat sich die Arbeitsform „virtuelles Arbeiten" in Unternehmen *irgendwie* entwickelt, manchmal sind die Beteiligten fast ein wenig *hineinge-stolpert*. Oft gab es einen ganz konkreten Anlass: Ein Projekt, das nur mit verteilten Partnern zu stemmen war, ein Merger, der eine enge standortübergreifende Zusammenarbeit erforder-lich machte, um Synergieeffekte auszuschöpfen, oder die Neuorganisation des Vertriebs, der die regionale Orientierung obsolet machte. Irgendeine Technik, um die Distanz zu überwin-den, war vorhanden oder wurde schnell angeschafft. „Loslegen!" hieß die Devise.

Dass es nicht damit getan ist, Technik in Form der neuen Kommunikationsmedien bereitzu-stellen, sondern dass Teammitglieder wie Teamleitungen auf die veränderte Arbeitsweise vorzubereiten sind, darauf haben sich inzwischen mehr und mehr Unternehmen eingestellt. Woran es noch ein wenig hapert, ist die Einsicht, dass virtuelles Arbeiten in die Organisation eingebettet werden muss, dass technische, organisatorische und personale Rahmenbedingun-gen geschaffen werden müssen, ja sogar ein Kulturwandel ansteht.

Es ist ähnlich wie bei der Einführung (teil-)autonomer Arbeitsgruppen in den 70er Jahren: Zunächst konzentrierten sich alle auf die Arbeitsgruppen selbst, erst nach und nach wurde erkannt, dass von den Meistern bis hin zu den Ingenieur/innen, von der Arbeitsvorbereitung bis hin zur Instandhaltung, von der Personalabteilung bis hin zur IT das ganze Unternehmen sich mit dieser neuen Arbeitsform auseinandersetzen muss.

Bei virtuellen Teams, insbesondere bei virtuellen Projektteams, gibt es eine besondere Ge-fahr: Dass das Team aufgrund seiner Virtualisierung den Anschluss an die Organisation ver-liert, sei es aus der Sicht des Teams, sei es aus der Sicht der Organisation.

Wir werden im Folgenden – ganz der vorherrschenden Realität geschuldet – zunächst den Fokus darauf lenken, was eine Teamleitung selbst tun kann, ein bereits existierendes virtuel-les Team an- und einzubinden, im Unternehmen sichtbar zu machen und für eine erfolgreiche virtuelle Teamarbeit in der Organisation die Voraussetzungen zu schaffen. Im Anschluss daran wechseln wir den Fokus: Was kann die Organisation tun, um die Rahmenbedingungen für virtuelle Teamarbeit optimaler zu gestalten? Dabei richtet sich dieser Teil beileibe nicht nur an die dafür Zuständigen im Unternehmen. Es werden auch Anforderungen deutlich, denen Sie als Teamleitung im Unternehmen Gehör verschaffen können und sollten.

Abschließend schwenken wir den Blick auf die besonderen Bedingungen standortverteilter Innovationsteams und die damit verknüpften Herausforderungen für deren Teamleitungen.

5.1   Die Teamleitung als Bindeglied zwischen Organisation und Team

Welche Aspekte bei der Verknüpfung von virtuellem Team und Organisation eine Rolle spielen können, zeigen die Gedanken eines Mitgliedes in einem virtuellen Projektteam zur Einführung einer neuen CRM-Software:

> Kein gemeinsamer Flur, keine Schilder mit der Teambezeichnung an den Türen, niemand sieht uns als Gruppe z. B. an einem gemeinsamen Tisch in der Kantine. Frau Kranitz sitzt in der Zentrale, hat da als Teamleiterin alle Verbindungen und auch Kolleg/innen auf gleicher Ebene, Zugriff auf Ressourcen, und sie wird dort auch wahrgenommen im Führungskreis. Aber hier vor Ort gehörst du nirgends richtig dazu. Ich habe hier keinen, mit dem ich z. B. Probleme besprechen kann, da ist niemand fachlich richtig drin. Andererseits können mir die Kolleg/innen aus dem virtuellen Team wenig helfen, weil sie die örtlichen Bedingungen und Personen nicht kennen, mit denen ich hier zu tun habe. Aber ich weiß jetzt, was zu tun ist. Ich werde bei unserem nächsten Meeting ansprechen, wie wir unser Team und unsere Aufgabe sichtbarer machen können. Ich brauche die Unterstützung hier vor Ort, sonst kann ich die neue Software nicht richtig einrichten. Ich habe auch schon ein paar Ideen, wie das geht mit Marketing, konkreter Anbindung an Prozesse und der Einbindung der Kolleg/innen hier in mein Projekt.

In vielen Organisationen gibt es immer wieder Probleme, Linie und Projekte „unter einen Hut zu bringen", es entsteht häufig Klärungsbedarf über disziplinarische Weisung, Ressourcenverteilung, Prioritäten, Loyalitäten etc. Durch die Verteilung der Teammitglieder auf unterschiedliche Standorte und deren Doppelbindung sowohl ans virtuelle Team als auch an die jeweilige örtliche Linie ergeben sich zusätzliche Herausforderungen:

- Arbeit und Aufwände, die im virtuellen Kontext erbracht werden, sind schwerer sichtbar, besondere Leistungen des Teams oder einzelner Teammitglieder werden weniger wahrgenommen und anerkannt.

- Auch Probleme des Teams (z. B. mit Strukturen oder mit der Technik) wie auch sein Ressourcenbedarf sind schwerer erkennbar, Unterstützungsleistungen unterbleiben deshalb.

- Einheitliche Standards der Zusammenarbeit sind eventuell nicht vorhanden oder unterscheiden sich von Standort zu Standort.

- Mit abnehmender Kommunikation zur eigenen Organisation können der Kontakt und damit auch die Identifikation mit dem Unternehmen verloren gehen. Es besteht auch die Gefahr, dass die soziale Einbindung abnimmt und der Ausschluss aus informellen Netzwerken erfolgt.

- In Folge treten häufig Loyalitätsprobleme auf.

Teamleitung und Führungskräfte in der Organisation stehen in der Verantwortung, hier gegenzusteuern. Sie müssen dafür Sorge tragen, das verteilte Team aktiv in die Organisation einzubinden, indem sie

- die Ziele der Organisation im Team verankern und die Ziele des Teams mit den Organisationszielen in Einklang bringen,

- durch aktives Teammarketing die Ergebnisse und Erfolge des virtuellen Teams ebenso wie dessen speziellen Ressourcenbedarf in der Organisation bekannt machen,

- Beziehungen zu Schlüsselpersonen in der Organisation aufbauen

- und die Leistungsbeurteilung unter virtuellen Rahmenbedingungen wie auch die berufliche Weiterentwicklung der Teammitglieder im Blick haben.

Was kann die Teamleitung nun konkret tun? Und worauf kann sie in der Organisation hinwirken?

5.1.1   Anbindung des Teams an die Unternehmensziele sichern

Standortverteilte Teams tendieren schneller als lokale Teams dazu, Ziele des Unternehmens aus den Augen zu verlieren. Dahinter steckt keine Absicht, es ist der eingeschränkten Wahrnehmung und den weniger engmaschigen Kommunikationsbeziehungen geschuldet. Mitglieder eines virtuellen Teams sind seltener in beiläufige, informelle Diskussionen z. B. bei Abteilungstreffen, beim gemeinsamen Mittagessen u. Ä. eingebunden oder sind – oft versehentlich – nicht in alle relevanten Mailverteiler für Unternehmensnachrichten aufgenommen. Zudem sind Unternehmens- oder Abteilungsziele häufig abstrakt und nicht teamspezifisch und haben damit keinen unmittelbaren „Aufforderungs- und Identifizierungscharakter" für das virtuelle Team. Wenn Sie als Teamleitung diese Ziele auf die konkrete Ebene des Teams übersetzen, leisten Sie schon einen ersten wichtigen Beitrag, um das Team mit dem Unternehmen zu verbinden: Gemeinsame Ziele, die sowohl innerhalb des Teams wie auch von Personen außerhalb des Teams akzeptiert sind, sind ein zentraler Erfolgsfaktor virtueller Teamarbeit, denn sie schaffen ein Bindeglied zwischen den Personen „drinnen" und „draußen", bündeln die Kräfte des räumlich verteilten Teams, fokussieren die Energie und geben der Arbeit einen gemeinsamen Sinn.

Was kann im schlimmsten Falle passieren? Hat das Team die Unternehmens- oder Abteilungsziele nicht mehr unmittelbar vor Augen oder schweben diese, weil zu abstrakt, unverbunden über der konkreten Arbeit, formen sich im virtuellen Team eigene Ziele, die dann unter Umständen nicht mehr in Einklang mit der Unternehmensstrategie stehen. Unbeabsichtigt wird der eigentliche Auftrag hinten angestellt oder nicht mehr mit dem erforderlichen Engagement verfolgt. Das Team beschäftigt sich zunehmend mit eigenen Intentionen und Prioritäten, in sich schlüssig, aber als Satellit immer weniger mit der „Bodenstation" verbunden.

Als Teamleitung stehen Sie meist weniger in dieser Gefahr, da Sie über die Mitarbeit in Lenkungs- und Steuerungskreisen enger in die Unternehmensstrategie eingebunden sind und sich so unmittelbarer mit der Passung von Teamergebnissen und Unternehmensstrategie und -vision auseinandersetzen. Im Bewusstsein dieser unterschiedlichen Perspektiven ist es also Ihre Aufgabe als Teamleitung, das virtuelle Team und dabei vor allem die entfernteren Teammitglieder aktiv in die Strategien und übergeordneten Zielsetzungen der Organisation einzubinden. Die Ihnen vorgesetzten Führungskräfte können Sie dabei übrigens auch gut unterstützen.

▒ Stellen Sie die Teamziele dar, abgeleitet aus dem Teamauftrag, und formulieren Sie explizit, welchen Beitrag diese zu den Unternehmenszielen leisten. „Ziel unseres Unternehmens ist es, sukzessive innovative Geschäftsfelder auszubauen. Für unser Team heißt das, in diesem Jahr x Neukundenprojekte in den Geschäftsfeldern a und b zu starten." Diskutieren Sie die Bedeutung der Ziele für die Arbeit des Einzelnen im Team, vielleicht haben die Teammitglieder noch weitere Ideen zur Übersetzung der Unternehmensziele in entsprechende Teamziele. Diese Ziele sollten sich dann auch in irgendeiner Form im Controlling wiederfinden (s. Kap. 6.4).

▒ Die regelmäßige Reflexion der Teamziele und der aktuellen Veränderungen der Abteilungs- oder Unternehmensziele ist ratsam: Im Alltag verliert ein standortverteiltes Team schnell den Bezug zur übergeordneten Zielebene. Nehmen Sie sich z. B. alle drei Monate in einer Teambesprechung den Abgleich von übergeordneten und Teamzielen vor und aktualisieren Sie ggf. Ihre Ziele. Eine prägnante Visualisierung Ihrer Diskussionsergebnisse auf einer Seite kann im nächsten Vierteljahr jedem Teammitglied eine gute Orientierung geben.

▒ Wenn nicht nur Sie als Teamleitung, sondern auch einmal Teammitglieder Arbeitsergebnisse in einem Lenkungs- oder Steuerungskreis präsentieren – mittels Zuschaltung über ein entsprechendes Tool technisch auch auf Distanz möglich – wird im Sinne des Teammarketing das Team für die Führungsebene sichtbar, und es vertieft auch die Beschäftigung einzelner Teammitglieder mit übergeordneten Zielen.

▒ Wenn eine übergeordnete Führungskraft an einem Meeting Ihres virtuellen Teams teilnimmt, persönlich oder mediengestützt zugeschaltet, kann das vor allem bei der Vermittlung von Unternehmenszielen und -visionen oder bei Veränderungen der Unternehmensstrategie eine wirksame Intervention darstellen, die das Team wieder enger in die Organisation einbindet.

5.1.2   Aktiv Teammarketing betreiben

Teammarketing bedeutet, das Team und die Teammitglieder im Team selbst, gegenüber den Kolleg/innen vor Ort und in Gremien bis hin zum Gesamt-Unternehmen sichtbar zu machen. Dabei bietet es sich natürlich an, die ganze Bandbreite der Unternehmenskommunikation inklusive der neuen Kommunikations-Medien als Brücke zwischen der Organisation und den virtuellen Teams zu nutzen.

Allerdings ist Kommunikation und erst recht Marketing zeitaufwändig. Deshalb sollten Sie sich vorab gut überlegen, was Sie genau mit Ihren Aktivitäten im Sinne des Teammarketings erreichen wollen.

Als wichtige Ansatzpunkte für das Marketing virtueller Teams haben sich bewährt:

▪ Häufig wird „virtuelles Team" in den Köpfen mit „wenig greifbar" und „schwer steuerbar" gleichgesetzt. Teammarketing muss vermitteln, dass virtuelle Teams ebenfalls in und mit Strukturen arbeiten. Dazu können Personen, ggf. Untergruppen und deren Aufgaben und Ziele sichtbar gemacht werden.

▪ Organisationen und Führungspersonen nehmen die Ergebnisse und Leistungen virtueller Teams häufig zu wenig wahr. Teammarketing sollte konkrete Ergebnisse und Leistungen konstant, anschaulich und nachvollziehbar vermitteln.

▪ Kaum etwas wirkt besser als konkrete Beispiele aus der Praxis. Über eine anschauliche Aufbereitung besonderer Höhepunkte des virtuellen Teams – mit Darstellung der besonderen Arbeitsbedingungen – erinnern sich entsprechende Personen im Unternehmen besser an Sie und Ihr Team.

Um die oben genannten Ansatzpunkte wirkungsvoll in Ihr Teammarketing einzubeziehen und nicht im Laufe des Jahres den Überblick und die Wirksamkeit zu verlieren, hat es sich bewährt, solche Aktivitäten in die Jahresplanung einzubauen, geplante Aktivitäten zu entsprechenden Kommunikationszielen für das Teammarketing zu vermerken und in regelmäßigen Abständen anzupassen.

Im Folgenden erhalten Sie Anregungen für konkrete Aktivitäten zum Teammarketing, die wir auch der Kreativität von Kolleg/innen und Teilnehmer/innen aus unseren Schulungen und Projekten verdanken.

Das Team sichtbar machen

Dass das virtuelle Team wie andere Einheiten der Organisation im Intranet repräsentiert ist, sollte selbstverständlich sein. Je nach Aufgabenstellung des Teams ist sogar eine Internet-Präsenz des virtuellen Teams sinnvoll.

Durch die spezielle standortverteilte Arbeitsform Ihres Teams haben Sie viel zu bieten. So verfügen Sie z. B. über Ansprechpartner/innen an unterschiedlichen Standorten oder Personen mit speziellen Fachkompetenzen, die in der gesamten Organisation nicht so schnell zu finden sind. Stellen Sie diese Vorteile zusammen mit den jeweiligen Kontaktdaten in Ihrem Intranet-Bereich dar. Für allgemeine Anfragen insbesondere in Bezug auf die konkrete Teamaufgabe sollten Sie als Teamleitung, ggf. mit Stellvertretung, als zentrale Ansprechperson benannt sein.

Beschreiben Sie außerdem die Aufgabe Ihres Teams und seine Rolle in der Organisation bzw. dessen Beitrag zu den Unternehmenszielen. Eine gute Übung, den Teamauftrag in zwei Sätzen auf den Punkt zu bringen! Ein, zwei aussagekräftige Bilder dazu – und Sie bleiben in Erinnerung.

Wenn Ihr virtuelles Team ständig neue Erkenntnisse produziert, die andere im Unternehmen rasch verwerten können und sollen, können Sie in einem Blog fortlaufend Kurznachrichten und Informationen ins Intranet stellen. Dies bewährt sich z. B. bei Serviceteams zu immer wiederkehrenden Fragestellungen, kostet allerdings kontinuierlichen Pflegeaufwand. Alternativ könnten Sie allgemeine Informationsmaterialien zum Download zur Verfügung stellen. Damit belegen Sie die Fachkompetenz im Team.

Sofern Sie die Inhalte Ihrer Team-Webseite über ein Content-Management-System selber einpflegen: Achten Sie bei jeder Seite darauf, dass Sie passende Schlagworte, sogenannte Metatags, in die Hintergrundinformationen der Seite für die Suchmaschine einfügen. Besucher, die nach bestimmten Stichworten suchen, finden dann zu Ihrer Webseite, ohne dass sie direkt danach gesucht haben. So taucht Ihr Team immer wieder und über verschiedene Zugänge auf.

Eine weitere Maßnahme jenseits des Intra- oder Internets ist die Darstellung Ihres virtuellen Teams in Organigrammen und Verzeichnissen der Organisation, auch darüber wird die Wahrnehmung des Teams erhöht. Wählen Sie einen möglichst eingängigen Teamnamen!

Im Teammarketing sind nicht nur die unternehmensweiten Kolleg/innen Ihre Zielgruppe. Orientierung müssen Sie auch Ihren unmittelbaren Vorgesetzten geben.

Auch wenn es etwas Mühe macht: Wem sollten Sie aktiv Angebote machen, Ihr virtuelles Team genauer wahrzunehmen? Schnupperangebote zur Teilnahme an virtuellen Meetings für Interessierte, Führungskräfte ganz bewusst zur Präsentation der (Zwischen-)Ergebnisse in eine Web-Meeting-Session einbinden, zur Teilnahme an einem Chat einladen etc. – all das sind Möglichkeiten dazu. Andere lernen dabei Ihr Team kennen, sammeln konkrete Erfahrungen über Ihre besonderen Arbeitsbedingungen, und Sie präsentieren sich als innovative Know-how-Träger im Unternehmen.

Ergebnisse und Leistungen vermitteln

An den Ergebnissen des virtuellen Teams sind wahrscheinlich nicht nur Ihre unmittelbaren Vorgesetzten interessiert. Auch die Mitglieder Ihres Teams aus unterschiedlichen Organisationseinheiten oder sogar anderen Organisationen haben häufig ein Interesse daran, dass (positive) Ergebnisse und Erfahrungen in ihrem jeweiligen Umfeld kommuniziert werden. Dafür bietet sich an, einmal jährlich allgemeinere Ergebnisse und besondere Leistungen des Teams in einer kurzen Übersicht zusammen zu stellen, grafisch/multimedial ansprechend aufzumachen, und als Informationsmaterial an einen im Team zusammengestellten Verteiler zu verschicken. Versuchen Sie diese Aktivität zeitlich so zu planen, dass die Informationen bei den Empfängern auch auf Interesse stoßen, z. B. vor der nächsten Runde der Mitarbeitergespräche oder dem nächsten größeren Leitungstreffen etc.

Auch hier gilt wieder: Medien zur Zusammenarbeit, so im Unternehmen genutzt, bieten eine gute Möglichkeit, Expertise kundzutun. In Leitungskreisen oder in Projektmanagement-Meetings anderer Projekte können Sie sich als Ansprechpartner/in sowohl zu spezifischen Inhalten als auch zur virtuellen Arbeitsform positionieren. Eine unmittelbare und nachhaltige Erfahrung für andere vermitteln Sie z. B. auch dadurch, dass Sie einen Konferenzvortrag zu Ihrer speziellen Arbeitsweise halten und zur anschließenden Diskussion Ihre Teammitglieder über Medien zuschalten. Wie zumeist: Über etwas zu reden, ist gut – andere etwas miterleben zu lassen, ist noch besser!

Anwendungsbeispiele und besondere Höhepunkte kommunizieren

Menschen können sich Informationen besser merken, wenn sie mit einem Bild oder einer Geschichte verknüpft sind. Insbesondere wenn die Tätigkeit des virtuellen Teams erklärungs-bedürftig und nicht einfach zu vermitteln ist, hat sich die Aufbereitung eines Ergebnisses anhand eines konkreten Beispiels aus der Teamarbeit bewährt. Weniger ist dabei mehr! Über-legen Sie, welche Aktivitäten in Ihrem Team in den letzten Monaten sehr positiv verlaufen sind. Wählen Sie ein Beispiel, das die Arbeit Ihres Teams auch für Personen, die nicht von Ihrem Fach sind (z. B. Marketing/Vertrieb), verständlich darstellt. Ein Beispiel: Die Ergeb-nisse der Materialforschung in Ihrem Team haben zu einer Effizienzsteigerung einer be-stimmten Solarzelle beigetragen. Dieses Endprodukt können Sie in einem passenden Bild darstellen. Die standortverteilten Kompetenzen, die dazu beigetragen haben, können Sie z. B. verkörpert durch Zitate von Personen aus Ihrem Team in die Darstellung einbauen.

Beispiele stellen nicht allumfassend die Leistungen des Teams dar. Sie erleichtern allerdings den Transfer und das Verständnis für Außenstehende. In Kombination mit einer Übersicht der Leistungen des Teams in prägnanten Zahlen, Daten, Fakten lohnt sich diese Herangehenswei-se besonders für die Kommunikation mit Personen, die nicht unmittelbar im Themenfeld des Teams zu Hause sind. Interessante Kommunikationskanäle für solche Leistungs-Beispiele aus dem virtuellen Teamalltag sind auch Mitarbeiterzeitungen, Unternehmensfernsehen o. ä.

5.1.3 Dauerhafte Beziehungen aufbauen

Ein virtuelles Team steht – wie jedes andere Team auch – nicht allein in der Welt. Im Gegen-satz zu einem Team, das auch räumlich fest in eine Organisation eingebunden ist, besteht bei einem virtuellen Team immer die Gefahr, dass seine (emotionalen) Verbindungen in sein Umfeld hinein schwächer sind. Schnell wird das Team zu einem Satelliten, der kaum noch eine Anbindung an die Organisation hat.

Aus diesem Grund ist es wichtig, dass die Beziehungen um das Team herum gezielt aufge-baut und gepflegt werden – wieder eine zentrale Aufgabe für die Teamleitung. Für ein virtuel-les Team sind vor allem folgende Beziehungen wichtig:

- Entscheidungsträger/innen, in deren mittelbaren oder unmittelbaren Verantwortungsbe-reich das virtuelle Team fällt.

▨ Interessensträgerinnen oder „Sponsoren" in der Organisation, die nicht unmittelbar für das Team verantwortlich sind, aber inhaltlich oder strategisch ein Interesse an der Arbeit des Teams haben und dessen Rückhalt in der Organisation stärken können.

▨ IT-Abteilung, auf deren Kooperation ein virtuelles Team durch die verstärkte Abhängigkeit von Kommunikationsmedien ganz besonders angewiesen ist.

▨ Externe Partner oder auch Teammitglieder aus anderen Organisationen, die für die Zielerreichung wichtig sind.

Beziehungsaufbau zu Entscheidungsträgern und Sponsoren

Per Teamauftrag ist das virtuelle Team in der Regel schon direkt an einen verantwortlichen Entscheidungsträger in der Organisation gebunden. Darüber hinaus gibt es in der Organisation oder in den über das standortverteilte Team angebundenen Institutionen häufig Personen, die entweder ein besonderes Interesse an den Ergebnissen des Teams haben oder sich auch für die Arbeitsform des standortverteilten Arbeitens interessieren. Diese Personen können Sie als „Botschafter" oder „Sponsoren" für Ihre Anliegen nutzen. In der Regel ziehen diese Personen daraus für die eigene Arbeit einen Nutzen.

> Die Leiterin eines standortverteilten Forschungsteams im Leichtbau kämpfte wieder einmal mit dem Frust, dass die Geschäftsführung zu wenig Unterstützung für das räumlich verteilte Team bereitstellte: Ihr dringender Bedarf für eine gemeinsame Kommunikationsplattform und ein Budget für Webkonferenzen mit Externen wurde zum wiederholten Mal auf die Tagesordnung des nächsten Geschäftsführer-Meetings verschoben.
>
> Da kam ihr das zufällige Gespräch mit dem Entwicklungsleiter der Materialforschung gerade recht, der noch aus Studienzeiten einen guten Draht zu einem der Geschäftsführer hat: Er spielte nämlich mit dem Gedanken, aus diversen Spezialisten anderer Unternehmensstandorte und einer Forschungseinrichtung ein Team zur Bearbeitung einer speziellen Aufgabe zusammen zu stellen. Allerdings hatte er bisher noch keine Erfahrungen mit solchen „Konglomeraten" gemacht.
>
> Sie lud ihn gern ein, an der kommenden Zwischenpräsentation des Forschungsteams via Web- und Video-Konferenz teilzunehmen und ihm eine kurze Zusammenfassung der letzten Ergebnisse zu geben. Im Gegenzug bat sie ihn, sich in der Geschäftsführung nachdrücklich für die Arbeitsform „virtuelle Kooperation" und ihre spezifischen Bedarfe einzusetzen.

Entscheidungsträger und Sponsoren, die ein Wort für Sie einlegen oder auch nur Informationen über Ihre Aktivitäten weitertragen, müssen Sie sich aktiv suchen. Beziehen Sie diese in den Informationsfluss Ihres Teammarketings ein.

Beziehungspflege mit der IT-Abteilung

Ein besonderes Problem stellen immer wieder die Kommunikationsmedien dar, das zentrale Kooperationsmittel in virtuellen Teams. Hier ergeben sich oft Kollisionen zwischen den Erfordernissen eines virtuellen Teams und den Rahmenbedingungen des Unternehmens oder örtlichen Besonderheiten. Jede IT-Abteilung ist bemüht, Standards zu etablieren und einzuhalten, das erleichtert die Pflege und Wartung und senkt damit Kosten, sichert die Integrität von Netzwerken und schottet das Unternehmensnetz über Firewall und Sicherheitsrichtlinien gegen Angriffe ab.

Für die virtuelle Teamarbeit braucht das Team aber möglichst schnell technische Unterstützung, will mal eine Anwendung ausprobieren, die die Firewall zu umgehen versucht, oder es bedarf einer VoIP-Verbindung für die Sitzung im Meeting-Tool. Besondere Hürden tauchen auf, wenn man außenstehenden Partnern, Freiberuflern oder Kolleg/innen aus anderen Unternehmen den Zugriff auf die gemeinsame Wissensdatenbank oder einen unternehmensübergreifenden Teamkalender ermöglichen will.

All diese Anwendungen stellen die meisten IT-Abteilungen vor große Herausforderungen, sie sehen vor allem die IT-Sicherheit und -Standards bedroht. In vielen Fällen steht hier ein Kulturwandel an. Allmählich orientieren sich allerdings viele IT-Abteilungen oder IT-Dienstleister um, agieren nicht mehr technologie-, sondern anwenderorientiert und begreifen insbesondere auch den Wandel zur Integration von Web-2.0-Technologien positiv.

Als Teamleitung eines virtuellen Teams benötigen Sie gute Beziehungen zur IT-Abteilung vor allem für

◾ die schnelle Übersicht zu vorhandenen und in der Organisation neu angeschafften Anwendungen zur Unterstützung der virtuellen Teamarbeit, wie z. B. Web-Meetings, Groupware-Tools, Blogs und Wikis etc. Wichtig sind hier jeweils die verantwortlichen Ansprechpartner. Stellen Sie sich eine eigene Kontaktliste zusammen.

◾ Anpassungen und schnelle Hilfestellungen bei Anwendungen, auf die Ihr Team in der täglichen Kommunikation angewiesen ist. Teilweise sind die IT-Standards schon innerhalb einer Organisation von Standort zu Standort unterschiedlich. Dann sind Sie auf den experimentellen Ehrgeiz eines IT-Experten angewiesen.

IT-Abteilungen sind von Haus aus technophil und haben den „state of the art" in Sachen Technik recht gut im Blick. Oft gibt es sogar irgendwo – am ehesten in der IT selbst – bereits Erfahrungen mit Anwendungen, die dort erprobt wurden oder sogar schon selbstverständlich im Einsatz sind, z. B. für die Wartung und Problembehebung der IT durch Serviceabteilungen der Hersteller. Auch gibt es immer wieder experimentierfreudige Expert/innen, die eine persönliche Herausforderung (und wünschenswerte Abwechslung) darin sehen, für eine spezielle Problemstellung genau die richtige Lösung zu finden. Je nach Technik-Affinität und Zusammenstellung Ihres Teams können Sie auch anbieten, für eine Pilotnutzung einer neuen Anwendung zur Unterstützung der standortverteilten Zusammenarbeit zur Verfügung zu stehen.

Oft hilft es aber auch, der IT durch Verschwiegenheit entgegen zu kommen: Jede Abweichung von Standardprofilen bedeutet für die IT Mehraufwand. Vielleicht ist es für die IT einsichtig, dass Ihr virtuelles Team besondere Bedingungen braucht, die z. B. Einzelprofile für die Teammitglieder erforderlich machen, hat aber Angst, dass sich plötzlich andere User melden, die glauben, so etwas auch zu brauchen – weil es schick ist, den Status vermeintlich erhöht etc. Genießen Sie deshalb ein Entgegenkommen der IT-Abteilung eher still.

Schmieden Sie also ein Bündnis mit der IT-Abteilung – über das gegenseitige Verständnis für die jeweiligen Interessen und Bedarfe kommt man am besten zu neuen, gemeinsam getragenen Lösungen.

Externe Partner und Teammitglieder

Ein virtuelles Team ist beileibe nicht immer nur ein Team aus einem Unternehmen, aus einem Konzern. Häufig sind gerade in Projektteams nicht nur „Interne" vertreten, sondern auch Freiberufler/innen, Mitarbeiter/innen aus Beratungsunternehmen, Forschungseinrichtungen, Behörden und Dienstleister oder gar Kunden eingebunden. In großen Teams kann oft zwischen Kern- und Randteammitglieder unterschieden werden. Es ist wichtig, in diesem Fall die Kontaktdichte wie auch Informationsversorgung und Zugriffsmöglichkeiten für die unterschiedlichen Beteiligten zu definieren. Daneben sollte wohlüberlegt werden, wie die Beziehungen zu den eher außenstehenden Teammitgliedern oder Partnern gepflegt werden können. Rundmails mit Informationen aus dem Projekt, direkte Ansprache ausgesuchter Kooperationspartner/innen mit persönlich zusammengestellter Information, Meinungsabfragen über Online-Fragebögen, Online-Events wie eine Chat- oder Online-Konferenz, Zugang zu Wikis sind begleitende Maßnahmen für die Randteammitglieder. Diese Aktivitäten fördern den Wissenstransfer und vermitteln Wertschätzung, die hilft, Unterstützung auch für schwierige Zeiten zu sichern. Und natürlich ist daneben immer auch die persönliche Kommunikation sinnvoll.

Es gibt aber auch wesentlich subtilere Notwendigkeiten, sich einzuschalten, um den Anschluss des Teams an die Organisation zu bewahren:

> Die Abteilung F&E der Konzerntochter des Autozulieferers in Barcelona veranstaltet zweimal jährlich einen großen abendlichen Event. Ziel ist neben dem Feiern die Beziehungspflege der Abteilung zu den örtlichen Produktionsabteilungen, den internen und externen Dienstleistern etc. Die entsprechenden Führungskräfte, Meister und alle örtlichen Projektleiter/innen sind regelmäßig zum Fest eingeladen. Wer dabei ist, gehört dazu, das öffnet für die kleinen und großen Anliegen rund um die Entwicklungsarbeit die Türen. Das virtuelle Team des Projektleiters Hensch aus Stuttgart hat da ein Problem. Die Teammitglieder in Barcelona sind nur „einfache" Teammitglieder und bleiben daher außen vor, was sich nun vielfältig negativ für das Projekt auswirkt: Testläufe des Teams sind immer nachgeordnet, der Modellbau schiebt immer wieder andere Projekte vor, die eigentlich terminierten Übergaben, die Entwicklung der Softwarekomponenten für das Team sind eindeutig als „stiefmütterlich" zu bezeichnen etc. Nach Rücksprache mit den dortigen Kolleg/innen und dem

F&E-Leiter ist auch klar, dass es keinen Sinn macht, dass Projektleiter Hensch dazu regelmäßig einfliegt, für die örtlichen Aushandlungsprozesse stünde er dann doch wieder nicht zur Verfügung. Also wurde vereinbart, den Kollegen Sanchez „virtuell" in den Stand eines Co-Projektleiters zu erheben und ihm so die Einladung zu den Events zu sichern. Seitdem hat sich die Situation spürbar verbessert.

5.1.4 Personalbeurteilung und Karrierewege berücksichtigen

Die Mitglieder eines virtuellen Teams sind nicht nur Teil des Teams, sondern in der Regel auch Teil der Organisation oder der Organisationen, in und zwischen denen das Team konstituiert ist. Diesen größeren Kontext müssen Sie berücksichtigen, insbesondere wenn es um die weitere Entwicklung der Teammitglieder geht. Zwei Aspekte sollten Sie im Blick haben:

- Die Personalbeurteilung der Teammitglieder liegt häufig nicht nur in den Händen der Teamleitung. Insbesondere in virtuellen Teams haben die einzelnen Teammitglieder in der Regel Linienvorgesetzte am eigenen Standort. Je nach Organisationskultur unterscheiden sich die Kriterien zur Beurteilung. Die Tätigkeit der Mitglieder in virtuellen Teams ist vor Ort häufig weniger sichtbar. Das kann negative Auswirkungen auf die Beurteilung durch die örtliche Führungskraft haben. Bauen Sie vor und geben Sie vorab eine informelle Einschätzung an die jeweilige Führungskraft, bzw. tauschen Sie sich telefonisch mit dieser aus.

- Die Karrierewege der Teammitglieder in der jeweiligen Organisation sind auch davon abhängig, wie gut die jeweilige Person in formelle und informelle Netzwerke eingebunden ist. Mitglieder virtueller Teams stehen in der Gefahr, dass sie hier durch ihre Arbeitsform den Anschluss verlieren. Sie können als Teamleitung z. B. Kontakte herstellen oder auch Hinweise auf offene Positionen in der Organisation weiterleiten.

Zwar finden Sie sich als Teamleitung hier in einer Zwickmühle: Einerseits wünschen Sie sich Kontinuität im Team, und ein Wechsel bedeutet immer Mehraufwand für die Einarbeitung Neuer. Wenn Sie aber klar signalisieren, dass Sie die persönliche Weiterentwicklung der Teammitglieder im Blick haben, gewinnen Sie ein weiteres Stück Loyalität und garantieren, dass sich das Team in die Organisation integriert.

In Kapitel 9 erfahren Sie mehr über Möglichkeiten der Personalentwicklung in virtuellen Teams.

5.2   Rahmenbedingungen für virtuelle Teamarbeit sichern

Was kann die Organisation tun, um die Rahmenbedingungen für virtuelle Teamarbeit optimal zu gestalten? Drei wesentliche Ansatzpunkte sollte eine Organisation im Blick haben:

▪ das Commitment des Managements für diese besondere Form der Zusammenarbeit,

▪ den veränderten Ressourcenbedarf eines solchen Teams und

▪ die passenden (IT-)Strukturen und Prozesse für die standortübergreifende Zusammen-arbeit.

Maßnahmen in diesen Bereichen können Sie nicht als einzelner Teamleiter oder einzelne Teamleiterin gewährleisten. Sie können solche aber über Ihre Vorgesetzten oder über die Personalentwicklung anstoßen und einfordern, um die Arbeit Ihres virtuellen Teams zu er-leichtern, effektiver und effizienter zu machen. Wirkungsvoll ist dabei auch, wenn Sie sich dazu mit anderen Leiter/innen virtueller Teams zusammenschließen.

5.2.1   Klares Commitment zur Arbeitsform „virtuelles Team"

An erster Stelle steht dabei zunächst eine klare Aussage der Organisation, in der Regel durch den obersten Führungskreis, dass diese Arbeitsform gewollt und in der heutigen Zeit unver-meidlich ist. Diese Willensbekundung oder Zielbestimmung

▪ setzt den Rahmen, wozu sich die vielen betrieblichen Akteure auf diese Arbeitsform ein-lassen und sich mit ihr auseinandersetzen müssen,

▪ signalisiert die Erwartung der Führungsebene, dass zur Unterstützung dieser Arbeitsform im Zweifel auch einmal Abteilungs- oder Standortegoismen zurückzustellen sind, und

▪ begründet, warum Ressourcen bereitgestellt werden müssen, diese Arbeitsform mit den angemessenen Rahmenbedingungen und Arbeitsmitteln auszustatten.

Ein solches Commitment muss dabei deutlich sichtbar werden, ganz so wie andere wichtige Ziele auch in der Organisation kommuniziert werden (z. B. Editorial des Vorstands in der Unternehmenspublikation, Erwähnung bei der Betriebsversammlung, Aussagen dazu im Unternehmensportal).

Mehr noch hat sich allerdings bewährt (das unterscheidet Lippenbekenntnisse von echtem Commitment), wenn sich die oberste Führungsebene selbst an dieser Arbeitsform beteiligt, so dass sichtbar wird: Nicht nur „ihr da unten" müsst virtuell kooperieren, sondern auch „wir hier oben" benutzen die Tools, qualifizieren uns für diese neue Arbeitsform, beteiligen uns aktiv an der Schaffung von entsprechenden Arbeits- und Rahmenbedingungen.

Wenn das Management direkte Botschaften an einzelne virtuelle Teams sendet, z. B. in Form einer Video-Botschaft für ein spezielles Teamtreffen, eine Rundmail an die Teammitglieder etc., vermittelt das ebenso Wertschätzung für diese besondere Arbeitsform. Solche deutlich gesetzten Zeichen werden im Unternehmen aufmerksam wahrgenommen, wie viele erfolgreiche Beispiele gezeigt haben.

Es geht also darum, die Zielsetzung vorzuleben, Modell zu werden.

5.2.2 Ressourcen bereitstellen

Es ist schon an verschiedenen Stellen angeklungen, hier fassen wir es noch einmal zusammen: Sie brauchen für Ihr virtuelles Team aus unterschiedlichen Einheiten des Unternehmens Unterstützung, vieles davon in der Anfangsphase, manches eher später:

- Beratung bei der Auswahl eines geeigneten Tool-Portfolios für die Zusammenarbeit auf Distanz (z. B. durch die IT-Abteilung)

- Teamaufbau und Qualifizierung der Beteiligten für die virtuelle Teamarbeit (z. B. durch die Personalentwicklung)

- Bereitstellung der Start-Umgebung des virtuellen Büros oder anderer Medien und Hilfe bei der Ersteinrichtung der medialen Arbeitsumgebung: Ablagestruktur, Foren, Assistenten, Teamroom usw. (z. B. durch die IT-Abteilung oder die interne Organisationsentwicklung)

- Präsentation der Teams in den internen und externen Medien, z. B. Webseiten im Intra-, ggf. auch im Internet, begleitende Berichterstattung im Portal und in der Mitarbeiterzeitung (z. B. durch die Unternehmenskommunikation)

- Bereitstellung von Checklisten und Best-Practice-Beispielen für Kick-Off, Rollenklärung, Regeln und Routinen, virtuelle Meetings, Teamcheck u. ä. (z. B. durch die interne Organisationsentwicklung)

- Angebote für Begleitung und Intervention, z. B. Lern- und Erfahrungsprogramme, Arbeitshilfen, Moderation, Coaching, Mediation (z. B. durch die Personalentwicklung)

- Zusatzbudget für IT-Nutzungskosten für die Zusammenarbeit mit externen Partnern (z. B. durch das zuständige Management)

Wie eine solche Unterstützung genau aussieht, hängt natürlich immer an den jeweiligen Gegebenheiten: Was ist schon vorhanden? Was ist bei uns besonders dringend? Was lässt sich im Konzert anderer Organisationsbedarfe vertreten – und letztlich auch finanzieren?

5.2.3   Strukturen und Prozesse anpassen

Damit virtuelle Teams und deren Leitung nicht hauptsächlich damit beschäftigt sind, organisationale Unterschiede z. B. zwischen Standorten oder Abteilungen auszugleichen oder zumindest auszubalancieren, und sich eher auf die eigentlichen Aufgaben konzentrieren können, müssen die standortübergreifenden Strukturen angepasst werden.

Das heißt an vielen Stellen schlicht: Standards.

- Standards für die Technik (z. B. Netze, Tools, Mailsysteme, Plattformen, Anwendungen)

- Standards für Prozesse (z. B. Projektmanagement, Beschaffung, Entwicklung)

- Standards für konkrete Arbeitsverfahren und Arbeitsorganisation (z. B. Ablage, Dokumentenmanagement, Zeichnungsverfahren)

- Standards für Personalentwicklung (z. B. Qualifizierung, Beurteilung, Karriere- und Nachfolgeplanung)

> Teamleiterin Schulz wird langsam ungeduldig. Sie hat dem Kollegen Jablon aus Lodz nun schon mehrmals nahegelegt, endlich eine Projektmanagementschulung zu belegen, aber es ist immer noch nichts passiert. Als sie leicht verärgert nachhakt, bekommt sie den Ball gehörig zurückgespielt: Es stellte sich nämlich heraus, dass es in der polnischen Schwesterfirma ganz und gar nicht üblich ist, dass ein Mitarbeiter ein eigenes Budget für Fortbildung hat, wie sie das von ihrer deutschen Firma gewohnt ist. Und zusätzlich hätte sie gemäß den Gepflogenheiten in Lodz als Teamleiterin einen solchen Antrag formulieren und an den Einkauf richten müssen, mal ganz davon abgesehen, dass es sich in Lodz nicht ziemt, Bildungswünsche selbst „nach oben" zu melden.

Gleichwohl braucht eine anpassungsfähige und innovative Organisation auch Freiräume und darf sich durch Standards nicht jeglichen Spielraum und Raum für Kreatives und Neues nehmen lassen, wie sie auch die Vorteile einer lokalen Eigenständigkeit und lokalen Identität nicht gänzlich nivellieren sollte – eine angemessene Balance ist gefragt!

5.3   Standortverteilte Innovationsteams

Teams, deren Aufgabe es ist, neue Ideen zu generieren und diese in Produkte und Dienstleistungen oder auch in verbesserte Prozesse im Unternehmen umzusetzen, agieren unter besonderen Bedingungen. Sich diese bewusst zu machen, ermöglicht Ihnen als Teamleitung, die Arbeit im Innovationsteam gezielter zu steuern und zu unterstützen:

▨ Teammitglieder dieser Teams sind häufiger in unterschiedlichen Organisationen angesiedelt: in verschiedenen Unternehmen, ggf. in Hochschulen oder auch in einer Behörde. Das Team muss also organisationsübergreifend zusammenarbeiten, ein gemeinsames Verständnis von Zielen, Ergebnissen, Verantwortlichkeiten herstellen, den „grenzüberschreitenden" Informationsaustausch transparent halten und unterschiedlichste Sicht- und Arbeitsweisen (Technologie, Produktion, Entwicklung usw.) integrieren. In solch einem komplexen Setting gilt umso mehr, dass für Sie als Teamleitung fundiertes Projektmanagement-Knowhow unerlässlich ist.

Darüber hinaus braucht ein solches Team Regelungen für die organisationsübergreifende Zusammenarbeit: von der Einrichtung des Kommunikations- und Datenaustauschs über die jeweiligen Unternehmens-IT-Grenzen hinweg über die Regelung von Entscheidungsbefugnissen und Ressourcennutzung bis hin zum Umgang mit geistigem Eigentum („IP" – intellectual property) und Verschwiegenheitsvereinbarungen. All diese Regelungen sind nicht mehr nur teamintern, sondern zwingend unter Beteiligung des Managements der beteiligten Organisationen zu vereinbaren.

▨ Innovationsteams sind – sollen sie erfolgreich sein – breit interdisziplinär aufgestellt. Mitglieder standortverteilter Innovationsteams müssen sich schnell in den jeweils anderen Berufs-, Unternehmens- und gesellschaftlichen Kulturen zurechtfinden. Das fällt umso leichter, je stärker die beteiligten Organisationen an offenen Austausch, konstruktive Kritik und verschiedene Sichtweisen gewöhnt sind. Wenn Unternehmen bereits z. B. regelmäßig Forschungskooperationen eingehen oder Expertenaustausch organisieren, ist dies eine günstige Voraussetzung.

Verstehen Sie sich als Teamleitung ausdrücklich als „Dolmetscher/in". Dabei müssen Sie nicht selbst alle „Sprachen" und kulturellen Besonderheiten völlig beherrschen, aber sorgen Sie für Erläuterungen, ggf. eine bewusste Entschleunigung im Arbeitsprozess, Visualisierung u. ä., sobald Sie spüren, dass ein Teil der Beteiligten für andere zu schnell, zu ungewohnt, zu wenig verständlich agiert (vgl. auch Kap. 8: Im virtuellen Team von Unterschieden profitieren).

▨ Innovationsteams müssen häufig mit einer diffuseren Zielsetzung als andere Teams umgehen. Ziele immer wieder neu an aktuelle Entwicklungen anzupassen, gehört zur Routine virtueller Teams (vgl. Kap. 5.1.1). Für die Leitung standortverteilter Innovationsteams gilt zusätzlich: Aktuelle Ergebnisse des Teams müssen regelmäßig mit Blick auf die weitere Verwertbarkeit bewertet werden. Dies muss unter Einbeziehung des Managements erfolgen, weil Unternehmensstrategie, Markteinschätzung, Technologie, Vereinbarungen zum geistigen Eigentum etc. eine Rolle spielen. Die permanente Re-Definition der Teamziele erfordert von der Teamleitung eines Innovationsteams also noch mehr Aufmerksamkeit und Aufwand als bei einem „normalen" virtuellen Team.

Neue Entwicklungen in den Webtechnologien erweitern außerdem die Möglichkeiten für Kreativität, Ideengenerierung und Zusammenarbeit im Innovationsprozess: Kunden, Lieferanten und weitere externe Partner können leicht in den Prozess eingebunden werden. Eine unkomplizierte Zugänglichkeit per Web-2.0-Tool erleichtert diesen Partnern, neue Ideen zu generieren oder alte und neue Ideen zu verknüpfen, und das wiederum erhöht die Wahrscheinlichkeit, dass Ihr Innovationsvorhaben zu einem vielversprechenden Produkt oder einer profitablen Dienstleistung wird. Schließlich können Unternehmen durch die Nutzung dieser neuen Kommunikations- und Austauschformen mit einem breiteren Kreis von Mitarbeiter/innen oder auch Außenstehenden Trends frühzeitiger aufspüren als bisher.

Organisieren Sie als Teamleitung deshalb Workshops, in denen Ihr Team die Möglichkeiten von Web-2.0- bzw. Enterprise-2.0-Medien kennenlernt, um die Potentiale für Ideengebung und Integration externer Partner und Kunden voll auszuschöpfen.

▓ Auf einen Blick ▓▓▓▓▓▓▓▓▓▓▓▓▓▓▓▓▓▓▓▓▓▓▓▓▓▓

Virtuelle Teams im Kontext der Organisation

Virtuelle Teamarbeit muss in die Organisation eingebettet werden, der gegenseitige Anschluss muss sichergestellt sein.

⇨ *Was Sie als Teamleitung tun können*, damit virtuelles Team und Organisation sich nicht gegenseitig aus den Augen geraten und den Anschluss verlieren:

- *Anbindung des Teams an die Unternehmensziele* sichern: Stellen Sie immer wieder den Bezug zwischen der Arbeit des Teams und den Unternehmensvisionen und Unternehmensstrategien her.
- Aktiv *Teammarketing* betreiben: Stellen Sie die gegenseitige Wahrnehmung der Zugehörigkeit des Teams zur Organisation sicher. Machen Sie die Teamleistung im Intranet, in Organigrammen, Publikationen sichtbar und berichten Sie über die besondere Arbeitssituation und die damit einhergehenden Herausforderungen in einem virtuellen Team. Nutzen Sie dabei Beispiele aus der Arbeitspraxis, alte und neue Medien, reale und virtuelle Präsenz.
- Kommunizieren Sie den *Ressourcen- und Unterstützungsbedarf* Ihres Teams offensiv.
- Pflegen Sie die *Beziehungen zu Partnern und „Sponsoren"* außerhalb des Teams und zur *IT-Abteilung*.
- Behalten Sie den *Anschluss* Ihrer Teammitglieder an deren umgebende Organisationen und Netzwerke im Blick und fördern Sie deren *persönliche Weiterentwicklung*.

⇨ Was die *Organisation*, das Unternehmen für die Einbindung virtueller Teams tun kann – und was Sie als Teamleitung ggf. einfordern sollten:

- Rahmenbedingungen sichern durch ein klares *Commitment der Führungsebene* zur Arbeitsform „virtuelle Teamarbeit".
- Positive *Beispiele* dieser Arbeitsform im Unternehmen kommunizieren und die Bereitschaft für diese Arbeitsform erhöhen.
- *Ressourcen* für den speziellen Bedarf virtueller Teams bereitstellen, den *Teamaufbau* begleiten.
- Standortübergreifend die Anschlussfähigkeit der virtuellen Teams erleichtern durch *Einbindung in Geschäftsprozesse, gemeinsame Standards* u. Ä.

⇨ Wie Sie die Potentiale organisationsübergreifender Innovationsteams für Ihr Unternehmen heben können:

- *Ergebnisse* kurzgetaktet *bewerten* und aktuelle *Zielsetzungen* des Teams *anpassen*.
- Regelungen für den *organisationsübergreifenden Austausch* treffen.
- Kommunikation und *interkulturelles Verständnis* in diesen *interdisziplinären* Teams aktiv unterstützen.
- *Medienkompetenz für Web-2.0-Medien* im Team erhöhen.

6.   Den Arbeitsalltag meistern

Praxisinterview mit Dagmar Müller, Sennheiser electronic GmbH & Co KG, Projektleiterin IT-Basissysteme

Frau Müller, wie haben Sie mit standortverteilter Teamarbeit zu tun?

Unser Kernprojekt ist momentan die Implementierung einer ERP-Software (Enterprise Resource Planning), die weltweit an unseren Standorten eingesetzt werden soll. Daneben gibt es noch kleinere Projekte, in denen es zum Beispiel um Qualitätssicherungssoftware geht. Wir fungieren als Bindeglied zwischen den Fachabteilungen und begleiten den Einführungsprozess der Software.

Was sind für Sie die Herausforderungen in der Bewältigung von Alltagsroutinen in einem virtuellen Team?

Grundsätzlich sollten die Routinen im Alltag garantieren, dass die Teams ihre Arbeit und ihre Aufgaben machen. Dabei müssen die Routinen so angelegt sein, dass sie Rückmeldungen über den aktuellen Stand beinhalten, aber, was noch wichtiger ist, dass sich damit dann auch ein realistisches Bild von dem ergibt, was wirklich ist. Sonst besteht die Gefahr, am Schluss die große Überraschung zu erleben – zum Beispiel, dass man parallel zwei verschiedene Systeme entwickelt hat.

Das passiert einem weniger schnell, wenn man an einem Standort zusammen arbeitet: Da sieht man, was der andere macht, wenn er dies oder jenes sagt. In einem virtuellen Team fehlt diese unmittelbare Wahrnehmung, und die muss man sich auf anderem Wege holen.

Was sind Ihrer Meinung nach geeignete Ansätze, mit denen diese Vergewisserungen im Alltag hergestellt werden können?

Einiges ist bei uns in den Projekten routinemäßig vorgegeben: Die genaue Definition eines Aufgabengebietes, die Rollenklärung, die jeweiligen Mitarbeiter, die dem Aufgabengebiet zugeordnet sind, Vereinbarungen über regelmäßige Feedbackgespräche, wo welche Dateien abzulegen sind und wie ein Supportfall aussieht. Wichtig ist außerdem eine Absprache über feste Projekttage der einzelnen Mitarbeiter, die dann auch so fest eingeplant sind. Das muss in jedem Team laufen.

In einem virtuellen Team kommt noch mehr dazu: Ich muss die Disziplin aufrecht erhalten, zum Beispiel den wöchentlichen Conference Call einzuhalten. Das ist nicht so einfach. Über die Distanz verschiebt man das Ganze schnell und dann hat man zum Schluss nur halb so viel Kontakt wie ursprünglich vorgesehen. Das ist deshalb so ein Problem, weil man dann genau diese Rückmeldungen, die man über Distanz braucht, nicht oder nur vereinzelt erhält. Zunächst fällt es einem nicht so auf, aber am Ende wird umso deutlicher, dass man von unterschiedlichen Abläufen ausgegangen ist.

In einem virtuellen Team ist es meiner Ansicht nach unverzichtbar, dass ich einen konkreten Eindruck davon bekomme, wie die Menschen an den anderen Standorten arbeiten, womit sie sich beschäftigen. Im ERP-Projekt haben wir dann regelmäßig einen Besuch abgestattet, weil man die Dinge, die man zusammen über die Distanz erarbeitet, vor Ort sehen muss. Man muss das Feeling für die anderen entwickeln.

Und was tun Sie, wenn Sie diese Rahmenbedingungen nicht haben und keine regelmäßigen Besuche abstatten können?

Das hatten wir in anderen Projekten auch schon. Da gab es so gut wie kein Budget für Reisen, wir haben fast alles auf Distanz gemacht.

In solch einer Situation ist es wichtig, dass man sich nicht auf nur ein Augenpaar verlässt. Vier Augen sehen mehr als zwei: Das gilt für die Zusammenarbeit über Distanz doppelt, haben wir in einem Projekt festgestellt. Man kann zum Beispiel versuchen, Beziehungen zu mehreren Personen am jeweiligen Standort zu knüpfen und diese konkret in das Projekt einzubeziehen, zum Beispiel durch Beteiligung an der Routinekommunikation. Über Distanz ist schnell gesagt: „Ja, alles ok bei uns.", ist die Frage: „Habt Ihre dieses und jenes gemacht?" schnell beantwortet mit: „Ja, haben wir." und in Wirklichkeit hat jeder etwas anderes gemeint. Da helfen verschiedene Perspektiven beim Aufspüren unterschiedlicher Verständnisse.

Außerdem muss man in die Routine einbauen, dass man die Arbeit der anderen sieht. Dazu gibt es Kommunikationsmittel, wie zum Beispiel Desktop Sharing, wo wir gegenseitig auf die Bildschirme schauen können. Erst wenn man sieht, wie jeder etwas ausführt, merkt man, wo die Differenzen sind. Man muss die Technologien aber im Alltag auch nutzen.

Manchmal hilft auch eine gemeinsame Plattform, über die sichtbar wird, was jeder so macht und plant, wie jeder die Prozesse, Abläufe und Anforderungen versteht.

Wie sieht es mit unterschiedlichen Arbeitsweisen aus?

Damit ist man in einem virtuellen Team schneller oder grundsätzlicher konfrontiert, weil die Teammitglieder häufig aus unterschiedlichen Kulturen stammen. Da spielt Mentalität eine Rolle: Manche fangen z. B. ohne eine Agenda gar nicht an zu arbeiten, andere mögen das gar nicht, da muss man dann unterschiedliche Vereinbarungen treffen.

Was ist Ihnen bei einem neu gegründeten Team wichtig in Hinblick auf einen reibungslosen Ablauf im späteren Alltag?

Die Motivation bei jedem Teammitglied, mit internationalen virtuellen Teams arbeiten zu wollen und zu wissen, was das konkret bedeutet, welchen Vorteil es bringt, standortverteilt erfolgreich sein zu können, aber auch, welche Disziplin dazu nötig ist. Und dass die Teammitglieder im Arbeitsalltag gewillt sind, die Kommunikationsmedien, die zur Verfügung stehen, auch zu nutzen. Kopfhörer haben wir hier ja genug dafür.

Häufig fehlt noch das Bewusstsein für diese Arbeitsform. Man kann viel damit erreichen, und es kann auch Spaß machen.

Danke für das Gespräch!

Der Start ist also gelungen, egal, ob er mit einem persönlichen Kennenlernen der Teammitglieder begann oder am Telefon. Das Team hat einen klaren Blick auf die Aufgabenstellung, Drähte untereinander sind geknüpft, das Team entwickelt eine eigene Identität. Nun gilt es, das alles auch im Alltag zu sichern, wenn alle sich nicht mehr oder nur selten sehen, wenn vielleicht für jeden vor Ort auch noch andere Anforderungen viel „näher liegen" oder drängen und wenn es – ob in Projekten oder bei dauerhaften Aufgaben – auch manchmal zäh und mühsam wird. Es ist Ihre Alltagsaufgabe als Teamleitung,

- Verbindungen dauerhaft zu sichern,

- den Fortschritt der Aufgabenbearbeitung zu fördern,

- Transparenz zu gewährleisten und

- gemeinsame Verantwortung zu stärken.

Damit kein Missverständnis entsteht: Das müssen und können Sie nicht alles allein tun. Aber Sie müssen es im Auge behalten und vor allem immer wieder anstoßen. So haben auch alle anderen das Team beständig im Bewusstsein. Und mit den notwendigen und gemeinsam verabredeten Verfahrensabläufen können alle zum Gesamten beitragen, in der kontinuierlichen Kooperation auf Distanz, in Meetings, bei der Integration neuer Teammitglieder wie auch beim Controlling.

6.1 Routinen und Verfahrensabläufe etablieren

Welche konkrete Groupware-Lösung oder welcher Medien-Mix auch gewählt wird: Ein Team muss sich früher oder später mit Regeln zur Handhabung und Nutzung von Informationen und zur Gestaltung von Arbeitsabläufen auseinandersetzen.

Dies betrifft zum einen ganz praktische Verfahrensabsprachen, zu denen Sie nachfolgend Tipps und Hinweise erhalten. Zum anderen haben viele dieser Kooperationsabsprachen zugleich eine psychosoziale Ebene. Es geht zusätzlich darum, sich hinsichtlich Arbeitsgepflogenheiten anzupassen, Verlässlichkeit zu sichern und Arbeitsbeziehungen aufzubauen, die sich auch in schwierigen und stressigen Zeiten als tragfähig erweisen.

Sie brauchen:

- Vereinbarungen zur Erreichbarkeit und Verlässlichkeit

- Vereinbarungen zur Dokumenterstellung, Dateiablage und Kalendernutzung

- Vereinbarungen zum Umgang mit Teamgrenzen und der Umgebung des Teams

- Vereinbarungen zum Umgang miteinander

- Kontinuierliche Veränderung und Verbesserung der Absprachen und Routinen

Prüfen Sie jeweils, ob schon unternehmensinterne Regeln und Standards bestehen oder ob Sie für Ihr virtuelles Team neue Regeln finden und vereinbaren müssen. Letzteres ist vor allem dann notwendig, wenn Sie ein unternehmensübergreifendes Team leiten. Der Moment des Schreckens, in dem Teammitglieder merken, dass Ordnerstrukturen, Formatierungen von Dokumenten, Software(-versionen) usw. überhaupt nicht zusammen passen („Ach, Sie arbeiten gar nicht mit elektronischem Mind-Mapping?") sollte nicht erst nach der Erstellung der ersten Teilergebnisse liegen.

Es ist absolut nicht hilfreich, alles in epischer Breite und für alle Eventualfälle zu regeln. Bereits wenige klare Rahmenbedingungen und Verabredungen reduzieren wirksam organisatorisches Durcheinander und potenzielle Konfliktherde. Zu Beginn sollten nur die notwendigen Rahmenregeln definiert werden (vgl. auch Kapitel 4.3, Kick-Off-Meeting), je nach Notwendigkeit kann man dann später die Absprachen erweitern. Weniger ist mehr und wird mit höherer Wahrscheinlichkeit beachtet als eine lange Liste von Regeln.

6.1.1   Vereinbarungen zur Erreichbarkeit und Verlässlichkeit

Mit virtueller Kooperation ist oft die Freiheit der Arbeitszeitgestaltung verbunden. Auch wenn vieles asynchron bearbeitet werden kann, ist es doch immer wieder notwendig, sich direkt miteinander auszutauschen und dafür gegenseitig verlässlich erreichbar zu sein. Hier hat sich bewährt, Kernzeiten gemeinsamer Anwesenheit am Schreibtisch/PC zu definieren. Wo und wie die liegen, hängt von den jeweiligen Arbeitsabläufen und Kooperationsnotwendigkeiten ab: Ein „Jour Fixe" pro Woche kann genauso angemessen sein wie eine tägliche Erreichbarkeit von 8 bis 10 Uhr oder von 9 bis 16 Uhr. Und wenn sich kreative Teams mit lauter Mitgliedern vom Typ „Nachteule" auf die Zeit zwischen 20 und 22 Uhr verabreden, ist dies auch kein Problem – solange man nicht für andere erreichbar sein muss. Im Klartext: Grenzen der freien Vereinbarung liegen in der notwendigen Einbindung ins Unternehmen. Hilfreich ist für alle Teammitglieder eine schnell zugängliche Übersicht über Kontaktzeiten (bei internationalen Teams jeweils mit Übertragung in alle beteiligten Zeitzonen) und alle individuellen „Zugangsdaten": Mailadresse/n, alle Telefonnummern, Fax, Postadresse.

Zu ergänzen sind Verabredungen zu verbindlicher „Abmeldung". Beim Jahresurlaub ist dies klar – aber wie wollen Sie es mit Kurzabwesenheiten handhaben? Ab wann soll ein Vermerk im Gruppenkalender Pflicht sein (abgesehen von den notwendigen Vertretungsabsprachen)?

Verlässlichkeit ist auch zur erfolgreichen asynchronen Kooperation notwendig: Wie sind Hol- und Bringschuld bei Informationen geregelt? Eine Groupware, in die alle Infos eingestellt sind, erleichtert die Regelung: Wenn jedes Teammitglied sich mindestens einmal täglich im virtuellen Büro einloggt und alles zur Kenntnis nimmt, was als „neu seit dem letzten Besuch" gekennzeichnet ist, ist der Informationsfluss in der Regel ausreichend sichergestellt. Für E-Mails ist eine Abruf-Frequenz zu vereinbaren (z. B. „täglich" oder auch „täglich 3 x"), außerdem Reaktionszeiten (z. B. „Antwort innerhalb von 48 Stunden – zumindest eine kurze Notiz, wann mit ausführlicher Antwort zu rechnen ist").

Verabreden Sie ebenfalls Strategien zur Informationsüberflutung: Nicht jeder muss alles als CC zugemailt bekommen. Eine sinnvolle Absprache ist z. B. auch, dass beim Weiterversenden von Unterlagen aus einer Konferenz diese in der Begleitmail auf jeden Fall kurz kommentiert werden. Das macht dem sendenden Teammitglied zwar einmal Arbeit, ermöglicht aber allen Empfänger/innen einen raschen Überblick und erspart ihnen, alle Dokumente einzeln auf Verwendbarkeit durchzuschauen.

6.1.2   Vereinbarungen zur Dokumenterstellung, Dateiablage und Kalendernutzung

Innerhalb unternehmensinterner Teams sind hier meist keine neuen Regeln zu etablieren. Style Guides (Format- und Layout-Vorlagen, ggf. sprachliche Festlegungen) existieren bereits. Manche Unternehmen haben auch Ordnerstrukturen und Benamungsregeln in Organisations- oder Qualitätssicherungshandbüchern festgelegt. Das erleichtert die mediengestützte Kooperation in Teams, die aus unterschiedlichen Bereichen des Unternehmens kommen.

Wenn solche Vereinbarungen bisher fehlen, brauchen Sie sie jetzt – wenn Sie nicht erleben wollen, dass ständig Dokumente umformatiert werden müssen oder dass in einer gemeinsamen Dateiablage aus der Unschlüssigkeit heraus, wo welches Dokument einzuordnen ist, lieber gleich ein neuer Ordner erstellt wird, der mit ein oder zwei Dokumenten gefüllt und fortan von allen anderen links liegengelassen wird, während an anderen Stellen zahlreiche neue Verzweigungen entstehen. Eine Ordnerstruktur oder Benamungsregeln zu entwerfen, kann gut ein Strukturen und Systematik zugeneigtes Teammitglied übernehmen. Es sollte allerdings dann keine akribische Detailarbeit im stillen Kämmerlein verrichten, sondern die Strukturen und Regeln in Rückkoppelung mit den Kolleg/innen entwickeln und einrichten.

Die Erfahrung lehrt: Auch bei klaren Verabredungen brauchen Sie von Zeit zu Zeit eine Aufräumaktion in der Ablage, das ist im virtuellen Büro genauso notwendig wie in jedem Arbeitszimmer.

Wenn Ihr Teamauftrag die prozesshafte Erstellung gemeinsamer Dokumente umfasst, stellt sich die Frage nach dem Versionenmanagement. Nutzen Sie dafür die automatisierten Möglichkeiten, die manche Software (z. B. Word) oder auch Groupware anbietet. Alternativ können Dateinamen entsprechend präzisiert werden. Verabreden Sie, wie Sie mit vorhergehenden Versionen umgehen wollen. Damit sie ggf. noch genutzt werden können (mancher zunächst gestrichene Abschnitt erweist sich später vielleicht doch noch als notwendig), andererseits auch nicht die aktuell genutzten Ordner unübersichtlich machen, ist die Anlage eines Archivbereichs in der gemeinsamen Dateiablage hilfreich. Manche Teams legen z. B. zu jedem Ordner einen zweiten Ordner mit gleichem Namen und Zusatz „old" an, in den die Vorversionen verschoben werden. Und nach Abgabe des Arbeitsergebnisses kann dann der entsprechende Ordner mit den Vorversionen gelöscht werden.

Wenn die von Ihnen verwendeten Tools zur Dateiablage keine Awareness-Funktionen bereithalten und somit nicht klar ist, dass und welche Dokumente neu eingestellt sind, müssen Sie ggf. „händische Awareness" verabreden: Eine kurze Info per Mail oder im Diskussionsforum, welche neuen Dokumente in der Ablage zu finden sind.

Eine andere Form „händischer Awareness" realisieren Teammitglieder, wenn sie sich gegenseitig kurze Signale zur Orientierung übermitteln. Eine kleine Eingangsbestätigung wie „Habe deine Mail erhalten, kann mich aber erst übermorgen genauer darum kümmern" vermittelt: „Ich bin da, habe Dein Anliegen mitbekommen und werde es bearbeiten – mach dir keine Gedanken, wenn du nicht sofort eine ausführliche Antwort von mir erhältst".

Vereinbaren Sie auch, wie Sie mit Transparenz und Privatsphäre z. B. hinsichtlich Kalendereinträgen umgehen wollen. Manchmal hilft die Technik, wenn beispielsweise im persönlichen elektronischen Kalender als „privat" gekennzeichnete Termine bei der Synchronisation mit dem Gruppenkalender nur grau hinterlegt als „geblockt" sichtbar werden. Wo so etwas noch nicht technisch unterstützt wird, muss man es „per Hand" eintragen. Manche Software ermöglicht auch ein klares Regelwerk an Berechtigungen, das Sie gut übernehmen können: Jedes Teammitglied macht verplanbare Zeiten im eigenen Kalender für alle transparent, andere Teammitglieder können diese Zeiten mit einer Anfrage z. B. für ein Meeting versehen, aber nicht den Termin fest eintragen, das darf nur das betreffende Teammitglied selbst.

Auch wenn derlei Feinheiten auf den ersten Blick vielleicht überorganisiert erscheinen: Sie balancieren Selbst- und Fremdbestimmung aus, und das ist etwas, wo alle Menschen – auch noch jenseits juristischer Definitionen von informationeller Selbstbestimmung – empfindsame Antennen haben. Wer sich zu fremdbestimmt fühlt und keine Chance sieht, sich in offener Ansprache dagegen zu wehren, umgeht Regelungen heimlich (wie früher beim Lesen unter der Bettdecke). Heißt: Kalendereinträge werden manipuliert oder gar nicht erst vorgenommen, die Koordination leidet darunter. Als Teamleiter/in tun Sie gut daran, dieses Thema im Blick zu haben und Transparenz und Privatsphäre für Ihre Teammitglieder gut auszutarieren.

6.1.3 Vereinbarungen zum Umgang mit Teamgrenzen und der Umgebung des Teams

Dieses Feld ist jeweils teamspezifisch zu klären. Wer gehört zum Kernteam, wer ggf. zu einem erweiterten Team? Wie wollen Sie mit Informationen umgehen, welche Transparenz nach außen wollen Sie pflegen und welche ist auch der Aufgabe dienlich? Technisch ist dies z. B. auch mit Berechtigungen zu lösen (Leserechte einräumen). Andererseits kann es sinnvoll sein, an bestimmten Stellen die durch technische Möglichkeit leicht gegebene Durchlässigkeit von jedem Teammitglied zu jeder Person außerhalb des Teams (z. B. per Mail) bewusst einzuschränken und miteinander einen „Dienstweg" zu bestimmten Außenstehenden zu vereinbaren. Wer wird – ggf. wann und wie häufig – durch wen worüber informiert? Als „Daumenregel" hat sich die Fragestellung bewährt: Wer ist unmittelbar an unseren Arbeitsprozessen in beiderseitigem Austausch beteiligt und wer braucht nur temporär Informationen von uns? Auch in Fragen von Rechtsverbindlichkeit oder Ressourcen-Bindung gegenüber

Dienstleistern als Dritten sollte bei aller Durchlässigkeit und verteilter Aufgabenerledigung ein klares Commitment über Kommunikations- und Entscheidungswege bestehen.

In der Hierarchie läuft das selbstverständlich über Sie als Teamleitung. Aber auch zu anderen Teams kann eine solche bewusste Schleusenbildung – ob über Sie oder ein anderes Teammitglied – hilfreich sein. Dabei geht es nicht um „Sprechverbote". Aber zu viel und zu unstrukturierte Kommunikation bringt mitunter unnötiges Durcheinander. Wer übernimmt also das allgemeine Grenzmanagement bzw. das spezielle Grenzmanagement zu bestimmten anderen Personen oder Bereichen innerhalb oder außerhalb des Unternehmens?

Eine besondere Situation ergibt sich für Teammitglieder, die nicht mit ihrer vollen Arbeitskraft diesem einen Team zugeordnet sind, sondern noch in einem oder gar mehreren anderen Teams arbeiten oder aus einem anderen Unternehmen stammen. Diese „multiple Gruppenzugehörigkeit" bringt erfahrungsgemäß immer wieder Loyalitätskonflikte mit sich. Zu Beginn rational und scheinbar eindeutig getroffene Festlegungen („20 % für Projekt A, mit 40 % in Projekt B ...") halten dem Alltag spätestens dann nicht mehr stand, wenn es in Projekt A „brennt" oder die Lust an Projekt B durch teaminterne Konflikte drastisch sinkt. Hier ist neben einer Verabredung des Umgangs mit Informationen (vgl. vorhergehenden Abschnitt) vor allem eine Vereinbarung zu treffen, wie man mit Loyalitätskonflikten umgehen will, wenn sie auftauchen. Diese Konflikte als „normal" zu thematisieren, sorgt dafür, dass Teammitglieder später solche Konflikte leichter ansprechen.

6.1.4   Vereinbarungen zum Umgang miteinander

Diese Vereinbarungen betreffen allgemeine Abläufe und den grundsätzlichen Umgang miteinander, oft werden sie unter dem Stichwort „Teamregeln" zusammengefasst.

Auch bei den Empfehlungen, Teamregeln zum Umgang miteinander zu definieren, gilt es, eine gute Balance zu halten. Statt dass 10 und mehr Regeln von der guten Absicht künden, dass man immer fair miteinander umgehen und sich immer über alles auf dem Laufenden halten will, helfen wenige klare Regeln zu spezifischen Themen weiter. Unserer Erfahrung nach sind das die beiden folgenden:

Virtuelle Teams sind in besonderer Weise auf ausdrückliche *Reflexion ihrer Kooperationsweise* angewiesen: Sich anbahnende Störungen werden erst spät bemerkt, nonverbale Signale fehlen. Das gesprochene Wort muss dies ausgleichen. Eine sinnvolle Regel lautet deshalb: „Wir reflektieren regelmäßig das „Wie" unserer Zusammenarbeit." Wem die „Reflexion" zu psychologisch klingt, möge eben eine regelmäßige „Inventur" oder auch „Manöverkritik" der Zusammenarbeit vorsehen. Und damit es nicht bei der guten Absicht bleibt, legen Sie am besten auch gleich die Gelegenheiten fest, bei denen Sie das tun wollen. Bewährt haben sich als Anker:

▦ Der Abschluss von Online-Konferenzen,

▦ absolvierte Meilensteine,

▪ persönliche Treffen,

▪ bestimmte Zeiten im allgemeinen Jahreslauf (zum Jahresende, vor den Sommerferien) oder im unternehmensspezifischen Jahreslauf (vor den Mitarbeitergesprächen, nach der wichtigsten Branchenmesse, ...).

Eine zweite sinnvolle Regel betrifft das *Konfliktmanagement*:

▪ Wer regelt Konflikte mit wem (möglichst kleiner Kreis, unnötige Streuung vermeiden, nicht über Dritte)?

▪ Mit welchem Medium (eher „reiche" Medien wählen, also Telefon oder persönliches Treffen)?

▪ Wer wird ggf. worüber informiert (Information des Teams über vorhandene Konflikte oder Einschaltung der Teamleitung zur Klärungshilfe oder Entscheidung)?

Und ergänzen Sie: Kontaktabbruch (sich nicht erreichbar machen) als Kampfmittel in einem Konflikt ist eine Todsünde für ein virtuelles Team und absolut verboten.

Zum Abschluss nun all diese Tipps noch einmal in einer Checkliste komprimiert:

Checkliste 6:   Arbeitsabsprachen in virtuellen Teams

1. Erreichbarkeit

☑   Kontaktzeiten

☑   Kontaktwege/Kontaktdaten

☑   Senden und Abrufen von Informationen: Hol-/Bringschuld, Abruf-Frequenz, Reaktionszeiten

☑   Strategien gegen Informationsüberflutung

2. Dokumentenerstellung und Dateiablage

☑   Style-Guide (Format- und Layoutvorlagen, sprachliche Festlegungen)

☑   Benamungsregeln

☑   Ordner-Struktur

☑   Versionenmanagement, auch: Umgang mit Vorversionen

☑   Definition Transparenz und Privatsphäre von Informationen

3. Kommunikation zur Teamumgebung

☑ Kern- und Randteammitglieder

☑ Kommunikationswege, -häufigkeit und -intensität, ggf. Verantwortung für „Grenzmanagement"

☑ Multiple Gruppenzugehörigkeit: Kollisionen? Lösungen?

4. Kommunikation innerhalb des Teams

☑ regelmäßige Reflexion der Kooperation verabreden

☑ Umgang mit ‚Beziehungsstörungen', verbindliches Konfliktmanagement

6.1.5 Kontinuierliche Veränderung und Verbesserung der Absprachen und Routinen

Als Teamleiter/in sind Sie Hüter/in der vereinbarten Teamregeln und Abläufe. In virtuellen Teams gibt es die ganz natürliche Tendenz, dass die auf räumliche Distanz äußerst bedeutende Disziplin gern nachlässt: Es wird nicht mehr alles oder zumindest nicht in der Weise dokumentiert, die Sie einmal verabredet hatten; persönliche Vorlieben und Eigenarten schlagen nach und nach wieder mehr durch und lassen manchen Arbeitsablauf auseinanderdriften; Sie selbst halten möglicherweise auch nicht mehr alles nach. Wichtig ist, solche Veränderungen zu registrieren.

Besonders in der Anfangszeit kommt es häufiger vor, dass einzelne Teammitglieder vom vereinbarten Weg der Mediennutzung „ausscheren" und einen Medienbruch produzieren, indem sie z. B. einen umfangreichen Anhang an eine Mail anhängen, anstatt ihn in das für alle gleichermaßen zugängliche Dateiarchiv zu stellen. So geht jedoch einigen Teammitgliedern das jeweils aktuelle Dokument leicht im alltäglichen Mailfluss unter. Dann haben Sie als Teamleiter/in die Aufgabe, diese Mitglieder freundlich einzufangen und im Sinne der Vermeidung von Medienbrüchen wieder auf die vereinbarte Struktur zurück zu orientieren. Dass manches lästig ist, ist klar und muss auch nicht verschleiert werden, das gilt z. B. besonders für Dokumentation von Arbeitsschritten, Gesprächsnotizen und Ähnliches. Aber Gefahrenvorsorge ist wichtiger. Vielleicht ergeben sich im Teamgespräch Ideen, wie man denselben Zweck anders und vor allem unaufwändiger erreichen kann – umso besser.

Nicht immer ist „zurück zur einmal vereinbarten Regel" allerdings der Königsweg, wenn eine Regel nicht mehr eingehalten wird. Es lohnt, sich (und ggf. das Team) zu befragen: Ist dies ein Zeichen, dass eine einstmals nützliche Regel oder Absprache inzwischen überholt ist? Dann sollte man sie zügig und offen beerdigen, das erspart allen ein schlechtes Gewissen.

Auch wenn der kontinuierliche Verbesserungsprozess eben kontinuierlich erfolgen sollte: Man denkt nicht immer daran. Setzen Sie sich Anker und gewöhnen Sie sich auch hier Routinen an. Sie könnten z. B. eine Liste führen, in der Sie jeweils ein Stichwort notieren, wenn Ihnen auffällt, dass etwas mehr als einmal zufällig nicht funktionierte. Und dann speisen Sie dies entsprechend der Wichtigkeit in Teammeetings ein.

Insofern sind Teamverabredungen und Kooperationsgepflogenheiten einer ständigen Veränderung unterzogen: Verlorengegangenes wird bekräftigt, ggf. modifiziert, überflüssig Gewordenes „versenkt", neue Absprachen werden verbindlich eingeführt und nach einer Erprobungszeit überprüft: Haben sie sich als tauglich erwiesen? Den roten Faden dazu zu halten, ist Ihre Aufgabe als Teamleitung.

6.2   Neue Teammitglieder integrieren

Neue Teammitglieder in ein Team zu integrieren, stellt in allen Teams einen Einschnitt dar. Arbeitsabsprachen müssen erneuert werden, die Arbeitsaufteilung ist ggf. neu zuzuschneiden und schließlich muss man sich kennen lernen: fachlich, persönlich, im Arbeitsstil.

In räumlich verteilten Teams wird dies mitunter vergessen. Niemand sieht, wenn das neue Teammitglied orientierungslos auf dem Flur steht. Der neue Kollege wiederum kann nicht beiläufig beobachten, wie alles in dem neuen Team läuft. Und der obligatorische Rundgang „Kommen Sie, ich zeig Ihnen mal alles." kann ja auch so nicht stattfinden. Stimmt: Genau so nicht, aber mit einigen Modifikationen sollten Sie alles das tun, was Sie in einem lokalen Team tun, wenn ein neues Teammitglied kommt:

▨ In die Aufgabenstellung und die Arbeitsabläufe einführen

Diese sachbezogene Einführung ist noch vergleichsweise einfach. Das neue Teammitglied übernimmt ja in der Regel einen bestimmten Arbeitsbereich, der für sich und in der Verknüpfung mit den anderen Arbeitsfeldern mit ihm zu klären ist.

▨ Den sozialen Kontakt fördern

Dazu ist natürlich besonders günstig, wenn etwa zur Einstiegszeit eines neuen Kollegen oder einer neuen Kollegin ein Präsenztreffen eingeplant werden kann. Dann gibt es auch genügend informelle Zeit zum Kontakt und Kennenlernen. Falls das nicht möglich ist, führen Sie wie beim Kick-Off eines Projektteams eine Telefonkonferenz oder eine Online-Konferenz mit einem Meeting-Tool durch. Hier muss auch Raum sein für Persönliches – gegenseitig.

▨ Arbeitsabläufe und Routinen für die Neuen sichtbar machen

Wenn Neue kommen, ist das eine gute Gelegenheit, sich die eigenen Arbeitsabläufe und Gepflogenheiten bewusst zu machen. Das eine oder andere kann dann auch gleich revidiert werden. Sammeln Sie vor dem Einstieg des neuen Kollegen mit den bisherigen Teammitgliedern, was ein Neuer wissen müsste. Wenn Sie Ihre Geschäftsprozesse dokumentiert und visualisiert haben, z. B. im Rahmen eines Qualitätsmanagementhandbuchs oder in einem Wiki, ist das natürlich besonders hilfreich. Sprechen Sie auch gezielt das heimliche Regelwerk an, das sich bei Ihnen wie in jeder anderen Gruppe und Organisation gebildet hat. Das ist besonders wichtig, wenn der/die Neue Ihr Unternehmen oder Ihren Fachbereich noch nicht kennt. Was muss Ihr/e neu/e Kolleg/in auf jeden Fall wissen?

„Virtuelle" Regeln sichtbar machen – virtuelles Arbeiten erleichtern

Wenn Sie es nicht schon im Vorfeld getan haben, sollten Sie auf jeden Fall jetzt fragen und in der ersten Zeit auch beobachten, wie das neue Teammitglied mit der virtuellen Situation zurechtkommt, und Ihre Hilfe anbieten. Das gilt insbesondere, wenn die neue Kollegin bisher noch nicht virtuell kooperiert hat.

Dass das noch anderes umfasst als mit PC und Internet umgehen zu können, haben wir selbst mit der ersten Praktikantin in unserer räumlich verteilten Firma erlebt. Mit dem PC aufgewachsen, stellten weder Office-Programme noch Mailen noch Internetnutzung für sie ein Problem dar. Aber überhaupt mitzukriegen, wie bei uns im virtuellen Team die Abläufe und Kommunikationskanäle sind, wer wann wo erreichbar ist, wie eigenständiges Agieren beim Kunden vor Ort und Rückkopplung ins Team hinein ausbalanciert werden, wo Gelegenheiten für informelle Gespräche genutzt werden, auch wenn es keine „Teeküche" gibt, stellte eine Schwierigkeit dar, die wir fast unterschätzt hätten. Was half: Uns sehr bewusst die Brille einer neuen Teamkollegin aufzusetzen. Was sieht sie überhaupt vom Ganzen, selbst wenn sie projektbezogen in virtuelle Büros einbezogen ist? Wie viel bekommt sie von Kontakten unter den Teammitgliedern mit? Ehrlich gestanden: Ziemlich wenig. Es folgte eine Phase, in der wir unsere Praktikantin intensiv in virtuelles Arbeiten einführten, unser Regelwerk und unsere Gewohnheiten erläuterten und einfach sehr viel über uns erzählten.

Entlastend für neue Teammitglieder ist auch die Erkenntnis, dass es nicht die eigene Unfähigkeit ist, so langsam erst mitzubekommen, wie das virtuelle Team tickt, sondern dass das strukturelle Ursachen hat, deren Ausgleich in erster Linie Aufgabe der Teamleitung und der „alten" Teammitglieder ist. Ein Tipp: Sagen Sie Ihrem neuen Teammitglied, dass es trotz allen Bemühens, ihn oder sie in die räumlich verteilte Arbeit hineinzuziehen und in das Team zu integrieren, zu diesem Gefühl kommen kann. Die Erfahrung zeigt, dass Neue dann viel leichter nachfragen, weil es ja „normal" ist.

Die allgemeine Empfehlung, Aufgabenzuschnitte so zu wählen, dass Interaktion zwischen den Teammitgliedern zwangsläufig ist, gilt für neue Teammitglieder besonders. Hilfreich kann auch sein, dem neuen Teammitglied zum Start eine/n Mentor/in zur Seite zu stellen, der/die dann eben genau nicht nur die fachlichen Aspekte im Blick hat, sondern auch die Besonderheiten und ggf. Klippen der verteilten Kooperation.

6.3   Meetings auf Distanz

Zum Alltag Ihres virtuellen Teams werden Meetings auf Distanz gehören, ob als Telefon-, Video- oder sonstiges Online-Meeting, ob mit oder ohne begleitendes Desktop- oder Filesharing. Sie stellen ein Team und vor allem Sie als Teamleiter/-in und Moderator/-in vor besondere Herausforderungen. Nach einer Gewöhnungsphase an die neue soziale Situation, an die reduzierte Wahrnehmung der anderen wie auch an die Handhabung der Technik können mediengestützte Meetings aber durchaus routiniert und produktiv ablaufen, wie unsere Gesprächspartnerin im folgenden Interview aus eigener Erfahrung berichtet.

Praxisinterview mit Daniela Stötzel, Produktverantwortliche Methoden und Persönlichkeit, RWE Systems Academy

Was ist Ihr Arbeitskontext, in dem Sie mediengestützte Meetings durchführen?

Unser Team der „RWE Systems Academy", insgesamt 15 Personen, organisiert die Qualifizierung im RWE-Konzern. Unsere 14tägigen Abteilungsbesprechungen führen wir abwechselnd als persönliches Treffen und als virtuelles Meeting durch.

Der Hintergrund: Vor drei Jahren teilte sich unser Team organisatorisch und verteilte sich auf zwei Standorte – Dortmund und Essen. Die Idee, einen Teil der Meetings über Medien durchzuführen, lag nahe, denn ein entsprechendes Tool boten wir bereits unseren Kunden als „virtual classroom" an. So ergab sich für uns eine gute Gelegenheit, selbst weitere Erfahrungen damit zu sammeln.

Unser Ziel war natürlich auch, durch die virtuellen Meetings Kosten und Zeit zu sparen.

Welche Vorteile haben die virtuellen Meetings für Ihr Team?

Die virtuellen Meetings sind sehr unkompliziert. Die Meetings verlaufen in guter Atmosphäre, wir diskutieren intensiv. Virtuell bleiben wir auch immer in der vereinbarten Zeit, unsere persönlichen Treffen überziehen wir da schon öfter.

Auch überraschende Fragen können meist sofort geklärt werden, ich sitze ja am eigenen Schreibtisch und habe alle Unterlagen in der Nähe, auch zu Themen, die nicht ausdrücklich auf der Agenda stehen. Ich finde es ganz entspannend, dass ich nicht alle möglichen Unterlagen auf Verdacht zusammen packen und mitnehmen muss.

Zu manchen Themen ist es notwendig, Kolleg/innen von anderen Standorten oder vom Home-Office aus zuzuschalten. Das geht bei den virtuellen Meetings völlig problemlos und unaufwändig.

Auch wenn wir uns wirklich gern persönlich sehen: Die eine Hälfte des Teams freut sich, am Tag des virtuellen Meetings nicht quer durchs Ruhrgebiet fahren bzw. im Stau stehen zu müssen. Die andere Hälfte ist erleichtert, weder Medien noch Bewirtung organisieren zu müssen.

Sehen Sie auch Nachteile?

Praxisinterview

Im Grunde nicht. Ein Nachteil wäre es nur, wenn wir ausschließlich auf virtuelle Meetings setzen würden. Ganz ohne persönliche Begegnung würde mir und ich glaube, auch dem Team insgesamt, etwas fehlen.

War die Gewöhnung an die Technik schwierig?

Unser Team ist sehr heterogen zusammengesetzt, Pädagog/innen gehören genauso dazu wie IT'ler/innen. Logisch – bei einzelnen, etwas weniger technikaffinen Kolleg/innen, gab es anfangs Bedenken, die sich dann aber schnell zerstreuten. Das Tool ist wirklich einfach zu bedienen, und unsere Diskussionen entwickeln sich viel lebhafter, als die skeptischeren Kolleg/innen sich dies am Anfang vorstellen konnten.

Wenn wir jetzt neue Kolleg/innen, z. B. Auszubildende, mit dem Tool vertraut machen, setzen wir uns dafür bei ein oder zwei Meetings zu zweit vor einen Rechner und nutzen dann den Lautsprecher statt des Headsets. Danach weiß jeder, wie es geht, und kann dann vom eigenen Rechner aus am Meeting teilnehmen.

Sie haben Erfahrungen mit beiden Meeting-Formen. Unterscheiden sich mediengestützte und persönliche Meetings, z. B. hinsichtlich Ablauf oder Beteiligung?

Der Ablauf ist im Grunde derselbe: Jeweils die Führungskraft eines Standortes moderiert und bereitet das Meeting auch vor, lädt also Agenda und ggf. Materialien hoch, die zu den einzelnen Themen gebraucht werden. Bei den Inhalten schauen wir schon, welche Themen ggf. besser für ein persönliches Treffen geeignet sind.

Klar – am eigenen Schreibtisch neigt man eventuell dazu, schnell was zwischendurch zu erledigen, wenn man gerade nicht persönlich in ein Thema involviert ist. Aber in einem Präsenzmeeting schaltet man ja auch schon mal innerlich ab.

Insgesamt ist die Diskussion in den virtuellen Meetings bei uns sehr lebendig. Und eine aktive Moderation hält alle Teammitglieder ganz gut dabei.

Wie wirkt sich nach Ihrer Erfahrung die Einschränkung der Wahrnehmungskanäle auf das Meeting aus?

Als Team, das sich untereinander gut kennt, kommen wir recht gut mit der Beschränkung auf die Akustik klar. Man konzentriert sich darauf wie beim Telefonieren, wobei der Blick auf das gemeinsame Bild oder die gegenseitige Wahrnehmung, z. B. durch das Melden, noch einen wichtigen Gewinn gegenüber einer Telefonkonferenz darstellt.

Ich habe auch schon mit einem anderen Meetingtool gearbeitet, das Bildunterstützung bietet. Die Webcambilder stelle ich mir bereichernd vor, wenn man sich nicht so gut kennt. Ich bekomme dann doch eher mit, wie jemand auf das reagiert, was ich sage.

Was würden Sie Teams empfehlen, die vor der Entscheidung stehen, Meetings mediengestützt durchzuführen?

Ausprobieren! Wenn sie als Team standortübergreifend zusammenarbeiten, sollten sie diese Form des Meetings einfach testen. Eine gute Voraussetzung ist natürlich, wenn ein Team schon an Zusammenarbeit miteinander gewöhnt ist. Für Teams, die sich gerade in einer Konkurrenzsituation oder wegen einer Umstrukturierung in einer Krise befinden, sind virtuelle Meetings mit ihrer eingeschränkten gegenseitigen Wahrnehmung schwieriger.

Auch für die Bearbeitung gravierender Konflikte ist sicher ein persönliches Treffen geeigneter. Auf persönliche Treffen sollte kein Team verzichten. Erfahrene Teams schaffen es aber auch, alltagsübliche Konflikte im mediengestützten Meeting zu klären und zu lösen.
Ich empfehle auf jeden Fall einen Mix aus persönlichen Treffen und virtuellen Meetings, diese Mischung hat sich bei uns absolut bewährt.

Danke für das Gespräch!

Im Folgenden widmen wir uns den Einzelheiten mediengestützter Meetings, so dass Sie und Ihre Mitarbeiter/innen bald ebenso routiniert mit deren neuen Herausforderungen umgehen können.

6.3.1   Voraussetzungen für erfolgreiche mediengestützte Meetings

Damit Besprechungen auf Distanz gut gelingen, braucht es eine Mischung aus

- *angemessener Auswahl des jeweiligen Mediums* (Telefon-, Videokonferenz, ggf. inkl. Appplication Sharing) und der entsprechenden konkreten Tools,

- *handwerklich-technischer Medienkompetenz*: Beherrschung der jeweiligen Anwendungstechnik bzw. -software,

- *Anwendungskompetenz*: Veränderung des Kommunikationsverhaltens im Hinblick auf die spezifischen Erfordernisse des gewählten Mediums. Für die Leitung heißt das auch: angepasstes Moderations-Know-how.

- *Sensibilität für* Effekte, die sich aus der *Eigenlogik und Eigendynamik* der gewählten Medien ergeben.

So sind Videokonferenzen eben nicht einfach normale Konferenzen, deren Teilnehmer/innen „bloß" räumlich verteilt sind. Die verwendeten technischen Medien verändern Beteiligungschancen, verringern die Transparenz der eigenen Handlungen „hier" für die Kolleg/innen „dort" und tragen zu lokalen Solidarisierungen bei. Bei der Moderation von Videokonferenzen müssen Sie dies berücksichtigen und gegebenenfalls gegensteuern (vgl. die Hinweise zur Moderation im nächsten Abschnitt).

Telefonkonferenzen sind da in der Regel schon vertrauter, werden aber in ihrer Schwierigkeit gern unterschätzt. Auch hier müssen wir unsere Kommunikation anpassen, weil die nonverbalen Signale entfallen, mit denen wir üblicherweise eine Besprechung beiläufig steuern oder die ironische Bemerkungen decodierbar machen. Ohne Vorbereitung und gute Moderation verlaufen Telefonkonferenzen oft wenig effizient und enttäuschen alle Beteiligten.

Zur Diskussion gemeinsamer Vorlagen ist das Application Sharing, das gemeinsame Betrachten und Nutzen einer Anwendung wie z. B. Power-Point-Folien oder Excel-Tabellen sehr hilfreich. Das Dokument kann dann auch jemand bearbeiten, der die Softwareanwendung gar nicht auf seinem eigenen PC installiert hat, indem er „leihweise" die Steuerung übertragen bekommt. Dafür braucht es allerdings etwas Übung, vor allem bei ungewohnten Programmen. Diese komplexen Anwendungen sollten deshalb nicht in einer schwierigen Konferenz (heikles Thema, hoch kontroverse Positionen) zum ersten Mal angewendet, sondern in einer weniger gewichtigen Situation erprobt werden, damit deren Handhabung nicht zuviel Aufmerksamkeit beansprucht.

Wenn Sie regelmäßig mit Ihrem Team auf Distanz Besprechungen durchführen und einen Gegenstand gemeinsam im Blick haben müssen, lohnt sich die Einarbeitung in die Handhabung. Vor allem Sie als Teamleitung müssen eine gewisse Routine entwickeln, damit Sie sich im Meeting wieder auf Moderation und Inhalt konzentrieren können. Manche Unternehmen stellen bereits Meeting Tools für alle Teams bereit, Sie können sie aber auch für die jeweilige Konferenzzeit bei externen Anbietern mieten.

6.3.2   Vorbereitung und Moderation mediengestützter Meetings

Der erste Schritt ist die Entscheidung für einen bestimmten Typ von mediengestützten Meetings. Für Ihr Team treffen Sie diese Entscheidung vermutlich eher nicht jede Woche neu, sondern Sie wählen für regelmäßige Besprechungen eine bestimmte Form. Die Verfügbarkeit von Medien gibt dabei den Korridor für die Auswahl vor. Generell gilt: So unaufwändig wie möglich, so reich wie nötig.

Je besser sich die Teammitglieder untereinander kennen, desto weniger reich an sozialen Informationen müssen die gewählten Besprechungsmedien sein. Über längere Zeit gewachsene Teams, deren Mitglieder sich von Zeit zu Zeit auch persönlich treffen, kommen zum Beispiel hervorragend mit Audio-/Telefonkonferenzen und ohne Video aus. Andererseits müssen Sie auch darauf achten, dass Ihr Team nicht „anwendungsfaul" wird und auf bestimmte Vorzüge (etwa des Application Sharing) verzichtet, nur weil der damit verbundene Aufwand im ersten Moment eine psychologische Hürde darstellt.

Medienvermittelte Konferenzen sind in der Regel anstrengender als persönliche Zusammenkünfte. Von vornherein verabredete, klare zeitliche Begrenzungen sind deshalb hilfreich. Faustregel: maximal 1,5 Stunden, geübte Teams bis zu 2 Stunden.

Medienvermittelte Konferenzen müssen sehr gut vorbereitet sein. Alles, was nicht vorbereitet ist, muss sprachlich nachgeholt werden, und das kostet Zeit. Hier sind Sie als Moderator/in auch gefordert, unzureichende Vorbereitung nicht durchgehen zu lassen, ggf. Tagesordnungspunkte von der Agenda zu nehmen und beim nächsten Meeting, dann vorbereitet, zu beraten. Erleichtern Sie Ihren Teammitgliedern die Vorbereitung durch eine ausführliche, kleinschrittige Agenda und Unterlagen, die ausreichend vorher zur Verfügung stehen. In einer Groupware geht das sehr gut: Meeting-Tools unterstützen Sie dabei, die Agenda partizipativ zu erstellen (Besprechungspunkte sammeln und sortieren, Meeting strukturieren, also Berichterstatter/in und Dokumente zuordnen, Zeiten verplanen) und Vor- und Nachbereitung zu erleichtern (z. B. mittels Protokollformular, in das die Agenda und andere Daten automatisch aufgenommen werden).

Checken Sie bei der Vorbereitung eines Meetings Ihren teaminternen Themenspeicher. Stehen Themen zur Kooperation an, die zwar nicht tagesaktuell und dringlich, aber doch wichtig genug sind und über asynchrone Kommunikation nicht ausreichend gut geklärt werden können? Nehmen Sie dann das Wichtigste dieser Themen auf – so arbeiten Sie den Speicher kontinuierlich ab.

Bei Telefonkonferenzen mit vielen Beteiligten (z. B. zur Koordination zwischen mehreren Teams oder mit externen Partnern) ist eine Komplexitätsreduktion sinnvoll. Klären Sie, wer ggf. für eine Gruppe spricht, die anderen schalten sich nur ergänzend ein, wenn es unbedingt notwendig ist.

Als Moderator/in müssen Sie Ihr Moderationsverhalten den medialen Besonderheiten anpassen:

- Ihre Steuerungsinterventionen müssen in der Regel aktiver sein als in Präsenzmeetings: Wort erteilen geht nicht durch Kopfnicken. Was mit denen los ist, die lange nichts gesagt haben, können Sie nicht aus einem gelangweilten oder hoch interessierten Gesichtsausdruck ableiten. Also fragen Sie freundlich nach. Manchmal wird dann deutlich, dass das Schweigen auch überhaupt nichts mit Interesse oder Motivationslage zu tun hat, sondern dass Ihnen die Technik gerade mal ein Schnäppchen geschlagen und die Internetverbindung des Kollegen gekappt hat. Geben Sie in Videokonferenzen immer wieder bewusst das Wort an die Kolleg/innen am anderen Standort.

- Wenn außer Ihren miteinander vertrauten Teammitgliedern, die sich auch an der Stimme sofort erkennen, noch andere, untereinander wenig vertraute Personen an der Konferenz auf Distanz beteiligt sind, helfen Sie allen durch gezielte Ansprache mit Namen und ggf. noch weiteren Erkennungsmerkmalen: „Herr Schmidtbauer, wie stellt sich dieser Aspekt aus Sicht des Münchner Büros dar?" Und sorgen Sie dabei bewusst für Redundanzen, die zwar für Sie persönlich nicht wichtig sein mögen, weil Sie schon öfter mit Herrn Schmidtbauer telefoniert haben und seine Stimme recht gut kennen, die aber anderen Konferenzteilnehmern helfen könnten.

- Greifen Sie Beobachtungen auf, die vermutlich auch andere Teammitglieder irritieren: „Ich kriege mit, bei Ihnen in Wolfenbüttel gibt's gerade im Hintergrund viel Gemurmel, als würden Sie auch untereinander diskutieren. Hat das was mit dem letzten Aspekt XY zu tun? An welche Punkte müssen wir Ihrer Meinung nach noch mal ran?"

- Sie können sich die Moderation erleichtern, indem Sie neben Ihr Telefon eine Skizze mit den beteiligten Personen legen – so wie sie räumlich in Deutschland oder in der Welt verteilt sind. Als Graphik vor der Telefonkonferenz an alle Teilnehmer/innen gemailt, stellt dies eine freundliche Geste der Unterstützung für alle dar. In Meeting Tools macht die Technik die Teilnehmer/innen in einer Liste oder in einer Runde gruppiert für alle sichtbar.

- Geben Sie noch mehr Zwischenorientierungen, als Sie es in Präsenztreffen tun: Wo stehen Sie gerade mit dem Thema? Was ist schon geklärt, was ist noch zu klären? Was erwarten

Sie im nächsten Schritt von wem? Ziehen Sie regelmäßige Vergewisserungsschleifen ein: „Habe ich Sie richtig verstanden, dass …? Ist es jetzt Konsens, dass wir als nächstes …? Ich wiederhole noch einmal: …" Das sind wir alle vom Telefonieren schon ein wenig gewöhnt. Als Moderator/in sind Sie, ohne es besonders anzusprechen, Modell für medienangepasstes Verhalten. Wenn Sie ein Meeting-Tool nutzen, können Sie zur Orientierung zwischendurch die Agenda einblenden und dort bereits behandelte Punkte abhaken. Und statt des mündlichen Abfragens reihum kann per „Polling" sehr schnell ein Meinungsbild erhoben und für alle sichtbar gemacht werden.

Gut vorbereitete und straff moderierte mediengestützte Meetings halten die Teilnehmer/innen übrigens auch eher „bei der Stange" – der Hang zu Nebentätigkeiten, z. B. parallel Mails zu beantworten, reduziert sich, wenn es wirklich voran geht und das Meeting Konzentration erfordert.

Die Einrichtung einer routinemäßigen Feedbackrunde am Schluss einer Konferenz, die nicht nur Rückschau auf die inhaltliche Arbeit, sondern auch einen kurzen Rückblick auf die mediale Erfahrung umfasst, hilft, die Medienkompetenz des Teams zu reflektieren und weiter zu entwickeln.

6.3.3   Empfehlung: Teamspezifischer Meeting-Mix

Um es ganz deutlich zu sagen: Kein mediengestütztes Meeting stellt einen vollständigen Ersatz eines persönlichen Meetings dar. Die Vielfalt gegenseitiger Wahrnehmung, die Vielfalt beiläufiger Begegnungen und Möglichkeiten zu Austausch und Mikropolitik vor und nach der Besprechung, bei Hin- und Rückfahrt, beim Essen usw. sind überhaupt nicht zu ersetzen. Die Frage ist allerdings, ob es das *immer* braucht. Statt also den Streit fortzusetzen, ob virtuelle, mediengestützte Meetings jetzt „richtigen" Treffen gleichkommen, empfehlen wir Ihnen eher, für Ihr Team zu überlegen, wie eine gute Mischung aussehen kann:

Welche Themen können Sie in welchem Setting gut bearbeiten? Welche Absichten in welchem sozialen Kontext realisieren? Was braucht Ihr Team jetzt? Eine Grundregel dabei ist, Kommunikation hoher sozialer Präsenz frei zu halten von Themen und Aufgaben, die auch mit weniger „präsenten" Medien erledigt werden könnten.

Viele räumlich verteilte Teams kommen zum Beispiel gut damit hin, ihre Zahl an persönlichen Treffen zu reduzieren – und damit auch Reisezeiten, Fahrstress, Arbeitsunterbrechungen und Kosten. Die selteneren persönlichen Treffen werden für wirklich wichtige Themen reserviert (Strategie, kreative gemeinsame Planung, Teambeziehungen, Konflikte). Eher praktische Alltags-Fragen werden in mediengestützte Treffen platziert.

Vielleicht leiten Sie aber auch eins jener Teams, die (fast) nie persönlich zusammen kommen, weil der Aufwand unverhältnismäßig hoch ist. Dann bleibt Ihre Aufgabe, die mediengestützten Meetings möglichst effektiv und lebendig zu gestalten, so dass Aufgabenbearbeitung und Teamzusammenhalt jeweils einen wesentlichen Schub nach vorn bekommen.

Checkliste 7:   Meetings auf Distanz

Vorher

☑ Medium auswählen passend zu Inhalt und Ziel des Meetings

☑ Neue Technik austesten (ggf. je bilateral)

☑ Themenspeicher checken

☑ Themen sehr präzise vorbereiten bzw. deren Vorbereitung ermöglichen

☑ Wenn nötig: Rollen absprechen (z. B. Berichterstattung, Protokoll)

☑ Zeitplanung (Faustregel: max. 1,5 Std.)

☑ Aus der Tagesordnung alles wieder herausnehmen, was bilateral oder mit weniger „reichen" Medien zu klären ist

Während

☑ Kurzes Warming-up vorsehen

☑ Moderation anpassen: Kleinschrittig, häufig Orientierung geben, Vergewisserungs-schleifen, Details abkürzen, die gut asynchron oder mit weniger reichen Medien zu klären sind

☑ Auf medieninduzierte Effekte durch Eigenlogik und -dynamik der jeweiligen Medien achten und entsprechend agieren bzw. reagieren

☑ Feedbackrunde am Ende vorsehen → Entwicklung und Stärkung der Medienkompe-tenz

Nachher

☑ medien- und sachgerechte Nachbereitung und Dokumentation

☑ Konferenzergebnisse und „to do's" in den Alltag auf Distanz einspeisen

6.4   Controlling: den Arbeitsfortschritt im Blick behalten

Auch beim Controlling spielt die Distanz als zentrales Bestimmungsstück virtueller Teams eine wichtige Rolle: Wie wirkt sie sich auf die Einschätzung von Zielen, Zielerreichungsgrad, Gewinnsituation, Budgeteinhaltung etc. aus? Und wie kann sie überbrückt werden?

Natürlich gibt es Rückmeldungen über den Arbeitsfortschritt, den Ressourcenverbrauch etc. Sie als Teamleitung erhalten Meldungen, ein Arbeitspaket sei „zu 90% abgeschlossen" oder die neu installierte Software „laufe gut", es gebe „keine Beschwerden", die Statistik meldet Ihnen die durchschnittliche Dauer der Service-Calls und die durchschnittliche Erreichbarkeit des Help-Desks, oder Sie erhalten ein schönes Chart über die Kostenentwicklung im Projekt.

Aber was Ihnen fehlt, ist die qualitative Dimension all dieser Rückmeldungen, die Sie als erfahrener Projektleiter, als Managerin der Service-Einheit oder als Help-Desk-Supervisorin in lokalen Teams aufgrund der Nähe zu den Teammitarbeiter/innen immer gut erspürt haben: Unterliegt der Kollege, der sein Arbeitspaket zu 90% fertig gestellt hat, der „Fast-Fertig-Falle", weil er nicht einschätzen kann, dass die letzten 10%, der Feinschliff, oft der schwierigste und aufwändigste Teil einer Aufgabe sind, und ist daher der Termin gefährdet? Wissen Sie, was wirklich über das Rollout der Software in den Niederlassungen gesagt wird? Und aus den Statistiken aus dem Help-Desk erfahren Sie noch lange nicht, wie zufrieden die Kunden sind: Nehmen sie die längere Wartezeit auf Grund der äußerst hohen Qualität der Betreuung in Kauf oder rumort es schon bei den Anwender/innen? Oder beschleicht Sie ein ungutes Gefühl, weil Sie genau wissen, dass zur Einschätzung der Kostensituation nicht nur die bereits getätigten Ausgaben relevant sind, sondern auch zukünftige, mit hoher Wahrscheinlichkeit entstehende Aufwände, die vom Chart leider nicht erfasst werden? Schon die Tatsache, nicht zu wissen, ob eine Kollegin „am Thema sitzt", was Sie in lokalen Teams jederzeit optisch wahrnehmen können, kann Sie hochgradig verunsichern.

Die fehlende Qualitätsdimension durch einen Zuwachs an quantitativen Daten zu ersetzen, sich auf die reine ‚Papierlage' zu beschränken und die Kontrollbemühungen zu verstärken, wäre eine Falle. Genauso falsch wäre es aber auch, nur auf Vertrauen zu setzen und Zahlen und Fakten völlig hinten an zu stellen.

Für effektives Controlling auf Distanz ist ein flexibles Repertoire erforderlich: von gelassener Zurückhaltung und schlichtem „Monitoring" in gut laufenden Teamzeiten bis hin zu kurz getakteter, intensiv nachfassender Kommunikation in schwierigen Situationen. Wer als Teamleitung bisher dezent und nonverbal steuert, eher beiläufig unzureichende Leistungen und Terminüberschreitungen anspricht und Klärungen herbeiführt, der muss hier seine Klaviatur erweitern und „expliziter" führen.

Controlling in virtuellen Teams unterscheidet sich in der grundsätzlichen Aufgabenstellung nicht vom Controlling in lokalen Teams. Der Grundsatz *„Die richtigen Personen zu den richtigen Zeitpunkten mit den richtigen Informationen versorgen "* behält auch im Controlling der standortverteilten Zusammenarbeit seine Gültigkeit.

In diesem Kapitel fokussieren wir auf die virtuellen Aspekte:

▓ Welche Besonderheiten für die Informationsflüsse und Steuerungsimpulse des Controllings als führungsunterstützende Aufgabe sind im virtuellen Kontext zu beachten?

▓ Wie können Sie als Teamleitung Ihr Vorgehen anpassen?

Dass im Controlling virtueller Zusammenarbeit neben der reinen Datenlage andere Kategorien verstärkt in den Vordergrund treten, zeigt das folgende Interview:

Praxisinterview mit Thomas Gibis, Leiter User Help Desk MAN IT Service GmbH

Herr Gibis, Sie sind Leiter eines verteilt operierenden User Help Desks. Schildern Sie uns doch bitte zunächst kurz Ihre Aufgabe und die virtuellen Rahmensetzungen, unter denen Sie arbeiten.

Das Team, das ich leite, betreibt als Teil der MAN IT Services GmbH den User Help Desk für den MAN Konzern/die MAN-Gruppe. Wir machen das von verschiedenen Standorten in Deutschland und Europa aus. Innerhalb eines definierten Zeitfensters bearbeiten wir alle sogenannten Service Requests oder Incidents unserer weltweiten Dependancen bzw. arbeiten die außerhalb dieser Zeiten aufgelaufenen Requests ab. Wir haben dabei natürlich eine interne Struktur, also First, Second und Third Level Support mit den entsprechenden Spezialisten für Hard- und Software, bestimmte Anwendungen etc. und lokale Gruppenleitungen vor Ort. Eine räumliche Zuordnung bestimmter Requests zu einem der Standorte erfolgt nicht.

Welche Instrumente des Controlling setzen Sie ein?

Wie bei IT-Service üblich gibt es viele ganz klar definierte Vorgaben für uns: Vereinbarungen mit den Anwenderorganisationen des Konzerns definieren sogenannte SLAs (Service Level Agreements), in denen festgeschrieben wird, zu welchen Zeiten wir erreichbar sind, wie schnell wir ein Problem aufnehmen müssen, wie lange es dauern darf, bis wir ein Problem einer bestimmten Ereignisklasse behoben haben müssen etc. Wir haben dieses ausgefeilte Regelwerk entsprechend in unserem User-Help-Desk-System abgebildet: Jeder Request oder Incident wird entsprechend kategorisiert, es gibt dann klar definierte Abläufe bzw. Eskalationsstufen, entsprechend hinterlegte Vorgabewerte (Länge eines Telefonates; Reaktionszeit auf eine Mail, Dauer bis zur Problembehebung etc.) und das System registriert, ob diese Vorgabewerte eingehalten werden. Kurz: Wir haben definierte Prozesse und wir haben ein detailliertes Prozess-Monitoring.

Welche Bedeutung kommt dabei den eher quantitativen Informationen des Monitoring und welche den qualitativen Informationen zu, wie sie über persönliche Kontakte gegeben sind?

Natürlich kommt den ‚harten Fakten' eine große Bedeutung zu, daran muss sich das Team als Ganzes messen lassen und natürlich auch die Teammitglieder, keine Frage. Aber wir betreiben Prozess-Monitoring und nicht das Monitoring über Personen. Die Zahlen sind das eine, die Menschen das andere. Ohne alle Mitarbeiter persönlich zu kennen, mit allen im Dialog zu sein, kann ich ein solches Team nicht führen. Das ist die Herausforderung, die es zu bewältigen gilt, gerade auch in einem virtuellen Team, wie wir es sind. Und das übrigens für alle, nicht nur für mich als Leitung.

Und wie sind Sie diese Herausforderung angegangen?

Wir haben auf verschiedenen Ebenen Verfahrensweisen entwickelt, um das gegenseitige Kennenlernen, das Wir-Gefühl und den Zusammenhalt trotz der räumlichen Verteilung zu entwickeln. Beispielsweise haben wir ein Rotationsprinzip, nach dem alle Mitarbeiter aus den örtlichen Teams vierteljährlich auch mal für eine Woche an anderen Standorten arbeiten. Oder auf der technischen Ebene: Unsere Software signalisiert uns, wer gerade verfügbar ist, jeder kann mit jedem Kontakt aufnehmen über eine Chatfunktion, sei es privat oder fachlich, sichtbar oder verdeckt, da gibt es keine Einschränkungen. Als weitere Maßnahme gibt es ein monatliches virtuelles after-work-Meeting, jeder kann sich da in einen virtuellen Teamroom einloggen, und wir unterhalten uns dann nicht nur über fachliche Dinge im engeren Sinne.

Was sind für Sie besonders kritische Punkte in der Steuerung bzw. beim Controlling?

Wichtig ist für uns eine Wir-Kultur, eine Kultur des Füreinanderdaseins. Also nicht „die in Wien" oder „wir in München", so eine Standortmentalität, sondern „wir als User Service". Das heißt ganz konkret: Wenn es in Wien einen Engpass gibt, dann wird das mitgeteilt, transparent gemacht und überlegt, wie die anderen Standorte den Engpass schließen können. Dazu braucht es schon eine zwischenmenschliche Beziehung, bei der man sich auch traut, Fragen zu stellen und um Hilfe zu bitten. Für mich drückt sich dieser Zusammenhalt auch darin aus, dass wir uns alle duzen.

Ein weiterer kritischer Punkt in einem Serviceteam wie unserem ist es, hinter seinen Leuten zu stehen. Da ist der Druck von der Kundenseite her schon ganz enorm, da kann und will ich nicht noch eins draufsetzen. Und es ist klar, dass ich auch Verständnis haben muss, wenn es mal persönliche Probleme gibt.

Andererseits habe ich natürlich auch eine Kontrollfunktion, muss Performanceprobleme ansprechen, Personalbemessung kontrovers diskutieren etc. Das mache ich aber nach wie vor am liebsten im persönlichen Kontakt. Ansonsten muss man präsent sein, über Medien wie auch immer wieder vor Ort.

Die Grundfrage des Controllings lautet: „Wie die richtigen Personen zu den richtigen Zeitpunkten mit den richtigen Informationen versorgt werden". Gilt dieser Grundsatz Ihrer Erfahrung nach auch für virtuelle Teams oder muss er verändert werden?

Ich möchte bei der Beantwortung der Frage gar nicht so sehr meine Informationsbedarfe als Leitung in den Vordergrund stellen. Für uns als virtuelles Service Team ist es wichtig, allen Mitarbeitern die relevanten Informationen zur Verfügung zu stellen, die sie für ihre Arbeit brauchen. Ein Beispiel: Ein Service Request zu Randzeiten muss in der gleichen Qualität bearbeitet werden können wie sonst. Aber die menschliche Unterstützung durch Kollegen ist dann natürlich ausgedünnt, insbesondere wenn die wenigen Kollegen zu dieser Randzeit dann noch räumlich verteilt sind. Hier müssen wir dafür Sorge tragen, das unser

IT-System eine entsprechende Unterstützung bietet, auch von dieser Seite her dürfen wir unsere Leute nicht allein lassen: Klare Verfahren, definierte Eskalationsschritte, unser gesammeltes Wissen und Erfahrung muss abrufbar sein. Kurz: Als Leitung muss ich dafür Sorge tragen, dass die, die vereinzelt arbeiten, trotzdem wissen, was sie tun sollen und wie sie es tun sollen, und sie dazu in die Lage versetzen.

Wir danken für dieses Gespräch!

Mit dem Controlling werden im Soll-Ist-Vergleich der Planung die realen Entwicklungen gegenübergestellt. Abweichungen geben Hinweise auf Steuerungs- bzw. Anpassungsbedarfe für den weiteren Verlauf. Controlling unterstützt also als fortlaufender Rückkopplungsprozess, möglichst genau die vorgegebenen Ziele zu erreichen, bzw. diese notfalls anzupassen. Abbildung 17 stellt diesen Regelkreis vereinfacht dar.

In diesem Kreislauf steht die Leitung virtueller Teams vor besonderen Herausforderungen, denn durch die mediengestützte Kommunikation sind *Möglichkeiten zu Rückmeldungen reduziert*.

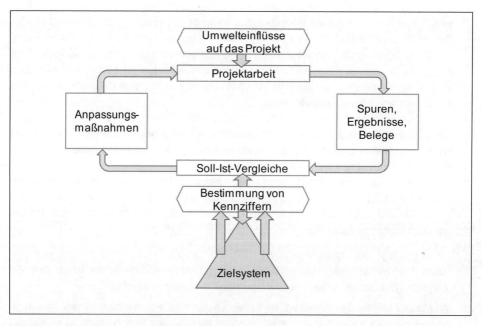

Abbildung 17: *Steuerung und Controlling als Regelkreis*

Welche Handlungsleitlinien sichern nun ein erfolgreiches Controlling der Arbeit eines virtuellen Teams?

6.4.1 Informationsbedarfe definieren

Welche Kennzahlen Sie für Ihr spezifisches Controlling benötigen, hängt in der Regel sehr stark von der Aufgabe ebenso wie von Vorgaben aus der Organisation ab. Bei standardisierten Projektmanagement-Instrumenten stehen Ihnen außerdem Vorlagen zur Verfügung, mit denen Sie entsprechende Kennzahlen erstellen können. Teilweise haben Sie auch Zielformulierungen aus Ihrem spezifischen Team- oder Projektauftrag, die Sie direkt in Ihr Controlling übernehmen können. Sollten Sie in der Situation sein, das Controlling bzw. Berichtswesen und die Dokumentation für Ihr Team ganz neu aufsetzen zu müssen, finden Sie in einschlägiger Literatur zum Projektmanagement hierzu viele Anregungen. Die Steuerungs- und Kommunikationsstrukturen und eben auch die Controllingverfahren aus dem Projektmanagement sind für *alle* virtuellen Teams und Netzwerke eine gute Plattform der gemeinsamen Arbeitsorganisation, auch wenn sie nicht Projekte im engeren Sinne bearbeiten.

Im Controlling neigt man dazu, vor allem quantitative Daten wie Verkaufszahlen, Budgetverbrauch u. ä. für den Soll-Ist-Vergleich heranzuziehen. Virtuelle Teams sind oft mit einer besonderen Informationsflut konfrontiert. Digitale Dokumentationen und Datensammlungen, z. T. über online-Projektmanagementanwendungen oder Workflowmanagement-Systeme automatisch generiert, sind leicht per copy & paste erstellt.

Solche Daten stellen aber nur einen Teil des Rückkopplungskreislaufes dar, können zudem relativ leicht beschönigt werden, und sie haben unter Umständen weniger Aussagekraft als erhofft: z. B. sind Statusmeldungen zur Aufgabenerledigung in Zahlen übersetzte individuelle Schätzungen und keine „Messwerte". Außerdem sind bei einem Teil der automatisierten Datenerhebung wegen der erheblichen Transparenz individueller Leistungen und Aktivitäten zusätzliche Bestimmungen zum Datenschutz zu berücksichtigen.

Wählen Sie als Teamleitung also gut aus, welche Zahlen- und Datensammlung Sie genau für Ihr Controlling benötigen, und lassen Sie alles andere, sei es auch technisch leicht möglich zu erheben, außen vor.

Prüfen Sie lieber, welche zusätzlichen Bereiche Sie in Ihrem Controlling verankern sollten. Folgende eher qualitativen als quantitativen Aspekte sind häufig für Controlling und Steuerung virtueller Teams relevant:

- *Vorgehensweisen zur Problemlösung* unterscheiden sich von Standort zu Standort, von Kultur zu Kultur. In lokalen Teams sehen Sie als Teamleitung im Alltag, wie Ihre Teammitglieder in einer bestimmten Situation vorgehen, und vor allem, wohin sie damit Schritt für Schritt steuern. In einem virtuellen Team bekommen Sie jedoch unter Umständen nicht oder nur verzögert mit, dass z. B. die Einbeziehung wichtiger Richtlinien oder Personen im Lösungsprozess vergessen werden. Die Arbeitsergebnisse der einzelnen Teammitglieder lassen sich dann möglicherweise nicht mehr zu einem großen Ganzen zusammen fügen. Im Controlling eines virtuellen Teams müssen Sie also auch Rückkoppelungen zu Vorgehensweisen einbauen.

▦ *Zwischenergebnisse* sind in der Regel Teil eines jeden Projektplans. Sie ermöglichen eine schrittweise Rückkopplung (und ggf. Anpassung) auf dem Weg zum Ziel. In einem virtuellen Team sollten Sie diese Zwischenetappen in kleineren Schritten als bisher gewohnt definieren. So haben Sie die Möglichkeit, kritische Informationen, die Ihnen auf die Distanz verloren gehen, schneller sichtbar zu machen – für Sie wie für das Team. Sie verbessern damit auch das gemeinsame Verständnis für Arbeitsauftrag und gemeinsame Zielrichtung im virtuellen Team.

▦ *Zielanpassung* ist ein notwendiger, fortlaufender Prozess, der darauf basiert, dass neu gewonnenes Wissen in den weiteren Arbeitsprozess integriert wird. Ursprüngliche Ziele bestehen dann noch als Planungsgrundlage, sind aber zu Teilen bereits überholt und werden nicht mehr von allen vertreten. Virtuelle Teams sind überdies häufig mit unterschiedlichsten, standortbedingten Interessen konfrontiert, die oft unausgesprochen und in der Distanz unentdeckt bleiben, trotzdem aber die gemeinsame Teambasis unterlaufen. Ein gemeinsames Zielsystem wird somit erschwert bzw. unterschiedlich priorisiert. Thematisieren Sie also regelmäßig Interessen und Ziele – auch mit lokalen Entscheider/innen und anderen wichtigen Beteiligten im Umfeld der Teammitglieder.

▦ Die *Zeitplanung* und deren Einhaltung spielt vor allem in Projektvorhaben eine große Rolle. Die Teammitglieder eines virtuellen Teams kommen häufig aus unterschiedlichen Organisationskulturen, wenn nicht sogar aus unterschiedlichen nationalen Kulturen. Das jeweilige Verständnis von Zeit und Planung ist stark kulturell geprägt (vgl. Kapitel 8, Im virtuellen Team von kulturellen Unterschieden profitieren). Das Controlling in einem virtuellen Team muss diesen Aspekt berücksichtigen und einen angepassten Umgang damit entwickeln.

> Immer wieder hörte der Projektleiter von der Gruppe der Teammitglieder am Produktionsstandort in Rumänien, dass die Anpassung des Spritzgussteils an die neue Modelllinie des Kunden fast fertig sei, der Termin zur Präsentation beim Kunden könne auf jeden Fall eingehalten werden. In der Woche vor dem Präsentationstermin erfuhr der Projektleiter, dass der Test des Prototypen, durchgeführt in letzter Minute, da der Produktionsleiter im Urlaub war, im Verbindungsbereich mangelhaft ausfiel – die notwendige Anpassung sei in einer Woche nicht zu schaffen. Für die Mitglieder am Standort Rumänien keine große Sache: Sie hatten den Termin beim Kunden als jederzeit verschiebbar eingeschätzt.

6.4.2   Controlling zur gemeinsamen Sache machen

Zum Controlling der spezifischen Aspekte in virtuellen Teams bedarf es eher qualitativer Informationen aus Gesprächen, Einschätzungen, Diskussionen und Reflexionen, die kaum über reine Systemauswertungen generiert werden können. Um einen verlässlichen Informationsfluss auf der qualitativen Ebene zu garantieren, um Lücken und Abweichungen möglichst schnell aufzudecken und ihnen entgegensteuern zu können, ist es wichtig, dass die Teammitglieder und deren Umfeld die gemeinsame Verantwortung erkennen und Controlling als ein

Instrument akzeptieren, das letztendlich zu einem besseren Ergebnis des Teams beiträgt. Sie müssen also die Teammitglieder mit ins Boot holen. Dem stehen häufig drei Dynamiken entgegen:

- Controlling wird schnell mit „Kontrolle" und „Misstrauen" der Leitung gegenüber der individuellen Arbeitsleistung gleichgesetzt.

- Aufgrund der reduzierten Präsenz der Teamleitung am Ort der einzelnen Teammitglieder sind Anfragen oder Kritik aus Sicht des Controllings zwar „sachlich richtig", aus Sicht der einzelnen Teammitglieder „wissen die ja aber nicht, was hier los ist", in der Folge werden die ausgewerteten Informationen des Controlling als nicht relevant oder unpassend eingestuft – und büßen so ihre Wirkung als Steuerungsimpuls ein.

- Die Teammitglieder verstehen die angewendeten Instrumente des Controllings nicht, können den Bezug zur eigenen Arbeit nicht herstellen und sehen Controlling vor allem als zusätzliche Arbeitsbelastung an.

Was können Sie also tun, um Controlling zur gemeinsamen Sache und produktiv für Sie und Ihr Team zu machen?

Controlling als Unterstützung kontinuierlicher Verbesserung

Mit dem Grundsatz „*vier Augen sehen mehr als zwei*" können Sie im Team deutlich machen, dass Rückkopplungsprozesse im Sinne einer engagierten Verbesserung der eigenen Arbeit genutzt werden können und diese die Qualität der Lösungsfindung im gesamten Team unterstützen. Nutzen Sie dazu die Informationen, die Sie für Ihr Controlling zusammenstellen, und diskutieren Sie ausgewählte Informationen in regelmäßigen Abständen in Ihren Teammeetings.

Der Teamleiter des Vertriebsteams Europa eines Produzenten für technische Textilien stellte für das nächste Teammeeting einen Tagesordnungspunkt „Gemeinsame Auswertung Branchenverteilung" zusammen. Zur Vorbereitung wertete er von den Teammitgliedern zugelieferte Daten für das Controlling aus: Die Zusammenstellung der Daten für Branchen und jeweilige generierte Umsätze in speziellen Zeiträumen lieferte die Basis im Team, um die Unterschiede der Akquisestrategien zwischen den verschiedenen Standorten zu diskutieren und sich über Möglichkeiten der Verbesserung der Erstansprache der Kunden an allen Standorten auszutauschen.

Controlling – Verantwortung der Teamleitung

Als Teamleitung haben Sie eine andere Verantwortung als die Teammitglieder, die Aktivitäten und Ergebnisse des Teams nach außen hin zu kommunizieren – und fundiert zu hinterlegen. Sie werden also immer einen höheren Bedarf an Informationen zu den Leistungen haben als Ihre Teammitglieder. Vor diesem Hintergrund ist es auch verständlich, wenn Teammitglieder nicht den gleichen Ehrgeiz wie die Teamleitungen an den Tag legen, Controlling-Informationen aufzubereiten oder sich in die entsprechenden Instrumente einzuarbeiten.

Manche Zahlen oder Fakten sieht man vielleicht auch nicht so gern „schwarz auf weiß". Dennoch ist es auch eine Aufgabe jedes Teammitglieds, an der Steuerung und dem Controlling seiner Arbeitsaufgabe und des Arbeitsfortschritts des Teams mitzuwirken und Sie in Ihrer Steuerungsaufgabe wie auch bei der Rückkopplung in das Unternehmen hinein zu unterstützen.

Machen Sie also durchaus Ihre Verpflichtungen gegenüber dem Management im Team transparent, um bei Ihren Teammitgliedern Verständnis für mögliche „Zulieferverpflichtungen" zu wecken. Es muss ja nicht jedes Teammitglied unbedingt Spaß am Controlling gewinnen, aber niemand sollte Sie „hängen lassen".

Controlling – Verantwortung der Teammitglieder

Jedes Teammitglied hat die Aufgabe, das eigene Aufgabenfeld zu überwachen, auch anhand geeigneter Kennzahlen. Das hilft, die eigene Arbeit gezielter zu steuern und – für Mitglieder virtueller Teams besonders wichtig – eigenständiger am jeweiligen Standort agieren zu können. Wenn die Teammitglieder z. B. eigene Budgetverantwortung haben, um damit in bestimmten Bereichen schneller Entscheidungen treffen zu können, sollten die Teammitglieder diese Informationen selber im Controlling aufbereiten und auswerten. Sie als Teamleitung machen in einem definierten Rückkopplungsrhythmus die Gegenprobe und behalten den Überblick: Vier Augen sehen mehr als zwei.

Stellen Sie als Teamleitung die Bereiche zusammen, bei denen Sie die ganz konkrete Verantwortung der Teammitglieder sehen. Überlegen Sie, welche Teile Ihres Controllingsystems dazu von den Teammitgliedern mit Informationen aufbereitet werden sollten, und stellen Sie diese im Team vor. Dabei gilt: *„so viel wie nötig, so wenig wie möglich"*. Starten Sie mit einigen zentralen Informationsbedarfen und weiten Sie diese aus, sobald die Teammitglieder den Sinn und den Nutzen dieser Aktivitäten erkannt haben.

Und dann schließt sich der Kreis, wenn die Ergebnisse aus dem Controlling der einzelnen Arbeitsfelder in das gemeinsame Teamcontrolling einfließen. Diskutieren Sie im Team in regelmäßigen Abständen diese aggregierten Informationen und ihre Bedeutung für die Arbeit und Ergebnisse des Teams. Ein weiterer Vorteil: Die Teammitglieder beschäftigen sich dadurch immer mehr mit der Planung und mit strategischen Zielsetzungen des Teams.

Diese unterschiedlichen Aufgaben im Controlling sollten allen Teammitgliedern bewusst sein, mit entsprechenden Vereinbarungen zum Controlling legen Sie die genauen Verfahrensweisen fest. Es gilt für Sie als Teamleitung, eine gute Balance zwischen Vertrauen und Kontrolle zu finden, die Teammitglieder mit ins Boot und in die Verantwortung zu holen und unterstützende Instrumente auszuwählen und verständlich aufzubereiten.

6.4.3 Vorgehen im Controlling auf die virtuellen Rahmenbedingungen anpassen

In virtuellen Teams sind Rückmeldungen über Distanz erschwert, zusätzlich werden qualitative Daten zur erfolgreichen Steuerung des Teams benötigt. Deshalb müssen Sie als Teamleitung anders vorgehen, um die notwendigen Informationen zu gewinnen.

Reiche Medien nutzen – „erklären lassen" als Gesprächsbasis

Wählen Sie für Ihre Kommunikation immer wieder auch reichere Medien wie Telefon, Chat, ggf. mit Videofunktion, oder Application Sharing. Lassen Sie sich im Erarbeitungsprozess bestimmte Vorgehensweisen erklären, möglichst mit visuellen Mitteln hinterlegt. So können Sie sich z. B. den nächsten Programmierschritt via Application Sharing, also über einen Blick auf den Bildschirm des Teammitglieds, erklären und zeigen lassen. Zwar verfügen die Teammitglieder oft über größere Expertise in ihrem Feld als Sie. Dennoch bekommen Sie so einen recht guten Eindruck, ob am anderen Standort Aktivitäten im Sinne Ihres Teams erfolgen und welche Zielrichtung dort eingeschlagen wird. Ggf. lassen sich Vorgehensweisen, die Sie dadurch an einem Standort entdecken, im Rahmen eines Teamaustausches auf einen anderen Standort übertragen.

Vermeiden Sie im Gespräch geschlossene Fragen, die mit einem einfachen „Ja" oder „Nein" zu beantworten sind. Die Antwort auf „Läuft es gut bei Ihnen?" bringt Ihnen wenig neue Informationen. Forschen Sie vielmehr in Richtung „Wie läuft es bei Ihnen? Mit welchen besonderen Herausforderungen sind Sie denn gerade beschäftigt?", das initiiert Austausch und Auseinandersetzung mit Vorgehensweisen und Problemeinschätzungen.

Kontakt in kurzen Abständen – Vor-Ort-Besuch

Verringern Sie die zeitlichen Abstände, in denen Sie Kontakt mit einzelnen Standorten im Team aufnehmen. Je nach Intensität der Arbeitsphase im Team und Verzahnung der Aufgaben zwischen den Teammitgliedern bietet sich unter Umständen sogar eine tägliche informelle Kontaktaufnahme an:

> Linda Ray, Key-Accounterin eines IT-Entwicklungsprojektes hatte es sich angewöhnt mittels der ICQ-Funktion informell und täglich über Chat kurz nachzufragen, was der aktuelle Stand der neu zu integrierenden Zusatzfunktion sei und an welchen Stellen die Offshore-Teammitglieder momentan am meisten Energien aufwenden müssten. Die morgendliche Kontaktaufnahme (für die Teammitglieder im fernen Osten kurz nach Mittag) hatte schon fast einen rituellen Charakter: Zur Einleitung tauschte man sich immer zuerst über Neuigkeiten in Abteilung, Unternehmen und Land an den entfernten Standorten aus, bevor man die eigentliche Arbeit thematisierte.

Eine ganz andere Qualität bekommen die Informationsflüsse über Distanz, wenn Sie als Teamleitung die Möglichkeit haben, einen Besuch vor Ort abzustatten, und dabei nicht nur das direkte Arbeitsumfeld kennen lernen, sondern auch das weitere Netzwerk der Teammitglieder an den anderen Standorten:

> Seit Linda Ray einmal die Kolleginnen und Kollegen vor Ort in Indien besucht hatte, gestaltete sich der tägliche Austausch über ICQ auch vielfältiger: Gemeinsam freute man sich über den neuen Familienstand von Mahesh, der angesichts der gewachsenen Verantwortung auch einen ganz neuen Ehrgeiz in seiner Arbeit an den Tag legte. Linda Ray wurde bewusst, dass in der anderen Kultur Arbeit und Familie wesentlich enger miteinander verknüpft sind, als sie es von ihrer eigenen Kultur gewohnt war.

Den Austausch im Team aktiv unterstützen

In Teamtreffen auf Distanz, z. B. via Telefonkonferenz, lassen sich gut Zwischenergebnisse und Aussichten auf die weitere Planung thematisieren, reihum jeweils präsentiert von einem Standort. Sie können als regulären Teil eines Teammeetings ca. 15 min für eine solche Vorstellung zu Beginn reservieren. Ermutigen Sie die Teammitglieder dazu, Best Practice oder interessante „Geschichten" aus ihrem Alltag einzubauen – oder auch eine besondere Problemstellung, zu der Einschätzungen und Lösungsvorschläge der anderen Teammitglieder interessant sind. Thema eines solchen Beitrags kann auch eine Zwischenauswertung der Kennzahlen aus dem Controlling an einem spezifischen Standort oder für einen bestimmten Bereich sein, der das ganze Team betrifft. Durch dieses Vorgehen bekommen nicht nur Sie einen Eindruck von Fortschritten an den einzelnen Standorten, sondern Sie vertiefen auch das Verständnis im Team für gemeinsame Zielrichtungen und Anpassungsbedarfe.

Controllingergebnisse zum Teammarketing nutzen

Aufbereitete Daten und Einschätzungen aus dem Team-Controlling sind ein guter Anlass, im Sinne des Teammarketings (vgl. Kap. 5) auf Entscheider/innen zuzugehen, ihnen die Arbeit Ihres Teams wieder präsent zu machen und so der „Aus den Augen, aus dem Sinn"-Dynamik entgegenzuwirken, sie um Rückmeldung zu bitten oder auch gemeinsame Zielabstimmungen zu initiieren.

Rückkopplung an interkulturelle Hintergründe anpassen

In einem virtuellen Team sind Entscheidungen, Anpassungen und Richtungsänderungen mitunter aufwändiger. Unterschiedliche Interessen und unausgesprochene Einflussfaktoren im Hintergrund der einzelnen Standorte erhöhen die Komplexität. Wenn die Teammitglieder aus unterschiedlichen Kulturen kommen, treffen unterschiedliche Verständnisse von Zeit und Planung aufeinander. Bauen Sie in Ihre zeitliche Planung zusätzlichen Puffer ein. Ziehen Sie interne Abschlusspräsentationen nach vorn, um Zeit bis zur externen Präsentation zu gewinnen, und bleiben Sie bei Anpassungsbedarfen vor dem Endergebnis in engem Kontakt mit den jeweiligen Teammitgliedern an den anderen Standorten. Die letzten 10% auf dem Weg zum Ergebnis sind häufig die aufwändigsten!

Die zusätzlichen Anforderungen an das Controlling in einem virtuellen Team haben vor allem die Zielrichtung, Störungen und Unstimmigkeiten zwischen den verschiedenen Standorten im Hinblick auf die gemeinsamen Teamziele im qualitativen Bereich aufzuspüren. Die entsprechenden Informationen können Sie eher über qualitativ reichere Kommunikationswege gewinnen als über schriftliche Zahlen und Daten.

▪ Auf einen Blick ▬▬▬▬▬▬▬▬▬▬▬▬▬▬▬▬▬▬▬▬▬▬▬

Den Arbeitsalltag meistern

⇨ Mit gemeinsam verabredeten *Routinen und Verfahrensabläufen* sorgen Sie dafür, dass sich Ihr Team hinsichtlich der Arbeitsgepflogenheiten aneinander anpasst, Verlässlichkeit auch über Distanz sichert und standortübergreifend tragfähige Arbeitsbeziehungen aufbaut.

⇨ *Regeln: Weniger ist mehr* – definieren Sie nur wirklich notwendige Regeln. Besonders wichtig für virtuelle Teams sind dabei Vereinbarungen zur Erreichbarkeit und Verlässlichkeit, zur Dokumenterstellung und Dateiablage, zum Umgang mit Teamgrenzen und Teamumgebung und zu internen Kooperationsabläufen (regelmäßige Reflexion oder „Inventur" der Zusammenarbeit; wie mit Konflikten umgehen). Teamverabredungen unterliegen einer *kontinuierlichen Anpassung*: Sie immer wieder zu hinterfragen, zu modifizieren, neu zu strukturieren und zu kontrollieren, ist Ihre Aufgabe als Teamleitung. Für diese Aushandlungen über Distanz brauchen Sie das angemessene mediale Setting.

⇨ *Neue Teammitglieder*: Bei deren Integration müssen Sie nicht nur die fachliche Einarbeitung im Blick haben, sondern den neuen Kollegen, die neue Kollegin vor allem auf die Besonderheiten und ggf. Klippen der verteilten Zusammenarbeit vorbereiten. Auch über die Distanz Anschluss an die bisherigen Teammitglieder zu ermöglichen, ist dabei eine große Herausforderung.

⇨ *Mediengestützte Meetings* sind anstrengend (Wahrnehmungsreduktion, Technikhandhabung), also müssen sie kürzer sein als Präsenzmeetings. Stellen Sie angepasst an Ihre Teamsituation Ihren *teamspezifischen Meeting-Mix* zusammen. Als Leitung müssen Sie Ihr *Moderationsverhalten dem Medium anpassen*. In der Regel heißt dies, dass Sie aktiver steuern und häufiger Zwischenorientierungen geben müssen als in Präsenzmeetings. Bestehen Sie als Moderator/in auf der *guten Vorbereitung mediengestützter Konferenzen*. Alles, was nicht vorbereitet ist, muss sprachlich nachgeholt werden, und das kostet Zeit.

⇨ Im *Controlling auf Distanz* müssen Sie als Teamleitung eine strukturelle Schwäche virtueller Teams ausgleichen: *Verminderte Rückkopplungsprozesse*.

Für ein erfolgreiches Controlling auf Distanz und Anpassung Ihrer Steuerung benötigen Sie *zusätzliche qualitative Informationen* zu Vorgehensweisen, Zwischenergebnissen, Zielanpassungen und Zeitplanung.

Den *Arbeitsfortschritt* in Teilbereichen im Blick zu behalten, ist *Aufgabe aller Teammitglieder*. Mit einer Beteiligung der Teammitglieder am Controlling holen Sie Ihr Team ins Boot. Die ständige Suche nach relevanten Informationslücken ist über die Distanz essentiell.

Effektives Controlling braucht den *Dialog*: Etablieren Sie *„Zeigen und Erläutern lassen über Medien"* als Prinzip – es bietet Ihnen über die Distanz einen vielschichtigen Einblick, verbreitert die gemeinsame Verständnisbasis im Team und ermöglicht zugleich gegenseitige Unterstützung bei Anpassungsbedarfen.

7. Konstruktives Konfliktmanagement in virtuellen Teams

Praxisinterview mit Victor Gotwald, Heidelberger Druckmaschinen AG, Führungskräfteentwicklung

Konflikte gehören zu jedem Team – und natürlich auch, dass sie konstruktiv gelöst werden. Wo liegen Ihrer Erfahrung nach besondere Konfliktquellen in räumlich verteilten Teams?

Meiner Erfahrung nach vor allem im Spannungsfeld von lokalen Gegebenheiten und dem globalen Projektzusammenhang. Da gibt es immer wieder lokale Interessen und Rahmenbedingungen, die mit globalen Projektzielen oder einzelnen Teilzielen nicht oder zumindest nicht im vollen Umfang kompatibel sind. Das ist, vor allem wenn die Interessenslage nicht hinreichend kommuniziert wurde, immer wieder Quelle für unangenehme Überraschungen und manchmal auch echte Konflikte. Dazu kommt der eingeschränkte Einblick in aktuelle Entwicklungen am Standort oder in der Zentrale: Ich merke es im virtuellen Team erst daran, wenn Entscheidungen nicht umgesetzt oder irgendwie blockiert werden, dass im Hintergrund vielleicht in der Zwischenzeit Entscheidungen in eine andere Richtung gefallen sind.

Ein weiterer Konfliktherd in standortübergreifenden Teams: Ohne eine gewisse Standardisierung von Prozessen und (Teil-)Produkten ist eine globale Zusammenarbeit kaum machbar. Die Bedeutung und der Grad der Verbindlichkeit solcher Standards werden dann aber lokal oder kulturell oft unterschiedlich eingeschätzt. Infolgedessen werden dann Arbeitsergebnisse unterschiedlich bewertet, was natürlich wieder konfliktträchtig ist.

Ein guter Weg ist es, schon von Anfang an Commitment und enge Kommunikation über Distanz aufzubauen: Es gibt einige wenige, die gewohnt sind, auch über Distanz am gemeinsamen Strang zu ziehen. Die versuchen dann diejenigen mitzunehmen, die damit größere Schwierigkeiten haben – was eine ziemliche Herausforderung darstellt.

Wenn wir nun die Konfliktentwicklung genauer betrachten: Was ist dabei der Unterschied zu Präsenzteams?

Je weniger kommuniziert wird, desto größer werden meist die Verständnislücken zwischen den Partnern. Am jeweiligen Standort werden dann Dinge vorangetrieben, die alles in allem nicht mehr mit den standortübergreifenden Zielen übereinstimmen, ohne dass man es zunächst selbst merkt. Es fehlt das Korrektiv, das in Präsenzteams frühzeitigere Warnsignale ermöglicht: sich gegenseitig über die Schulter zu schauen und mitzubekommen, was auseinander läuft. Zusätzlich baut sich Vertrauen über Distanz natürlich viel schwerer auf. Wenn ich jemandem in die Augen schaue, dann weiß ich, ob ich einen Draht zu ihm habe oder nicht.

Bei der Zusammenarbeit auf Distanz steht zumeist erst einmal das Fachliche im Vordergrund. Wenn dann noch wenig persönliches Vertrauen ausgebildet ist, neigen Menschen eher zu Absicherungsstrategien, die vom Partner am anderen Ort wieder als Ausdruck von

Misstrauen gewertet werden können – so kann ein Teufelskreis entstehen, der Konflikte befördert.

Was uns als Organisationsentwickler hilft: Wir kennen diese Phänomene aus eigener Erfahrung und wissen, dass sie nur selten aus bösem Willen resultieren, sondern aus den Rahmenbedingungen der Distanz. Teams brauchen Unterstützung, auch über die Distanz hinweg Kontakt zu intensivieren, ihre gegenseitigen Bilder zu vergleichen und voneinander zu lernen. Das ist nicht immer einfach, aber absolut wichtig.

Haben Sie beobachtet, welche Rolle die medienvermittelte Kommunikation in der Konfliktentwicklung spielt?

Medienvermittelte Kommunikation kann „zündeln". Eine Dynamik, die ich z. B. bei der Kommunikation per Mail des öfteren beobachtet habe: Man versucht, etwas per Mail zu regeln. Wenn dann keine Reaktion kommt, wird einfach der Verteiler vergrößert, um den Druck zu erhöhen. Das führt allerdings nicht zu einer Lösung des ursprünglichen Problems, sondern eher zu einer Verschleppung.

Was auch zu einer Verschärfung beitragen kann: Der reduzierte Kontakt, wie er zum Beispiel bei Meetings über Telefonkonferenz gegeben ist. Hier ist es notwendig, auch dem informellen Austausch über Distanz Raum zu geben, sonst bekommt ein wesentlicher Teil des Teams wichtige Informationen nicht mit, die ansonsten am Rande des Meetings von Angesicht zu Angesicht ausgetauscht werden. Solche Informationen stärken ja die gemeinsame Basis, z. B. wie man ein bestimmtes Problem einschätzt. Wenn es dann fachliche oder persönliche Reibungen in einem Team gibt, trägt diese fehlende Gemeinsamkeit zur weiteren Verschärfung bei.

Welche Wege haben Sie sonst noch in Ihrem Unternehmen eingeschlagen, diese Konfliktquellen zu entschärfen?

Wir versuchen gezielt Vertrauensaufbau zu unterstützen. Wir fördern den Austausch von Mitarbeitern, die in unterschiedlichsten Positionen im Unternehmen waren. Die Menschen müssen sich in ihrer „Denke" und mit ihrem Kontext kennen lernen. Wir unterstützen Teams außerdem bei Bedarf darin, in der Startphase in einem Kick-Off auch in Kennenlernen und das gemeinsame Commitment zu investieren. Das schafft eine Basis, die später über die Distanz trägt.

Was würden Sie Leiter/innen virtueller Teams zum Umgang mit Konflikten an die Hand geben?

Lieber einmal zuviel treffen und intensiv kommunizieren. Immer wieder, auch über die Distanz, im Team darauf schauen, ob man noch auf das gemeinsame Ziel ausgerichtet ist. Das hilft, Konflikten vorzubeugen. Wenn es dann konkret einen Konflikt gibt, sollte man möglichst in einen Präsenzworkshop investieren. In der konkreten Konfliktsituation empfehle ich, weniger Mails zu schreiben und mehr direkten Kontakt aufzunehmen, also eher zu telefonieren.

Alles in allem muss man in virtuellen Teams viel genauer kommunizieren, dokumentieren, und häufige Rückkopplungsschleifen einziehen.

Man sollte nicht versuchen, etwas über Systeme zu lösen, was nur über die direkte Kommunikation geht. An einer konstruktiven Konfliktlösung sind Menschen beteiligt und nicht Systeme oder neue Prozesse.

Danke für das Gespräch!

Konflikte gehören zu jeder Teamarbeit dazu. Sie werden natürlich nicht gern gesehen und erlebt, aber letztlich stellen sie – konstruktiv bearbeitet und gelöst – eine produktive Quelle dar: Konflikte weisen darauf hin, wo noch Klärungen und Schärfungen z. B. zu Zielen und Arbeitsweise notwendig sind, wo ggf. eine Veränderung von Organisation oder Workflow unumgänglich ist, geben Hinweise zur Kräfteverteilung in einem Projekt (wo sitzen Unterstützer, wo Bremser?), und sie erweitern für alle Beteiligten den Blick auf das gesamte Bedingungsgefüge rund um einen Auftrag. Konflikte sind also auch in virtuellen Teams etwas Normales. Die Inhalte und die Entstehungsweise können jedoch durch die räumliche Verteilung und die Mediennutzung spezifisch geprägt sein.

Wir stellen kurz gefasst Grundlagen voran, damit ein gemeinsames Verständnis und Begriffsinventar zum Konfliktmanagement vorliegt. Daran anschließend erläutern wir die Besonderheiten der Konfliktentstehung und -eskalation in virtuellen Teams und gehen vor allem auf medieninduzierte Konflikte ein. Was wir hier beschreiben, geschieht üblicherweise nicht alles in einem einzigen virtuellen Team. Die vielen Beispiele dienen lediglich dazu, Sie aufmerksam zu machen und Ihre Wahrnehmung zu schärfen. Wer früh Konflikte mitbekommt, kann sie besser abfangen. Der dritte Teil zeigt dazu Konfliktlösungsmöglichkeiten auf Distanz auf.

7.1 Einige Grundlagen: Konflikte, Konfliktlösung, Konflikteskalation

Ein *Konflikt* liegt erst vor, wenn zwei Bedingungen erfüllt sind:

1. Zwei oder mehrere entgegengesetzte oder widersprüchliche Interessen oder Handlungsimpulse prallen aufeinander und

2. die Konfliktparteien stehen unter Einigungszwang, sei es aus freien Stücken oder aus äußerem Druck.

Die bloße Existenz unterschiedlicher Gefühle, Einstellungen und Interessen macht also noch keinen Konflikt aus (Pesendorfer, 1995). Diese Unterscheidung ist gerade für verteilte Teams bedeutsam, liegt hier doch eine mögliche Erleichterung gegenüber der Teamarbeit am selben Ort: Manche persönlichen Unterschiede lassen sich auf Distanz gelassen hinnehmen und können besser nebeneinander bestehen als im gemeinsam genutzten Büro. Es gibt weniger Einigungszwang bei der Gestaltung alltäglicher Abläufe und Arbeitsgepflogenheiten.

Menschen nutzen unterschiedliche *Wege der Konfliktlösung*. Einige Konfliktlösungsmuster werden von einer Person immer wieder angewendet, manche nur in bestimmten Situationen, und manche erweisen sich als produktiver als andere. In einigen Situationen gilt zu Recht „Der Klügere gibt nach", in anderen kann es wichtig sein, sich machtvoll durchzusetzen. Immer dann, wenn es um überdauernde gute (Arbeits-)Beziehungen geht, erweist sich jedoch ein bestimmtes Konfliktlösungsverhalten als besonders tragfähig: Hier hat ein Konfliktpartner die Interessen beider Seiten im Blick und verfolgt beide, auch wenn es sich zunächst paradox anhört. Damit wird gutes Konfliktmanagement einer produktiven Verhandlungsstrategie ähnlich, beide Konfliktpartner gehen als Gewinner aus der Situation hervor.

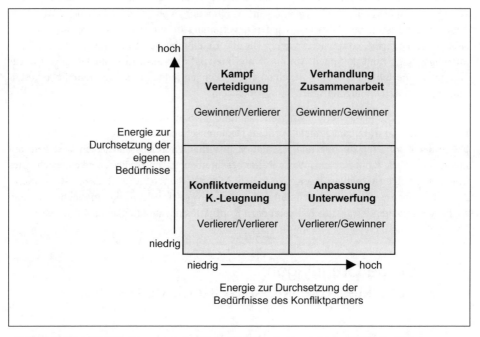

Abbildung 18: *Konfliktlösungsmatrix nach Doppler & Lautenburg (2002, S. 418)*

Die meisten Konflikte im beruflichen Alltag werden konstruktiv in einer Diskussion gelöst. Manchmal gelingt dies jedoch nicht, der Konflikt gerät außer Kontrolle. Ein unkontrollierter Konflikt verläuft – recht unabhängig von seinem Thema – typischerweise in klar voneinander zu unterscheidenden Phasen, so dass man von einer regelrechten *Dramaturgie der Konflikteskalation* sprechen kann (im Folgenden dargestellt nach Doppler/Lauterburg, 2002, vgl. Abbildung 19).

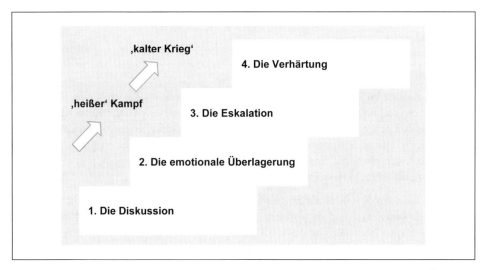

Abbildung 19: *Dramaturgie der Konflikteskalation nach Doppler & Lauterburg*

Stufe 1: Die Diskussion

Auch wenn sich später kaum jemand daran erinnert: Ganz am Anfang jeden eskalierten Konfliktes steht eine Sachfrage. Sie ist Anlass für unterschiedliche Positionen, in der Regel zunächst im Dialog ausgetragen. Die Diskussion ist engagiert, aber noch nicht erregt. Die Konfliktpartner gehen noch davon aus, dass man schon eine Lösung finden werde.

Stufe 2: Die emotionale Überlagerung

Im Verlaufe der Diskussion entsteht – anfangs kaum merklich – eine kritische Atmosphäre, wenn die Argumente der einen Seite von der anderen nicht mehr als berechtigte Sachargumente akzeptiert werden. Stattdessen werden sachfremde und eher personengebundene Aspekte wie Eigennutz, taktische Überlegungen und mangelnde Aufrichtigkeit unterstellt. Man wechselt zur moralischen Ebene und wird auch emotional. Die Sachfrage wird damit also überlagert durch Fragen von Beziehungen, Werten, Einstellungen, Haltungen und emotionalen Wirkungen.

Stufe 3: Die Eskalation

Wenn nun die eine Seite sich von der anderen nicht ernst genommen oder abgewertet fühlt, gilt dies als Signal zum Gegenangriff – aus Kränkung, Wut und Empörung. Die Kommunikation wird abgebrochen, man sucht Verbündete im Umfeld. Der Konflikt gerät in die „heiße" Phase und eskaliert symmetrisch: Es gibt ein hohes, emotionalisiertes und damit energiereiches Engagement auf beiden Seiten. Das Geschehen steht nicht mehr unter rationaler Kontrolle; beide Seiten nehmen nur noch selektiv das am anderen wahr, was dem eigenen Vor-Urteil entspricht. Damit gerät die ursprüngliche Sachfrage völlig aus dem Blick, es zählt das aktuelle Verhalten der anderen Seite, auf das man reagieren „muss". So erhält sich der Kampf fortwährend selbst am Leben.

Stufe 4: Die Verhärtung

Früher oder später kühlt der Kampf ab: weil eine Seite gewonnen hat, weil eine Hierarchiestufe höher ein „salomonisches" Urteil gefällt wurde oder weil eine Pattsituation ein vorübergehendes Gleichgewicht herstellt. Dabei wird der Konflikt chronisch, von nun an herrscht „kalter Krieg". Diesen Zustand aufrecht zu erhalten, kostet unendlich viel Zeit, Geld und Nerven. Besonders die stark eingeschränkte Kommunikation und Kooperation zwischen den Konfliktparteien schluckt Ressourcen und vergibt Chancen.

Außerdem kann der Konflikt immer wieder aufbrechen. Das Gefühl, ein Unrecht erlitten zu haben, bleibt bestehen – und so wird ein „Rabattmarkenheft" aus Revanchegelüsten gefüllt und bei passender Gelegenheit eingelöst.

7.2   Besonderheiten der Konfliktentstehung und Konflikteskalation in verteilten Teams

Team-Konflikte können offen oder verdeckt ablaufen. Ihre Themen sind nicht nur Sachthemen, sondern auch Fragen von persönlichem Arbeitsstil und Einstellungen, von Macht und von Wertschätzung. Dies gilt insbesondere für eskalierte Konflikte.

Bei räumlich verteilt arbeitenden Teams kommen zwei Quellen für Konflikte bzw. für die Verstärkung von Konflikten hinzu:

1. Die Mediennutzung und die dadurch veränderte Kommunikation (vgl. Kapitel 3). Zudem werden Konflikte oft nicht sehr früh erkannt, weil mediengestützte Kommunikation eher die Sach-Aspekte betont und andere Aspekte wie Einstellungen, subjektive Einschätzungen und Empfindungen (vgl. Konflikteskalationsstufe 2: emotionale Überlagerung) zu kurz kommen.

2. Es steht nur ein eingeschränktes Repertoire an Konfliktlösungsmöglichkeiten zur Verfügung.

Diese besonderen Faktoren in verteilten Teams führen oft dazu, dass Konflikte zunächst kaum wahrgenommen werden. Dann werden sie aus subjektiv „guten Gründen" nicht explizit angesprochen, weil man nichts „hochspielen" möchte. Schließlich kochen sie mit Macht auf – und dies nicht selten dann, wenn die Teamarbeit in entscheidende Phasen tritt.

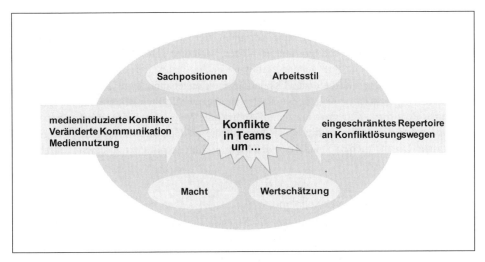

Abbildung 20: *Konfliktthemen und Konfliktquellen im virtuellen Team*

Wir zeigen nun, wie sich diese beiden besonderen Bedingungen in Ihrem virtuellen Team auswirken können und welche Möglichkeiten Sie haben, damit konstruktiv und konfliktreduzierend umzugehen.

7.2.1   Medieninduzierte Konflikte

Die folgenden Beschreibungen sollen Ihre Aufmerksamkeit für mögliche Konfliktquellen und Zwischentöne schärfen. Einige dieser Aspekte kennen Sie schon aus früheren Kapiteln, in denen wir die Effekte von Kommunikationsmedien beschrieben haben. Wir haben sie hier trotzdem noch einmal mit aufgenommen und ihr jeweiliges Konfliktpotenzial herausgearbeitet, so dass Sie an dieser Stelle einen Gesamtüberblick erhalten. Wenn Sie diese Phänomene gut im Auge haben, können Sie leichter vermeiden, dass sich medieninduzierte Effekte zu „echten" Konflikten auswachsen.

Asynchrone Kommunikation: Kommunikative Einbahnstraßen, die mit zunehmendem Tempo befahren werden

In Kapitel 3.1 wurde beschrieben, wie diese zwischen „Gespräch" und „Brief" angesiedelte asynchrone Kommunikation durch die schnelle Übertragungsgeschwindigkeit fast den Charakter eines Zwiegesprächs annehmen kann. Dies darf jedoch nicht darüber hinwegtäuschen, dass es sich immer noch um eine Folge kommunikativer Einbahnstraßen handelt. Anders als im persönlichen Zwiegespräch kann der Empfänger, während ein Beitrag formuliert wird, nicht reagieren und damit nicht auf den Sender einwirken. Kommunikative „Unfälle" – sich im Ton zu vergreifen, missverständlich zu formulieren – können daher weder sofort erkannt noch durch Umformulierungen oder Einlenken korrigiert werden.

In eskalierenden Konflikten in virtuellen Teams lässt sich oft beobachten, dass, beginnend in der Phase der emotionalen Überlagerung, vor allem aber in der Eskalationsphase, Forumsbeiträge oder E-Mails zunehmend hin- und herfliegen. Man liest eine Mail, ist empört, ein Click auf den Antwort-Button, eine wütende Antwort in die Tasten gehackt, Enter-Taste – und schon ist eine weitere Stufe auf der Eskalationsleiter angebahnt. Und je wütender man ist, desto eher wird die nächste eingehende Nachricht nur oberflächlich gelesen, man reagiert auf bestimmte Reizworte, antwortet nur darauf, schickt die Mail schnellstens wieder los, und so schraubt sich der Konflikt in die Höhe. Es fehlt die abkühlende Wirkung des Gangs zum Briefkasten. Die mögliche Schnelligkeit des Mailing führt so mitunter zu einem Teufelskreis der Konflikteskalation.

Konflikte durch schnelle Vervielfältigung

Dass Mails so schnell und unkompliziert per Attachment auch größere Mengen an Information übermitteln, hat Auswirkungen auf Arbeitsabläufe, die sich zu Konflikten auswachsen können. Damit steigt nämlich die Verführung, alles an alle weiterzuleiten und so zu einer unproduktiven Informationsüberflutung beizutragen. Vermutlich kennen Sie Situationen wie die im folgenden Beispiel beschriebene:

> Beim noch jungen Leiter eines Teams regional verteilt arbeitender Kundenbetreuer paarte sich mangelnde Entscheidungsfreude mit einem falsch verstandenen Anspruch an Transparenz und Beteiligung. Fast alles, was ihn erreichte, leitete er an sein Team weiter. Das Team hatte sehr bald ein ernstes Problem. Die Teammitglieder hatten resigniert aufgegeben, alle Informationen zu sichten, mussten sich aber immer wieder anhören: „Das hätten Sie wissen können, das habe ich Ihnen doch alles gemailt." Die Retourkutsche der Teammitglieder kam ebenso regelmäßig: „Wann sollen wir das denn alles lesen?"

Teamleitungen haben Verantwortung für Informationsselektion. „Informationsmüllkaskaden" vernebeln diese Verantwortung und verhindern letztlich die zielgerichtete und effektive Beteiligung der anderen Teammitglieder.

Konflikte können auch daraus resultieren, dass der Umgang mit Mails noch nicht in allen Unternehmen und Organisationen genauso klar geregelt ist wie der Umgang mit Briefen, Unterschriften, Umläufen usw. Auch deshalb werden Informationen per Mail oft breiter gestreut als sinnvoll. Ein Beispiel:

> In einem Unternehmen hatte sich ein Kunde per E-Mail an oberster Stelle in drastischen Worten über angebliches Fehlverhalten einer Mitarbeiterin beklagt. Dieser rufschädigende Beschwerdebrief wurde dann wiederum per E-Mail über mehrere Hierarchiestufen und Abteilungen bis in die entsprechende Fachstelle weitergeleitet. Die Mitarbeiterin konnte zwar eindeutig belegen, dass sie völlig angemessen gehandelt hatte. Sie konnte allerdings nicht systematisch alle Mitwisser/innen innerhalb des Unternehmens davon in Kenntnis setzen, weil die Rückverfolgung der Mail-Copies nicht lückenlos möglich war, und fühlte sich auf diese Weise nicht vollständig rehabilitiert.

CC- und BCC-Funktionen können auch ungute Wirkungen entfalten, wenn diese Vervielfältigung zur Organisation von Verbündeten eingesetzt werden (s. o.: Stufe 3 der Konfliktdramaturgie).

Schriftsprache: eingeschränktes Transportmittel für Kommunikation

Die Tendenz, E-Mails auf die „reine" Nachricht zu reduzieren, ist effizient, lässt aber zwischenmenschlichen Kontakt und beiläufiges gemeinsames Wissen eventuell zu kurz kommen. Der Wegfall von nonverbalen Begleitbotschaften kann E-Mail-Kommunikation schärfer im Ton erscheinen lassen als beabsichtigt, Arbeitsaufträge klingen unter Umständen direktiver. Wie das kommt? Bei einer persönlichen Kommunikation ist in der Regel eine kleine Vorverhandlung möglich, bevor ein solcher Auftrag erteilt wird. Treten Sie zum Beispiel mit der Frage: „Haben Sie mal einen Moment Zeit? Ich habe da was für Sie.", an den Schreibtisch Ihrer Mitarbeiterin heran, so kann diese in der Regel natürlich nicht völlig frei mit „Ja" oder „Nein" antworten. Ihre Frage drückt aber Respekt vor der Mitarbeiterin und ihrer aktuellen Arbeit aus. Durch ein Nicken, das Beiseite-Legen von Arbeitsunterlagen oder ein „Klar. Was gibt's denn?" kann sie aber zumindest in einem kleinen Schritt den weiteren Gang des Geschehens mitgestalten.

Bei einer Kommunikation per E-Mail werden diese Zwischenschritte oft übergangen, und solche „Anfragen" werden tendenziell zu „Anweisungen". Noch kein Konflikt, aber vielleicht ein kleiner Nadelstich, dem sich noch andere hinzugesellen und die dann in einer Kontroverse schnell für eine emotionale Überlagerung sorgen. Einige Worte mehr dürfen es schon sein.

> Bernd Meier, Mitarbeiter in der Controlling-Abteilung eines Unternehmens, klagte darüber, dass ihn Mails seines Chefs Norbert Kürten ohne Anrede und ohne Grußformel kränken würden. Darauf angesprochen, begründete Herr Kürten das mit „Arbeitseffizienz" und dass er es ja nur bei den vielen kleinen Mails so zwischendurch mache. Nachdem wir ihn gebeten hatten, probeweise eine Mail seines eigenen Vorgesetzten in dieser Form umzuformulieren und an sich selbst zu schicken, erlebte Herr Kürten die Wirkung am eigenen Leib. „Das klingt ja schroff, wie auf dem Kasernenhof", konstatierte er offen und selbstkritisch. *Das* habe er selbstverständlich nicht beabsichtigt. Seitdem ist wieder Zeit für „Hallo, Herr Meier", „Einverstanden?" oder „Klappt es heute noch?" und „Gruß – Kürten".

Sie als Teamleiter/in sind da also „stilprägend".

Ein weiterer Konfliktherd liegt gar nicht in den formulierten E-Mails selbst, sondern darin, was in E-Mails oft fehlt. Im gemeinsamen Büroalltag, bei zufälligen Begegnungen am Kopierer oder am Kaffeeautomaten ebenso wie in Small-Talks rund um Meetings sammeln sich gemeinsames Wissen und gemeinsame Gewissheiten. Dieser Vorrat an Gemeinsamkeit reduziert sich, wenn die Kommunikation fast ausschließlich über E-Mails läuft. Aussagen zur eigenen Befindlichkeit oder wie man gerade die Zusammenarbeit erlebt, Wünsche und Appelle an den Kommunikationspartner werden tendenziell unterdrückt, obwohl sie wichtig für die Zusammenarbeit und gerade auch für die Konfliktprophylaxe und -früherkennung sind.

Mails liefern in bereits eskalierenden Konflikten auch Munition: Obwohl sie in der Regel eher „Zettel-Charakter" haben und gerade innerhalb von Teams meist informell formuliert sind, entstehen doch Dokumente. Sie werden lange gespeichert und sind leicht zugänglich. Und sie können dann zu viel späteren Zeiten dem ursprünglichen Sender wieder vorgehalten oder im Zuge der Verbündetensuche (Konfliktdramaturgie Stufe 3: Eskalation) als „Beweismittel" eingesetzt werden.

Ungewohnt große Transparenz

Groupware-Tools bieten oft ungewohnten gegenseitigen Einblick in Tätigkeiten, Zeiteinteilung, Arbeitsabläufe, Software-Skills und vieles mehr. Diese Transparenz kann Vergleiche ermöglichen, Bewunderung für das große Arbeitspensum einer Kollegin hervorrufen, zu spontaner Unterstützung von Kolleginnen und Kollegen untereinander führen, aber auch Konkurrenz schüren, Furcht vor elektronischer Überwachung auslösen und in der Folge einen Boykott des Groupware-Systems hervorrufen. Häufig wird z. B. der Nutzen gemeinsamer Ab- und Anwesenheitskalender durch fehlende Eintragungen unterlaufen.

Ein zweiter Aspekt der ungewohnt großen Transparenz wird fast nie besprochen, wirkt aber trotzdem: Die gemeinsame Bearbeitung von Dateien legt das unterschiedliche Know-how in der Software-Beherrschung schonungslos offen. Natürlich ist diese unterschiedliche Medienkompetenz nicht das zentrale Thema bei einer Projektarbeit, und doch immer wieder willkommener Anlass zum internen Rating und zur eigenen Verunsicherung, gerade in der Phase der Teambildung, wenn Statusfragen und die Aushandlung der Rollen großes Gewicht haben. Wer dilettiert bei welchem Anwendungsprogramm, wer beherrscht es schon virtuos? Kann man ohne weiteres bekennen, nicht zu wissen, wie man in Excel Funktionen erstellt, ein Inhaltsverzeichnis in Word automatisch erstellt oder auf einen ftp-Server Dateien hochlädt?

Auch die gemeinsame Dateiablage wirft Fragen auf, die Konflikte hervorbringen oder auch sehr gut anheizen können. Dass alle in einer Groupware hinterlegten Dokumente, Vorlagen, Konzepte dem Unternehmen gehören und alle im Team alles nutzen und weiterverarbeiten, ist klar. Aber: Wer „darf" es wann an andere außerhalb des gemeinsamen Zugangsbereichs weitergeben? Hierzu muss es klare Absprachen und Kennungen (z. B. zu Bearbeitungsstand und Freigaben) geben, wenn Konflikte vermieden werden sollen.

Was ist nun aber mit einem Konzept für einen modifizierten Workflow, einem besonders ausgefeilten Controlling-Konzept o. Ä., in das jemand viel Kreativität und Ideenreichtum gelegt hat? Das ist keine juristische Frage, sondern eine des fairen Umgangs. „Ideenklau" ist überhaupt kein spezifisch virtuelles Team-Thema. Weil in virtuellen Teams individuelle Arbeitsergebnisse i. d. R. allen in elektronischer Form vorliegen, ist die Übernahme und Modifikation aber besonders leicht. Konflikte entstehen hier z. B., wenn eigentlich gebefreudige Teammitglieder sich hintergangen fühlen, weil sie an völlig anderer Stelle wieder auf ihr eigenes Arbeitsprodukt treffen und sich ganz jemand anderes damit geschmückt hat. Dass man in der Teamarbeit voneinander profitiert, ist einer ihrer großen Vorzüge. Dass man mit diesem gemeinsamen Wissensfundus auch in gegenseitigem Respekt umgeht und sich nicht mit fremden Federn schmückt, gehört unabdingbar zu einer guten Teamkultur. Achten Sie als

Teamleiter/in darauf, denn was Sie überhaupt nicht brauchen können: dass kompetente Teammitglieder nach unangemessener Weitergabe von (Teil-)Produkten möglicherweise ihr Potential zurückhalten.

In unternehmensübergreifenden Teams ist diese Frage der „Eigentumsverhältnisse" noch genauer zu stellen und evtl. ausdrücklich zu regeln (vgl. auch Kap. 5.3, Standortverteilte Innovationsteams). Manchmal ist es übrigens genau diese Sorge, die hinter den laut formulierten technischen Vorbehalten gegen eine unternehmensübergreifend eingesetzte gemeinsame Groupware steckt.

Ungewohnt geringe Transparenz

Nur das, was von einem Standort aus explizit an andere Standorte vermittelt wird, findet für die anderen auch „wirklich" statt. Viele Informationen über Abläufe zwischen solchen expliziten Meldungen erreichen die anderen gar nicht. Damit fehlen viele Zusatzinformationen, die diese Meldungen einordnen helfen.

Wenn Sie z. B. von einem Mitarbeiter aus Ihrem Team seit 4 Tagen keine Mail erhalten haben, wissen Sie nicht, ob er emsig an seiner Teilaufgabe arbeitet oder ob er gerade einen Durchhänger hat oder ob er durch einen anderen Auftrag vor Ort belegt ist. Ihr Mitarbeiter weiß vielleicht umgekehrt nicht, dass Sie, obwohl auch Sie nichts von sich hören lassen, intensiv nach einer Lösung für sein Problem vor Ort suchen.

Wer schon lange gut kooperiert, hat damit weniger Probleme, als wenn jemand neu in ein Team kommt. Aber auch dann ist es schwierig, etwas wertzuschätzen, was man gar nicht wahrnimmt. Noch einmal sei in aller Deutlichkeit gesagt: Virtuelle Teams werden nur durch kommunikative Akte lebendig.

Geringere Transparenz kann sich auch durch die Reduzierung von Wahrnehmungskanälen bei der Nutzung bestimmter Medien ergeben. Dieses Phänomen spielt z. B. in Videokonferenzen eine Rolle: Dadurch, dass leise Äußerungen, kleine Gesten und Mimik am jeweils anderen Ort schlecht wahrzunehmen sind, werden solche Handlungen gegenseitig nicht genügend gewürdigt, sie können auch nicht handlungssteuernd eingesetzt werden. Wenn in Videokonferenzen die Beteiligten am anderen Ort tendenziell als weniger sympathisch und kompetent eingeschätzt werden, dann kann das hierin begründet sein. Denn gerade diese die Sachdiskussion begleitenden Handlungen wirken auf der wichtigen kommunikativen Beziehungsebene: Sie stellen das humorvolle Salz in der Suppe dar, entschärfen Reibungen, signalisieren Zustimmung oder Nähe und vieles mehr. Können sie aber nicht richtig interpretiert werden, entsteht hier auch Irritation und Verstimmung – Nährboden für Konflikte.

Wird z. B. „hier" über eine halblaut gemurmelte witzige Bemerkung gelacht, fühlen sich die Kolleg/innen „dort" schnell ausgeschlossen, wenn das Mikrofon die Bemerkung nicht übertragen hat. Im Einzelfall kein Problem, im wiederholten Fall und bei einer kontroversen Diskussion kann schnell der Eindruck entstehen: „Die lachen über uns. Da müssen wir gegenhalten." Solidarisierung vor Ort, die in virtuellen Teams nicht nur in Videokonferenzen zu beobachten ist, ist die Folge der bisher beschriebenen Effekte: „Wir hier" und „ihr dort". Oft zunächst humorvoll kommentiert, wächst sich diese Solidarisierung in Subgruppen in einer kontroversen Diskussion möglicherweise zu einem Eskalationsmotor aus. Der Eintritt in Stufe 2 der Konflikteskalation ist damit sicher.

Ungleiche Beteiligungschancen

Dass es bei mediengestützter Kooperation ungleiche Beteiligungschancen gibt – durch individuelle Fertigkeiten (z. B. beim schnellen, strukturierten Tippen eigener Gedankengänge) oder aufgrund von Medienbesonderheiten (z. B. bei Übertragungsverzerrungen in Videokonferenzen) – haben wir in Kapitel 3 beschrieben. Sie können sich auswachsen zu Konfliktquellen, wenn diese ungleiche Beteiligung sich chronifiziert. Dann drohen einzelne Teammitglieder oder Teilteams an einem Standort sich abzuhängen, weil sie sich abgehängt fühlen – oft ein sich verstärkender Teufelskreis. Wenn Sie sich wundern, warum das eine Teammitglied so locker und regelmäßig mit Ihnen im Mail-Kontakt steht und ein anderes nichts von sich hören bzw. sehen lässt, könnte das der Hintergrund sein. Dies gilt besonders auch, wenn die Teamsprache in einem mehrsprachigen interkulturellen Team nicht von allen gut beherrscht wird.

Dieses Phänomen stellt sich auch bei Telefonkonferenzen ein. Hier könnten sich zwar im Grunde alle gleich gut beteiligen, aber es ist wie im Western: Manche ziehen schneller. Wer jedoch auf Dauer weniger zu Wort kommt, zieht sich zurück, engagiert sich weniger, fühlt sich der diskutierten Sache weniger verpflichtet. Und das wiederum ist Nährboden für Konflikte im Team. Nicht nach einer einzelnen Telefonkonferenz, wohl aber, wenn sich die Chancenungleichheit immer wiederholt, ohne dass die Teamleitung in der Moderation aktiv gegensteuert (vgl. auch Kapitel 6.3, Meetings auf Distanz).

Wegfall von Redundanzen rächt sich

Wenn Vorgänge automatisiert und Wege und Zwischenstationen eingespart werden, wie es durch den Einsatz von Groupware-Lösungen, E-Mail und automatisierten Workflows möglich wird, kann dies neben willkommenen Effizienzgewinnen allerdings auch zu neuen Problemen führen. Dies zeigte Christel Kumbruck (1998) in einer anschaulichen Studie:

> Nachdem in einer Organisation die Bearbeitung von Urlaubsanträgen automatisiert wurde, traten neben den erwarteten Vereinfachungen auch unerwartete Komplikationen auf. Manche Urlaubsanträge wurden z. B. als Irrläufer zurückgewiesen, weil den Empfängern nicht klar war, dass sie gerade als Stellvertreter/in einer anderen Führungskraft angefragt wurden, oder umfangreiche Nachfragen wurden nötig, weil den stellvertretenden Genehmiger/innen nicht immer die Abteilungssituation vertraut war. Die situationsangemessen variierende Arbeit einer Teamassistenz, die bei Weiterleitung eines Antrags beiläufig die entsprechende Orientierung gibt oder einen Antrag zurückhält, wenn der Vorgesetzte am nächsten Tag wieder im Büro ist, war unterschätzt worden.

Diese „Hintergrundkooperation" wird bei der Formalisierung von Routinen zu Workflows leicht übersehen. Dabei wird erst durch dieses aktive Nachsteuern die weitgehende Reibungslosigkeit in den Abläufen möglich. Scheinbare Umwege, redundantes Kommunizieren und ein „am Rande Mitbekommen" sind dafür allerdings unerlässlich.

Veränderte berufliche Rollen und Beziehungen

Unternehmen, die Neue Medien neu einführen oder ihre Nutzung deutlich ausweiten, müssen sich auf Beziehungs- und Rollenveränderungen einstellen. Die bisherige (in-)formelle Hierarchie qua Amt/Funktion oder qua Fachkenntnis/Erfahrung wird in Frage gestellt. Die hiermit einhergehende Verunsicherung in Status und Selbstwertgefühl drückt sich häufig als Widerstand gegen die Technik aus.

Dass mit der elektronischen Kommunikation die oft als bloße Hierarchiesymbole interpretierten Hindernisse für Erreichbarkeit wegfallen (Vorzimmer, telefonische Erreichbarkeit nur über die Sekretärin usw.), wird von vielen begrüßt, die jetzt unkompliziert den Dienstweg ignorieren und direkt quer durch die Hierarchien kommunizieren. Andere dagegen beklagen dies als „Wildwuchs" – ob tatsächlich aus Gründen der arbeitsorganisatorischen Unübersichtlichkeit oder aus Kränkung, ist nicht immer auszumachen. Hier spielen auch kulturelle Unterschiede eine Rolle. Die Umgehung einer umsichtigen Teamassistenz hat auf jeden Fall nicht selten Konfliktfolgen, wenn nämlich Mails vom Empfänger nicht ordentlich verwaltet werden, daraus erwachsende Aufgaben nicht erledigt und angehängte Dokumente nicht wieder aufzufinden sind.

7.2.2 Eingeschränktes Konfliktlösungsrepertoire

Räumliche Verteilung und mediale Kommunikation schränken die Klaviatur an Konfliktlösungswegen ein.

Beiläufige Konfliktklärung ist erschwert

Gerade unaufwändige Konfliktklärungen, die wenig persönliche Überwindung kosten, stehen mangels Gelegenheit nicht zur Verfügung, z. B.

- einen Konflikt beiläufig auf dem Weg zur Kantine oder auf einer Fahrt zum Kunden besprechen,

- atmosphärische Störungen in einem Meeting in der Pause kurz „nachbereiten" und damit entschärfen.

Besonders heikel sind Konflikteskalationen über Rückzugsstrategien und Kontaktabbruch bis hin zum Ausloggen. Kontakt ist die Voraussetzung für Konfliktklärung.

Eingeschränkter Informationsreichtum schriftlicher Medien

Konfliktklärungen erfordern Kommunikation auch über andere Ebenen als die „rein sachliche": Es geht um eigene Erwartungen, Hoffnungen und Befürchtungen, um die Beziehung der Konfliktpartner, um die Sicht des einen vom anderen, um Wünsche und Erwartungen aneinander.

Diese vielfältige Kommunikation ist besser in persönlichen Begegnungen zu leisten, wenn Stimme, Mimik, Gestik und Körperhaltung ebenfalls Botschaften übermitteln. Solche Feinheiten in schriftlicher Kommunikation niederzulegen, erfordert Übung, Bereitschaft und Zeit. Aber selbst wenn dies gegeben ist, fehlt die unmittelbare Reaktion des Gegenüber und damit die Chance, einen lebendigen kleinschrittigen Prozess zu gestalten, sich wieder aufeinander zu zu bewegen. Asynchrone und schriftliche Kommunikation sind nur in wenigen Fällen geeignete Mittel zur Konfliktklärung.

Auch die kommunikative Steuerung in Teams verändert sich, mit denen Sie vor Ort Stresssituationen entschärfen und Konflikteskalationen verhindern können. Konstruktiver Humor, die Ermutigung zurückhaltenderer Mitarbeiter/innen durch aufmunternde nonverbale Interventionen, das vorsichtige, kränkungsvermeidende Ausbremsen überengagierter Kolleg/innen, in einer hitziger werdenden Debatte mal im wahrsten Sinne des Wortes „frische Luft" reinlassen – einige dieser kommunikativen Stärken, aber nicht alle können Sie auf die Kommunikation per neue Medien oder Telefonkonferenz übersetzen.

Kulturelle Unterschiede im Umgang mit Konflikten

Nicht zuletzt sind kulturelle Unterschiede der Konfliktklärung zu betrachten, die den Weg über Medien schwierig machen oder sogar versperren. Schon Berufsgruppen- und Unternehmenskulturen beeinflussen dies. In besonderer Weise machen sich kulturelle Unterschiede im Umgang mit Konflikten natürlich dann bemerkbar, wenn in Ihrem virtuellen Team Mitarbeiter/innen aus unterschiedlichen Ländern und Kontinenten arbeiten:

- Längst nicht in allen Kulturen wird es geschätzt, das Konfliktthema offen auf den Tisch zu packen. Manche Kulturen halten dies eher für unnötig und schädlich.

- In manchen Kulturen werden Konflikte, wenn überhaupt, eher indirekt und unter vier Augen angesprochen – und mediengestützt eben gar nicht.

- In wieder anderen Kulturen vermeidet man sogar, dass Konflikte überhaupt sichtbar werden, um auf jeden Fall höflich zu bleiben und keine Kränkungen auszulösen.

Das hat auch Konsequenzen für Ihre Wege der Konfliktlösung.

In dem folgenden ausführlichen Fallbeispiel werden die besonderen Konfliktentstehungspotenziale der räumlichen Verteilung wie auch die größeren Hürden der Konfliktklärung noch einmal anschaulich. Aber es wird auch aufgezeigt, welchen konstruktiven Weg für zukünftige ähnliche Situationen dieses virtuelle Team auf der Basis seiner Erfahrungen und Reflexionen gefunden hat.

Ein relativ junges Netzwerk von Unternehmensberater/innen hatte einen größeren Auftrag für ein Change-Management-Projekt übernommen. Die Netzwerkmitglieder waren formal eigenständig, ihre Büros über zwei Bundesländer verteilt. Die Vorbereitung des Auftrags verlief zunächst zufriedenstellend: Das Grobkonzept wurde in einem Face-to-face-Meeting abgesteckt, Rollen und Arbeitspakete wurden verteilt. Ina Kogler übernahm die Teamleitung für diesen Auftrag.

Zu Beginn des Change-Management-Prozesses sollte eine Zukunftskonferenz stehen, an der alle Mitarbeiter des auftraggebenden Unternehmens beteiligt sein sollten (450 Mitarbeiter/innen aus 5 Standorten). Da einige Netzwerkmitglieder zwar schon Erfahrungen mit Großgruppenworkshops hatten, jedoch noch nicht mit einer solch großen Veranstaltung, kam ein Tipp sehr gelegen: Alexander Ludwig, ein versierter Großgruppen-Manager, sei vielleicht eine gute Verstärkung. Herr Ludwig wurde gefragt und sagte zu, den Ablauf der Zukunftskonferenz zu konzipieren und die Hauptmoderation zu übernehmen. Er erhielt alle Unterlagen zum Auftrag. Dank Mail war es ja kein Problem, dass er hoch im Norden Deutschlands wohnte.

Danach hörte man längere Zeit nichts mehr von ihm. Nachfragen per Mail wurden zunächst nicht, später dann mit hinhaltenden Kurzmeldungen beantwortet: „Keine Sorge, bin dran." „Noch etwas Geduld, habe den Termin im Kopf."

10 Tage vor der Planungskonferenz mit dem internen Projektteam des Auftraggebers platzte Ina Kogler der Kragen: In drei Tagen sollten per Telefonkonferenz unter den Berater/innen die vorliegenden Arbeitspakete beraten werden, in den 7 Tagen danach wäre dann noch Zeit für notwendige Anpassungen. Von Alexander Ludwig lag jedoch immer noch kein Konzept vor. Ina Kogler rief ihn an. „Ah, sorry, bin gerade auf dem Sprung zum Zug, melde mich heute Abend." Das waren dann auch die letzten persönlichen Worte, die sie von Herrn Ludwig hörte. Einen Tag später schrieb dieser eine Mail, die alle wütend machte: „Bin gerade voll in Arbeit, sorry, es dauert noch ein paar Tage. Melde mich wieder, wenn ich mehr Zeit habe." Hatte dieser Kerl denn alle Zeitabsprachen völlig vergessen?!

In einem gemeinsamen Kraftakt schaffte es das Netzwerk dann trotzdem noch – ohne Alexander Ludwig. Die Organisation der Zukunftskonferenz löste bei einigen zwar schlaflose Nächte aus, ging aber mit der erhofften Energie spendenden Wirkung über die Bühne. Noch mal gut gegangen!

Ina Kogler reflektiert die Erfahrung später so: „Wir waren naiv und sind einem klassischen Beurteilungsfehler aufgesessen: Wer als fachlich gut bekannt ist, ist auch zuverlässig, dachten wir. Und ich als relativ junge Beraterin hatte auch Skrupel, den älteren, erfahreneren Kollegen „anzupfeifen". Das ist mir besonders schwer gefallen, weil wir praktisch keinerlei Alltagskontakte hatten. Ich hätte als Teamleiterin früher eingreifen sollen, mulmig war mir schon früh genug. Und auch die Sticheleien der anderen in diversen Mails hätten mich aufmerken lassen sollen.

Ich weiß jetzt, wie bequem man Konflikten per Mail aus dem Weg gehen kann – und wie hilflos man sich 400 km weiter weg empfindet, wenn jemand Mails einfach nicht beantwortet oder nicht mehr ans Telefon geht. Wir haben unsere Lektion gelernt. Glücklicherweise sind wir mit einem blauen Auge davon gekommen, der Auftrag ist insgesamt sehr gut gelaufen. Bei einem nächsten Netzwerktreffen haben wir die Erfahrungen noch einmal gemeinsam ausgewertet und folgende Schlussfolgerungen vereinbart:

- In der Realisierungsphase eines Auftrags, wenn die Zeit knapp wird, keine Netzwerkerweiterung um neue Kolleg/innen, mit denen man noch keine eigene Kooperationserfahrung hat.

- Ob jemand vom Hörensagen gut ist, zählt für uns nicht. Was zählt, sind selbst gemachte Kooperationserfahrungen. Die sammeln wir zunächst in kleineren, weniger riskanten Projekten.

- Fachliche Kompetenz ist zwar eine notwendige, aber keinesfalls eine hinreichende Bedingung für die erfolgreiche Arbeit in einem räumlich verteilten Netzwerk. Selbstmanagementkompetenz und Zuverlässigkeit müssen unbedingt hinzukommen.

- Wer bei uns mitarbeiten möchte, wird sehr schnell auf Zuverlässigkeit in der Kooperation überprüft – und das sprechen wir mit Interessent/innen auch offen an."

7.3   Konfliktlösung auf Distanz

Wie können nun auf gute Weise Konflikte über räumliche Entfernungen hinweg gelöst werden? Natürlich gibt es kein Allheilmittel, in virtuellen Teams genauso wenig wie in lokalen Teams. Wichtig ist, ein breit gefächertes Repertoire zur Verfügung zu haben, als Teamleiter/in ist man hier Modell. Im folgenden Abschnitt zeigen wir Ihnen die verschiedenen Ansatzpunkte und Interventionsmöglichkeiten auf:

- Wie Sie mit Vorbeugung dem Team und sich selbst Stress ersparen

- Wie Sie Konflikte früh aufgreifen

- Wie Sie Konflikte offen und wenig verletzend ansprechen

- Wie Sie Ihr Team entlasten, indem Sie Medieneffekte thematisieren

- Wie Sie Interessen statt konträrer Positionen in den Mittelpunkt stellen

- Welche Medien Sie sinnvollerweise zur Konfliktklärung einsetzen

- Wie Sie die Öffentlichkeit für Konflikte begrenzen

Je nachdem, wie interkulturell Ihr verteiltes Team zusammengesetzt ist, müssen Sie diese Vorschläge für Konfliktklärungen und -lösungen im virtuellen Team anpassen und modifizieren. Dies gilt besonders für die klare, offene Ansprache der Konfliktthemen.

7.3.1 Konflikten vorbeugen

Vermutlich gingen Ihnen bei der Beschreibung möglicher Konfliktquellen im vorhergehenden Teil des Kapitels schon Ideen durch den Kopf, wie man durch kluge Vorbereitung vieles von dem von vornherein verhindern kann. Sie haben Recht: Vorbeugen ist besser als Heilen.

Viele praktische Möglichkeiten dazu stellten wir Ihnen im Kapitel 5, Arbeitsalltag, vor. Von Beginn an etablierte Alltagsroutinen helfen tatsächlich, Konflikte gar nicht erst entstehen zu lassen oder sie zumindest schnell zu klären. In verteilten Teams lassen sich Konflikte von Beginn an minimieren, wenn Sie

- eine neue Arbeitsorganisation umfassend planen: Medieneinsatz, Tools, Abläufe;

- Routinen absprechen: Hol- und Bringschuld bzgl. Informationen, Schutz vor Informationsüberflutung;

- Klarheit über notwendige Transparenz und persönliche, geschützte Bereiche, Weitergaben und Vertraulichkeit herstellen;

- Zeit für die Teamentwicklung und für persönliche Kommunikation jenseits der Aufgabe einräumen – nicht als gesondertes Meeting, sondern indem Sie in Meetings Fragen der Teamentwicklung ansprechen und Modell sind dafür, dass auch in Mails oder zu Beginn von Telefonkonferenzen persönliche Nachfragen und Informationen ihren Platz haben;

- gerade in der Anfangszeit die Reflexion der ungewohnten Zusammenarbeit auf Distanz anregen und fördern.

Dies alles beansprucht zumindest in der Startphase eines virtuellen Teams mehr Zeit als in einem lokalen Team. Ziehen Sie das in Betracht und Sie werden die Vorteile eines virtuellen Teams in der weiteren Zusammenarbeit voll ausschöpfen können.

Im folgenden Kasten haben wir für Sie einige Tipps zur Konfliktvorbeugung beim häufigsten Arbeitsmittel virtueller Teams, den E-Mails, zusammengefasst. Sie gelten analog natürlich auch für Forumsbeiträge oder Blog-Kommentare.

Wie Sie den Zündstoff in E-Mails reduzieren

Je komplizierter oder heikler das Thema, desto sorgfältiger müssen Sie formulieren. Dass das Zeit kostet, stimmt, aber nur kurzfristig: Mails, die bei den Empfänger/innen „schlecht ankommen", benötigen zum Ausbügeln mehrfachen Aufwand. Ein bewährter Praxistipp: Sie formulieren die Mail, parken sie im Entwurfsordner, beschäftigen sich mit einer anderen Sache und lesen die Mail danach noch einmal in Ruhe: Haben Sie klar ausgedrückt, was Sie wollten? Wie würde es Ihnen gehen, wenn Sie diese Mail bekämen? Nach dieser Prüfschleife sind in der Regel wichtige Stolpersteine entdeckt und aus dem Weg geräumt.

Je kontroverser ein Thema, desto vollständiger müssen Sie formulieren. Wenn Sie z. B. wollen, dass Ihr Vorschlag akzeptiert wird, während Sie den eines Kollegen ablehnen, ergänzen Sie die Sachmitteilung unbedingt durch zwei Sätze: Schreiben Sie, was Sie dazu gebracht hat, Ihre Lösung vorzuschlagen, zumindest die zentralen Argumente. Und schreiben Sie, aus welchen zentralen Überlegungen heraus Sie den anderen Vorschlag ablehnen. Wenn es der Situation angemessen ist, machen Sie das Angebot, noch anders zu entscheiden, wenn andere neue, bessere Argumente vorbringen.

Denken Sie daran: Schriftlich klingt manches schärfer als im Gespräch. Dort vermitteln Ihre Mimik, Ihre Zugewandtheit, Ihr Zuhören auch in Kontroversen Wertschätzung. In der Mailkommunikation muss das der schriftliche Kanal mit übernehmen, Sie müssen sich also unter Umständen selbst kommentieren. Bei aller notwendigen Kürze: Soviel Zeit muss sein.

Eine hilfreiche Prüfschleife: Würden Sie Ihre Mail auch einer unbeteiligten Person laut vorlesen?

Sollte es doch einmal zu einem Schlagabtausch per Mail gekommen sein, stellen Sie für alle Beteiligten klar: Die geschriebenen Mails mit konfliktärem Inhalt sind Ausdruck momentaner Befindlichkeiten und werden mit Sicherheit später, nach einem Austausch der Konfliktpartner und nach der Konfliktklärung, von den Autoren selbst anders gesehen werden. Es verbietet sich deshalb, solche Mails später in einem anderen Kontext als „Beweismittel" einzusetzen.

7.3.2   Konflikte früh abfangen

Viele Konflikte können früh abgefangen werden, wenn die Teamleitung im regelmäßigen Kontakt zu allen Teammitgliedern ist.

Eine besondere Versuchung, dies zu vernachlässigen, liegt in späteren Teamphasen, wenn das Team recht eingespielt seiner Arbeit nachgeht. Als Teamleiter/in sollte man sich regelmäßig die Frage stellen: Von wem habe ich in der letzten Zeit am wenigsten mitbekommen? Hier *muss* kein Konflikt liegen, aber es lohnt sich, mit dem jeweils am weitesten entfernt empfundenen Teammitglied von sich aus Kontakt aufzunehmen. Wir nennen das „aktives Echolot-Verhalten": Ein Signal aussenden und die Lage anhand des zurückkommenden Antwortsignals bewerten. Das Telefon kann dann ein besseres Instrument zum Heraushören von Zwischentönen sein als eine Mail. Stutzen Sie jetzt und fragen sich gerade, was Sie dann mit dem Teammitglied besprechen sollten? Man kann es ganz offen sagen: „Ich rufe Sie an, weil wir so lange keinen Kontakt mehr hatten. Ich wollte einfach mal hören ... damit wir den Draht nicht verlieren." Ein solches Gespräch kann ziemlich kurz sein und trotzdem die Verbindung gut wieder stärken. Im besten Fall können Sie damit einen Konflikt schon im Keim abfangen. Wenn es keinen gibt, hatten Sie einen kurzen, freundlichen Kontakt mit einem Teammitglied – ein Kommunikationspolster für später.

Der Ausgleich ungleicher Beteiligung ist auch sonst eine wichtige Aufgabe für Sie als Teamleitung. Schauen Sie, wer sich in Diskussionsforen beteiligt und wer nicht. Liegt es wirklich nur am Thema? Oder ist jemand dabei, sich „auszuklinken"? In Telefonkonferenzen ebenso: Fragen Sie gezielt die Stilleren, was sie ggf. zur gerade diskutierten Frage zu sagen haben. An wichtigen Stellen kann es auch sinnvoll sein, dass Sie nachdrücklich von jedem Teammitglied eine kurze Einschätzung abfragen. An Kommunikation aktiv beteiligt zu sein, stärkt die Teamzugehörigkeit in virtuellen Teams noch mehr als in lokalen Teams.

Als Teamleitung kommt Ihnen die Aufgabe zu, Erfahrungen zur Arbeitsform im Team besprechbar zu machen und besprechbar zu halten. Fragen Sie nach und wertschätzen Sie, dass immer wieder über die virtuelle Kooperation und ihre Besonderheiten gesprochen wird. Oft kommen dabei Themen auf den Tisch, die noch nicht wirklich zu virulenten Konflikten geworden sind, aber gerade das Potenzial dazu entwickeln: „Jetzt, wo Sie so danach fragen: Ja, ich ärgere mich darüber, wenn die Kolleg/innen mit unterschiedlichen Vorlagen arbeiten und ich dann mühsam alles angleichen muss. Geht ja irgendwie, aber es kostet Zeit und nervt." Und dann ist klar, dass das in der nächsten Telefonkonferenz Thema wird – bevor der genervte Kollege zum Rundumschlag ausholt oder sich mit einzelnen Teammitgliedern verbeißt.

Es gibt auch Situationen, in denen Sie als Teamleitung handeln können, ohne das Konfliktthema als offenes Thema zu behandeln. Der Kern eskalierter Konflikte liegt in der Regel in den emotionalen Themen, die den Sachstreit überdecken (Stufe 2: emotionale Überlagerung). Hieraus lassen sich auch Lösungsimpulse ableiten, ohne diese Aspekte immer explizit anzusprechen. Als Teamleiter/in wundern Sie sich vielleicht darüber, wieso ein eigentlich schlichtes Thema so lange nicht geklärt werden kann. Dann liegt der Grund dafür meist in den damit verknüpften „Rucksack-Themen" (fehlende) Wertschätzung, Kränkung u. Ä. Wenn Sie diese Themen unausgesprochen behandeln, z. B. durch eine andere Arbeitsverteilung oder indem Sie sich diesem Teammitglied genauso aufmerksam zuwenden wie den anderen, wird auch das offene Diskussionsthema meist recht schnell beigelegt.

Sie fragen sich jetzt vielleicht: Und wann mache ich was? Wann soll ich das Konfliktthema offen ansprechen, wann indirekt damit umgehen? Es gibt kein Rezept. Entscheiden Sie es im Einzelfall danach, wie weit der Konflikt schon gediehen ist, welches Vorgehen eher Gesichtswahrung ermöglicht, welche Auswirkungen das eine oder das andere Vorgehen auf die Beziehung zu diesem einen Teammitglied, aber auch auf die Teammitglieder insgesamt hätte und nicht zuletzt, welches Vorgehen besser zur kulturellen Umgebung (Berufsgruppe, Unternehmen, Nation) passt. Erst den indirekten Weg zu versuchen und ggf. später das Thema offen anzusprechen, kann auch ein Weg sein. Auch die Art Ihrer Verbindung (ob Sie sich gelegentlich auch persönlich treffen oder fast ausschließlich mediengestützt) kann die Wahl Ihres Vorgehens beeinflussen.

7.3.3   Konflikte offen ansprechen

Ein/e Teamleiter/in auf Distanz braucht noch mehr Mut als in lokalen Teams, einen Konflikt anzusprechen, denn gerade bei mediengestützter Verbindung ist dies ein expliziter Akt. Es gibt viel weniger Situationen, in denen man das Problem „nebenbei" ansprechen kann.

Folgender Dreischritt hat sich sowohl in persönlicher als auch in schriftlicher Kommunikation bewährt:

1.   Beobachtung formulieren – beschreiben, nicht werten

2.   Wirkung beschreiben (auf mich, gegebenenfalls auf andere)

3.   um Stellungnahme bitten

Ergänzend können Sie – ggf. später – einen Wunsch anschließen.

Ein Beispiel:

> „(1) Mir ist aufgefallen, dass zwischen dem Absenden meiner Mails und dem Eingang Ihrer Rückantwort immer mehr Zeit verstreicht und dass Ihre Antworten immer knapper werden.
>
> (2) Das hinterlässt bei mir den Eindruck, als ob Sie auf etwas ärgerlich wären oder Ihnen die Arbeit im Projektteam lästig ist.
>
> (3) Wie sieht es aus Ihrer Sicht aus?"

Immer:

▪ Konkret bleiben.

▪ Kein „Gang durch's Museum". Verzichten Sie also auf: „Was ich dir übrigens auch immer schon mal sagen wollte ..."

▪ Keine Absichten unterstellen.

Bei frühen Warnzeichen empfiehlt sich, umgehend „Metakommunikation" zu betreiben: Kommunikation über die Kommunikation und/oder über den Arbeitsprozess. In einem Bild ausgedrückt: Wenn man das Gefühl hat, sich im Wald verlaufen zu haben oder über den weiteren Weg uneins ist, klettert man am besten kurz auf einen Hochsitz, verschafft sich einen Überblick, klärt den weiteren Weg und geht ihn dann gemeinsam. Diese Reflexion über den Arbeitsprozess kann und sollte eher kurz sein. Den Einstieg finden Sie übrigens auch hier sehr gut mit dem Dreierschritt aus dem vorhergehenden Abschnitt: „Mir fällt auf, dass immer öfter Dateien einfach in die gemeinsame Ablage geladen werden ohne Kommentar oder Einordnung, was damit jetzt zu geschehen hat. Mir fehlt dadurch Orientierung. Wie sehen Sie das?" Oder: „Ich hätte da gern mehr Orientierung. Wie können wir das angehen, ohne dass es zu kompliziert wird?" Und dann kann man zügig gegenseitig Positionen dazu austauschen und Vereinbarungen für das zukünftige Handeln treffen.

Wenn Sie merken, dass die Mediennutzung Konflikte induziert, schildern Sie, was Sie gerade konkret erleben und wie das mit der Eigendynamik bestimmter Medien zusammenhängt. Das entlastet alle Beteiligten: „Gott sei Dank, dass es andern auch so geht – ich dachte schon, es läge allein an mir/dir." Und dann ist der Weg frei zu erkunden, ob es dahinterliegend noch einen echten, teamspezifischen Konflikt gibt.

Medieneffekte können sich besonders dann zu Konflikten auswachsen, wenn Sie mit neuen mediengestützten Kommunikationsformen experimentieren. Sorgen Sie dann für zweierlei:

▦ Machen Sie sich als Teamleiter/in mit dem gewählten Tool vertraut oder übertragen Sie es einer anderen Person (Beherrschung der Technik, Skill-Training z. B. für die Moderation einer Videokonferenz).

▦ Räumen Sie am Ende eines Meetings oder einer Arbeitsphase auf jeden Fall kurz Zeit für eine Rückkoppelungsrunde ein: Was ist gut gelaufen mit dem neuen Tool? Was weniger? Wo haben wir noch Schulungsbedarf für die Nutzung? Änderungsideen für die Nutzung in einer nächsten Situation? Sollte einmal überhaupt keine Zeit bleiben, fragen Sie die Fragen per Mail ab und stellen Sie die Antworten kurz zusammengefasst allen zur Verfügung.

7.3.4 Interessen in den Mittelpunkt stellen, nicht Positionen

Eine besonders wichtige Orientierung bei der Konfliktlösung steuert wieder die Verhandlungskunst bei: Interessen fokussieren, nicht Positionen. Fragen Sie Ihren eigenen Konfliktpartner oder die Konfliktkontrahenten nach Absichten, Zielen und Wünschen. Das hilft zum einen, Schuldzuweisungen zu mindern: Wenn deutlich wird, dass die Absicht eines „Senders" eine konstruktive war, auch wenn sie beim „Empfänger" kränkend ankam, ist es leichter, wieder einen Draht zueinander zu finden. Und zum anderen finden sich so eher Kompromisse, die keine faulen Kompromisse sind, denn dann können alle Beteiligten Lösungen suchen, die bestmöglich die verschiedenen Interessen integrieren.

Diese Empfehlung ist nicht spezifisch für virtuelle Teams, sondern gilt grundsätzlich als Königsweg der Konfliktklärung. Was ihn für virtuelle Teams so wichtig macht, ist die Tendenz bei mediengestützter Kommunikation, gerade solche wichtigen Kontextinformationen wegzulassen und sich auf den scheinbaren „Kern", zu beschränken: Die Position. Und genau da liegt die Tücke. Dass Zeit und Mühe in die Beschreibung der Interessen investiert werden, darauf müssen Sie als Teamleitung deshalb besonders achten.

Nach einer von Arbeitsteilung geprägten Phase im virtuellen Team drängt Pete auf ein nächstes Video-Meeting schon für Anfang Mai – so zumindest sein Einzeiler im Diskussionsforum. Tom hält prompt dagegen, ebenso knapp: „Ende Mai reicht völlig." Ein banaler, aber durchaus nutzbarer Anlass für einen eskalierenden Streit. In die nächsten Diskussionsbeiträge mischen sich sehr schnell erste Machtfragen.

Der Teamleiter schaltet sich ein – zum einen, weil er die Entscheidung über ein Meeting durchaus für seine Sache hält. Zum anderen nutzt er die Gelegenheit, beide zu befragen, was jeweils genau zu ihren Positionen führt, welche Befürchtungen und Erwartungen dahinter stecken usw. Sichtbar wird schließlich: Pete ist misstrauisch, ob der Projektfortschritt tatsächlich so optimistisch einzuschätzen ist, wie die Meldungen der Teamkollegen besagen, und fürchtet, dass das zu seinen Lasten geht, weil er hauptverantwortlich für den letzten Projektschritt sein wird. Tom hatte geplant, gerade Anfang Mai seine Frau für viele durchgearbeitete Abende zum bevorstehenden 10. Hochzeitstag mit einem 5-Tage-Trip nach Venedig zu überraschen. Pete weist noch auf den Urlaub des Hauptbereichsleiters hin, vor dem dieser unbedingt noch eine positive Meldung aus dem Projekt kriegen müsse.

> Nachdem diese Punkte erst einmal auf dem Tisch liegen, lässt sich ohne Hin- und Her-Zerren eine gute Lösung finden. Per Mailabfrage schafft der Teamleiter Sicherheit über den tatsächlichen Projektstand, so dass der 20. Mai als Termin des Videomeetings für Pete wie für die anderen akzeptabel ist.

Interessensausgleiche benötigen mehr Zeit als eine Konfliktlösung per Machtwort oder der noch so weise Richterspruch einer Teamleitung. Außer in Zeiten von Gefahr im Verzug sollte diesem Konfliktlösungsweg trotzdem der Vorzug gegeben werden. Der „Return On Investment" zeigt sich bei der Bewältigung eines nachfolgenden Konfliktes. Teams, die gewohnt sind, Konflikte per Interessensausgleich zu klären, schaffen dies übrigens immer zügiger. Gut ausgehandelte Konflikte hinterlassen überdies nicht die schon erwähnten „Rabattmarken", die sonst bei nächster und natürlich völlig unpassender Gelegenheit von denen eingelöst werden, die sich als Verlierer eines früheren Konfliktes fühlen.

7.3.5   Bewusste Medienwahl zur Konfliktklärung

Wenn ein Konflikt bereits eskaliert ist, empfiehlt es sich, eine Konfliktlösung tendenziell eher über informationsreiche Medien anzustreben, die unmittelbares Reagieren und Nachfragen ermöglichen. Das heißt: Wenn es vertretbar und möglich ist, am besten face-to-face, am zweitbesten per Telefon (-konferenz) oder Videokonferenz.

Im Einzelfall – dazu müssen aber alle Beteiligten einverstanden sein – hat sich die bewusste Verlangsamung eines Konfliktes als positiv erwiesen. Sie verabreden dazu schriftliche Kommunikation im Brieftempo. Das geht auch per Mail, die Regel lautet: Jeden Tag nur eine Mail in eine Richtung. Dieses Verfahren ist nützlich, um Eskalationsspiralen zu verhindern, wenn z. B. temperamentvolle Konfliktpartner/innen sich schneller neue Kränkungsanlässe liefern als Sie als Teamleiter/in dazwischen kommen können. Und Ihr Projekt muss diese Zeitverzögerung vertragen können. Dabei zeigt die Erfahrung: Es braucht nicht viele Durchgänge.

7.3.6   Öffentlichkeit für Konflikte begrenzen

Beziehen Sie nur so viele Personen in die Konfliktlösung mit ein wie notwendig, in der Regel sind dies die unmittelbar am Konflikt Beteiligten. Transparenz ist wichtig, aber nicht alles muss wie auf dem Marktplatz ausgetragen werden. Verzichten Sie also auf CC-Verteiler.

Wenn vorher viele andere Teammitglieder von dem Konflikt mitbekommen haben, muss trotzdem nicht weiterhin jeder jedes Detail kennen. Eine kurze Mail der Konfliktpartner/innen („Ihr habt ja mitbekommen, dass wir uns über das Thema X sehr in die Haare bekommen haben – wir haben das jetzt miteinander geklärt") sorgt für sinnvolle und genügende Transparenz. Wenn die Klärung Konsequenzen für das Team hat, ergänzen Sie das, was für die anderen wichtig ist: „Wir haben untereinander folgende Absprache getroffen, so dass jetzt auch für euch alle klarer wird, wer ansprechbar ist für ..."

▦ Auf einen Blick ▬▬▬▬▬▬▬▬▬▬▬▬▬▬▬▬▬▬▬▬▬▬

Konstruktives Konfliktmanagement in virtuellen Teams

Konflikte sind auch in virtuellen Teams normal und nützlich. Ihre Inhalte und Entstehungsweise sind oft durch die räumliche Verteilung und die Mediennutzung in besonderer Weise geprägt.

Spezifische Quellen für Konflikte bzw. ihre Verstärkung in räumlich verteilten Teams:

➩ *Mediennutzung und die dadurch veränderte Kommunikation*: Asynchrone Kommunikation mit hohem Tempo, schnelle Vervielfältigung, eingeschränkte Information durch schriftliche Übermittlung, ungewohnt große oder auch ungewohnt geringe Transparenz, ungleiche Beteiligungschancen, Wegfall von Redundanzen, veränderte berufliche Rollen und Beziehungen.

➩ *Späte Konflikterkennung*

➩ *Eingeschränktes Repertoire an Konfliktlösungsmöglichkeiten*: erschwerte beiläufige Konfliktklärung, eingeschränkter Informationsreichtum schriftlicher Medien, kulturelle Unterschiede im Umgang mit Konflikten.

Konfliktlösung auf Distanz erfordert ein breit gefächertes Repertoire

➩ *Konflikten vorbeugen* durch etablierte Alltagsroutinen, Zeit für Teamentwicklung und für persönliche Kommunikation.

➩ *Konflikte früh abfangen* durch aktives „Echolot-Verhalten", Erfahrungen zur Arbeitsform im Team offen besprechen, emotional überlagerte Konflikte ggf. indirekt lösen.

➩ *Konflikte offen ansprechen*: Beschreiben statt Be- und Abwerten, Meta-Kommunikation anstoßen, also Kommunikation über die Kommunikation und/oder über den Arbeitsprozess, Entlasten durch Ansprechen allgemeiner Medieneffekte.

➩ *Interessen in den Mittelpunkt stellen, nicht Positionen*: Konflikte aushandeln mit „Win-Win"-Strategie. Besonders wichtig: Kontextinformationen aus den Standorten.

➩ *Medien zur Konfliktklärung bewusst auswählen*: Konfliktlösung tendenziell eher über informationsreiche Medien herbeiführen.

➩ *Öffentlichkeit für Konflikte begrenzen*

8. Im virtuellen Team von kulturellen Unterschieden profitieren

Praxisinterview mit Martin Schrötter, Deutsche Bank AG, Koordinator „IT Strategy and Architecture"

Herr Schrötter, Sie arbeiten regelmäßig mit interkulturellen virtuellen Teams. Wie unterscheiden sich Ihrer Erfahrung nach interkulturelle virtuelle Teams von interkulturellen Präsenzteams?

Der Unterschied ist vor allem in den Bereichen spürbar, die das Nichtsprachliche betreffen. Da ist zum Beispiel die Verlässlichkeit von Zusagen und Planungsdaten. In jeder Kultur gibt es unterschiedliche Vorstellungen, was Verlässlichkeit bedeutet. Das wirkt sich extremer in virtuellen Teams aus. Über rein virtuelle Wahrnehmung habe ich nicht die reale Kontrolle, was wirklich Sache ist.

Es gibt mehr Quellen von Missverständnissen. Das ist häufig ein sprachliches Problem, vor allem wenn die Teammitglieder keine Native Speaker sind. Die fühlen sich dann unwohler im sprachlichen Ausdruck. Über Telefon und Mail ist es aber vor allem die Sprache, die Inhalte transportiert. Das verstärkt das sprachliche Ungleichgewicht. Die unterstützende oder Wertung zeigende Gestik und Mimik dazu sehe ich ja nicht.

Was auch ganz wichtig ist: der unterschiedliche Umgang mit Autorität und Hierarchie. In Kulturen, die viel Wert auf Hierarchie legen, halten sich diejenigen, die in der Hierarchie weiter unten angesiedelt sind, weitgehend zurück, und in einer Telefonkonferenz bekommt man dann gar nichts von ihnen mit.

Wie muss in einem interkulturellen virtuellen Teams kommuniziert werden?

Wenn man die wirkliche Meinung der Leute erfahren will, dann muss man das in einem virtuellen Team anders herauskitzeln, man muss als Leitung anders moderieren. Ich mache das, indem ich aktiv nachhake. In einem Telefonmeeting zum Beispiel spreche ich explizit jeden immer einzeln mit Namen an. Das hat zusätzlich noch den Effekt, dass klar signalisiert wird, dass man sich hier trotz der Beschränkung auf die Akustik disziplinieren und ständig beteiligen muss, dass man nicht einfach abschalten oder nebenher die Reisekostenabrechnung machen kann. Im Präsenzmeeting ist diese soziale Kontrolle größer und quasi beiläufig vorhanden.

Welche Themen sind im Vergleich zu einem interkulturellen Präsenzteam besonders kritisch?

Das Wichtigste ist, in einem virtuellen Team sicherzustellen, dass ein gemeinsames Verständnis da ist. Das kann ich einerseits durch detaillierte Dokumentation erreichen, die ich mir als Teamleitung besonders sensibel anschaue. Dann achte ich darauf, dass ich das besonders am Anfang von neuen Arbeitspaketen oder Aufgaben in relativ kurzen Abständen überprüfe und damit schneller auf Verständnisfragen reagieren kann. Ich schneide also am Anfang kleinere Scheiben. Ich versuche, diese Rückmeldungen grundsätzlich im Team zu geben, da bekommen dann die anderen, die ähnliche Aufgaben haben, in der Telefonkonferenz mit, was gut und was schlecht ist. Das unterstützt das gemeinsame Verständnis. Andererseits wiederhole ich öfter als sonst die gemeinsame Zielsetzung, da die Aufgabenstellung des virtuellen Teams im Präsenzalltag der Mitglieder sonst zu schnell untergeht.

Was ist bei der Konfliktlösung über Distanz in einem interkulturellen Team zu beachten?

Konfliktlösung findet sehr stark über Sprache statt. Emotional orientierte Menschen schaffen es häufig nicht, ihr Anliegen über Telefon zu vermitteln. Native Speaker haben da manchmal auch Schwierigkeiten: Sie reden in Konfliktsituationen schnell und kompliziert, und die anderen verstehen nicht, was sie sagen wollen, und tun sie allenfalls als arrogant ab. Meiner Ansicht nach erschwert die Konfliktlösung in einem virtuellen interkulturellen Team, dass man ein starkes inneres Bild von den anderen mit sich herumträgt, das mit Vorurteilen verbunden ist.

In einem virtuellen Team ist es viel schwerer, einen Konflikt als Konflikt zu erkennen. Damit wird aber ein wichtiger Zugang zu einem gemeinsamen Verständnis nicht genutzt.

Konflikte tauchen da auf, wo Unterschiede sind. Wenn wichtige Unterschiede nicht gesehen und als Konflikt ausgetragen werden, dann geht dem virtuellen Team etwas verloren, was ein Präsenzteam als guten Motor zur Entwicklung von Gemeinsamkeit nutzen kann.

Was ist bei der Führung über Distanz in einem interkulturellen Kontext zu beachten?

Bei uns gibt es unterschiedliche Ausprägungen in der Leistungsbeurteilung, Leistung wird hier anders bewertet als zum Beispiel in den USA oder in Asien. Bei uns heißt eine gute Bewertung, dass man den Job gut gemacht hat. Wenn man eine sehr gute Bewertung haben will, dann muss man schon außergewöhnlich mehr bringen als nur einen guten Job. Wenn ich einem Asiaten eine vermeintlich gute Bewertung gebe, dann habe ich ihn mindestens eine Stunde am Telefon, wobei er herausfinden will, warum gerade ihn diese „ungewohnt schlechte" Bewertung getroffen hat. Im virtuellen Team führe ich ergebnisorientiert. Da ist es egal, wie viele Überstunden jemand gemacht hat, oder ob er seinen Schlips immer gerade trägt oder gut aussieht, das sehe ich alles nicht. Meine Bewertungskriterien bauen sich darauf auf, ob er in einer Telefonkonferenz immer präsent ist, oder ob er in der Art und Weise, wie er sich da einbringt, das Team mit seiner Meinung voran bringt. Oder ob er eine gute Recherche gemacht hat. Das alles kann ich als Teamleiter wahrnehmen, den Rest nicht.

In einem virtuellen Team muss ich viel mehr Zeit darauf verwenden, die Leute zu motivieren.

Am Anfang investiere ich im Team zum Beispiel sehr viel Zeit in die Vorstellungsrunde in der Telefonkonferenz, dafür geht das ganze Treffen drauf. Ich lasse mir im Vorfeld von den Teammitgliedern ihr Profil zuschicken und Passfotos, die ich dann für das Team zusammenstelle. Die Bilder helfen, die Phantasien, die man übereinander hat, etwas zu reduzieren. Allerdings schicken mir nicht immer alle Teammitglieder ihre Bilder zu. Frauen machen das häufig nicht, Männer haben da weniger ein Problem mit. In Asien ist es meist Standard, im Telefonverzeichnis mit Bild vermerkt zu sein. Im Kick-Off-Meeting über Telefonkonferenz stellt dann jeder dieses eigene Profil vor und sagt dazu noch mindestens 2-3 persönliche Infos. Dann formuliert auch jeder eine Erwartung an diese Gruppe. Wenn dann das erste „on-site"-Meeting (Präsenzmeeting) stattfindet, wiederhole ich die Vorstellung, und die Mitarbeiter sollen sagen, von wem im Raum sie am meisten überrascht waren.

In einem virtuellen Team ist die Neigung, Persönliches mitzugeben und mitzubekommen, von vornherein eingeschränkt. Da muss man manchmal etwas nachhelfen.

Danke für das Gespräch!

8.1   Definition von Kultur

Kultur ist ein weites Feld. Im Folgenden verstehen wir Kultur als die in einem bestimmten Kollektiv verankerten Erwartungen hinsichtlich üblicher Verhaltensweisen, Werthaltungen, sozialer Denkmuster und Weltbilder.

Besonders sichtbar wird Kultur innerhalb von Ethnien oder Nationen. Aber auch innerhalb von Organisationen, Berufsgruppen oder Funktionen entwickeln sich eigenständige Kulturen.

Kultur wirkt auf verschiedenen Ebenen. Das macht es so schwer, ihren Einfluss im Alltag eines Teams einzuschätzen. Nur ein kleiner Teil davon ist direkt sichtbar. Der viel größere Teil ist unsichtbar, unausgesprochen und unbewusst (Schein 2003, S. 32). Vergleichen kann man das mit dem Bild eines Eisberges (vgl. Abb. 21): Sichtbar sind nur das beobachtbare Verhalten und die Artefakte (von Menschen Geschaffenes) in Form von Strukturen und Prozessen, unsichtbar bleiben die geteilten Werte und grundlegenden Annahmen.

Dass Teams von unterschiedlichen Hintergründen, Sichtweisen und Problemlösungsansätzen der einzelnen Teammitglieder profitieren können, ist inzwischen allgemein bekannt. Ein Team, das aus verschiedenen Kulturen zusammengesetzt ist, bringt diese Vielfalt automatisch mit. Das bezieht sich nicht nur auf nationale Zugehörigkeiten, sondern auch auf unterschiedliche Organisationskulturen und Funktionen mit ihren jeweils bevorzugten Weltbildern und Methoden.

Die damit verbundenen Herausforderungen und Schwierigkeiten, aber auch die Möglichkeiten neuer Medien in interkulturellen virtuellen Teams sollen im folgenden Kapitel im Mittelpunkt stehen. Zunächst werden die Dimensionen von Kultur auf virtuelle Teams übertragen und die einzelnen Effekte medienvermittelter Kommunikation diskutiert. Das Kapitel schließt damit ab, wie Sie als Teamleiter/in das passende mediale Umfeld für Ihre Teammitglieder gestalten und welche Handlungsstrategien Ihnen diese Arbeit erleichtern. Eine nützliche Checkliste bündelt diese Empfehlungen, ein Interview gibt Einblicke in praktische Erfahrungen dazu.

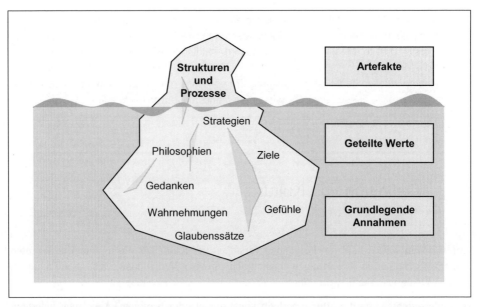

Abbildung 21: *Die offenen und versteckten Dimensionen von Kultur (in Anlehnung an*
Schein 2003)

8.2   Dimensionen von Kultur in virtuellen Teams

Die Organisationskultur kann einen sehr hohen Einfluss auf die Arbeit im virtuellen Team
haben. Wenn Sie sich mit Ihrem Team in einem anpassungsfähigen Umfeld befinden, das
technologischen Neuerungen gegenüber offen und wenig von Hierarchien geprägt ist, werden
Sie es in Ihrem virtuellen Team leichter haben als in einer sehr strukturierten Organisationskultur, in der zum Beispiel Kontrolle einen hohen Wert darstellt (Duarte/Snyder 2001, S.
19 ff.).

Virtuelle Teams sind durch ihre Standortverteilung besonders häufig mit Mitgliedern unter-
schiedlicher nationaler, organisationaler und funktionaler Kulturen besetzt. Dies bringt große
Chancen mit sich: Trotz räumlicher Entfernung können unterschiedliche Sichtweisen auf ein
Problem schnell und unkompliziert zusammengebracht werden. Die Schattenseite: Kulturell
heterogene Teams müssen größere Mühe beim Vertrauensaufbau, bei der Integration der
Unterschiede, bei Problem- und Konfliktlösung aufwenden.

Für virtuelle Teams ergeben sich durch die mediengestützte Zusammenarbeit noch zusätzliche Schwierigkeiten:

▓ Begriffsverständnis und implizite Regelwerke zu „Verlässlichkeit", „Pünktlichkeit" usw. unterscheiden sich interkulturell, und durch den Filtereffekt der Medien sind gegenseitige Berechenbarkeit und Vorhersehbarkeit des Handelns stärker eingeschränkt.

▓ Jedes Team muss Unterschiede integrieren – in einem interkulturellen Team sind die Unterschiede oft größer. Medienvermittelt sind solche Unterschiede in einem Team langsamer und schwieriger herauszuarbeiten und zu integrieren.

▓ Herangehensweisen an Problemlösung, Steuerung und Kontrolle sind kulturell unterschiedlich. Unterschiedliche Ansätze bei der Gestaltung dieser Abläufe und unterschiedliche Kommunikationsbedürfnisse in einer bestimmten Phase der Aufgabenbearbeitung werden gegenseitig zuerst nicht erkannt und enden dann mitunter in gegenseitiger Blockade im Arbeitsprozess.

▓ Zusätzlich ist in der Kommunikation über Distanz die zeitnahe Rückkopplung erschwert: Einerseits bestehen kulturübergreifend wenig einheitliche Controlling-Standards, andererseits entstehen in der mediengestützten Kommunikation viele Lücken, die einem ganzheitlichen Controlling und einer ganzheitlichen Steuerung entgegenstehen.

▓ Schließlich werden Konflikte kulturell auf sehr unterschiedliche Weise gezeigt, wahrgenommen, thematisiert und gelöst – und das muss sich in virtuellen Teams auch noch über Medien vermitteln. Konstruktive kulturübergreifende Konfliktlösung über Distanz ist deshalb erschwert gegenüber interkulturellen Präsenzteams.

Gerade in interkulturellen virtuellen Teams geht es nicht darum, den „one best way" der Kommunikation zu finden, sondern die unterschiedlichen Bedürfnisse in der Kommunikation und Mediennutzung herauszuarbeiten und teamspezifisch eine gemeinsame Plattform für die Zusammenarbeit zu finden.

Gleichzeitig sollten Überlegungen zum kulturellen Einfluss auf die standortverteilte Teamarbeit weder einseitig kulturelle Stereotypen bedienen und damit den „so sind sie halt, die xyz"-Effekt produzieren noch sollten sie überbewertet werden. Kultur ist *einer* von vielen Einflüssen, mit denen ein virtuelles Team umgehen muss. Die wenigsten interkulturellen Teams werden überwiegend mit Teammitgliedern besetzt, die noch nie mit einer anderen Kultur zusammen gearbeitet haben. Schließlich sollte das Kulturargument schlechte Leistung nicht entschuldigen: Schlechte Leistung ist schlechte Leistung in jeder Kultur (Duarte/Snyder 2001, S. 70)!

In einem virtuellen Team werden Sie die grundlegenden Annahmen, die die einzelnen Teammitglieder mit in das Team hineinbringen, nicht so schnell entdecken – seien sie nun von einer bestimmten Nationalität oder von einer Organisation geprägt. Es dauert häufig länger als in einem lokalen Team aufzuspüren, dass die Teammitglieder womöglich von unterschiedlichen Annahmen ausgehen, wie man zum Beispiel den gemeinsamen Erfolg finden kann. Für Sie als Teamleitung stellen sich deshalb zwei Fragen:

▓ Welcher Handlungsspielraum steht mir unter den Bedingungen der Interkulturalität von virtuellen Teams zur Verfügung, wie nutze ich ihn möglichst effektiv?

▓ Wie gestalte ich das geeignete mediale Umfeld, in dem die nötige Kommunikation als tragende Basis im virtuellen interkulturellen Team stattfinden kann?

Im Rahmen dieses Buches ist kein ganzheitlicher Problem- und Lösungsaufriss zum Thema Interkulturalität und Diversity möglich. Deshalb werden wir auch nicht systematisch auf kulturelle Spezifika eingehen, sondern erwähnen sie nur beispielhaft. Die Zusammenarbeit mit unterschiedlichen Kulturen gleicht einer Reise ins Unbekannte, bei der man sich kaum auf allgemeingültige Leitlinien stützen kann. Dabei müssen gerade Sie selbst als Teamleiter/in offen sein für Ihre eigenen kulturellen Prägungen, z. B. wie Sie Probleme angehen. Das ist gleichzeitig die anregende Herausforderung im Umgang mit anderen Kulturen: Sie werden immer wieder mit Ihren eigenen Herangehensweisen konfrontiert. Als grundsätzliche Haltung hat sich Offenheit und Interesse für das jeweils Andere bewährt. Sie müssen nicht bewerten, ob eine Herangehensweise besser oder schlechter ist, in der jeweiligen konkreten Situation können Sie dann immer noch entscheiden, welchen Weg Sie diesmal verfolgen.

Hofstede hat in den 80er Jahren, abgeleitet aus den Vorarbeiten von Edward Hall, ein Modell für nationale Kulturen entwickelt (Hofstede 1984). Es liefert Hinweise, worin sich Einstellungen und Verhalten verschieden kulturell geprägter Teammitglieder unterscheiden. Hofstede hält folgende Dimensionen für entscheidend:

▓ Hohe versus geringe Machtdistanz

▓ Individualismus versus Kollektivismus

▓ Hohe versus niedrige Unsicherheitsvermeidung

Ergänzend erläutern wir die u. E. für virtuelle Teams gleichfalls relevanten Dimensionen

▓ Hohe versus geringe Kontextabhängigkeit (vgl. Hall 1976)

▓ Kulturell geprägtes Zeitverständnis (vgl. Hall 1983)

Wir halten diese Dimensionen für hilfreich, die Wahrnehmung für kulturelle Unterschiede zu schärfen sowie Sensibilität für die eigene kulturelle Prägung zu entwickeln. Erst wenn man im Ausland ist und z. B. der Bus mehrere Stunden nach der angegebenen Zeit auftaucht – was aber niemanden außer einen selbst zu stören scheint – merkt man, dass die eigenen kulturellen Annahmen für andere nicht so selbstverständlich sind wie für einen selbst.

Eine Regel-Ableitung à la „Kultur X ist immer hoch individualistisch und wenig kontextabhängig" hingegen bedient nur Stereotype und behindert letztlich Kommunikation und Kontakt. Wenn Sie als Leiter/in eines virtuellen Teams intensiv im Kontext einer spezifischen, für Sie fremden Kultur agieren müssen, ist es eher ratsam, sich die jeweilig vorherrschenden Grundwerte zu vergegenwärtigen und so die Kultur von innen her zu begreifen.

In den folgenden Abschnitten schildern wir an einer Reihe von Beispielen, wie die Effekte medienvermittelter Kommunikation als zentrales Arbeitsmittel in interkulturellen virtuellen Teams aufgrund unterschiedlicher Werte, Einstellungen und Verhaltensweisen modifiziert und ggf. verstärkt werden können. Wir folgen dabei den oben aufgelisteten Dimensionen und verknüpfen jeweils Anregungen zum praktischen Handeln.

Interkulturelle Phänomene sind vielfältiger, als es die Beispiele und Beschreibungen in diesem Kapitel abbilden können. Ihre individuelle Teamsituation kann noch ganz andere Facetten aufweisen – nehmen Sie die Beschreibungen hier also als Anregung zur eigenen Analyse, nicht als abschließende Liste.

8.2.1   Hohe versus geringe Machtdistanz

Diese Dimension bezeichnet, wie Kulturen mit unterschiedlicher Verteilung von Macht innerhalb der Gesellschaft umgehen. Eine hohe Machtdistanz beschreibt dabei eine gesellschaftlich akzeptierte große Ungleichheit zwischen der obersten und niedrigsten Gesellschaftsschicht. Bei einer niedrigen Machtdistanz ist Macht dagegen ausgeglichener zwischen den Gesellschaftsschichten verteilt.

An welchen Phänomenen sich in einem virtuellen Team große Machtdistanz zeigen kann, veranschaulicht das folgende Fallbeispiel:

> Ein internationales Forscherteam, das im Rahmen der Entwicklungszusammenarbeit einen Abschlussbericht erstellen sollte, bemerkte in einer Untersuchung eines afrikanischen Kollegen einen Fehler in der Zusammenstellung der Ergebnisse. In einer Telefonkonferenz mit dem zuständigen afrikanischen wissenschaftlichen Mitarbeiter des Teams vor Ort sollte das im Team diskutiert und dann das weitere Vorgehen geplant werden. Inhaltlich beteiligte sich der wissenschaftliche Mitarbeiter wider Erwarten sehr wenig, bestätigte jedoch wiederholt die Erkenntnisse der europäischen Kollegen mit „ja" und „richtig". Schließlich wurde vereinbart, dass der afrikanische Mitarbeiter den Autor der fehlerhaften Analysen persönlich ansprechen und eine mögliche Berichtigung einholen sollte. Der Mitarbeiter bestätigte den Auftrag am Ende der Telefonkonferenz und versprach, das Material in einer Woche per Mail nach Europa zu schicken.
>
> Eine Woche später war noch keine Reaktion eingegangen. Eine Mail wurde knapp beantwortet in Richtung: „Den Kollegen noch nicht angetroffen". Zwei Wochen später wurde es für den Abschlussbericht langsam eng und das Team in Europa unruhig. Die Aussage des Mitarbeiters am Telefon: „Noch keine Rückmeldung bekommen." löste ersten Ärger über die Schlampigkeit des wissenschaftlichen Mitarbeiters aus. Schließlich gelang es einem der Forscher, den afrikanischen Autor der Untersuchung direkt ans Telefon zu bekommen. Dieser fragte vage, was denn überhaupt das genaue Anliegen zur Klärung sei. Zusätzliche Verärgerung über die unkonkrete Kommunikation des Mitarbeiters vor Ort machte sich breit. Bezüglich der Untersuchungsergebnisse konnten ein Missverständnis aufgedeckt und die Ergebnisse in das richtige Licht gerückt werden, so dass der Abschlussbericht rechtzeitig fertiggestellt werden konnte.

Welche Phänomene lassen sich hier ablesen, die auf unterschiedliche kulturelle Kontexte bzgl. Machtdistanz zurückzuführen sind?

Hohe Machtdistanz verhindert die aktive Beteiligung untergeordneter Mitarbeiter

In Kulturen mit hoher Machtdistanz sind es Teammitglieder unter Umständen nicht gewohnt, ihre Meinung gegenüber hierarchisch höher gestellten Personen frei zu äußern. In mediengestützten Meetings ziehen sich solche Teammitglieder eher aus der aktiven Kommunikation zurück. Ihre Zurückhaltung wird als Zustimmung interpretiert, mögliche Bedenken werden nicht geäußert und fließen somit nicht in die Entscheidungsfindung des Teams ein. Durch fehlende Übertragung non-verbaler Zeichen verschwinden diese Teammitglieder evtl. ganz aus dem Bewusstsein anderer Meetingteilnehmer/innen.

Der afrikanische Mitarbeiter im geschilderten Beispiel hielt sich in seinen Äußerungen stark zurück bzw. beschränkte sich auf die Affirmation der Aussagen seiner hierarchisch höher gestellten Kollegen aus Europa und wurde zudem in die Planung des weiteren Vorgehens nicht aktiv einbezogen. Die Entscheidung, dass der afrikanische Kollege vor Ort den hierarchisch höher gestellten Autor der Untersuchungen ansprechen sollte, war ineffektiv.

Durch gezielte namentliche Ansprache einzelner Teammitglieder in einer Telefon-, Video- oder Online-Konferenz können Sie diesem Phänomen teilweise entgegen wirken. Manchmal ist es auch sinnvoll, von einzelnen Teammitgliedern in einem anschließenden bilateralen Gespräch genauere Meinungen und Einschätzungen zu erkunden.

Gleiche Hierarchieebene als Voraussetzung für offene Kommunikation auch über Medien

In Kulturen mit hoher Machtdistanz ist es unter Umständen wichtig, darauf zu achten, dass Kommunikation auf gleicher hierarchischer Ebene läuft. In unserem Beispiel wollte sich der Autor möglicherweise nur mit Kollegen gleicher Ebene darüber austauschen und Fehler erörtern – ein weiterer Grund zur Verzögerung in der Kommunikation. Erst der Telefonanruf eines hierarchisch gleichgestellten Kollegen brachte die Klärung.

Medien erleichtern den hierarchieübergreifenden Zugang. Wie das Beispiel zeigt, ist das unter Umständen aber nicht erwünscht. Das kann dazu führen, dass z. B. eine Mail von Ihnen von der nächsthöheren Hierarchiestufe in der anderen Kultur nicht beantwortet wird. Es kann also in manchen Situationen sinnvoll sein, bewusst Kommunikation, auch über Medien, durch Personen der gleichen Hierarchiestufe zu initiieren.

Die Dynamik großer Machtdistanz im Hintergrund wird durch den Medienfilter verschleiert

Die große Machtdistanz, die offensichtlich in der Kultur des afrikanischen Mitarbeiters vorherrschte, verhinderte auch, dass der wissenschaftliche Mitarbeiter vor Ort den hierarchisch höher gestellten Autor der Untersuchungen frei auf die methodischen Fehler ansprechen konnte. Über die Medien, erst recht auch über Mail, wurden diese Hintergründe aber für die europäischen Forscher auf die Distanz nicht wahrnehmbar.

Ein bilaterales Telefonat mit dem Mitarbeiter über seine Ideen, wie diese Klärung stattfinden kann, hätte diese Hintergründe vielleicht erhellt. Besonders Herangehensweisen an Problemstellungen sind kulturell geprägt. Offene Fragen nach dem einzuschlagenden Weg oder der Art der Herangehensweise sind hier besonders hilfreich. Beziehen Sie das Teammitglied aktiv in die Problemlösung ein. Auch der Austausch mit Menschen, die sich in der jeweiligen Kultur auskennen, bringt hier häufig neue Erkenntnisse, wie konkret vorgegangen werden kann.

An dem Beispiel wird sichtbar: In der kulturübergreifenden Zusammenarbeit geht man häufig stillschweigend von unterschiedlichen Annahmen aus, und Medieneffekte verschleppen die Aufdeckung dieser unterschiedlichen Ausgangsbasis.

Statussignale in der mediengestützten Kommunikation

Auch in kulturellen Kontexten, in denen Machtdistanz nicht extrem ausgeprägt ist, wird in vielen sozialen Situationen Wert auf die Wahrnehmung von Status und damit Distanz gelegt. Das folgende Beispiel zeigt, wie ein neues Setting – die Kommunikation mit Neuen Medien – diesen Statuserhalt zu gefährden drohte und wie er wieder hergestellt wurde:

> In einem deutschen Konzern war eine Veranstaltung via Intranet zum Thema „Personalrekrutierung" geplant, in der aktuelle Trends im Konzern mit dem Personalvorstand diskutiert werden sollten. Die Diskussion sollte über Chat laufen, so dass sich in dieser Phase der Veranstaltung auch nicht in der Zentrale arbeitende Mitarbeiter/innen mit Fragen direkt an den Vorstand wenden konnten. Konzernsprache war Englisch.
>
> Allerdings wurden von Seiten des Vorstandes Bedenken laut, das komplexe Geschehen in einem Chat zu verfolgen, über Antworten nachzudenken und diese dann auch in angemessener Geschwindigkeit einzutippen. Verschärfend wirkte sich aus, dass der Vorstand selbst nicht englischer Muttersprachler war. Neben diesen ganz praktischen Überlegungen wurde darin das Unbehagen deutlich, in diesem virtuellen Raum nicht angemessen seiner Rolle gemäß agieren zu können.
>
> Es wurde eine Lösung gefunden: Eine kompetente Teamassistenz übernahm das Tippen und die korrekte sprachliche Wiedergabe, eine Moderatorin koordinierte die Antworten und gab strukturierende Impulse für das Gesamtgeschehen im Chat. Und der Personalvorstand konnte sich auf seine Rolle konzentrieren, klare und transparente Positionen und Antworten zur „Personalrekrutierung" zu formulieren.

Der zunächst abschreckende Mehraufwand (Einsatz einer Moderatorin und einer sprachgewandten Sekretärin) hat sich also für alle bezahlt gemacht und damit dazu beigetragen, den Erfolg der Veranstaltung zu maximieren.

Weiterhin wird deutlich, dass Sprachkenntnisse, vor allem schriftliche, in der mediengestützten Kommunikation eine höhere Bedeutung erhalten. Gerade hierarchisch höher gestellte Personen können dadurch möglicherweise nicht der eigenen Stellung angemessen in einem mediengestützten Setting kommunizieren und Einfluss nehmen. Die Sorge, eigene sprachliche Unzulänglichkeiten oder Unsicherheit in der Rechtschreibung gegenüber hierarchisch niedriger gestellten Personen zu offenbaren, kommt ggf. noch hinzu.

Das müssen Sie berücksichtigen, wenn Sie hierarchisch höher gestellte Personen in Ihr Team einbinden. In solchen Situationen ist es dann manchmal besser, synchronen, gesprochenen Austausch zu ermöglichen.

Da es für Ihr virtuelles Team wichtig sein kann, Kontakt zu wichtigen Schlüsselpersonen in der Organisation – und das sind oft hierarchisch höher gestellte Personen – zu halten, müssen Sie Wege finden, durch geschickte Medienwahl Machtsignale transportierbar zu machen und damit Rollensicherheit zu ermöglichen.

Sie können durch Moderation und sorgsame Kommunikation diese Machtunterschiede zum Ausdruck bringen und wertschätzen und so aktiv zur Rollensicherheit beitragen, z. B. durch eine bestimmten Anrede oder durch die Reihenfolge der Wortbeiträge in der Telefonkonferenz. Auch in asynchroner Kommunikation können Sie die nächste Hierarchiestufe über „cc" immer wieder in das Geschehen einbeziehen und damit dem direkten Mitarbeiter die Abstimmung und Akzeptanz seiner Arbeit in der örtlichen Hierarchie erleichtern.

Die leichte Vervielfältigung von Nachrichten ist hier ein positiv nutzbarer Effekt: Mit Lob für eine/n Mitarbeiter/in über Mail in „cc" an den Vorgesetzten holen Sie in stark hierarchisch orientierten Kulturen den Vorgesetzten mit ins Boot und zeigen dem Teammitglied, dass Sie als Teamleiter/in auch über Distanz die Strukturen verstehen, in denen er/sie handelt und beurteilt wird.

Medienbedingte Transparenz von Informationen wird aus Machtgründen umgangen

Eine gemeinsame webbasierte Plattform ermöglicht Transparenz der Informationen. Informationsvorsprung ist aber auch ein Mittel, Macht auszudrücken, sowohl innerhalb nationaler also auch innerhalb organisationaler und funktionaler Kulturen. Zwecks Machterhalt werden deshalb möglicherweise Informationen in ein gemeinsames Forum nicht oder erst kurzfristig eingestellt.

Wenn Sie über eine gemeinsame Groupware oder auch einen gemeinsamen Server zusammen arbeiten, sollten Sie diesen Effekt berücksichtigen. Möglicherweise können Sie dieses Verhalten nicht ganz verhindern. Sie können aber in anderen Situationen die hierarchische Stellung adäquat zum Ausdruck bringen und gleichzeitig im Team indirekt ansprechen, dass Sie einen transparenten und offenen Umgang mit Informationen für einen Erfolgsfaktor der gemeinsamen Zusammenarbeit über Distanz halten. Damit haben Sie immerhin die Chance, einen Ausgleich zu schaffen, der dem Bedürfnis entgegenwirkt, Informationen aus Machtaspekten zurückzuhalten.

Die theoretischen Ausführungen wie auch die Beispiele aus der Praxis zeigen, dass durch ein unterschiedliches Maß an Machtdistanz in Ihrem interkulturellen Team evtl. unterschiedliche Bedürfnisse bestehen, diese Machtdistanz auch in der Kommunikation zum Ausdruck zu bringen.

8.2.2   Individualismus versus Kollektivismus

Diese Dimension beschreibt das Verhältnis zwischen Individuum und Gruppe, das in einer Gesellschaft vorherrscht. Wird in einer Gesellschaft eher Wert auf das Individuum gelegt und damit persönlicher Erfolg, Selbständigkeit und Identität gefördert, oder wird die Gruppe höher bewertet, der persönliche Interessen und individuelles Fortkommen unterzuordnen sind?

Die kulturelle Orientierung entweder in Richtung Individualismus oder Kollektivismus prägt zum einen gegenseitige Erwartungen der Teammitglieder untereinander: Der eine platziert seine persönliche Antwort auf eine aufgeworfene Frage klar und unmissverständlich im Diskussionsforum und erwartet Gleiches von den Teamkolleg/innen, die andere führt erst eine Reihe informeller Gespräche, um die Tendenz der Gruppenmeinung herauszufinden und sich dann selbst auch in diesem „Korridor" anzusiedeln.

Andererseits prägt die Dimension mit ihren Polen Erwartungen an Sie als Führungskraft: Teammitglieder eher individualistisch orientierter Kulturen erwarten von Ihnen vor allem Entscheidungsfreude, individuelle Ansprache und Motivation der Einzelnen. Aus Sicht kollektivistisch geprägter Teammitglieder sollten Sie mehr Zeit für die Integration von Interessen und die Begleitung von Teamprozessen aufwenden und dafür sorgen, dass möglichst selten Konflikte aufbrechen beziehungsweise diese nicht öffentlich ausgetragen werden.

In der Kommunikation über Medien hat das ganz konkrete Auswirkungen: Diese übermitteln nonverbale Signale der Zustimmung oder Ablehnung nicht oder nicht so deutlich. Für eher kollektiv orientierte Mitglieder ist damit z. B. der Stand der Gruppenmeinung schlechter sichtbar, sie werden daher verunsichert oder ziehen sich gar ganz aus der Diskussion zurück. Das folgende Beispiel veranschaulicht einige Phänomene in dieser Richtung:

> In einem internationalen Team wurde ein gemeinsames Diskussionsforum eingerichtet, um den asynchronen Austausch während des Projektes zu unterstützen. Im Laufe des Projektes kam die begleitende Kommunikation über das Diskussionsforum zunächst nur schleppend in Gang. Ein Thema, zu dem sich zunehmend Meinungsunterschiede zeigten, wurde schließlich in der nächsten Telefonkonferenz aufgegriffen. Einzelne Teammitglieder wurden dazu auf ihre Beiträge im Forum direkt angesprochen und die eingebrachten Meinungen kontrovers diskutiert. Schließlich kam das Team in der Telefonkonferenz zu einer Einigung, die für alle Gruppenmitglieder tragbar schien.
>
> Im weiteren Verlauf der Projektarbeit wurde das Forum dann aber nur noch von einem Teil der Teammitglieder genutzt und verebbte schließlich ganz.

Wie lässt sich die geringe Nutzung des Diskussionsforums erklären? Die Kommunikation über das Forum gab offenbar kollektivistisch geprägten Mitarbeitern so wenig Orientierung über den aktuellen Stand der Gruppe, dass diese zunächst nur sehr zögerlich begannen, ihre Meinung schriftlich (und damit nicht mehr zurückziehbar) zu veröffentlichen. In der Telefonkonferenz wählte die Teamleitung dann einen ungünstig individuumszentrierten Ansatz, als sie einzelne Teammitglieder auf ihre Meinungsdifferenzen ansprach. Damit bestätigte sie ungewollt die Sorge der eher kollektivistisch orientierten Teammitglieder, dass es „gefährlich" ist, Meinungsunterschiede individuell offen anzusprechen bzw. ins Forum zu schreiben. Dieser Fehler wirkte sich auf die weitere Nutzung des Forums aus. Es wurde als Arbeitsmittel unbrauchbar. Der Teamleiter hätte besser in der Moderation der Telefonkonferenz die Meinungsunterschiede in allgemeiner Form beschrieben und einen ersten Korridor für eine Lösung aufgezeigt, ohne einzelne Teammitglieder anzusprechen.

Die Gruppenmeinung wird in der asynchronen Kommunikation weniger wahrnehmbar und verunsichert kollektiv orientierte Mitglieder

Vor einem kollektiv orientierten kulturellen Hintergrund besteht ein hohes Bestreben, sich als Einzelne in die Gruppenmeinung einzubinden. Umgekehrt gilt es unter Umständen als Gesichtsverlust, eine von der Gruppe abweichende Meinung zu vertreten oder vertreten zu haben. Das erschwert asynchrone Meinungsbildung sehr: Wie den eigenen Beitrag im Diskussionsforum formulieren, wenn sich der Stand der Gruppenmeinung nicht abzeichnet? Also eher noch zurückhalten?

Um kollektivistisch geprägten Mitgliedern eine bessere Beteiligung zu ermöglichen, können Sie über asynchrone Medien immer wieder eine Zusammenfassung des aktuellen Standes der Diskussion einfügen. Auch klare Hinweise, z. B. wie in den persönlichen Profilen im Unternehmens-Wiki bisherige Projekterfahrungen oder vorhergehende Tätigkeiten aufgelistet werden sollten, können unterstützen, um eher zurückhaltend kollektivistisch orientierte Kollegen/innen wie eher individualistische auf einen gemeinsamen Stand zu bringen.

Dokumentationscharakter asynchroner Kommunikation kann kollektiv orientierte Mitglieder in ihrer Kommunikation einschränken

Wenn sich die eigene Idee im Nachhinein als nicht zuträglich für die kollektive Meinung herausstellt, steht sie dennoch „Schwarz auf Weiß" für alle sichtbar und kann nicht mehr wie im persönlichen Gespräch zurückgezogen werden. Häufig beschränken sich kollektivistisch geprägte Teammitglieder daher „vorsichtshalber" auf Minimalbeiträge, was eine angeregte asynchrone Kommunikation nicht unbedingt unterstützt.

Gerade wenn in Ihrem Team Kolleg/innen aus kollektivistisch geprägten Kulturen vertreten sind, sind zunächst synchrone Medien wie Telefonkonferenzen, in denen sich Meinung im ineinander verwobenen Gespräch herausbilden kann, oft hilfreicher, um eine gemeinsame Basis zu schaffen. Mit Feedbackschleifen und Zwischenzusammenfassungen unterstützen Sie den Prozess – und auch dadurch, dass Sie nicht jeden Gesprächsstrang neben dem fokussierten Agendapunkt sofort abkappen.

Wertschätzen Sie in der synchronen Kommunikation die einzelnen Beiträge, die auch asynchron eingebracht wurden und machen Sie deutlich, welchen Beitrag diese zur gemeinsamen Lösungsfindung und Zielerreichung der aktuellen Aufgabe leisten. Steuern Sie bei möglichen Äußerungen wie „Du hast aber geschrieben, dass ..." gegen. Sonst kann es Ihnen wie in dem

Beispiel passieren, dass Teammitglieder nach dieser Erfahrung sich nicht mehr an der asynchronen Kommunikation beteiligen.

Zurückhaltende Kommunikation über Medien kann individualistisch geprägte Teammitglieder frustrieren

Es ist auch wichtig, Teammitgliedern, die mit einem offensiven kommunikativen Vorstoß z. B. im gemeinsamen Forum weniger Probleme haben und dann unter Umständen allein mit ihren Beiträgen dastehen, die unterschiedlichen kommunikativen Herangehensweisen und Bedürfnisse verständlich zu machen, da sie sonst den Schluss ziehen könnten: „Kommunikation in dieser offenen Form ist nicht erwünscht".

Dazu können Sie z. B. Ihre möglichst neutral formulierten Beobachtungen zur Art der Kommunikation in das Team zurückspiegeln.

Individuelle Kontaktaufnahme zur Teamleitung wird erleichtert

Das Bedürfnis nach individueller Förderung, Ansprache und Motivation äußert sich im Arbeitsablauf möglicherweise durch eine höhere Frequenz von Mails an Sie. Vielleicht empfinden Sie derart häufige Rückfragen als lästig und legen sie dem Teammitglied als „Unselbständigkeit" aus. Gleichzeitig kann es passieren, dass durch kurz angebundene Antworten und wenig Kontaktaufnahme von Seiten der Führung beim Teammitglied der Eindruck entsteht, die Teamleitung schotte sich ab und sei bei der Problemlösung unerreichbar.

Sie können aber auch die unkomplizierte und direkte Kommunikation, wie sie elektronische Medien zulassen, aktiv nutzen, um individualistisch geprägte Teammitglieder in unterschiedlichen Phasen der Zusammenarbeit individuell zu fördern. Hier müssen Sie allerdings gut abwägen: Erreichen Sie damit bei einzelnen Teammitgliedern, dass sie sich, ihrer kulturellen Prägung gemäß, ausreichend motiviert und gefördert fühlen, oder fördern Sie dadurch als Führungskraft eine Bindung an Sie, die Energie und Potenzial aus der Interaktion zwischen den Teammitgliedern herausnimmt? Manchmal kann es sinnvoll sein, nicht allen kulturellen Bedürfnissen nachzukommen. Gradmesser für Ihre Entscheidung kann hier sein: Was trägt am meisten zur Arbeitsfähigkeit des Teams bei, und durch welche Art der Ansprache bekomme ich die meisten Teammitglieder mit ins gemeinsame Boot?

Filtereffekte machen die Bedeutung von Zusagen schwerer erkennbar

In vielen kollektivistisch geprägten Kulturen dürfen direkte Absagen (z. B. ein klares „Nein") nicht erteilt werden, einerseits um das Gesicht zu wahren, andererseits um die Harmonie in der Gruppe nicht zu stören.

> In einem Off-Shoring Projekt (ausgelagerte Programmierung) mit Programmierern in Indien und einer Projektleitung in Europa wurde beim Testdurchlauf an einem Modul ein Fehler bemerkt. Die Fehlerbeschreibung wurde zusammen mit einigen Screenshots per Mail nach Indien geschickt. Die Antwortmail mit den Worten *„No problem – we will fix it"* sortierte die

Projektleitung als „Auftrag in Indien akzeptiert" ein. Zwei Wochen später sollte ein weiterer Testdurchlauf direkt beim Kunden durchgeführt werden. Zwei Tage davor kam auf Anfrage der Projektleitung zum aktuellen Stand des Moduls die Antwort: *„We have technical problems, we need to postpone it".*

Ein Telefonat mit dem verantwortlichen Gruppenleiter vor Ort brachte zu Tage, dass mit der Programmierung gar nicht begonnen worden war, das Problem war als unlösbar zu Seite gelegt worden.

Eine Mail mit dem Satz „No problem – we will fix it" muss also nicht bedeuten, dass im Sinne der Teamleitung tatsächlich nach einer Lösung gesucht wird. Über die Entfernung bekommen Sie oft nicht mit, ob und in welcher Intensität an der Problemlösung gearbeitet wird.

Hier hilft weder blindes Vertrauen in solche Sätze noch Abwinken, dass einem „Ja" *nie* Glauben zu schenken sei. Vielmehr ist ein „Medienwechsel" angeraten: Das persönliche Telefonat, ggf. mit dem Vorgesetzten, bringt oft einen besseren und realistischeren Einblick in die Situation und die Möglichkeiten vor Ort. Auch wenn Sie sich zum Beispiel über ein Desktop-Sharing erläutern lassen, wie Ihr räumlich entferntes Teammitglied das entstandene Problem bei der Programmierung einschätzt, merken Sie schneller, ob daran wirklich gearbeitet wird.

Dieses „Nicht-Nein-Sagen" kann für die Projektsteuerung und das Controlling über Distanz also gravierende Auswirkungen entfalten: der aktuelle Stand der Aufgabenbearbeitung wird nicht sichtbar und muss aufwändig erkundet werden, ein Aspekt, der über Distanz sowieso schon schwierig genug ist (s. Kapitel 6.4, Controlling).

Nicht immer allerdings ist „Kollektivismus" der Hintergrund für eine vordergründige Zusage, sondern auch der jeweilige reale gesellschaftlich-ökonomische Kontext kann unterschiedliche Einschätzungen bedingen: Der Satz „no problem – we will fix it" kann auch bedeuten, dass das Problem und dessen Behebung tatsächlich als nicht so gravierend bewertet wird wie von der Projektleitung. In Niedriglohnländern kann z. B. eine umständliche Eingabemaske im Modul durch die Einstellung zusätzlicher Arbeitskräfte leicht ausgeglichen werden. In Europa bedeutet das jedoch eine ineffektive, teurere und damit inakzeptable Lösung.

Unterschiedliche Erwartungshaltungen in Bezug auf Konfliktlösungen in mediengestützter Kommunikation

Gerade im Management von Konflikten sind Sie als Teamleitung unter Umständen konträren Erwartungen ausgesetzt, wenn Sie ein Team aus kulturell stark individualistisch und stark kollektivistisch geprägten Mitgliedern führen. Die einen legen es Ihnen als „Versagen" aus, wenn Sie in einer Telefonkonferenz das Konfliktthema offen ansprechen und alle in die Lösungsfindung einbeziehen, statt in einer Serie bilateraler Gespräche im Hintergrund die Harmonie im Team wieder herzustellen. Andere wiederum schätzen die offene Auseinandersetzung als Potenzial für Meinungsbildung und Zusammenhalt. Damit nicht enttäuschte Erwartungen zum Rückzug führen, benötigen Sie ein ausgefeiltes Spektrum an Konfliktlösungswegen, das an die Präferenzen der Teammitglieder anknüpft, aber auch Varianten ermöglicht, je mehr Ihr Team bereits eigene Wege der Konfliktlösung erprobt hat (vgl. Kapitel 7, Konflikte konstruktiv lösen).

8.2.3 Hohe versus niedrige Unsicherheitsvermeidung

Diese Dimension beschreibt den Grad der Bereitschaft, sich auf unsichere und ambivalente Situationen bis hin zur Risikobereitschaft einzulassen.

Welche Auswirkungen das in der mediengestützten Kommunikation haben kann, veranschaulicht das folgende Beispiel:

> In einem global tätigen Unternehmen wurden einige Wochen vor einem unternehmensinternen Kongress für Fachexperten themenspezifische Diskussionsgruppen in einem Webforum eingerichtet. Sie sollten zur Auseinandersetzung der Kongressteilnehmer/innen mit den einzelnen Themen im Vorfeld beitragen und eine intensivere Diskussion beim Kongress selbst ermöglichen. Beteiligen konnten sich alle angemeldeten Teilnehmer/innen des Kongresses.
>
> Es zeigte sich ein unerwartetes Phänomen: Die einzelnen Beiträge der wenigen Kongressteilnehmer, die sich auf diese neue Art der Kommunikation einließen, glichen halbseitigen wissenschaftlichen Abhandlungen, zu denen kaum informelle Reaktionen der anderen Teilnehmer/innen in Form von Fragen oder eigenen Anregungen kamen. Auf dem Kongress selbst stellte sich heraus, dass die Mehrzahl der Teilnehmer/innen „zwar schon das Forum angeschaut" hatten, aber dann verunsichert waren, wer aus dem Unternehmen die Beiträge lesen konnte und welche Art der Formulierung von Beiträgen oder Antworten auf Beiträge diesem Setting angemessen wäre. Zudem fühlten sich die meisten nicht ausreichend mit der Handhabung der Technik vertraut, trotz detaillierter Einführung über Mail. Die meisten hatten sich daraufhin entschieden, sich auf das Lesen der Beiträge zu beschränken.

Das Beispiel belegt, dass Unsicherheitsvermeidung unterschiedliche Gründe haben kann: Mal spielt die Sorge eine Rolle, wie man sich in einer bestimmten Situation adäquat ausdrückt, mal die Frage, wer technisch Zugang und damit Einblick in das Geschehen hat, mal ist es die ungewohnte Handhabung der Technik.

Nutzung neuer Medien als unbekanntes Terrain bewirkt Verunsicherung

Wenn Sie viele Teammitglieder haben, die der Umgang mit den neuen Medien verunsichert, sollten Sie zu Beginn mit Medien einsteigen, die allen vertraut sind. Meistens zählen dazu Mail und Telefon. Parallel können Sie den Einstieg in ein ungewohnteres Medium wie ein Wiki oder ein Online-Meeting-Tool vorbereiten. Dabei sollten Sie zunächst eher kleine Schritte machen. Machen Sie im Team deutlich: Es gibt nicht den einen bewährten Weg der

Kommunikation über Medien, sondern nur das gemeinsame Durchspielen und dann die schrittweise Anpassung an das Optimum.

Manchmal spielt auch nicht die reine Handhabung eine Rolle, sondern die Art und Weise, wie die neuen Medien eingesetzt werden: Expert/innen tun sich mitunter schwer damit, schnelle kurze Beiträge zu ihrem Fachgebiet zu verfassen, sie setzen auf gründliche, ausführliche und damit zeitaufwändige Ausarbeitungen. Das Vertrauen, mit dem junge Kolleg/innen schnell und ungeprüft Textfragmente in ein Wiki oder einen Blog „hacken", darauf bauend, dass andere daran weiterarbeiten und Fehler oder Ungenauigkeiten kollektiv korrigiert und herausgefiltert werden, ist ihnen fremd.

Sorge vor medienbedingter Öffentlichkeit verhindert die aktive Beteiligung

Vor allem für Menschen, die den Umgang mit neuen Medien weniger gewohnt sind, kommt bei der Nutzung eines Blogs oder einer Groupware immer wieder eine zusätzliche Sorge hinzu: „Wer liest dies alles? Sind das wirklich nur die definierten Teammitglieder? Und was wird alles über meine Arbeit sichtbar?"

Es ist wichtig, im Team auf mögliche Vorbehalte einzugehen und darzustellen, wie genau die Sicherheit des Zugangs gewährleistet wird und wer wirklich zur Nutzergruppe gehört.

Erhöhte Verschriftlichung und Dokumentation führt zu zusätzlicher Absicherung

Teammitglieder aus Kulturen mit einem hohen Grad an Unsicherheitsvermeidung haben oft Probleme, schnell und experimentierfreudig über neue Medienkanäle zu kommunizieren: Wie unser Beispiel zeigt, feilen sie unter Umständen stundenlang an einem Forumsbeitrag herum, nur weil sie nicht das Risiko eingehen wollen, missverstanden zu werden. Verschriftlichte Kommunikation wird eher als Dokumentation denn als Dialog aufgefasst. Zeigen Sie als Teamleitung z. B. durch informelle Reaktionen per Mail oder im Diskussionsforum, dass auch ein anderer Sprach- und Umgangsstil möglich ist.

Manche sicherheitsbedürftige Teammitglieder tendieren dazu, Chat-, Telefon- und Videokonferenzen mitzuschneiden und eine Dokumentation zu erstellen. Das kann eine eigene Dynamik bekommen, wenn dabei die ungezwungene, kreative und deshalb mitunter „verrückte" Umwege beschreitende Kommunikation im Team eingeschränkt wird bzw. sich andere Wege, z. B. bilaterale Telefonate, sucht. Teilen Sie dann Ihre Beobachtungen dem Team mit. Das kann von den Teammitgliedern übrigens besser akzeptiert werden, wenn Ihre Beobachtungen allgemein gehalten und nicht auf einzelne Personen zugeschnitten sind.

Absicherung durch Vervielfältigung

Menschen mit einer Tendenz zur Risikovermeidung nutzen gern umfangreiche „CC"-Verteiler als Absicherung – und sei sie nur psychologisch. Das gleiche Phänomen kann bei Menschen in stark hierarchisch strukturierten Gesellschaften auftreten. Manchmal hilft hier eine Abklärung über Entscheidungskompetenzen mit dem jeweiligen direkten Vorgesetzten.

8.2.4 Hohe versus geringe Kontextabhängigkeit

Edward T. Hall (1976) liefert eine weitere Dimension, die besonders relevant für virtuelle Teams ist: die Kontextabhängigkeit („high- vs. low-context") von Gesellschaften und Gruppen. In Gruppen mit einer hohen Kontextabhängigkeit verlassen sich die Mitglieder in hohem Maße auf tradierte Werte und Regeln. „Dos and Don'ts" aufzustellen und zu diskutieren, erscheint obsolet, da jedes Mitglied sowieso weiß, was zu tun ist. Einzelne Botschaften haben wenig Bedeutung ohne das Verständnis des umgebenden Kontextes. Handlungen werden also vom impliziten Wissen der Mitglieder übereinander und über deren Situationen abhängig gemacht. Teammitglieder, die eher geprägt sind durch eine geringe Kontextabhängigkeit, ziehen faktenbasierte Informationen vor. Das Fatale in virtuellen Teams: Implizite Werte, Regeln und Informationen aus dem Hintergrund einer Botschaft sind medienvermittelt weniger sichtbar. Das führt bei Mitgliedern aus Kulturen mit hoher Kontextabhängigkeit zu größerer Verunsicherung.

In einem Team bestanden die Mitglieder zur Hälfte aus Mitarbeitern des Standortes in Milano und zur anderen Hälfte aus Mitarbeitern des Standortes in Nürnberg. Für das kommende Jahr sollte das gemeinsame Vorgehen bei der begleitenden PR zu wichtigen Branchenmessen festgelegt werden. Die deutschen Mitglieder werteten die Maßnahmen der letzten Jahre aus und erstellten daraufhin ihren Vorschlag, den sie auf dem gemeinsamen Server einstellten. Der Vorschlag der italienischen Seite verzögerte sich. In der wöchentlichen Telefonkonferenz darauf angesprochen, fragten die italienischen ihre deutschen Kollegen, auf welcher Grundlage sie denn den Vorschlag erarbeitet hätten. Und welche Einschätzungen die Abteilungsleitung dazu gehabt hätte. Die deutschen Kollegen reagierten etwas verärgert: „Erarbeitet ihr zuerst mal euren Vorschlag, dann diskutieren wir es mit Personen außerhalb unseres Teams."

In der Woche darauf ergab es sich, dass die italienische Teamleiterin zu einem Besuch in der deutschen Unternehmenszentrale war. Sie hatte Treffen mit verschiedenen Personen aus dem Umfeld des Teams. Zwei Tage nach ihrer Rückkehr war der Vorschlag zum Vorgehen auf dem gemeinsamen Server eingestellt und konnte mit dem anderen zusammengeführt werden. Durch ihren Besuch in der Zentrale hatte die Teamleiterin direkte Einschätzungen und Meinungen mitbekommen, die dem italienischen Team nun ein sichereres Gefühl bei der Erarbeitung des eigenen Entwurfes gaben.

In dem Beispiel wird sichtbar: Um Entscheidungen zu treffen, brauchen Personen mit einer höheren Kontextabhängigkeit für die eigene Entscheidung oder zur eigenen Handlungssteuerung oft mehr Informationen aus dem Hintergrund oder aus dem Umfeld der Beteiligten, sei es die Meinung des jeweiligen Vorgesetzten, die aktuelle Entwicklung am anderen Standort oder auch Informationen über Gespräche, die standortübergreifend in der nächsten Hierarchieebene stattgefunden haben. Fakten stellen für sie nur eine unzulängliche Basis für Entscheidungen dar.

Bei einer hohen Kontextabhängigkeit sind Menschen eher gewohnt, im direkten Gespräch oder durch aufmerksame Beobachtung diese für sie notwendigen Informationen „einzusammeln". Das ist im virtuellen Team schwieriger. Die ausgeprägte Sachorientierung bei der Kommunikation über Medien verhindert oft die Übermittlung notwendiger Kontextinformationen im Arbeits- und Entscheidungsprozess. Geben Sie Ihren Teammitgliedern deshalb Kontextinformationen auf den verschiedenen Kommunikationswegen, die Ihnen zur Verfügung stehen. Und denken Sie an Ihre spezifische Perspektive als Teamleitung: Andere Teammitglieder haben eventuell noch längst nicht dieselbe Sicherheit über den Kontext der Situation wie Sie selbst.

8.2.5   Kulturell bedingte Zeitvorstellungen

Kulturell bedingte unterschiedliche Auffassungen von Zeit spielen in virtuellen Teams ebenfalls eine Rolle (Krause, 2003, S. 25), oftmals sind sie zunächst die augenfälligsten Unterschiede zwischen den Kulturen. Diese können z. B. in religiösen Weltanschauungen begründet liegen: Es wirkt sich auf das Handeln der Menschen aus, ob sie Zeit eher linear als eine Abfolge von Ereignissen sehen oder als zirkulär wiederkehrende Ereignisse. Auch der Planungshorizont einer Kultur spielt eine Rolle, also ob dieser eher kurz- oder langfristig orientiert ist (vgl. Hofstede 2005, S. 207 ff.). Nicht zuletzt hat der Glaube an die Vorbestimmtheit einer zeitlichen Abfolge von Ereignissen konkrete Auswirkungen auf menschliches Handeln – auch im Beruf. Dass Verbindlichkeit, Antwortzeitverhalten, Einschätzung von Dringlichkeit bis hin zur Erforderlichkeit einer detaillierten Projektplanung im virtuellen Team sehr unterschiedlich gesehen werden können, ist leicht vorstellbar.

Zunächst ein Beispiel, das unterschiedliche Einschätzungen zeitlicher Verbindlichkeit verdeutlicht:

> In den Verhandlungen zwischen einer deutschen mittelständischen Firma und einem indischen Softwareanbieter im ERP-Bereich wurde eine Lieferzeit festgelegt und der Auftrag dementsprechend an die indische Firma vergeben.
>
> Im Laufe des Projektes stellte sich heraus, dass die Zeitvorgaben nicht eingehalten werden konnten. Die indische Seite war schon zu Beginn davon ausgegangen, dass nachverhandelt werden müsse, hatte den Vertrag aber aufgrund der Annahme abgeschlossen, dass Nachverhandlungen sowieso Teil eines jeden Vertrages sind. Was die indische Firma im Vorfeld als nicht so gravierend eingeschätzt hatte: den Widerstand des deutschen Auftraggebers und die rechtlichen und finanziellen Konsequenzen daraus.

Probleme ergaben sich also nicht nur bei der pünktliche Einhaltung von Terminen, sondern entstehen auch dann, wenn nicht für beide Verhandlungsseiten klar ist, dass die Auftragsabwicklung ganz eigenen zeitlichen Gesetzen folgt. Von welchem Verständnis jeweils ausgegangen wird, sei es in Vertragsverhandlungen oder bei der Zielerreichung von Teilschritten im Projekt, müssen Sie Stück für Stück herausfinden.

Erschwerte zeitliche Synchronisation bei kulturell unterschiedlichen Zeitvorstellungen

Wir wollen hier nicht noch einmal auf die Details im Controlling über Distanz eingehen, sondern nur auf zwei wesentliche Fragen zum Zeitverständnis:

- Liegt bei allen Seiten ein gleiches oder ähnliches Verständnis von Zeit vor?
- Wie wird die zeitliche Verbindlichkeit von Projektzielen eingeschätzt?

Über die Distanz müssen Sie konkret über verschiedene Medien nachfragen, um ein verlässliches Gefühl zu bekommen, was tatsächlich bewirkt wurde und wie einzelne Projektschritte in der Praxis umgesetzt wurden. Wenn Sie in Controlling-Gesprächen mit Einzelnen und auch im Projektteam kulturell bedingte unterschiedliche Zeitvorstellungen thematisieren, zeitliche Abhängigkeiten von Zwischenergebnissen offenlegen und genannte Zeitangaben hinterfragen (eher neugierig konkretisierend als bohrend), verhindert dies, dass sich Vorurteile wie „Schlamper" oder „unzuverlässig" festsetzen, oder hilft, diese zu entkräften.

Objektive Zeitunterschiede berücksichtigen

Schließlich spielen rein äußerliche zeitliche Rahmenbedingungen in einem globalen virtuellen Team eine entscheidende Rolle: Unterschiedliche Zeitzonen verengen den Korridor, in dem Meetings zu für alle Teammitglieder vertretbaren Zeiten stattfinden können. Auch klimatische Bedingungen machen teilweise eine unterschiedliche Zeitplanung notwendig. In tropischen und subtropischen Gebieten ist in einigen Ländern eine ausgedehnte Mittagspause fest verankert.

Dies ist auch beim Einsatz der rund um die Uhr zur Verfügung stehenden neuen Kommunikationsmedien zu berücksichtigen. Halten Sie Ihre synchron veranstalteten Meetings lieber kürzer, dafür umso konzentrierter, und versuchen Sie, die Zeit so abwechslungsreich wie möglich zu gestalten. Eine gute asynchrone Vorbereitung hilft dabei, die Anstrengung abzufedern.

Zudem können Sie versuchen, die Zeitpunkte der Meetings in einem „rollierenden System" festzulegen, so dass nicht immer die Gleichen früh aufstehen oder spät ins Bett gehen müssen. Vergessen Sie dabei nicht, die unterschiedlichen Arbeitsrhythmen in den verschiedenen Ländern zu berücksichtigen, und wirken Sie auch hier den Vorurteilen der Unzuverlässigkeit frühzeitig entgegen.

8.3   Aufgabe der Teamleitung: Das passende mediale Umfeld für interkulturelle Teams gestalten

In den vorhergegangenen Abschnitten sind wir immer wieder darauf eingegangen, welche Medien mal mehr, mal weniger in der konkreten Situation passen. Die Erfahrung zeigt, dass bei der Mediennutzung und im Medieneinsatz diverse Einflüsse eine Rolle spielen: Mal sind es verschiedene Dimensionen von Kultur, die sich miteinander verbinden, mal stehen die individuellen Erfahrungen dabei im Vordergrund. Sie müssen in jeder Situation wieder neu entscheiden, was das passende Medium sein könnte und vor allem auch, wie es im Team eingeführt und in der Kommunikation genutzt werden kann.

Dazu zunächst zwei Experten, die weitreichende Erfahrung in der Nutzung von Kommunikationsmedien für interkulturelle standortverteilte Gruppen- und Teamarbeit haben. Im Anschluss daran bekommen Sie einen zusammenfassenden Überblick, was Sie bei der Gestaltung des medialen Umfeldes für ein interkulturelles Team grundlegend beachten sollten.

Praxisinterview mit Prof. Dr. Ilario Astinov, Sofia University, und Ulrich Scholten, Managing Director INGENATIC GmbH

Welche kulturspezifischen Unterschiede in der Mediennutzung haben Sie beobachtet?

Auf den ersten Blick gibt es ein paar kulturell spezifische Herangehensweisen an Mediennutzung. Kurz gesagt: Asiaten nähern sich Medien „spielerisch" an, Angelsachsen „verfahren nach dem „Trial and Error" Prinzip" und Deutsche greifen auf Strategien zurück, die sie „schon immer angewendet haben".

Es gibt auch Kulturen, die verstehen Wissen als Handelsware. In Frankreich sehen sich z. B. viele als „Information Broker". Deshalb werden dort Medien eher weniger interaktiv genutzt und mehr als Mittel gesehen, Informationen schnell und einfach zu verteilen. Manchmal hängt der spezifische Umgang mit Medien auch eher von besonderen Rahmenbedingungen als von Kultur ab: In Algerien zum Beispiel war es einige Zeit zu gefährlich zu reisen. Kommunikation über Internet bewahrte Menschen vor dieser Gefahr. So verbreitete sich die internetbasierte Kommunikation im Berufsleben und als Lernmittel schnell und auf einer breiten Basis.

Manche Menschen übertragen ihre kulturellen Kommunikationsgewohnheiten auf die Art und Weise, wie sie über neue Medien kommunizieren. Auf den zweiten Blick allerdings muss man sich davor hüten, das zu generalisieren. Neue Medien sind im Großen und Ganzen so neu auf dieser Welt, dass Unterschiede in der Mediennutzung eher auf Sozialisation als auf kulturellen Unterschieden basieren: Ältere Menschen die nicht mit Neuen Medien aufgewachsen sind, nutzen sie anders.

Praxisinterview

Können Sie uns diesen Unterschied etwas genauer erläutern?

Jüngere Leute nutzen Mail, Chat oder Voice over IP völlig selbstverständlich, das gehört zu ihrem Alltag. Sie unterhalten sich und tauschen sich über diese Medien aus. Für Menschen der Generation 45 plus ist diese Art der Kommunikation immer noch exotisch, und sie nutzen sie nicht gerne.

Zusätzlich haben wir etwas beobachtet, das wir als „monochrones" versus „polychrones" Denken bezeichnen würden: Junge Menschen sind es gewohnt, eine Menge paralleler Informationen zu verarbeiten. Wenn Sie das Entertainment im Fernsehen betrachten: Früher dauerte ein Sketch gerne mal 7 Minuten, heute wird der Zuschauer bei einer Dauer über 20 Sekunden unruhig. Der Medienmix, der heute zur Verfügung steht, unterstützt diese Art von polychroner Informationsverarbeitung.

Menschen, die daran nicht gewöhnt sind, nutzen lieber Medien, die eine sequenzielle Form der Kommunikation ermöglichen, z. B. Mail. Da haben sie mehr Zeit, sich zu konzentrieren und über ein Thema nachzudenken. Aus diesem Grund beruht der kulturelle Wandel, der zu beobachten ist, auf einem Generationenwechsel. Diesen Effekt müssen Sie also stärker berücksichtigen, wenn Sie eine mediengestützte Kommunikationsstruktur aufsetzen, als darüber nachzudenken, welche Menschen aus welcher Kultur sie dann wie nutzen.

Worauf würden Sie achten, wenn Sie die Kommunikationsstruktur in einem weltweiten Team aufsetzen?

Unsere Erfahrung ist, dass Sie kaum das ganze System vorher festlegen können. Sie müssen es Schritt für Schritt mit den Nutzern durchspielen und dann aufgrund der gemachten Erfahrungen optimieren.

Natürlich sollten Sie vorher abprüfen, wer mit welcher Art von Medien vertraut ist. Vielleicht ist die Person in Hongkong besonders vertraut mit synchroner Kommunikation und ein anderer am vertrautesten mit Mail. Dann haben Sie ein kleines Problem! Trotzdem müssen Sie dann auch klar stellen, welche Kommunikationskanäle sich am besten für die Aufgaben eignen, die über diese Medien gelöst werden sollen. Für einen Dokumentenaustausch ist z. B. eine Anwendung effizienter als eine andere.

Am besten fangen Sie klein an und fügen Schritt für Schritt mehr Besonderheiten hinzu. Die Teammitglieder können sich dann unabhängig von Alter oder Kultur an die Nutzung gewöhnen, bevor sie die nächste Stufe erklimmen. Unserer Erfahrung nach steht und fällt die medienbasierte Kommunikationsstruktur damit, dass Sie erstens dafür sorgen, dass sie regelmäßig genutzt wird, und zweitens, dass Sie gleichzeitig ganz praktische Erfahrung im Umgang damit ermöglichen.

Spielen Unterschiede im Zugang zu den Kommunikationstechnologien eine Rolle? Und welchen Einfluss hat das auf den Aufbau des geeigneten online-Settings?

Natürlich gibt es Unterschiede z. B. in der Qualität des Internetzugangs, so dass der Einsatz von Voice over IP immer wieder gestört ist. Oder wenn Sie mehrmals am Tag einen Stromausfall haben, dann ist das schon ein Handicap. Häufig weisen aber ein schlechter Internetzugang oder ein eingeschränkter Zugang zu anderen Kommunikationsmitteln eher auf eine Organisations- oder Unternehmenskultur hin, die nicht offen ist für neue Wege der Kommunikation.

Sogar in ziemlich weit abgelegenen Gebieten dieser Erde nutzen wir die unterschiedlichsten Medien für die Kommunikation.

Vom technischen Standpunkt aus können Sie sagen: „Wo ein Wille ist, ist auch ein Weg!"

Danke für das Gespräch!

In dem Interview werden weltweite und kulturübergreifende Phänomene in der Mediennutzung aufgezeigt, die es verbieten, verallgemeinernde Aussagen in Richtung „Menschen aus *diesem* Kulturkreis verwenden Kommunikationsmedien in folgender spezifischer Weise" zu machen. Dafür gibt es vor allem zwei Gründe:

1. Die Kommunikationsmedien entwickeln sich rasant und verbreiten sich weltweit, unterliegen damit selbst einer ständigen Veränderung. Was von einzelnen Personen oder in einem Kulturkreis heute bevorzugt genutzt wird, kann morgen schon wieder anders sein.

2. Wie Medien genutzt werden, ist zusätzlich stark davon abhängig, ob jemand gewohnt ist, damit umzugehen, und nicht nur von kulturellen Eigenheiten in der Kommunikation. So plagt Jüngere (sog. „digital natives") die Sorge um Datenschutz und die mögliche Gefährdung von Persönlichkeitsrechten oft in deutlich geringerem Maße, wenn sie einen öffentlichen Blog mit z. T. sehr persönlichen Ereignissen und Gedanken füllen.

Achten Sie darauf, dass alle Teammitglieder an der Kommunikation teilnehmen können und nicht nur diejenigen, die sowieso schon im Umgang mit verschiedenen Medien geübt sind.

Schließlich sei noch ein Phänomen genannt, das Sie in die Überlegungen zur Mediennutzung Ihres Teams einbeziehen sollten: Trotz des technologischen Fortschritts gibt es weltweit immer noch starke Unterschiede in der technischen Infrastruktur. Dazu gehören unter anderem die Computerausstattung, aber auch die Stromversorgung. Eine Webconference, die immer wieder unterbrochen wird, weil der Strom ausfällt oder die Wortbeiträge wegen fehlender Übertragungskapazität nur unvollständig übermittelt, ist für alle Beteiligten mühsam. Bereiten Sie deshalb die Meetings offline detaillierter vor, nutzen Sie ggf. nur Telefon- statt Videokonferenz und senden Sie umfangreiche Unterlagen, Präsentationen vorab zu.

8.4   Hilfe zur Analyse interkultureller Kommunikation und Ableitung von Handlungsstrategien

Kulturelle Prägung wirkt in der Zusammenarbeit mehrerer Menschen auf so grundlegenden Ebenen, dass sich Interventionen mit dem Ziel schneller Änderungen oder Anpassungen verbieten – sie wären sowieso zum Scheitern verurteilt. Hier erhalten Sie stattdessen Anregungen, wie Sie die interkulturell geprägte Zusammenarbeit auf Distanz beobachten, analysieren und dann daraus Schlüsse für Ihr Handeln im Team ziehen können.

Die folgende Arbeitshilfe (vgl. Checkliste 8 auf der nächsten Seite) können Sie als Leitfaden nutzen:

1. Beschreiben Sie zunächst kurz die konkrete Situation im Team, die Sie näher analysieren wollen.

2. Überlegen Sie sich, welche der oben beschriebenen Kultur-Dimensionen auf diese spezielle Situation eventuell einen Einfluss hat. Dabei können auch mehrere Dimensionen gleichzeitig eine Rolle spielen. Halten Sie in Stichworten fest, welche Hinweise jeweils dafür sprechen.

3. Halten Sie im nächsten Schritt fest, welche Phänomene durch die Mediennutzung in der Kommunikation in Ihrem Team dabei auftauchen. Stellen Sie hier besondere Auswirkungen im Zusammenhang mit den kulturellen Dimensionen fest? Interagieren Medieneffekte z. B. mit bestimmten kulturellen Haltungen?

4. Aus den Anregungen, die Sie im Text des vorangegangenen Abschnittes bekommen haben, können Sie im letzten Schritt Schlüsse für Ihr eigenes Handeln und die passende Gestaltung des medialen Umfeldes ziehen.

Checkliste 8:   Analyse interkultureller Kommunikation im virtuellen Team

Konkrete Situation, in der Sie in Ihrem interkulturellen Team unterschiedliches Vorgehen, Irritationen, Missverständnisse u. Ä. beobachtet haben:				
Welche Kulturdimension könnte dabei in welcher Art Einfluss haben?				
Machtdistanz	Kollektivismus/ Individualismus	Unsicherheits- vermeidung	Kontext- abhängigkeit	Zeitverständnis
Wie beeinflusst die Mediennutzung in Ihrem Team die beobachteten Phänomene? Wo verstärken Wirkungen der Mediennutzung u. U. den Einfluss kultureller Unterschiede?				
Was können Sie tun, - um den unterschiedlichen konkreten Bedürfnissen entgegenzukommen? - um die ggf. verstärkenden Medieneffekte aufzufangen? **Welche Medien nutzen Sie deshalb sinnvollerweise für Ihre geplanten Aktivitäten?**				

Das Modell der Dimensionen kann Sie bei der Analyse unterstützen, keinesfalls aber die Situation ganz erfassen. Die Sammlung eigener Eindrücke und deren Abwägen bleiben niemandem erspart.

Sie können das Modell der kulturellen Dimensionen auch im Team nutzen, um Unterschiede zu diskutieren und das Team bezüglich einiger kulturell bedingter Reibungspunkte zu entlasten. So ging auch der Teamleiter eines deutsch-amerikanischen Teams vor, das mit Hilfe einer Diskussion der kulturellen Dimensionen und der damit verknüpften Wirkungen auf ihre Zusammenarbeit über Distanz zu einer guten Klärung kam:

In einem amerikanisch-deutschen Team arbeiteten Biologen und Chemiker an zwei Standorten in Deutschland und den USA zusammen. Bei den deutschen Mitgliedern war das Bild entstanden, dass die amerikanischen Kollegen nicht ehrlich seien, dass die wöchentlichen Telefonkonferenzen deswegen sowieso nichts brächten, da die amerikanischen Kollegen sich mit ihren Äußerungen ständig bedeckt hielten und daher das Weiterkommen des Teams behindert würde. Die Teamleitung stieß mit dem Modell der kulturellen Dimensionen nach Hofstede/Hall eine Diskussion im Team an. Bei der Dimension „Kontextabhängigkeit" stellte sich z. B. heraus, dass das vom deutschen Mutterkonzern eingeführte „360-Grad-Feedback" für Deutsche und Amerikaner völlig unterschiedliche Auswirkungen hat: Die Deutschen waren nach einem kritischen Feedback eventuell einen Tag etwas nachdenklich-verstimmt, am nächsten Tag aber ging der Alltag weiter. Bei den amerikanischen Kollegen konnte ein kritisches Feedback dagegen unter Umständen den Verlust des Arbeitsplatzes bedeuten. Aus dem eigenen Kontext heraus hielten sich die amerikanischen Kolleg/innen mit wertenden und bewertenden Äußerungen gegenüber ihren deutschen Kolleg/innen zurück. Dieser für die amerikanischen Kolleg/innen entscheidende Kontext wurde medienvermittelt nicht transparent. Man hatte sich auf den Austausch sachlicher Aspekte begrenzt und einfach von sich auf andere geschlossen – so kam schnell der Eindruck der mangelnden Offenheit (der Amerikaner gegenüber den Deutschen) auf.

Nachdem diese Hintergründe transparent wurden, wurde den Deutschen klar, auf welchen Grundlagen sie ihr Vorurteil entwickelt hatten, und sie konnten zusammen mit den amerikanischen Kolleg/innen einige Regeln für Austausch und Feedback über Telefon vereinbaren. Für die Teamleitung war dies der Anlass, Feedback, das für die Zusammenarbeit im Team wichtig war, klar zu trennen von der Methode „360-Grad-Feedback" und dies auch so mit den Linienvorgesetzten der amerikanischen Seite zu kommunizieren.

8.5 Der Umgang mit Problemlösungsansätzen und Sprachunterschieden

Alle bisher beschriebenen Dimensionen haben auf die komplexen Vorgänge im Arbeitsalltag eines interkulturellen virtuellen Teams Einfluss. Wir möchten Ihren Blick jetzt noch auf zwei weitere Besonderheiten lenken, die die interkulturelle Zusammenarbeit auf Distanz ebenfalls entscheidend prägen:

▨ Kulturelle Unterschiede im Problemlöseverhalten

▨ Umgang mit Sprachunterschieden

Beides erhält im virtuellen Kontext durch medienvermittelte Kommunikation noch eine besondere Färbung.

8.5.1 Kulturspezifische Gestaltung von Problemlösungsprozessen

Durch kulturelle Prägung haben sich unterschiedliche Herangehensweisen an Problemlösung entwickelt (Schroll-Machl 2000). Wie solche unterschiedlichen Problemlösungsstrategien aussehen können, wollen wir zunächst am Beispiel bevorzugter Wege in deutschen und US-amerikanischen Teams aufzeigen.

Während nach Analyse von Schroll-Machl zum Beispiel Amerikaner zunächst versuchen, das Endziel, auf das sie sich zu bewegen wollen, möglichst genau zu definieren, bleibt dies bei Deutschen vorerst allgemeiner.

▨ Beim bevorzugten US-amerikanischen Problemlösungsweg entwickeln die Teammitglieder nun von Endziel her gesehen die Zwischenschritte und definieren, was sie jeweils inhaltlich erreichen wollen. Die Teamleitung hat dabei einen starken Einfluss auf die Entscheidungen und die Verteilung der Aufgaben. Es findet viel Austausch während der Ausarbeitungsphasen statt, auch Nachjustierungen werden vorgenommen.

▨ Beim bevorzugten deutschen Lösungsweg hingegen sammelt man zunächst alle Details, die aus Sicht der Gruppenmitglieder für eine gute Lösung nötig sind. Das Team ist bemüht, alle Aspekte zu erfassen und gemeinsam zu einer Einschätzung zu kommen. Die Teamleitung soll dabei eher integrativ wirken, es wird erwartet, dass sie sich mit den Mitarbeiter/innen abstimmt. In der Bearbeitung der Einzelschritte findet dann relativ wenig Austausch zwischen den Gruppenmitgliedern statt, es werden kaum Änderungen an dem einmal eingeschlagenen Weg vorgenommen. Zwischenergebnisse werden erst wieder in der nächsten Runde analysiert, aufbauend auf der gemeinsam erarbeiteten Basis am Anfang.

Diese unterschiedlichen Herangehensweisen haben auch in interkulturellen virtuellen Teams einen großen Einfluss. So kann es im oben genannten Beispiel eines deutsch-amerikanischen Teams vorkommen, dass die Amerikaner aus Sicht der Deutschen in einer Arbeitsphase, in der doch „jeder weiß was zu tun ist und sich auf seine Aufgabe konzentrieren soll" die deutschen Kolleg/innen mit Mails „bombardieren", allein aus der Logik des amerikanischen Problemlösungsprozesses heraus, dass Austausch gerade in den Ausarbeitungsphasen wichtig ist. Oder nehmen wir die gegenseitige Einschätzung zum Verhalten in Telefonkonferenzen, in denen ohnehin schon aufgrund des Mediums erhöhte Konzentration nötig ist: Gerade zu Beginn der Zusammenarbeit schlagen sich die Deutschen aus Sicht der Amerikaner mit unnötigen Details herum, was die Amerikaner konsequenterweise gedanklich abschalten lässt. Die

Amerikaner wiederum ziehen aus Sicht der Deutschen Telefonkonferenzen im weiteren Verlauf der Zusammenarbeit mit Fragen zu schon längst geklärten Details unnötig in die Länge.

Mit der Frage, wie die einzelnen Teammitglieder an die Sache herangehen würden, können Sie als Teamleiter/in Unterschiede produktiv auf den Tisch bringen. Für das Team wird wahrnehmbar, dass einzelne Teammitglieder aufgrund ihrer Erfahrungen unterschiedlich an Probleme herangehen und damit unterschiedliche Erwartungen an die Art der Problemlösung entstehen. Als Teamleiter/in können Sie diese Reflexion auch durch eine neutrale Erzählung über unterschiedliche Herangehensweisen einleiten und dann die Teammitglieder bitten, zu erzählen, was ihnen dabei bekannt vorkommt und was in ihren Erfahrungen anders ist. Im nächsten Schritt überlegen Sie mit dem Team gemeinsam, wie Sie diese unterschiedlichen Bedürfnisse in Ihrer Kommunikation über Medien berücksichtigen können. Halten Sie sich fern von Bewertungen der jeweils anderen Herangehensweise: Jede ist in einer bestimmten Situation passend und erfolgreich. Fördern Sie die bewusste Auseinandersetzung mit unterschiedlichen Herangehensweisen. Es geht darum, das für die jetzige Aufgabenstellung des Teams und die meisten Teammitglieder Passende zu finden.

Auch unsere direkten europäischen Nachbarn sind uns in verschiedenen Arbeitsweisen völlig fremd, wie das nachfolgende Beispiel auf amüsante Weise zeigt.

> Ein deutsch-französisches Team rief gegenseitig beim ersten Jahrestreffen große Belustigung hervor: Als „typisch deutsch" belächelt wurde das deutsche Teilteam, das seine Ergebnisse mit detailliert aufgelisteten Karten in strukturierter Reihenfolge präsentierte, die französische Gruppe wurde mit ihrem „kreativen Chaos" aufgezogen, als sie ihre Ideen in einem bunten Haufen präsentierte, der dann im gemeinsamen Gespräch weiter entwickelt wurde. Mit ziemlichem Amüsement nahmen beide Teilteams ein Jahr später zur Kenntnis, welchen Einfluss sie doch offenbar gegenseitig ausgeübt hatten: Diesmal präsentierte die deutsche Gruppe ein eher grobes „Ideenraster", dessen genaue Einordnungen dann in der Diskussion mit der anderen Seite erfolgte. Und der französische Teil des Teams wartete dieses Mal mit einer strukturierteren Darstellung der Ideen auf, die es den anderen ermöglichte, dem Gespräch besser zu folgen.

> Der Humor und das grundsätzliche Wohlwollen im Umgang miteinander machte den beiden Teilgruppen möglich, ihre sehr unterschiedlichen Herangehensweisen an die Präsentation von Ergebnissen im Laufe der Zusammenarbeit gegenseitig zu integrieren, ohne dass die jeweiligen Gruppen ihre kulturspezifischen Eigenarten völlig aufgaben.

> Anhand dieser Erfahrung gegenseitigen Lernens konnte dann auch diskutiert werden, wie der Austausch über Distanz zwischen den Jahrestreffen kulturell geprägt unterschiedlich verlief und welche Bedürfnisse an die Kommunikation bei den einzelnen Teammitgliedern vorhanden waren.

8.5.2   Umgang mit Sprachunterschieden

Die Mitglieder interkultureller Teams sprechen so gut wie immer unterschiedliche Muttersprachen. Es ist fast einfacher, wenn für alle Mitglieder die gemeinsame Sprache eine Fremdsprache ist, da dann alle „im gleichen Boot" sitzen. In virtuellen Teams hat unterschiedliche Sprachkompetenz besondere Auswirkungen:

▨ Virtuelle Kommunikation konzentriert sich auf Worte und Texte, hilfreiche Unterstützung durch „Reden mit Händen und Füßen" wird nicht übertragen. Verständigung dauert dadurch noch länger als in gleichsprachigen virtuellen Teams.

▨ In einem virtuellen Team ist der Anteil an Schriftverkehr wesentlich höher. Je mehr es dabei auch um formale Kommunikation geht, erfordert schriftliche Kommunikation deutlich mehr Prägnanz und Akkuratesse: Die verbale Umschreibung eines (nicht gewussten) fremdsprachlichen Begriffes ist in der mündlichen Kommunikation problemlos, für eine schriftliche Ausarbeitung oder in einem Foliensatz aber nicht akzeptabel.

▨ Kommunikation über Hintergründe, Emotionen, Konflikte und die „Botschaften zwischen den Zeilen" sind für Nicht-Muttersprachler/innen eine besondere Herausforderung, sowohl in der eigenen Formulierung als auch im Wahrnehmen und Verstehen dieser Botschaften. Weder der allgemeine Grundwortschatz noch die Fachsprache reichen aus, die in diesen Situationen so notwendige Metakommunikation zu betreiben, Befindlichkeiten klar zu verstehen oder auszudrücken, feine Zwischentöne wahrzunehmen und in einer brisanten Situation besonders sensibel zu formulieren.

▨ Sich in einer anderen Sprache auszudrücken, erfordert für die, die noch nicht fremdsprachlich denken, eine erhöhte Konzentration. Es ist sozusagen Hirnkapazität für Übersetzungsleistungen reserviert, die dann weder für Sach- noch Beziehungsarbeit zur Verfügung steht, auch schnellere Ermüdung ist dadurch vorprogrammiert.

Was können Sie als Teamleitung tun?

Überprüfen Sie, ob mangelnde Sprachkompetenz – objektiv oder auch nur subjektiv empfunden – Ursache für mangelnde Beteiligung einzelner Teammitglieder in Besprechungen, Foren oder Blogs ist und nicht etwa mangelndes Interesse. Und dann überlegen Sie, ob und wie Sie Brücken bauen können, die Beteiligungschancen für die „Nicht-Muttersprachler/innen" in Ihrem virtuellen Team zu erhöhen:

Checkliste 9: Umgang mit Sprachunterschieden

☑ Fassen Sie medienvermittelte Meetings noch kürzer, da das ‚Multitasking' zwischen Sache, Medien und Sprache noch schneller zu einer Überforderung führt.

☑ Beziehen Sie, wenn möglich, auch Sprachnachrichten und Video in Ihren Medien-Mix ein.

☑ Für Mails und andere Texte im Arbeitsprozess kann sich ein Team auf ein Symbol einigen für „bin unsicher – korrekter Terminus fehlt mir".

☑ Einsatz professioneller Übersetzungshilfen für wichtige Dokumente.

☑ Einsatz von sprachlich sehr begabten Kolleg/innen in brisanten Situationen.

☑ Im Konfliktfall unterstützend den direkten Dialog mit dem Betroffenen suchen, und erst dann in großer Runde ausdiskutieren.

Zu sprachlicher Perfektion werden Sie es im Sprachenmix vermutlich nicht bringen. Versuchen Sie es deswegen erst gar nicht. Im Team geht es darum, mit den gegebenen Bedingungen einen Umgang zu finden, Unterschiede in der Sprache gehören dazu. Wenn Sie offensiv, auch humorvoll herangehen, den Medieneffekten besondere Beachtung schenken und die Medien kreativ nutzen, können Sie viel erreichen.

8.6   Umgang mit der eigenen kulturellen Prägung

Wir schlagen den Bogen zum Beginn diese Kapitels: Der Umgang mit unterschiedlichen Kulturen gleicht einer Reise ins Unbekannte. Diese Reise treten Sie auch mit Ihrem eigenen Gepäck an. Das heißt, Sie bringen Ihre eigene kulturelle Prägung mit und interpretieren oder bewerten Situationen auf dieser Grundlage.

Zwei Dinge sollten Sie zusätzlich einpacken, damit Ihre Reise zusammen mit Ihrem virtuellen Team so gewinnbringend wie möglich wird:

▨ Ein offener Blick und Neugierde auf andere Denk- und Herangehensweisen helfen dabei, eine grundsätzliche Wertschätzung aufzubauen, die effektive interkulturelle Kommunikation erst ermöglicht.

▨ Die grundsätzliche Bereitschaft, sich mit der eigenen kulturellen Prägung auseinanderzusetzen, hilft Ihnen und Ihrem Team, voneinander zu lernen, die Potenziale unterschiedlicher Herangehensweisen zu nutzen und immer wieder neue Antworten auf die Frage „Warum mache ich das eigentlich so und nicht anders?" zu finden.

Jedes Teammitglied bringt aufgrund der eigenen kulturellen Prägung eigene Situationseinschätzungen, eigene Herangehensweisen an Problemlösung und an die Kommunikation über Medien mit. Vielfach liegen auch sehr unterschiedliche Erfahrungen mit konkreten Tools vor: In einem Land wurde schon zu Studienzeiten rege über ein gemeinsames Webforum mit den Dozenten kommuniziert, im anderen Land wurde das Internet vor allem für die gemeinsame Dateiablage genutzt, Austausch und Diskussion fand dagegen ausschließlich in gemeinsamen Runden in Präsenz statt. Über Distanz ist es nicht einfach, all diese Unterschiede im Team zu integrieren.

Kulturelle Prägungen bringen, verstärkt durch die mediengestützte Kommunikation, eine eigene Dynamik in die Zusammenarbeit. In Ihrem interkulturellen virtuellen Team haben Sie jedoch die große Chance, unterschiedliche Herangehensweisen und Erfahrungen zu nutzen und letztendlich gemeinsam voneinander zu lernen, auch was die Kommunikation über Distanz angeht. Die Reise lohnt sich!

▪ Auf einen Blick ▪▪▪▪▪▪▪▪▪▪▪▪▪▪▪▪▪▪▪▪▪▪▪▪▪▪▪▪

Im virtuellen Team von kulturellen Unterschieden profitieren

⇨ Mitglieder interkulturell zusammengesetzter Teams agieren auf der Basis unausgesprochener, kulturell bedingt unterschiedlicher Annahmen. Medieneffekte *verschleppen die Aufdeckung dieser unterschiedlichen Ausgangsbasis.*

⇨ Sie können in einem interkulturellen virtuellen Team alle Teammitglieder mit ins Kooperations-Boot holen, indem Sie gegenseitig die *Sinnhaftigkeit der Eigenheiten im Handeln* nachvollziehbar machen. Um Transparenz in die *unterschiedlichen kulturellen Kontexte* zu bringen, eignet sich ein flexibel eingesetzter Medienmix.

⇨ Als Teamleitung müssen Sie den Teammitgliedern aktiv zeigen, dass Sie sich *auch über Distanz ihre spezifische Situation vergegenwärtigen* und die lokalen Strukturen verstehen, in denen die Teammitglieder handeln und in denen sie beurteilt werden.

⇨ Unterschiedliche kulturelle Prägungen bringen *unterschiedliche Bedürfnisse an die Kommunikation* mit sich. Als Teamleitung müssen Sie besonders sensibilisiert sein für *Effekte*, die sich aufgrund unterschiedlicher Haltungen zu *Macht und Hierarchie, Kollektivismus und Individualismus, Unsicherheitsvermeidung und Risikobereitschaft, Abhängigkeit von Kontextinformationen und unterschiedlichen Vorstellungen von Zeit* ergeben. Sie können sich in mediengestützter Kommunikation verstärken und die Kooperation ggf. erschweren.

⇨ Wählen Sie Medien, die diese Phänomene so ausgleichen, dass es dem gemeinsamen Arbeitsfortschritt dienlich ist.

⇨ Mediennutzung wird stark von der *Sozialisation mit Medien* beeinflusst. Achten Sie darauf, dass alle an der Kommunikation im virtuellen Team teilnehmen können.

⇨ *Problemlöseprozesse* verlaufen kulturell unterschiedlich. In den einzelnen Phasen der Kooperation müssen über Distanz unterschiedliche kulturell bedingte Bedürfnisse an die Kommunikation unterstützt werden.

⇨ *Sprachkenntnisse*, vor allem schriftliche, erhalten in der mediengestützten Kommunikation eine höhere Bedeutung. Manchmal ist es besser, synchronen, gesprochenen Austausch zu ermöglichen.

⇨ Manchmal ist es sinnvoll, nicht allen kulturellen Bedürfnissen nachzukommen, und manchmal ist es gar unmöglich. Gradmesser für Ihre Entscheidung kann hier sein: Was trägt am meisten zur Arbeitsfähigkeit des Teams bei und durch welche Art der Ansprache bekomme ich die meisten Teammitglieder mit ins gemeinsame Boot?

⇨ Schließlich müssen Sie sich über Ihre *eigene kulturelle Prägung* bewusst sein: Welche Eigenheiten verstärken sich möglicherweise über die Distanz und durch die Mediennutzung? Wie können Sie es Ihren Teammitgliedern erleichtern, mit den Unterschieden zwischen Ihren und den eigenen kulturellen Prägungen zurecht zu kommen?

9. Personalentwicklung für virtuelle Teams

Praxisinterview mit Michaela Seigfried, Raiffeisenbank Kleinwalsertal, Personalentwicklung

Was ist die konkrete Situation, in der Sie mit virtueller Teamarbeit zu tun haben?

Wir sind dabei, neue Vertriebswege aufzubauen. Man kann sagen, dass es für uns etwas komplett Neues ist in Bezug auf beispielsweise Führung und Mitarbeiterbetreuung auf diese Distanz. Bisher waren bei uns fast alle Prozesse auf die Leistungserbringung vor Ort im Bankhaus ausgerichtet.

Wie fordert virtuelle Teamarbeit die Personalentwicklung heraus?

Durch das „Remote Management" sind wir stärker damit konfrontiert, dass mehr Verantwortung an die Mitarbeiter/innen und mittleren Führungskräfte übergehen muss. Das beinhaltet zum einen, dass die Eigenverantwortung gestärkt wird, und zum anderen, dass differenzierter geführt werden muss. Bisher hatten wir das Bild: „Was der eine braucht und bekommt, muss mehr oder weniger auch der andere bekommen." Jetzt geht es eher um: „Was braucht der standortverteilt arbeitende Mitarbeiter anderes als der im Hause und umgekehrt?" Über Distanz müssen die Mitarbeiter/innen und Führungskräfte selbstverantwortlicher und aktiver agieren.

Was sind Themen für die Personalentwicklung, mit denen Sie bei standortverteilten Teams oder räumlich verteilten einzelnen Mitarbeiter/innen besonders konfrontiert werden?

Zunächst muss man sich klar werden: welche unterschiedlichen Ausprägungen von Identifikation mit dem Unternehmen möglich sind. Was ist vielleicht auch das Gute an der Distanz? Denn wenn wir nur Mitarbeiterinnen und Mitarbeiter hätten, die Identifikation mit Nähe gleichsetzen, dann würden diese sich mit der Distanz zum Unternehmen nicht wohlfühlen. Diese vom Unternehmenszentrum eher entfernt zu erbringende Arbeitsleistung bringt darüber hinaus auch andere Rahmenbedingungen mit sich, auf die sich der Remote-Mitarbeiter einstellen können muss.

Dann muss man sich Gedanken auf mehreren Ebenen machen: Welche Kompetenzen kann ich diesbezüglich intern bei bestehenden Mitarbeitern aufbauen, und welche Profile finde ich eventuell nicht intern und muss sie gezielt neu dazugewinnen?

Was heißt das konkret für die derzeitigen Mitarbeiter/innen?

Sie müssen teilweise andere Stärken entwickeln, damit sie ohne die festen Strukturen der Bank um sich herum arbeiten und Kunden auf eine andere Weise ansprechen und betreuen können. Das machen wir in Form von Methodentrainings und Unterstützung bei der Persönlichkeitsentwicklung. Für die Mitarbeiter/innen in der Bank selbst stellen sich durch die veränderte Arbeitsform aber auch Fragen wie: „Wie erreiche ich denn jetzt meinen Vorgesetzten, wie kann ich mit ihm kommunizieren?" Auch die Anforderungen an beispielsweise den Jour Fixe haben sich geändert: Jetzt müssen die Mitarbeiter/innen selbst berichten, was sie gemacht haben, weil das die Führungskraft nun nicht mehr unmittelbar beobachten kann. Das heißt auch, dass die Mitarbeiter/innen vor dem Jour Fixe strukturierter Überlegungen anstellen müssen, was sie denn für Fragen beantwortet haben wollen bzw. über welche erbrachten Leistungen wollen sie informieren, das evtl. auch in Protokollform stattfinden muss, möglicherweise über Email, statt im persönlichen Gespräch vor Ort.

... und für Ihre Suche nach ergänzenden Mitarbeiter/innen?

Da brauchen wir Leute, die sich auf klare Zielmarken fokussieren. Bei uns geht es um Kundenzufriedenheit, aber natürlich auch um Anlagevolumen und Marge: Welcher Kunde veranlagt in unserem Haus wie viel Volumen und welche individuellen Ansprüche/Ziele müssen aus seiner Sicht erfüllt werden? Das bedeutet, dass Mitarbeiter mit operativen, kurz getakteten Zielvereinbarungen umgehen können müssen.

Dann hat diese Arbeitsform z. B. auch Einfluss auf den Ort des Kennenlernens im Rahmen der Vorstellungsgespräche. Mittlerweile finden bereits häufiger die ersten Gespräche nicht mehr am Stammsitz statt, sondern wir treffen die Leute irgendwo „on tour", und erst in der zweiten Runde lernen sie das Bankhaus am Standort kennen.

Bisher waren die Mitarbeiter dann zunächst einmal für eine längere Traineephase im Haus. Ich sehe vor allem die anschließende Phase, in der die Selbststeuerung dazu kommt, als besonders spannend: Die Trainees erleben hier im Hause einerseits eine unterstützende, Orientierung gebende Organisationsstruktur und andererseits erleben sie aber auch, dass man sich eher an der sichtbaren Präsenz orientiert: Wenn die Führungskraft den Mitarbeiter, die Mitarbeiterin sieht und bei ihm/ihr geschäftiges Treiben beobachtet, dann heißt das, der oder die Mitarbeiter/in arbeitet. Diese Beobachtung habe ich bei standortverteilt arbeitenden Mitarbeitern nicht. Da brauchen wir verstärkt Kategorien wie Vertrauensarbeitszeit, Leistungsorientierung und somit insbesondere Leistungsmessung, die es zwar vom Grundgedanken und der Implementierung her bereits im Unternehmen gibt, aber sie werden noch nicht spürbar genug gelebt.

Braucht es Ihrer Ansicht nach andere Führungsinstrumente für die Führung in virtuellen Teams?

Aus Sicht der PE stellt sich die Frage, inwieweit unsere Führungsinstrumente zu den neuen Rahmenbedingungen der standortverteilten Zusammenarbeit passen. Zum Beispiel kann es erforderlich werden, dass wir nicht mehr wie bisher nur einmal im Jahr eine rechnerische Ermittlung der Leistungsprämie vornehmen. Das ist bei uns ein Steuerungsinstrument, das vermutlich insbesondere für Remote-Mitarbeiter/innen angepasst werden muss: Wenn sie darüber nur einmal im Jahr gesteuert werden, ist das verschenktes Steuerungspotenzial. D. h. wir müssten überlegen, mehrmals jährlich einen zeitnahen Stand der Leistungsprämie zu ermitteln. Somit ist es dann auch eine Frage, wie der Vertrag daraufhin zu gestalten ist, wenn es beispielsweise andere Bezahlungsmodelle gäbe. Das geht hin bis zu Überlegungen, ob das eher auf freiberuflicher Basis läuft oder als Angestellte der Bank.

Wo sehen Sie aus Sicht der Personalentwicklung die besonderen Chancen dieser Arbeitsform?

Ich sehe die Chance darin, dass man dadurch als Organisation lernt, differenzierter zu führen und die Selbstorganisation in den Vordergrund zu rücken. Ich kann nicht mehr alles kontrollieren, ich muss mich als Führungskraft darauf verlassen können, dass der Mitarbeiter das macht, was wir an zu erreichenden Ergebnissen vereinbart haben. Das ist eine Entwicklungschance für Mitarbeiter und Führungskraft: Beide Seiten müssen aktiv miteinander kommunizieren. Dies gilt für Führungskräfte, aber auch der Mitarbeiter muss mal zum Hörer greifen, anstatt zu warten, bis die Vorgesetzte das nächste Mal vorbei kommt.

Der Preis den wir dafür bezahlen, ist wohl, dass wir die bisher durch Nähe geprägte „Familienkultur" des Unternehmens neu definieren müssen. Es wird darauf ankommen, wie wir Plattformen und Rituale schaffen, die diese gemeinsame Kultur spüren lassen, trotz Distanz.

Danke für das Gespräch!

Die Aufgabe der Personalentwicklung ist es, die Arbeitskraft des Personals durch Qualifizierung und Führungsmethoden zu erhalten, auszubauen und den wechselnden Erfordernissen der Organisation anzupassen. Dies schließt neben der kontinuierlichen Aktualisierung der engeren fachlichen Fähigkeiten ausdrücklich noch andere Maßnahmen ein:

- Förderung sozialer Kompetenzen,

- Vermittlung arbeitsmethodischer Kenntnisse sowie

- Förderung der persönlichen Entwicklung einschließlich der Unterstützung der Motivation der Beschäftigten, ihre Fähigkeiten und Fertigkeiten für das Unternehmen einzusetzen.

Personalentwicklung umfasst nach Bosch, Kohl und Schneider (1995, S. 213) also alle qualitativen Aspekte der Entwicklung der im Betrieb vorhandenen menschlichen Ressourcen und ist zentraler Bestandteil einer strategischen Unternehmensplanung.

Die Handlungsebenen der Personalentwicklung beziehen sich dabei auf einzelne Mitarbeiter/innen, auf Arbeitsgruppen (Abteilungen, Teams) und auch auf das Unternehmen als Ganzes. Wir werden uns in diesem Abschnitt auf die Personalentwicklung der Ebenen „Mitarbeiter/in und Team" konzentrieren. Auf der Ebene der Organisation sehen wir Personalentwicklung als integralen Bestandteil eines Organisationsentwicklungskonzeptes, das wir hier nicht weiter darstellen können.

9.1   Personalentwicklung als Aufgabe der Teamleitung

Personalentwicklung ist Aufgabe und Verantwortung dreier Gruppen von Beteiligten: Zum einen sind Mitarbeiter/innen selbst für ihre fortlaufende Qualifizierung verantwortlich und müssen im Blick behalten, dass sie für derzeitige und zukünftige Arbeitsanforderungen gut gerüstet sind. Dabei benötigen sie allerdings Unterstützung ihrer Vorgesetzten. Als Teamleiter/in müssen Sie darüber hinaus die Personalentwicklung Ihres gesamten Teams im Blick halten und dabei auch Entwicklungen und Trends im Unternehmen wie im Unternehmensumfeld bedenken. Eine zentrale Abteilung „Personalentwicklung" schließlich sorgt für eine strategische Ausrichtung der unternehmensweit notwendigen Personalentwicklung und für die erforderlichen Strukturen, Ressourcen und Verfahren, damit Sie die operative Personalentwicklung betreiben können. Im Rahmen dieses Buches konzentrieren wir uns auf Ihre Personalentwicklungsaufgabe als Führungskraft.

Diese Aufgabe unterliegt im Rahmen virtueller Teamführung allerdings besonderen Anforderungen, weil Ihr Kontakt zu den Teammitgliedern überwiegend auf der Kommunikation über Medien beruht, also durch gefilterte und somit begrenzte Wahrnehmung und eingeschränkte Interventionsmöglichkeiten geprägt ist. Wie bereits erwähnt, ist ergebnisorientierte Führung das Mittel der Wahl bei virtuellen Teams. Der Arbeitsprozess und die Befindlichkeiten eines Mitarbeiters/einer Mitarbeiterin auf dem Weg zum Ergebnis sind kaum sichtbar. Hat sich z. B. jemand mit der Aufstellung eines Pflichtenheftes regelrecht ‚abgequält', weil er/sie das noch nie gemacht hat und auch nicht auf alte Vorlagen als Muster zurückgreifen kann? Sie müssen also auch hier wieder aktiver kommunizieren, um Qualifizierungsbedarfe zu ermitteln.

▓ Experimentieren Sie bewusst mit Ihrer Vorgehensweise bei der Delegation von Aufgaben und bieten Sie eher mehr als weniger Hilfen und Hilfsmittel an, insbesondere wenn Sie den Mitarbeiter/die Mitarbeiterin noch nicht näher einschätzen können.

▓ Sich „erklären und zeigen zu lassen" sowie umgekehrt „zu erklären und zu zeigen", indem Sie z. B. gemeinsam in eine Problemanalyse einsteigen und erste Lösungsansätze gemeinsam durchspielen, muss nicht unterbleiben, nur weil man sich nicht mehr einfach mal „dazusetzen" kann. Die gezielte Förderung on-the-job muss dann über vermehrte Kontakte erleichtert oder auch mediengerecht angepasst werden. Application Sharing plus Telefonat oder das Präsentations-Tool zu zweit nutzen: Das sind angemessene Formen, sich virtuell „an einen Tisch zu setzen".

▓ Hilfreich ist auch, sich mit Blick auf Personalentwicklung ab und zu ganz bewusst in die Situation Ihrer Teammitglieder hineinzuversetzen. Sollten Sie, wie auch häufig die zentrale Personalentwicklung, im „Stammhaus" sitzen, prägt das Ihre eigene Sichtweise auf die Dinge. Aus der Ferne sieht das aber evtl. ganz anders aus: Man sieht Sie unter Umständen als recht weit weg von den Alltagsproblemen und dem notwendigen Unterstützungsbedarf vor Ort, das Qualifizierungsangebot wird nicht so deutlich sichtbar, die Schwelle, Qualifizierung in Anspruch nehmen zu können, wird als größer eingeschätzt. Vielleicht gibt es gar versteckte Vermutungen, die zentralen Angebote seien auch überwiegend für die Zentrale da. Wenn in Ihrem Team die gemeinsam geplante Personalentwicklung noch ungewohnt ist, kann die beiläufige Frage am Rande eines Präsenz-Meetings, ob die Teammitglieder wie Sie die Teilnahme an der Schulung XY im nächsten Monat wohl als gewinnbringend für das Team einschätzen, einladender wirken als eine über Mail formulierte „offizielle" Anfrage zum Qualifizierungsbedarf.

▪ Unterscheiden sich darüber hinaus noch von Ort zu Ort die Prozeduren von der Bedarfsmeldung bis hin zur Schulungsbuchung und vielleicht sogar die Kostenträger, dann müssen Sie als Teamleitung auch im Bereich Personalentwicklung die Anschlussfähigkeit sicherstellen.

Damit Ihre steuernden Interventionen aber nicht negativ im Sinne eines mangelnden Zutrauens in die Fähigkeiten und Fertigkeiten eines Mitarbeiters oder einer Mitarbeiterin ausgelegt werden, sollten Sie Ihre Motive dabei transparent machen und nicht ohne Rücksprache mit den Teammitgliedern agieren.

9.2   Inhalte der Personalentwicklung in virtuellen Teams

In einen Kompetenzbereich haben Sie bei virtueller Teamarbeit einen besonders guten Einblick: Fähig- und Fertigkeiten im Umgang mit den Kommunikationsmedien und den gemeinsam benutzten Anwendungen, insbesondere den gängigen Office-Programmen.

Widerstehen Sie aber der Versuchung, mangels Hinweisen aus anderen Qualifizierungsbereichen dann im Umkehrschluss nur für die Medienkompetenz oder die Office-Anwendungen Qualifizierungsbedarfe anzunehmen. Diese Lücken müssen geschlossen werden, aber lediglich auf einem solchen Niveau, dass die Kommunikation reibungslos funktioniert und zeitraubende Ausgleichsarbeiten der geübteren Teammitglieder nicht mehr notwendig sind. Arbeitsfähigkeit herzustellen, ist das Ziel, nicht Perfektion.

Was hilft über diese Fertigkeiten hinaus einer Mitarbeiterin/einem Mitarbeiter, die im Zusammenhang mit virtueller Arbeit auftretenden besonderen Anforderungen gut zu bewältigen?

Grundsätzlich eignen sich Mitarbeiter/innen für die Arbeit in virtuellen Teams, die eine gewisse Affinität zur Technik haben, damit neugierig-explorativ umgehen, eigenverantwortlich und selbstmotivierend handeln und ein hohes Maß an Sozialkompetenz mitbringen: Verlässlichkeit, sprachliche, insbesondere schriftsprachliche Kompetenz, hohes Maß an Vertrauensbereitschaft, Team- und Konfliktfähigkeit (Konradt/Hertel 2002, S. 52ff.).

Schön, wenn Ihre Teammitglieder über all das schon verfügen und wenn Ihr Unternehmen bereits für eine breit verankerte Kompetenzbasis in Schlüsselqualifikationen gesorgt hat. Aber vieles davon lässt sich auch später noch auf- und ausbauen, man muss es allerdings im Blick haben und gezielt angehen. Im Folgenden erhalten Sie eine exemplarische Zusammenstellung von Inhalten für die Kompetenzentwicklung für virtuelle Teams. Die können Sie für sich nutzen, um ein aktuelles Kompetenzprofil Ihres Teams zu erstellen und Qualifizierungsmaßnahmen daraus abzuleiten. Noch besser ist es, wenn Sie Ihre Teammitglieder in die Verantwortung für die eigene Personalentwicklung einbeziehen, ihnen diese Liste aushändigen und dann gemeinsam Ihre Einschätzungen über vorhandene und noch auszubauende Kompetenzen austauschen. Das turnusmäßige Mitarbeitergespräch (vgl. Kapitel 9.4.1) kann dafür ein guter Anlass sein. Diese Liste ist selbstverständlich *ergänzend* zur Beschreibung der fachlich notwendigen Qualifikation zu sehen.

Checkliste 10: Inhalte der Kompetenzentwicklung für Mitglieder virtueller Teams

☑ *Mediennutzung/Anwendungsschulung*:
Besonders relevant sind hier sowohl allgemeine Office-Anwendungen wie auch spezielle Anwendungen, z. B. Projektmanagement-Tools oder Groupware, als auch online-Meeting- und Präsentationstools.

☑ *Selbstorganisation – Selbstmanagement – Zeitmanagement*:
Neben reinen Techniken zu Zeitmanagement und Arbeitsorganisation sollten hier auch Eigenmotivation und Selbstorganisation im Team thematisiert werden.

☑ *Konfliktmanagement*:
Neben grundsätzlichen Herangehensweisen an Konflikte sollte hier besonders Sicherheit in Handlungsstrategien bei medieninduzierten und interkulturellen Konflikten erworben werden.

☑ *Interkulturelles Training/Diversity*:
Der bewusste Umgang mit Unterschieden (verschiedene Herangehensweisen oder bestimmte kulturelle Eigenheiten) fördert die Kompetenz im Umgang mit unsicheren Situationen und die interkulturelle Sensibilität. Besonderheiten der interkulturellen Zusammenarbeit über Distanz sollten ebenfalls ein Thema der Kompetenzentwicklung sein.

☑ *Sprachentwicklung*:
Kompetenzen für die schriftliche Kommunikation sind ggf. zu fördern. Zusätzlich sollte Sicherheit in der Durchführung von fremdsprachlichen Telefon- und Videokonferenzen Teil der Agenda sein.

Zusätzliche Inhalte der Kompetenzentwicklung für Leiter/innen virtueller Teams

☑ *Sensibilisierung für die Besonderheiten der Kooperation auf Distanz*
als Überblick über alle relevanten Themen standortverteilter, mediengestützter Kooperation und auf alle Führungserfordernisse.

☑ *Ergebnisorientiertes Führen/Führen über Ziele*:
Dieser Bereich sollte fester Bestandteil der Führungskräfteentwicklung sein.

☑ *Controlling*:
Hier sollten besonders Kompetenzen im qualitativen Controlling und dessen Unterstützung durch Kommunikationsmedien aufgebaut werden.

☑ *Führen ohne Hierarchie*:
Besonders Teamleiter/innen, die keine disziplinarische Verantwortung gegenüber den Teammitgliedern haben, benötigen Sicherheit, wie sie Einfluss nehmen können.

☑ *Projektmanagement/Remote Management*:
Grundlegend ist die Vermittlung eines fundierten Projektmanagement-Know-hows. Daneben sollten besonders Sensibilität für die Eigenheiten standortverteilter Projekte gefördert und Handlungskompetenzen erarbeitet werden.

Halten Sie als Teamleitung allerdings auch die über die aktuellen Teamerfordernisse hinausgehenden Qualifizierungswünsche und -bedarfe Ihrer Teammitglieder im Auge, nicht zuletzt im Hinblick auf ihre Karrieremöglichkeiten nach Ende eines Projektes. Welche horizontalen oder vertikalen Entwicklungsmöglichkeiten Ihrer Teammitglieder können Sie unterstützen und fördern: die fachliche Entwicklung über Spezialisierung und Wissenserweiterungen, die Entwicklung von Prozesssteuerungs-Kompetenz über Arbeitsmethoden und Toolhandhabung, die persönliche Weiterentwicklung hinsichtlich Soft Skills oder Führungskompetenzen?

Wenn Sie die geeigneten Inhalte gefunden haben, stellt sich die Frage: Wie kann nun eine systematische Personalentwicklung für Mitglieder von virtuellen Teams aussehen? Welche Wege zum Kompetenzerwerb oder -ausbau sind einzuschlagen?

9.3 Wege der Personalentwicklung für virtuelle Teams

Im Rahmen dieses Buches kann natürlich keine ausführliche Darstellung aller möglichen Entwicklungsmaßnahmen und Qualifizierungswege erfolgen. Sie werden hier selektiv unter der Frage dargestellt, welche sich in besonderer Weise für virtuelle Teams eignen. Welche Wege Sie auch einschlagen: Grundsätzlich sollten alle Maßnahmen, ob für einzelne Teammitglieder oder für Ihr Team insgesamt, die Selbstreflexion unterstützen. Das lässt Reflexion und Metakommunikation zur Selbstverständlichkeit werden – Kennzeichen für Hochleistungsteams – und erleichtert die Entwicklung gemeinsamer Standards in Problem- und Konfliktlösung.

9.3.1　Qualifizierung „off the job"

Die klassischen Methoden der Qualifizierung, ein gutes Fachbuch zu lesen oder ein Präsenz-seminar zu besuchen, sind natürlich auch für Mitglieder oder Leiter/innen virtueller Teams eine Methode der Wahl. Wir möchten Ihren Blick darüber hinaus auf für viele noch unge-wohnte Qualifizierungsformen lenken:

Gerade im Bereich der Qualifizierung für virtuelle Teams bietet sich der Einsatz virtueller Lernformen an. Das „reine" individuelle E-Learning über CBTs bzw. WBTs (Computer Ba-sed Training, Web Based Training) ist besonders geeignet für den Erwerb umgrenzter fachli-cher Kompetenzen oder Produktschulungen. Qualitativ hochwertige Lernmedien vorausge-setzt, lassen sich Fachinhalte, die individuell angewendet werden müssen, meist gut und schnell aufnehmen. Diese Lernform kommt den verteilten Gegebenheiten des Teams entge-gen, das im Rahmen seines Budgets und seiner Aufgaben eher wenig bis gar keine Möglich-keit hat, sich zu einer gemeinsamen Qualifizierung zu treffen. Statt langfristiger Planung einzelner Seminarbesuche für die Teammitglieder ermöglichen virtuelle Lernformen zugleich Lernen auf Abruf („learning on demand") in kleineren Dosen, so wie es für den Arbeitspro-zess notwendig ist.

Wenn es um den Erwerb von Schlüsselqualifikationen geht (Haltungen, Herangehensweisen, Selbstorganisation, Sozialkompetenzen, Methodenkompetenzen), ist eher ein „Blended Lear-ning-Setting" geraten, d. h. die Mischung medienvermittelten individuellen Lernens mit Elementen kooperativen Lernens auf Distanz und auch in Präsenz. Diese gemischten Lern-formen sind in besonderer Weise geeignet, jenseits des im Fokus stehenden Inhalts auf einer zweiten Lernebene Medienkompetenz, Selbstorganisationskompetenz und Kooperationskom-petenz zu trainieren. Davon abgesehen, dass reines Präsenzlernen mit hohen Reise- und Ab-wesenheitskosten verbunden ist, verspielt eine Qualifizierungsreihe Chancen, wenn sie nur als mehr oder weniger verschultes Bausteinsystem konzipiert ist. Eine Blended-Learning-Qualifizierung, die von den Teilnehmenden die Selbstorganisation des Lernprozesses sowie individuelles und kooperatives Lernen abfordert und sie dabei unterstützt, bietet eine deutlich bessere Voraussetzung für Arbeiten und Leiten in lose gekoppelten und räumlich verteilten Systemen. Die dabei genutzten Web-2.0-Plattformen sind den Kooperationsplattformen virtu-eller Teams ähnlich.

Aus dem Blickwinkel der Teamentwicklung sind die Präsenzzeiten in diesen gemischten Lernsettings für ein virtuelles Team besonders wichtig: In Präsenzphasen mit ihren vielfälti-gen persönlichen Begegnungen kann sich in vertiefter Weise Vertrauen bilden, das dann wie-der in der Arbeit auf Distanz trägt. Vergewissern Sie sich als Teamleiter/in aber, dass die Fortbildungsreferent/innen diese kostbare gemeinsame Präsenzzeit auch wirklich für gemein-same Aktivitäten rund um den Fortbildungsinhalt nutzen und nicht mit Vorträgen und anderer „Musik von vorn" vertun.

Statt dass alle Teammitglieder einzeln ein bestimmtes Fortbildungsseminar besuchen, setzt man inzwischen in vielen Unternehmen auf „Inhouse-Seminare", in denen der Fortbildungsin-halt viel stärker auf die spezifische Unternehmenssituation und den Bedarf der Teilnehmer/innen zugeschnitten sein kann. In diesem Sinne können Sie auch „Inhouse-Seminare" für Ihr virtuelles Team konzipieren, die dann ggf. auch in der räumlichen Verteilung über ein Meeting-Tool durchgeführt werden. Wegen der anstrengenderen Kommunikation über Medien ist es allerdings sinnvoll, eine externe Expertin oder einen Trainer jeweils nur für eine umgrenzte Zeit zuzuschalten, soweit der Fortbildungsinhalt eine solche „Portionierung" erlaubt.

Voraussetzung für alle diese Lernformen sind Trainer/innen mit Doppelqualifikation im fachlichen Thema und in der mediengestützten Weiterbildung (Online-Tutoring). Sie haben gelernt, auf den verschiedenen Ebenen – Inhalt und Lernform – Unterstützung und Feedback zu geben.

Mediengestützte Lernformen lassen sich natürlich auch mit der Erprobung im Alltag verknüpfen. So könnte z. B. ein Lern-Szenario für ein virtuelles Team aussehen, das seine Kooperation auf Distanz durch die Nutzung eines komplexen Meeting-Tools verbessern möchte:

▧ Jedes Teammitglied erhält ein kleines Lernprogramm (z. B. als WBT) für die Benutzung des Meeting-Tools, das er/sie zu einer selbst gewählten Zeit bearbeitet. Eingeschlossen sind kleine „offline"-Übungen.

▧ Zu einer gemeinsam verabredeten Zeit findet ein „Test-Meeting" aller Teammitglieder statt, in dem die diversen Funktionalitäten gemeinsam ausprobiert werden.

▧ Die ersten ein bis zwei Meetings, in denen dann reale Aufgabenstellungen und Entscheidungen bearbeitet werden, werden von einem Tutor oder einer Tutorin begleitet, die Hilfestellung in der Prozess-Steuerung gibt und nach einzelnen Agenda-Punkten und am Schluss den Kooperationsprozess mit allen reflektiert, so dass das Team ggf. Schlussfolgerungen zur Arbeitsweise in nächsten Meetings ziehen kann.

9.3.2 Personalentwicklung „on the job" und „near the job": Arbeitsplatznahes kooperatives Lernen im virtuellen Team

Arbeitsplatznahe Qualifizierung ermöglicht eine gute Verbindung von Lernen und Arbeiten und erleichtert deshalb den Transfer des Gelernten in den Arbeitsalltag. Arbeitsplatznahe Lernformen können stärker organisiert sein (z. B. Qualitätszirkel), aber auch eher informellen Charakter haben (z. B. Lernen im Team an realen Arbeitsprozessen). Dabei kommt Ihnen als Teamleitung die Rolle der „Anleitung" und „Lernberatung" zu.

Um Ihnen Anregungen zu geben, wie Sie und Ihr virtuelles Team von arbeitsplatznahem kooperativem Lernen profitieren können, beschreiben wir im Folgenden einige methodische Ansätze und veranschaulichen sie an Beispielen. Anwendbar sind diese Methoden natürlich auch bei anderen Themen.

Informelles Lernen im Arbeitsalltag

Mit diesem Stichwort wollen wir auf die vielfachen kleinen Lernprozesse aufmerksam machen, die ausgehend von Problemstellungen und Situationen im beruflichen Alltag stattfinden, ohne dass sie institutionalisiert sind – implizites Lernen, z. B. beiläufig miterleben, beobachten, wie jemand ein Problem löst, gehört genauso dazu wie explizites Lernen, wenn z. B. Rat bei erfahrenen Kolleg/innen gesucht wird und Erfahrungen aktiv weitergegeben werden. Gerade bei lokal verstreuten Einzelkämpfer/innen fehlen jedoch oft die gemeinsamen Erlebnisse und Alltagsbegegnungen, die dieses informelle Lernen ermöglichen. Aber Sie können es auch auf Distanz fördern, indem Sie als Teamleitung

▪ Wege für die schnelle, unkomplizierte Kontaktaufnahme bereitstellen (vgl. auch Kap. 3): Microblogging à la Twitter, („Habe gerade entdeckt, wie man …"), Blogs („Schlage mich gerade mit … herum. Hat jemand schon mal Erfahrungen gesammelt, wie …?") oder eine „Buddy List", die signalisiert, wer von den Team-Kolleg/innen online ist, so dass man mal eben schnell mit jemandem telefonieren kann;

▪ für strukturiertere gemeinsame Wissens- und Erfahrungssammlungen ein Wiki-Tool bereitstellen

▪ und insgesamt für eine sowohl gebe- als auch fragefreudige Atmosphäre sorgen.

Wenn Wikis und Blogs bereits im Unternehmen zur Verfügung stehen, sollten Sie Ihr Team ermuntern, sich daran zu beteiligen, um so auch die Vernetzung und Wissensausbreitung im Unternehmen insgesamt zu fördern. Aber vielleicht gehören Sie mit Ihrem Team auch zu den Pionieren solcher Austauschwege, dann sollten Sie sich zunächst eher auf ein oder max. zwei Tools konzentrieren (z. B. eins für den unstrukturierten Austausch, eins für das strukturiertere Sammeln von Wissen). Was für Sie geeignet ist, dazu spielen Vorlieben im Team genauso eine Rolle wie die Aufgabenstellung. Nur unkompliziert in der Bedienung sollten die Tools sein – damit dieses informelle Lernen genauso leicht gemacht wird wie in einem lokalen Team den Kopf ins Nachbarbüro zu stecken: „Sag mal, weißt du …?" Der Vorteil des schriftlichen Austauschs: Andere können mitlernen oder – durch entsprechende Stichwort-Vergabe („Tagging") – später gezielt nach den Lösungsideen suchen.

Virtueller Qualitätszirkel – gemeinsame Problemlösung

Manches Problem wird erst durch die Weisheit der Gruppe gelöst, die mehr ist als die Summe des jeweiligen Wissens aller Teammitglieder. Außerhalb des normalen Arbeitsablaufes sich in einem „Qualitätszirkel" einmal oder einige Male Zeit zu nehmen, ein immer wieder kehrendes Problem gründlich und systematisch anzugehen und zu bewältigen oder ein scheinbar unlösbares Problem durch kreatives Miteinander zu „knacken", ist für virtuelle Teams genauso wie für lokale Teams ein gutes Mittel.

Was ist nun bei der Gestaltung von Qualitätszirkeln im virtuellen Team zu beachten? Grenzen Sie die Fragestellung sehr sorgfältig ein, damit die Arbeit nicht von vornherein zu komplex angelegt und damit virtuell zu schwierig zu bearbeiten ist. Wählen Sie eine synchrone Arbeitsform und ermöglichen Sie, wenn irgend machbar, Visualisierung. Ideal ist ein Meeting-Tool, bei dem Sie ein Dokument gemeinsam einsehen und bearbeiten können, z. B. um Fehlerquellen oder Verbesserungsansätze aufzulisten, oder bei dem Sie parallel zur Diskussion ein elektronisches Whiteboard z. B. mit einem MindMap zu Änderungsideen füllen können.

Zur Strukturierung des Problemlöseprozesses können Sie auf viele in Präsenzarbeit erprobte Moderationsmethoden zurückgreifen (vgl. z. B. Klebert u. a. 1987, Seifert 2005) – Flip-Chart und Moderationswände ersetzen Sie durch Application Sharing und elektronisches Whiteboard. Für die verteilten Teammitglieder ist es oft hilfreich für die eigene Vorbereitung, wenn Sie als Teamleiter/in die ausgewählte Strukturierungs-Methode schon einige Zeit vor dem Qualitätszirkel-Meeting vorstellen und erläutern, das kann meist gut asynchron geschehen. Bereiten Sie auch entsprechende Templates (als Tabelle, Zeichnung, Whiteboard-Vorlage) vor. Beides erleichtert Ihnen die Moderation des Qualitätszirkels, und Sie können die wertvolle Meetingzeit dann komplett für die gemeinsame Erarbeitung und Diskussion nutzen.

In einem Serviceteam waren in der letzten Zeit häufiger als zuvor Beschwerden zur Auftragsabwicklung aufgelaufen, z. T. als förmliche Reklamationen, z. T. als Kritik von Kunden im persönlichen Gespräch. Dies hatte sicher mit der neuen Software zu tun, aber vermutlich nicht nur. Die Teamleiterin entschied sich, einen Qualitätszirkel einzuberufen. Dieser wurde aus einem Drittel der 12 Teammitglieder gebildet. Zur Vorbereitung des ersten virtuellen Treffens bat die Teamleiterin diese 4 Teammitglieder, aus den bei ihnen eingegangenen Reklamationen, kritischen Anmerkungen und Beschwerden die wesentlichen Gründe zusammenzustellen. Jeder von ihnen sollte dann je zwei weitere Teammitglieder interviewen, ob bei diesen noch andere Beschwerdegründe vorgekommen waren, und die Liste entsprechend ergänzen.

Im ersten virtuellen Qualitätszirkel trugen die vier Teammitglieder diese Beschwerdegründe zusammen. Zur systematischen Erhebung hatte die Teamleiterin eine Übersicht für das Whiteboard vorbereitet, in die die einzelnen Beschwerdeaspekte und Häufigkeiten eingetragen werden konnten.

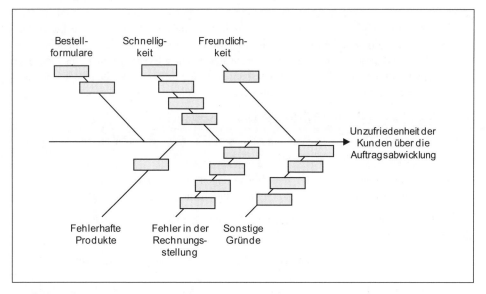

Abbildung 22: *Whiteboard-Template für die Klassifikation von Kundenbeschwerden*

Mit dieser Übersicht wurden die Hauptkritikpunkte schnell klar. Im zweiten virtuellen Qualitätszirkel-Treffen analysierte das Qualitätsteam die drei Klassen von Kundenbeschwerden genauer, die sich als gravierendste erwiesen hatten, und entwickelte dazu jeweils Maßnahmen zur Abhilfe. In einem virtuellen Meeting des Gesamtteams wurden diese Maßnahmen vorgestellt und priorisiert. Jeweils ein Teammitglied übernahm die Verantwortung für eine Maßnahme. Nach 3 Monaten traf sich das Qualitätszirkelteam erneut, wertete die aktuellen Kundenbeschwerden aus und konnte erleichtert feststellen, dass diese bezogen auf die drei Schwerpunktbereiche auf ein Minimum zurückgegangen waren.

„Lessons learned" – gemeinsame Reflexion von Arbeitsprozessen

In besonderer Weise profitieren virtuelle Teams von einer Lernform, die ihr konkretes Alltagshandeln unmittelbar mit Reflexionsphasen über dieses Agieren verschränkt. Von Zeit zu Zeit wird im Sinne eines „Innehaltens" das Arbeitstempo verlangsamt, die gemachten Erfahrungen werden bewusst und damit besser verfügbar und übertragbar auf andere Arbeitssituationen. Die zeitliche Investition rentiert sich, denn aus der Reflexion und den damit verbundenen Schlussfolgerungen erwächst eine größere Handlungssicherheit, die das nachfolgende Alltagshandeln durch Zielorientierung und Effizienz positiv prägt.

Dieses Lernen kann sich z. B. auf die Kooperation im virtuellen Team insgesamt beziehen. Sie prüfen gemeinsam, was sich bewährt hat und die Zusammenarbeit positiv unterstützt und was eher nicht, und dementsprechend verändern Sie Ihre Zusammenarbeit. So verdichtet sich bei allen Teammitgliedern die Kompetenz zur Kooperation auf Distanz.

Diese Lernform können Sie auch auf spezifische Kompetenzen beziehen, z. B. Projektmanagement auf Distanz, Kundenpflege über Medien u. Ä. Hier kann Lernen gut an einem Beispielprozess entlang stattfinden, der systematisch reflektiert wird, so dass die gemachten Erfahrungen dann auf andere Prozesse transferiert werden können. Ein neu zusammengesetztes virtuelles Marketing-Team könnte z. B. nach der ersten internationalen Kampagne oder nach einem Messeauftritt eine solche Prozessreflexion durchführen, ein Kundenbetreuungsteam könnte nach der Einführungsphase eines neuen Produktes „Manöverkritik" üben.

Achten Sie dabei immer auf eine Reflexion auf zwei Ebenen:

■ Was ist uns *inhaltlich oder fachlich* gut gelungen? Was weniger gut? Was können wir beim nächsten Mal besser machen?

■ Wie ist dabei unsere *virtuelle Kooperation* gelungen? Was müssen wir an unserer Zusammenarbeit im Vorfeld oder im Verlauf der nächsten Aktion noch optimieren?

Und ziehen Sie dann Schlussfolgerungen auf beiden Ebenen: Welche Erfahrungen sind auf ähnliche Prozesse zu transferieren?

Auch Ihr „Führen auf Distanz" können Sie zum Thema machen und gezielt Rückmeldungen einholen.

Grundsätzlich sind synchrone wie auch asynchrone Tools dafür geeignet. Lern- und Erkenntnisprozesse profitieren häufig vom unmittelbaren Austausch gerade auch über unterschiedliches Erleben und Erfahren, insofern sollten Sie hier zumindest zeitweise synchrone Lernphasen ermöglichen.

Gemeinsam Wissen aufbauen

Damit ein gemeinsamer Wissenspool aufgebaut werden kann und dabei gegenseitige Hilfestellung im Team zur Gewohnheit wird, bieten sich zwei Formen an, die Sie vermutlich aus dem Internet kennen:

Möglichkeit 1 ist der Aufbau einer „FAQ-Liste". „Frequently asked questions", also häufig gestellte Fragen, werden dort öffentlich beantwortet – mit dem durchaus erwünschten Effekt, dass sie dann nicht immer wieder aufs Neue vorgetragen werden. Außerdem werden so diejenigen, die in spezifischen Aspekten besonders bewandert sind, nicht dauerhaft über Gebühr belastet, indem sie mehrfach dieselbe Frage beantworten müssen, die immer wieder individuell an sie gerichtet wird.

Nutzen Sie das FAQ-Verfahren im Team z. B. im Zuge der Einführung eines neuen Tools oder der Einführung eines neuen Produkts im Vertrieb und richten Sie ein Diskussionsforum dazu ein. Wichtig sind aussagekräftige Betreffs bzw. Fragestellungen.

Eine zweite Möglichkeit für den Aufbau eines Wissenspools, besonders in großen virtuellen Teams, ist der Aufbau eines Wikis. So etwas funktioniert nicht nur beim bekannten Online-Lexikon „Wikipedia". In jedem Fachgebiet kann zu jeweils einem bestimmten Thema ein Text sukzessive gemeinsam erstellt werden, der dazu einen Überblick gibt. Jedes Teammitglied kann dann weitere Details hinzufügen, Aspekte aktualisieren, Verweise auf Internetquellen oder themenspezifische Dokumente ergänzen, Vorlagen und Checklisten anhängen usw. Durch die dokumentierte Historie können Vorläuferversionen ggf. wieder hergestellt werden, ein begleitendes Forum erlaubt die Diskussion über Detailaspekte. So entsteht als gemeinsames Produkt ein Wissenspool, der dann besonders wertvoll ist, wenn er Erfahrungen enthält, die eben nicht in jeder Anleitung oder öffentlich zugänglicher Literatur enthalten ist: Welche Tücken man beim Relaunch einer bestimmten Software wie umgeht, wie mit bestimmten Werkstoffen umzugehen ist usw. Wikis können auch Verfahrensanweisungen enthalten, die dann leicht zu aktualisieren sind. Manche Unternehmen ersetzen die altbekannten „Bürohandbücher" und Qualitätsmanagementhandbücher inzwischen durch Wikis. Dabei ist es sinnvoll zu unterscheiden zwischen Wiki-Artikeln, die nur einer bestimmten Gruppe zur Bearbeitung offen stehen (z. B. einem QM-Team) und von anderen nur gelesen, aber nicht bearbeitet werden können, weil sie Verfahrensvorschriften enthalten, und Wiki-Artikeln, die von allen Mitarbeiter/innen bearbeitet werden können, die eher die wachsende und sich verändernde „best practice" wiedergeben.

Solche Wikisysteme werden oft unternehmensweit erstellt. Es kann aber auch davon unabhängig sinnvoll sein, dass ein virtuelles Team zu seinem spezifischen Aufgabengebiet ein Wiki aufbaut, um innerhalb des Teams Wissens- und Erfahrungstransfer sicherzustellen. Es gibt unterschiedliche Arten von Wiki-Software, oft handelt es sich um Open Source-Produkte, deren Beschaffung also keine finanzielle Hürde darstellt. Und in der Regel sind sie nicht kompliziert in der Nutzung.

Voneinander profitieren – Individuelle Erfahrungen und Kompetenzen im Team nutzbar machen

Zu einem bestimmten, für alle interessanten Thema können Sie als Teamleiter/in gezielt den Austausch untereinander anstoßen, um gegenseitig von Erfahrungen zu profitieren. Dies lohnt sich besonders bei Themen, die als implizites Wissen in den Köpfen der Teammitglieder angesammelt sind, aber nur selten zur Sprache kommen: Wie gehen die einzelnen Mitglieder eines Vertriebsteams eigentlich mit Kunden um, die „immer noch eine Schippe drauf" wollen? Wie behält man den Überblick bei 100 und mehr E-Mails pro Tag? Was tun die einzelnen Teammitglieder, um ihre Fremdsprachen-Kenntnisse auszubauen? und vieles mehr. Es ist sinnvoll, die Themen vorab bekannt zu machen. Oft kristallisieren sie sich auch am Rande einer Besprechung oder an einem konkreten Beispiel heraus. Verabreden Sie dann, ein bestimmtes Thema beim nächsten Synchronmeeting in Ruhe zu besprechen. Oder richten Sie ein Diskussionsforum ein, in dem dann Ideen zum Thema asynchron beigesteuert werden können.

Implizites Wissen ist mitunter gar nicht leicht explizit zu machen: Wie koordiniert man z. B. bei multipler Teamzugehörigkeit die Arbeit im virtuellen Projektteam und die Arbeit im lokalen Team? Mit welchen Strategien lässt sich sicherstellen, dass zeitkritische Arbeiten nicht in turbulenten Alltagsdetails untergehen? Kann es mit dem Prozess der Angebotserstellung zusammen hängen, welche Kunden das Team gewinnt und welche nicht? In solchen Fällen ist es hilfreich, für eine bestimmte Zeit zunächst systematisch zu beobachten oder Beispiele systematisch auszuwerten und sich dann über diese Beobachtungen auszutauschen.

Tandem-Lernen

Es gibt sicher viele Themen, zu denen in Ihrem Team ein unterschiedlicher Kompetenz- und Erfahrungsstand besteht, seien es Medienkenntnisse oder produkt- bzw. prozessspezifisches Know-how oder anderes. Auch wenn eine Sache für alle neu ist, so kommen doch Teammitglieder je nach Vorerfahrung mit einzelnen Aspekten unterschiedlich schnell und gut klar. Hier bietet sich Tandem-Lernen an: Jeweils zwei Teammitglieder schließen sich zusammen und sind sich gegenseitig „erste Adresse" für Fragen. Erfahrungsgemäß etabliert sich der bilaterale Kontakt per Instant Messaging oder Telefon sehr schnell, durch die Tandemregelung wird Fragen zur Selbstverständlichkeit, und Bedenken wie „Kann ich meinen Kollegen schon wieder anrufen und fragen?" erübrigen sich.

Ein Beispiel: Sie führen ein neues Tool zum Projektmanagement ein. Hier könnten Tandems zusammengestellt werden aus „Technik-Erfahrenen" und „Projektmanagement-Erfahrenen". Wann immer für eine/n von beiden ein Problem auftaucht, wendet er/sie sich zunächst an den/die Tandempartner/in. Viele Probleme lassen sich zu zweit gut lösen. Erst wenn das Tandem nicht weiter kommt, kann noch ein allgemein zugängliches Hilfe-Forum genutzt werden. Durch die Tandemarbeit entlasten Sie einzelne Spezialist/innen, die sonst von allen Teammitgliedern gleich als „erste Anlaufstelle" genutzt würden, und Sie etablieren kollegiale Hilfe als Teamprinzip.

Entsprechend können Sie z. B. bei der Integration neuer Teammitglieder „alte Hasen" und „Neue" als Tandem verbandeln, bei einer Fusion zweier Teams immer je eine/n aus jedem Ursprungs-Team.

Die Tandemarbeit können Sie auch mit dem oben beschriebenen Wissenspool verknüpfen: Wenn ein Tandem eine Sache herausgefunden hat, stellt es die Lösung in den gemeinsamen Wissenspool, ob Wiki, oder FAQ-Liste, ein. Dieser wachsende Wissenspool stellt dann wiederum eine Hilfe für alle Tandems dar.

Damit das Lernen durch systematische Selbstreflexion nicht im turbulenten Alltag untergeht, sollten Sie es also formal und sichtbar verankern (feste Meetings oder Meetingzeiten für das kooperative Lernen selbst bzw. für den Erfahrungsaustausch über das Lernen). Sie können diese „Lerninseln" natürlich auch extern moderieren lassen, z. B. durch einen im jeweiligen im Fokus stehenden Lernthema fachlich versierten Coach, das hebt sie auch aus dem Alltag heraus.

9.3.3   Externe Unterstützung bei der Personalentwicklung „on the job" und „near the job"

In vielen Fällen – das hat der vorhergehende Abschnitt gezeigt – können Sie als Teamleiter/in sehr gut Lernprozesse im Team anstoßen. Was aber, wenn es z. B. um die Frage geht, wie Führung und Steuerung in Ihrem Team gelingt, wenn Sie selbst in Konflikten beteiligt sind oder wenn es um eine zeitintensive Betreuung einzelner Teammitglieder geht? Dann entspricht es durchaus professionellem Handeln, eine externe Begleitung zur Unterstützung arbeitsplatznahen Lernens heranzuziehen. Zwei Formen dieser externen Begleitung stellen wir Ihnen hier vor.

Coaching

Coaching ist als professionelle Begleitung von Einzelnen oder Gruppen darauf ausgerichtet, diese durch Beratung zur individuellen Zielfindung, Zielerreichung und optimalen Entfaltung ihrer Potenziale zu führen. Coaching setzt dabei ein durch Vertrauen geprägtes Verhältnis zwischen Coachee und Coach voraus. Dieses ist selbstverständlich im persönlichen Kontakt leichter aufzubauen, vor allem, wenn alle Beteiligten noch begrenzte Erfahrungen mit verteilter Zusammenarbeit haben. Für das Coaching eines virtuellen Teams oder seines Leiters/seiner Leiterin gilt deshalb dasselbe wie für das Team selbst: Der Start im Rahmen eines persönlichen Treffens ist der beste Weg. Später kann darauf aufbauend ein Coaching auch mediengestützt durchgeführt werden – entsprechende Kompetenzen auf Seiten des Coachs vorausgesetzt.

In besonderen Situationen kann Coaching eine wirkungsvolle Unterstützung bieten:

- Für Sie als Teamleitung, wenn Sie zum ersten Mal ein virtuelles Team leiten oder wenn Sie Ihr Team durch eine schwierige Situation führen müssen.

▨ Für das gesamte Team, z. B. in der Einstiegsphase der Teambildung oder wenn eine besonders schwierige Situation zu bewältigen ist.

▨ Coaching kann sich auch auf bestimmte methodische Kompetenzen beziehen (z. B. Projekt-Coaching).

Coachs unterstützen Sie auch bei der Bewältigung schwieriger Konfliktsituationen, indem sie die Konfliktmoderation, auch Mediation genannt, übernehmen. Damit Sie als Teamleiter/in in diesem Falle keine hohe Schwelle überwinden müssen, Hilfe anzufordern und zu finden, sollte eine Personalentwicklungsabteilung frühzeitig vorgesorgt haben und für Teamleitungen die folgenden Informationen auch abrufbereit halten:

▨ Welche Moderator/innen oder Mediator/innen verfügen über Erfahrung in verteilter Teamarbeit?

▨ Zu welchen Konditionen kann ein/e Leiter/in virtueller Teams oder ein virtuelles Team auf diese zugreifen?

▨ Welche Formen der Intervention sind möglich (personalisiert oder über Medien)?

Mentoring

Auch Mentoring ist eine Beratungsform, die nahe am Arbeitsalltag angesiedelt ist. Ein/e Mentor/in ist eine in bestimmten Kompetenzen erfahrene Person (z. B. Führung oder Vertrieb) und bringt diese eigenen Erfahrungen in die Unterstützung der Entwicklung eines/einer noch wenig erfahrenen Mitarbeiter/in ein. Ein/e Mentor/in ist häufig im selben Unternehmen tätig wie der/die Mentee, kennt also Kontext und Unternehmenskultur, stammt aber nie aus derselben Organisationseinheit, damit es keine hierarchische Bindung und keine Loyalitätskonflikte gibt und auch für persönliche Probleme ein geschützter Rahmen besteht.

Wenn Sie als Teamleiter/in z. B. zum ersten Mal ein virtuelles Team führen, könnte als Mentorin für Sie z. B. eine Kollegin fungieren, die bereits mehrfach virtuelle Projektgruppen erfolgreich geleitet hat. Für sie ist es dann auch keine Schwierigkeit, Sie mediengestützt zu beraten.

Mentoring kann auch innerhalb Ihres Teams hilfreich sein, wenn z. B. ein „alter Hase" oder eine „alte Häsin" als Mentor/in einem neuen Teammitglied den Einstieg erleichtert. Der/die Mentor/in kann durchaus an einem anderen Ort angesiedelt sein als der neue Kollege, aber er/sie sollte schon ein besonderes kommunikatives Talent für diese Unterstützung auf Distanz aufweisen (zu den Inhalten vgl. auch Kapitel 6.2, Neue Teammitglieder integrieren).

Manche Unternehmen führen Mentoring als festes Programm im Rahmen der Personalentwicklung durch. Kleinere Unternehmen bilden mitunter Mentoring-Verbünde und praktizieren „Cross-Mentoring" über Unternehmensgrenzen hinweg.

Erfahrungsgemäß profitieren auch Mentor/innen selbst von ihrer Aufgabe: Fragen der Mentees regen an, die eigene Praxis zu überdenken, viele Erfahrungen werden einem erst durch das Formulieren selbst klar und bewusst und lassen sich dann noch gezielter im eigenen Handeln einsetzen.

Für Coaching wie für Mentoring gilt: Es sind Beratungen auf Zeit. Weder Sie als Teamleiter/in noch Ihr Team brauchen „Dauerbetreuung" im Alltag. Und auch Mentor/innen finden sich leichter, wenn ihre Aufgabe klare Grenzen hat.

9.4 Führungsinstrumente im virtuellen Kontext

Ergebnisorientierte Führung – Mittel der Wahl für die Führung virtueller Teams – heißt, Ziele zu definieren und über diese zu steuern. Welcher Anpassung bedürfen nun aber die klassischen Elemente ergebnisorientierter Führung, das Mitarbeitergespräch, die Zielvereinbarung sowie die Personalbeurteilung, speziell im virtuellen Setting?

9.4.1 Mitarbeitergespräch

Regelmäßig (meist jährlich oder halbjährlich) oder aus bestimmten Anlässen (z. B. Probezeitende) finden sich Führungskraft und Mitarbeiter/in zusammen, um Rückschau zu halten und Planungen einschließlich gemeinsamer Ziele für die Zukunft zu vereinbaren, in der Regel zumindest bis zum nächsten Mitarbeitergespräch.

Die Themen reichen dabei von Leistungsstärken und -schwächen des Mitarbeiters, der Mitarbeiterin über die Zusammenarbeit im Team und mit der Führungskraft bis zu Fragen der Qualifizierung und Entwicklung, Karriere- und Fördermöglichkeiten. Zu diesen Themen werden nach Bedarf Zielvereinbarungen formuliert. In Mitarbeitergesprächen kommen auch Arbeitszufriedenheit, mögliche Konflikte und besondere Anliegen (z. B. Arbeitszeit, Einsatzort, Arbeitsmittel) zur Sprache. Auch wenn sich mit „Mitarbeitergespräch" (MAG) nicht die glücklichste Bezeichnung durchgesetzt hat: Mitarbeitergespräche unterscheiden sich deutlich von Gesprächen mit Mitarbeiter/innen im Alltag, es handelt sich um herausgehobene „Kristallisationspunkte" zur Bilanzierung und Perspektiventwicklung.

Wenn irgend möglich, sollten Sie solche Mitarbeitergespräche persönlich führen. So erhöht sich die Verbindlichkeit, Sie bekommen nonverbale Rückmeldungen auf Ihr Feedback mit, und auch für eine/n Mitarbeiter/in ist es leichter, Ihnen Feedback zu geben, wenn er/sie Sie sieht.

Folgende Aspekte sind für Sie als Teamleitung im Vorfeld zu überlegen – und für Personalentwickler/innen ebenso, die dann u. U. vielen Teamleitungen Hinweise und Unterstützung geben können:

- Welches Medium ist für ein solches Gespräch geeignet (für den Fall, dass es doch nicht im persönlichen Gespräch durchgeführt werden kann)?

- Sind die vorbereitenden und einstimmenden Unterlagen (in vielen Unternehmen gibt es solche Checklisten) ggf. um spezifisch auf die virtuelle Situation hin ausgerichtete Punkte oder Impulsfragen zu ergänzen, z. B. zur Zufriedenheit mit der virtuellen Arbeitssituation, zu multiplen Loyalitäten, Einbindung ins Team und Einbindung lokal, Zeitsouveränität, Medien?

▣ Über welche Informationen verfügen Sie als virtuelle Teamleitung wegen der räumlichen Verteilung nicht oder nicht umfassend? Wen müssen oder können Sie ansprechen, um an solche Informationen zu gelangen?

▣ Wie können Sie die Anbindung an die jeweiligen organisationalen Gegebenheiten des Teammitgliedes sicherstellen, also z. B. an die örtliche Linie, die örtliche PE, die dort eingesetzten Instrumente zur Personalbeurteilung etc?

▣ Welche kulturellen Besonderheiten müssen Sie jeweils beachten?

▣ Wie werden die Ergebnisse des Mitarbeitergespräches dokumentiert?

▣ Wie gehen Sie mit den Ergebnissen des Mitarbeitergespräches weiter um vor dem Hintergrund der ggf. jeweilig unterschiedlichen Verfahrensweisen an unterschiedlichen Orten (z. B. im Konfliktfall)?

Da Sie als Teamleiter/in vermutlich in der Situation sind, dass Ihre eigene Führungskraft mit Ihnen ein Mitarbeitergespräch führt, sollten Sie auch überlegen, welche Besonderheiten Ihrer räumlich verteilten Arbeitssituation in Ihr eigenes MAG einfließen müssen.

9.4.2 Zielvereinbarungen

Ergebnisorientiert führen, über Ziele steuern: Ein virtuelles Team wird von gemeinsam getragenen Visionen und Zielen gestützt.

Zielvereinbarungen schließen Sie mit einzelnen Teammitgliedern, z. B. im Rahmen von Mitarbeitergesprächen, aber auch mit dem Team insgesamt zur Steuerung der gemeinsamen Arbeit. Was sind nun die besonderen Aspekte von Zielvereinbarungen im Rahmen verteilter Zusammenarbeit? Welche inhaltlichen Ziele sind neu aufzunehmen bzw. anzupassen, und welche Anforderungen sind an die Form und Qualität der Zielvereinbarung sowie das Zielmonitoring zu stellen?

▣ Die Weiterbildungs- und Entwicklungsziele sind um virtuelle Themen zu erweitern (Medienkompetenz und Selbstorganisation sind hier die zentralen Belange).

▣ Sie müssen ggf. Ziele aus der besonderen Situation der multiplen Gruppenzugehörigkeit ableiten (z. B. Klärung der Loyalitätsprobleme zwischen Linie und Team).

▣ Im virtuellen Team aufgestellte Ziele sind auf ihre Verträglichkeit zu den evtl. gegebenen örtlichen Zielen hin abzuprüfen, um Zielkollisionen zwischen virtuellem Team und örtlicher Einbindung zu vermeiden (z. B. wegen differierender Standards bei Prozessen, in der Personalentwicklung, in der Personalbeurteilung).

▓ Der Umfang der Ziele aus dem virtuellen Team ist mit evtl. weiteren (örtlichen) Zielen im Sinne der Erreichbarkeit abzugleichen.

▓ Die gemeinsam verabredeten Ziele müssen der Überprüfbarkeit in der virtuellen Situation zugänglich sein. Wenn Sie selbst nicht disziplinarische/r Vorgesetzte/r Ihrer Teammitglieder sind, muss ggf. eine Aufsplittung des Zielmonitorings zwischen Ihnen und den örtlichen Führungskräften Ihrer Teammitglieder erfolgen.

Und bei all dem müssen Sie, wie bereits betont, im virtuellen Team besonderes Augenmerk auf die Qualität der Zielvereinbarung legen. Die Ziele müssen also ggf. noch klarer als sonst formuliert sein, das gemeinsame Verständnis der Ziele noch stärker abgeklärt, das Commitment noch höher sein als in einem lokalen Team. Der Vollständigkeit halber: Klarste Zielformulierung heißt nicht „Zielzementierung". Aber auch Nachsteuerungen in Zielvereinbarungen benötigen in virtuellen Teams noch mehr Klarheit.

9.4.3 Personalbeurteilung

Die Personalbeurteilung im virtuellen Team kann besondere Brisanz entfalten. Nur mit großer Achtsamkeit können Sie Konflikte zwischen sich und Ihren Teammitgliedern vermeiden. Damit ist nicht gemeint, besonders milde Beurteilungen abzugeben. Eine gerechte und faire Beurteilung sollte natürlich Ihr Ziel sein, das wird am ehesten von Mitarbeiter/innen geschätzt und respektiert. Aber wie können Sie beurteilen, was Sie auf Grund der räumlichen Distanz gar nicht unmittelbar mitbekommen? Oder wie formulieren Sie eine Beurteilung so, dass sie auch vor dem Hintergrund einer anderen Kultur „richtig" verstanden wird und Sie diese getrost weiterleiten können? Virtuelle Teammitglieder können sich regelrecht „zwischen den Stühlen" fühlen, wie die folgenden Gedanken eines Mitarbeiters zeigen:

> Hier in Würzburg bin ich örtlich verankert, hier sitzt mein disziplinarischer Vorgesetzter. Aber meine Leistung bringe ich im virtuellen Team, wenig bis gar nicht wahrnehmbar hier vor Ort. Die Beurteilung erhalte ich aber von meinem Chef hier. Der spricht sich zwar mit meiner Teamleiterin in London ab, aber die kennen sich gar nicht persönlich. Hinzu kommen noch die kulturellen Unterschiede bei der Leistungsbeurteilung und den entsprechenden Formulierungen zwischen Engländern und Deutschen. Davon hat mein Chef aber leider gar keine Vorstellung, der übersetzt die Beurteilung meiner Teamleiterin einfach 1:1 und überträgt das in die Beurteilung. Jetzt muss ich schauen, wie ich das ausbügeln kann – I'm not amused!

Für Sie als Teamleitung ergibt sich also auch bei der Beurteilung die Aufgabe, sich mit den örtlichen Gepflogenheiten auseinander zu setzen; wieder ein Grund, mit den jeweiligen Linienvorgesetzten Ihrer Teammitglieder Kontakt aufzunehmen und zu pflegen. Treffen Sie Absprachen am besten im Dreieck mit dem jeweiligen Teammitglied und dessen Vorgesetzten.

Einige Beispiele, wie eine Leiterin eines virtuellen Teams die Personalbeurteilung ihrer Teammitglieder angeht:

▓ Die meisten der räumlich verteilten Teammitglieder sind ihr disziplinarisch unterstellt. Ihnen gegenüber macht sie vor der Durchführung transparent, nach welchen ergebnisorientierten Kriterien sie beurteilt und wo diese Kriterien möglicherweise von den Gewohnten vor Ort abweichen.

▓ Ein Teammitglied arbeitet zu 50 % im virtuellen Team mit, ist organisatorisch jedoch einem Tochterunternehmen in Mailand zugeordnet. Die Teamleiterin lässt sich einen dort üblichen Personalbeurteilungsbogen zusenden, beurteilt hierin die Leistung der Mitarbeiterin im virtuellen Team im vergangenen Jahr und übermittelt ihn der örtlichen Linienvorgesetzten, die diese Einschätzung in die dortige Beurteilung mit einspeisen kann.

▓ Für ein demnächst zum Team hinzukommendes Teammitglied aus einem Unternehmensbereich in Marokko klärt die Teamleiter/in, wie Leistungsprämien oder nicht-monetäre Anreize dort zur Verteilung kommen und inwiefern sie dazu beitragen kann und muss.

Mit solch einer Umsicht sorgen Sie für eine faire, gerechte, nachvollziehbare und in das möglicherweise komplexe Organisationsgefüge eingepasste Beurteilung.

9.5   Förderung und Karriere

„Aus den Augen, aus dem Sinn" wird für virtuelle Teammitglieder besonders schmerzhaft, wenn sie damit aus der Karriere- und Nachfolgeplanung herausfallen, weil die Abstimmung zwischen Ihnen als Teamleiter/in und der örtlichen Organisation unterbleibt. Aber allein schon die Tatsache, von informellen Informationen abgeschnitten zu sein, kann sich auf den eigenen Karriereweg in der Firma auswirken.

> Thomas Rivella hat sich an die Arbeit als „Teleworker" gewöhnt. Es kommt ihm sogar entgegen, nicht jeden Tag denselben Ablauf zu haben. So kann er morgens flexibel starten oder auch seine Kinder noch zur Schule bringen. Sein Arbeitsplatz ist zum einen im Home-Office, zum anderen direkt beim Kunden vor Ort. Den Draht zu seinem Teamleiter sieht er als hervorragend.
>
> Dass er kaum noch in der Firma vorbeikommt, stört ihn überhaupt nicht – bis zum Anruf seines Kollegen Alex Klein, den er schon seit der gemeinsamen Trainee-Zeit kennt. Alex ist inzwischen Teamleiter in der Produktion. Seine Nachbarabteilung werde umstrukturiert, zwei neue Teams gebildet, für die jetzt Leitungen ausgeguckt worden seien. Wieso er, Thomas, eigentlich nicht seinen Hut in den Ring geworfen hätte? Das Arbeitsfeld sei doch geradezu auf ihn zugeschnitten.
>
> Schlagartig wird Thomas bewusst, dass er gar nichts mehr mitbekommt – keinen Flurfunk, kein schwarzes Brett, keinen Smalltalk in Meetingpausen ...

Sorgen Sie dafür, dass Ihre Teammitglieder „draußen" den Anschluss an das Unternehmen und die weitere berufliche Entwicklung nicht verlieren, auch wenn kurzfristig und vordergründig der unmittelbare Nutzen für das eigene Team nicht erkennbar scheint. Nur wer gute Mitarbeiter/innen fördert, auch jenseits der eigenen Interessen, und sie sowohl protegiert als auch ziehen lassen kann, zu dem kommen auch gerne wieder andere gute Mitarbeiter/innen!

Für den weiteren beruflichen Weg im Unternehmen ist auch die „Wiedereingliederung" in die normalen Unternehmensstrukturen und -abläufe nach einer Projektzeit ein Thema: natürlich primär in Projektteams, aber eben auch in längerfristigen virtuellen Teams. Ein Projekt ist definitionsgemäß irgendwann zu Ende, und auch wenn das nächste Projekt gleich folgt, verlassen Einzelne das Team, oder das Team wird ganz aufgelöst. Sich hier um den Wiedereinstieg dieser Teammitglieder zu kümmern, wird schon im gängigen Projektmanagement oft vernachlässigt. Für Mitglieder verteilter Projektteams ist dies jedoch besonders gravierend. Aufgrund der geringeren Wahrnehmung des virtuellen Teams und seiner Leistung durch die Organisation ist es um so dringlicher, das Ausscheiden eines Teammitglieds aus dem Team wie auch das Wiedereintauchen in die Organisation angemessen zu begleiten. Anerkennung, Leistung und Tätigkeiten müssen nicht nur nach innen ins Team kommuniziert werden, sondern auch an andere Vorgesetzte oder die Personalabteilung. Noch besser ist es, sich aktiv um den weiteren Einsatz der Teammitglieder zu kümmern, schon im Vorfeld selbst, oder in Zusammenarbeit mit der Personalentwicklung neue Einsatzfelder und Positionen zu erkunden und die Kolleg/innen dort vorzuschlagen.

Der Teamleitung kommt im Bereich Personalentwicklung eine starke Mittlerfunktion zu: Es gilt, auch den verteilten Mitarbeiter/innen des Teams Chancen des Unternehmens transparent und zugänglich machen und in der zentralen Personalentwicklungs-Abteilung die Mitarbeiter/innen mit ihrem Bedarf und ggf. mit ihren Veränderungswünschen präsent zu halten.

Für Sie als Teamleitung ergibt sich darüber hinaus die Aufgabe, sich mit den örtlichen Besonderheiten auseinander zu setzen sowie mit den jeweiligen Linienvorgesetzten Ihrer Teammitglieder Kontakt aufzunehmen und zu pflegen. Informieren Sie sich über die örtlichen Gepflogenheiten zur Personalbeurteilung, zu den Zielvereinbarungsgesprächen, den örtlichen Angeboten und Regularien zur Weiterbildung, den vertikalen und horizontalen Personalentwicklungsprogrammen. Treffen Sie Absprachen zur Weiterbildung am besten im Dreieck mit dem jeweiligen Teammitglied und dessen lokalen Vorgesetzten.

Und dann widmen Sie sich auch der „Personalentwicklung in eigener Sache". Es kann für Sie selbst in gleicher Weise zutreffen, dass Ihre intensive Arbeit mit Ihrem virtuellen Team für Ihre eigenen Vorgesetzten nicht genügend sichtbar wird: Wie Sie komplexe Prozesse planen und abwickeln, unterschiedlichste Menschen auf das gemeinsame Teamziel hin verpflichten und so manche Klippe erfolgreich bewältigen.

„Aktives Kommunizieren" ist auch hier das Gebot der Stunde. Nutzen Sie Situationen wie das Mitarbeitergespräch, aber auch informelles Networking, Ihr erfolgreiches Handeln wie auch Ihre eigenen Wünsche zur beruflichen Weiterentwicklung zur Sprache zu bringen.

Auf einen Blick

Personalentwicklung (PE) für virtuelle Teams

⇨ *Personalentwicklung* ist nicht nur Auftrag einer zentralen Abteilung „PE", sondern immer *auch Aufgabe der Führungskräfte*. Sorgen Sie für die PE Ihrer einzelnen Teammitglieder wie auch des Teams insgesamt.

⇨ Im Rahmen virtueller Teamführung ist PE erschwert, weil Arbeitsprozess und Befindlichkeiten der Teammitglieder auf dem Weg zum Ergebnis nur in geringem Umfang für Sie sichtbar sind. Ermitteln Sie *Qualifizierungsbedarfe*, indem Sie sich viel zeigen und erklären lassen.

⇨ Unzureichende Fähig- und Fertigkeiten im *Umgang mit den Kommunikationsmedien* fallen in virtueller Kooperation besonders leicht auf, stellen aber nicht das einzige zu entwickelnde Kompetenzfeld für virtuelle Kooperation dar. Notwendig sind auch: *Selbstorganisation, Zeitmanagement, Konfliktmanagement, Interkulturelles Training/Diversity, Sprachkompetenz* – immer bezogen auf die besonderen Bedingungen der räumlichen Verteilung.

⇨ Als Teamleitung müssen Sie auch im Bereich Personalentwicklung die *Anschlussfähigkeit* sicherstellen, indem Sie die Frage der *Personalentwicklung in ggf. lokal unterschiedliche Führungsinstrumente integrieren* (Mitarbeitergespräch, Personalbeurteilung, Zielvereinbarungen). Sie sind auf die Bedingungen virtueller Kooperation hin zu modifizieren.

⇨ Nutzen Sie *vielfältige Qualifizierungswege* für Ihr Team: Gerade in der Qualifizierung für virtuelle Teams bietet sich der *Einsatz virtueller Lernformen* an. Verknüpfen Sie sie mit alltagsnahen Erprobungen und Unterstützungsformen. *Präsenz-Settings* in Lernprozessen können die *Teamentwicklung positiv unterstützen*.

⇨ Grundsätzlich sollten alle PE-Maßnahmen, ob für einzelne Teammitglieder oder für Ihr Team insgesamt, die *Selbstreflexion* unterstützen. *Metakommunikation*, Kennzeichen für Hochleistungsteams, wird so zur Selbstverständlichkeit.

⇨ Setzen Sie sich mit den *örtlichen Besonderheiten* auseinander und pflegen Sie den Kontakt mit den jeweiligen Linienvorgesetzten Ihrer Teammitglieder. Treffen Sie *Absprachen zur Weiterbildung am besten im Dreieck* mit dem Teammitglied und dessen lokalen Vorgesetzten.

⇨ Auch die „*Wiedereingliederung*" der Teammitglieder in die normalen Unternehmensstrukturen und -abläufe nach einer Projektzeit ist Ihre Aufgabe als Teamleitung.

⇨ Behalten Sie auch Ihre *eigene Kompetenzentwicklung* im Blick: *Sensibilisierung für die Besonderheiten der Kooperation auf Distanz, ergebnisorientiertes Führen/Führen über Ziele, Controlling, Führen ohne Hierarchie, Projektmanagement/Remote Management* sind spezielle Kompetenzfelder für die Führung auf Distanz. Betreiben Sie *Marketing in eigener Sache* – Ihre Arbeitserfolge sind für Ihre eigene Führungskraft vielleicht wenig sichtbar.

10.   Virtuelle Teams führen – die Quintessenz

Schauen wir zum Schluss noch einmal komprimiert auf die wesentlichen Erfolgsfaktoren virtueller Kooperation:

- Auf der Ebene der beteiligten *Menschen* kommt Ihnen als Teamleiter/in eine Schlüsselfunktion zu.

  Sie müssen Ihre Führung den virtuellen Bedingungen anpassen. In vielen Situationen bedeutet das: Aktiver, mutiger und zugleich sensibler zu kommunizieren und zu führen.

  Schriftsprachliche Geschicklichkeit ist für Sie ein viel wichtigeres Führungsinstrument als in einem Präsenzteam.

  Eine klare, offensive und transparente Prozesssteuerung, hohe Vertrauensbereitschaft und niedriges Kontrollbedürfnis bilden in der Führung virtueller Teams keine Gegensätze, sondern ergänzen sich.

  Als Führungskraft sind Sie Modell für die neue Arbeitsform und zugleich Anleiter/in, um sicherzustellen, dass Ihr virtuelles Team aktiv Kontakt zueinander pflegt und sich im Bewusstsein der gemeinsamen Aufgabe und der gemeinsamen Ziele eng zusammenschließt. Sie sorgen auch dafür, dass das Team von der Heterogenität unter den Teammitgliedern profitiert, das eigene Handeln durch Reflexion und Metakommunikation immer wieder überprüft und seine Kompetenzen so beständig ausbaut.

- Die *Technik* ist Dienstleister, um Ihr Team in kontinuierlichem Kontakt zu halten, Ihre Arbeitsabläufe zu unterstützen und Ihrem Team einen gemeinsamen virtuellen Arbeitsraum zur Verfügung zu stellen, auf den sich alle orientieren können. Zugleich bieten Ihnen Collaboration Tools immer wieder neue Möglichkeiten für die Zusammenarbeit auf Distanz. Technik allein macht keine gute Teamarbeit aus, aber ohne zweckmäßige technische Unterstützung verschenkt Kooperation auf Distanz Chancen und Ressourcen.

- Mit systematischer Personalentwicklung stellt Ihnen die *Organisation* – das Unternehmen, der Konzern, die Business Unit – eine solide Basis für die Kooperation auf Distanz: Wo Selbstmanagement, kommunikative Kompetenzen, Medienkompetenz, Teamarbeit und Projektmanagement verankert sind, kann virtuelle Kooperation gut aufsetzen.

  Wenn dies in Ihrem Unternehmen noch nicht gegeben ist, müssen Sie selbst diese Basis für Ihr Team legen und dafür Unterstützung gewinnen. Verbündete benötigen Sie auch, um Ihr Team in die umgebende Organisation einzubinden. Wo virtuelle Teams in einer Organisationskultur noch sehr fremd sind, brauchen Sie Promotoren, die es Ihrem und anderen virtuellen Teams erleichtern, Piloterfahrungen zu machen.

Um diese Ebenen im Blick zu behalten und flexibel agieren zu können, müssen Sie als Team-leiter/in immer wieder Ihre eigene Position wechseln: Mal in Ruhe auf dem „Hochsitz" zur Beobachtung des Systems, also des Teams einschließlich seiner Umgebung und Kooperati-onspartner, und mal mittendrin auf dem Aktionsfeld, wo Sie mit Ihrem virtuellen Team ge-meinsam die Aufgabe nach vorn treiben.

Wie sieht nach dem Lesen dieses Buches nun Ihr Fazit für Ihr virtuelles Team und Ihre eige-nen Arbeit in virtuellen Zusammenhängen aus?

▪ Wo sehen Sie für sich die größten Handlungsbedarfe,

▪ welche Veränderungsimpulse sehen Sie für Ihr Team,

▪ wo ergeben sich Handlungsnotwendigkeiten in der Organisation?

Wir hoffen, das Buch bietet Ihnen zu all Ihren Vorhaben geeignete Anregungen – entweder aus der systematischen Aufarbeitung der verschiedenen Aspekte zur Führung auf Distanz oder aus den vielen Praxisbeispielen, von denen Sie Handlungsimpulse auf die eigene Situa-tion übertragen können.

Glossar

24/7: Bezeichnung für eine Dienstleistung, die an 7 Tagen pro Woche rund um die Uhr erbracht wird.

360-Grad-Feedback: Eine „Rundum"-Beurteilung eines Mitarbeiters/einer Mitarbeiterin, meist einer Führungskraft, durch unterstellte Mitarbeiter/innen, Kolleg/innen auf gleicher Ebene und Vorgesetzte.

After Work-Meeting: Treffen von Kolleg/innen unmittelbar nach Feierabend, um neben der Sacharbeit auch Beziehungspflege zu betreiben, meist in lockerem Rahmen, oftmals in einer Gaststätte oder Bar.

Akronym: laut Duden (2005) ein Kunstwort, das sich aus den Anfangsbuchstaben mehrerer Wörter zusammensetzt. Beispiele sind CSCW (Computer Supported Cooperative Work), IT (Informationstechnik/Information Technology) oder kVp (kontinuierlicher Verbesserungsprozess). Besonders beliebt sind Akronyme bei Chat-Kommunikation oder SMS, hier oft Abkürzung für eine Wortfolge (z. B. *lol* = laughing out loud, also „habe laut gelacht, als ich deine Nachricht gelesen habe").

Algorithmisierung: Barbara Mettler-Meibom (1987) umschreibt mit diesem Begriff den Effekt, dass die Abbildung von Informationen in Medien und Rechnern diese verändern, da sie, um abgebildet werden zu können, entsprechend aufbereitet werden müssen. Die über die Informatik abbildbaren Regeln zur Behandlung vor allem komplexer sozialer Informationen entsprächen nicht der dem menschlichen Denken und Problemlösen angepassten Bearbeitung und verkürzen die Verarbeitungswirklichkeit des Menschen.

Analoge Kommunikation: Analoge Kommunikation übermittelt Aussagen bildhaft, z. B. durch Gestik, Mimik, Sprachmelodie. Kommuniziert werden damit Befindlichkeiten und Beziehungen. Analoge Kommunikation umfasst nonverbale und paraverbale Kommunikation. Vgl. auch digitale Kommunikation.

App: Kurzform für Application; im Speziellen sind damit kleine (über das Internet beziehbare) Anwendungen für Smartphones bezeichnet, denen im Bereich Kommunikation und Kooperation im Rahmen von Enterprise-2.0-Anwendungen ein großes Potential zugesprochen wird.

Application-Sharing: Der gemeinsame synchrone Zugriff mehrerer Anwender auf eine Datei inkl. der zugehörigen Anwendung. So kann z. B. eine Präsentation gemeinsam durchgesehen und editiert werden.

ASP oder Application Service Providing: Vorhaltung einer Anwendung auf einem lauffähigen System zur Nutzung durch Mieter. Mit einer ASP-Lösung ist somit eine Mietlösung gemeint.

Authentifizierung: Schützt einen Rechner oder ein Netzwerk etc. vor unautorisiertem Zugriff durch die Feststellung der Benutzer-Identität, meist durch Passwortabfrage, PIN-Nummern, Rechner-IDs etc.

Awareness (engl.: Bewusstsein): In Groupware-Tools Funktionalitäten, die einem Nutzer zu erkennen geben, ob ein anderer Nutzer gerade auch online ist, z. T. auch, was dieser tut oder in welcher Anwendung dieser arbeitet. Voraussetzung für Instant Messaging.

Best-Team-Forming: Aus einer Grundgesamtheit an Mitarbeiter/innen die für eine Aufgabe/ ein Projekt jeweils besten als Team zusammenstellen. Durch die neuen Kommunikationstechniken mit ihrer Möglichkeit, Distanzen zu überwinden, erweitert sich der Kreis derer, die in dieser Grundgesamtheit zur Verfügung stehen.

Blog oder Weblog: Chronologische (Tagebuch) oder themenzentrierte Einträge, meist aus Ich-Perspektive, öffentlich, durch Kommentarfunktion und gegenseitige Verlinkung (backtracking) dialogorientiert. In Unternehmen (bisher) eher genutzt zur Führung von Projekttagebüchern oder Projektdokumentationen, teils auch gezielt für Projektmarketing („What's new" im Projekt).

Bookmark (Lesezeichen): Speichern einer Internet-Adresse, um diese leichter wieder auffinden zu können (auch als „Favoriten" bezeichnet).

Chat: Synchrones „Unterhalten" oder „Plaudern" über Webdienste, in der Regel als schriftliche „Text-Chats". Auch Voice-Chats gibt es vereinzelt, diese funktionieren wie Sprechfunk, es kann also nur entweder gesendet oder empfangen werden (im Gegensatz zur Telefonie oder Webtelefonie/VoIP, das wie normales Telefonieren funktioniert). Chatter treffen sich zum Chatten in sogenannten Chatrooms.

Client, hier: Arbeitsplatzrechner, der über ein Netzwerk Dienste von einem Server in Anspruch nimmt (Anwendungen, Daten).

Cloud Computing: Technische Infrastruktur (Hardware, Anwendungen) wird als Dienst über das Internet/Internetverbindungen (das „Netz") zur Verfügung gestellt, muss also nicht mehr selbst vorgehalten werden. Vorteil: Nutzung nach Bedarf sowie über jedes webfähige Endgerät von jedem Zugangsort aus, ggf. Thin Clients. Nachteil: Mögliche Sicherheitsprobleme sowie Abhängigkeit vom Webzugang und Webverfügbarkeit. Cloud Computing kann auch innerhalb von (großen) Unternehmen als eigene „Unternehmens-Cloud/private Cloud" installiert werden.

Collaboration Tool: Sammelbegriff für Software, die eine vernetzte Kommunikation, Koordination oder Kooperation unterstützt (Collaboration = Zusammenarbeit).

Community of Practice: Eine Gemeinschaft von Personen, die, unterstützt durch neue Medien und verbunden durch ein gemeinsames Interesse, unter hoher Praxisorientierung Wissensaustausch pflegen und gemeinsam lernen.

Content Management System (CMS): Anwendung zur möglichst einfachen Pflege der Inhalte von Websites. CMS sollen es auch Anwendern ohne Kenntnisse über Websiteprogrammierung ermöglichen, die Inhalte einer Website zu pflegen, und dies möglichst auch für mehrere Anwender.

Desktop-Sharing: Über vernetzte Computer einem anderen User die Möglichkeit einräumen, den Inhalt des eigenen Bildschirms auf dessen Bildschirm zu sehen inkl. aller Aktionen, die an diesem vorgenommen werden. Im Unterschied zum Application Sharing kann der andere User aber nicht die Steuerung der Anwendung übernehmen.

Digitale Kommunikation: bezeichnet den Gegenständen zugeordnete Worte, die mit diesen keine Ähnlichkeit haben, über deren Bedeutungen es aber innerhalb einer Sprache Übereinkunft gibt (Beispiel: Die Buchstaben K-A-T-Z-E bezeichnen ein Tier, haben aber keine Ähnlichkeit damit). Digitale Kommunikation bezeichnet also die Information durch das gesprochene oder geschriebene Wort. Vgl. analoge Kommunikation.

Digital Natives: wörtlich übersetzt „digitale Eingeborene". Gemeint sind die jüngeren Menschen, die bereits mit digitalen Technologien (Computer, Handy, MP3-Player) aufgewachsen sind.

Emoticon: Kunstwort, zusammengesetzt aus ‚emotion' und ‚icon'. Andere Bezeichnung für „Smiley". Emoticons sind aus einzelnen Buchstaben oder Zeichen der Tastatur zusammengesetzte Symbole, die Gemütszustände ausdrücken sollen. Bekannte Beispiele sind z. B. ;-) als Symbol für ein ironisch zwinkerndes Auge (Kopf beim Betrachten auf die linke Schulter legen), :-) für Lachen oder ☹ für Ärger.

Enterprise 2.0: Bezeichnung für Web-2.0-Anwendungen, die in Unternehmen eingesetzt werden. Im erweiterten Sinn bezieht sich der Begriff „Enterprise 2.0" auch auf die damit veränderten Kommunikations- und Kooperationsformen in den 2.0-Unternehmen (Abnahme der Hierarchie, bereichsübergreifende Kooperation usw.)

ERP (Enterprise Resource Planning): Einsatzplanung für alle unternehmerischen (und ggf. externen) Ressourcen. Oft ist auch von ERP-Systemen die Rede, also einer Software für diese Einsatzplanung.

Eskalationsstufe (hier im Zusammenhang mit IT-Service): definierte Schritte zur Abarbeitung von Anfragen und Ereignissen an den IT-Service je nach Schwere des Ereignisses und Zahl der Betroffenen.

FAQ (frequently asked questions): Meist eine eigene Seite innerhalb einer Website, eines Forums etc., auf dem die häufig gestellten Fragen (an die Software, an Sinn und Zweck eines Forums etc.) zitiert und gleich beantwortet werden.

Feature: Im Zusammenhang mit Anwendungen sind dies besondere Merkmale, die diese Software auszeichnen wie z. B. Awarenessfunktion. Ein Katalog aller Features entspricht der Leistungsbeschreibung einer Anwendung.

Follow Me oder Location Based Service: Über Mobiltelefone der neueren Generation/ Smartphones angebotener Dienst der Lokalisierung des Gerätes. Darüber können Nutzer einem definierten Kreis an Followern mitteilen lassen, wo sie sich gerade befinden. Erste Versuche zur Anwendung solcher Dienste im Sinne von Enterprise 2.0 werden gerade für den Bereich Vertrieb und Logistik entwickelt (Koppelung mit Geodaten der Kundendatenbank).

Follow the sun: Metapher für die Erreichbarkeit z. B. eines Firmensupports zu jeder Tages-
und Nachtzeit. Zum Ende der Erreichbarkeit des einen Teams wird der Support inkl. aller Anfragen und Tickets an das nächste Supportteam weitergegeben, das seine Arbeit
beginnt – und so weiter, immer in Richtung Westen, der Sonne nach.

Groupware: Kunstwort, zusammengesetzt aus „group" und „software"; Sammelbegriff für
Gruppenarbeit unterstützende Software.

Hits: Zugriffe auf eine Website.

ICQ: Akronym für „I seek You". Bezeichnet die Funktion von Anwendungen, um zu ermitteln, ob eine andere bestimmte Person gerade online ist.

Incident: Im IT-Bereich die Bezeichnung für einen Störfall, der im Rahmen eines Incident
Managements behoben werden soll.

Instant-Messaging: Eine Textnachricht, die direkt und unmittelbar auf dem Desktop des Emp-
fängers signalisiert oder vollständig angezeigt wird, sofern dieser ebenfalls online ist.

Internet-Portal: Spezieller, zusammenfassender Zugang zu Internet-Angeboten eines bestimmten Sach-, Fachgebiets oder Anbieters (z. B. ‚Marktplatz' für bestimmte Produkte
und Services).

Intranet: Auf ein Unternehmen oder eine Organisation beschränktes Netzwerk, das auf der
Basis der Internet-Technik arbeitet.

IP (1): Internet-Protokoll. Vollständig: TCP/IP, Transmission Control Protocol/Internet Protocol. Der Standard für die Übertragung im Internet.

IP (2): individual property = geistiges Eigentum

Learning near the Job: Arbeitsplatznahes Lernen, z. B. mittels Selbstlernprogramm am Arbeitsplatz.

Learning off the Job: Arbeitsplatzfernes Lernen, z. B. mit dem Buch zu Hause oder beim
Seminar im Seminarhotel. Die Bezeichnung verweist auch darauf, dass der Transfer des
Erlernten in den Arbeitsalltag oft erschwert ist. Andererseits ermöglicht die ‚Ferne' auch
das Heraustreten aus Arbeitsalltag und Alltagsstress und damit Reflexion und Selbst-
Distanz.

Learning on the Job: Lernen bei der Arbeit, oft auch als Learning by Doing (engl., Lernen
durch Handeln) bezeichnet. Vereint Praxiserfahrung mit Wissensvermittlung in der
konkreten Arbeitssituation mit konkreten Arbeitsaufgaben, z. B. am PC-Arbeitsplatz.

Least-Cost-Working: Arbeit zu den geringst möglichen Gestehungskosten. Bedeutet, dass mit
den Möglichkeiten der verteilten Zusammenarbeit auch entfernte Mitarbeiter/innen eingebunden werden, wenn diese geringere Kosten verursachen.

Mailing-Liste: zentral angelegte und gepflegte Liste von E-Mail-Adressen, die es ermöglicht, durch Eingabe einer einzigen Sammeladresse einen festgelegten Kreis von Menschen zu erreichen.

Meta-Tags: Zusatzinformationen im Kopfbereich einer Website, z. B. Schlagworte zum Inhalt. Sie dienen der Suchmaschinenoptimierung und damit dem Finden der Seite.

Microblogs: Spezialform des Bloggens, meist mit Zeichenbegrenzung (z. B. auf 140 Zeichen bei Twitter, dem bekanntesten Microblogging-Dienst). Microblogs werden über SMS, E-Mail, Instant Messaging oder das Web an Empfänger/innen übermittelt (meist per Widget), die diese Meldungen abonniert haben (Followers). Je nach Abonnentenkreis sind diese Microblogs privat, öffentlich oder teilöffentlich. Als Enterprise 2.0-Anwendung wie Blogs genutzt, z. B. für Projekttagebücher, aber auch für die gezielte Suche nach Expertise im Unternehmen. Hierbei kommt vor allem das ReTweet zum Tragen, also die Weiterleitung von erhaltenen Tweets an die eigenen Follower. Darüber lassen sich in extrem kurzer Zeit Nachrichten/Anfragen an sehr große, aber gezielte Verteilerkreise versenden.

MindMap (Gedankenlandkarte): grafisch-schriftliche Kreativitäts-, Planungs- und Präsentationsmethode nach Tony Buzan.

MMS (multimedia messaging service): Versand von Multimedia Messages (Bildern, Audio- und Video-Botschaften) per Handy.

Monitoring: Erfassung von definierten Merkmalen von Zuständen von Prozessen mittels Überwachungstechnik.

Netiquette oder Netikette: Kunstwort aus net und etiquette/Etikette. Verhaltensregeln für einen höflichen und effizienten Umgang in Usenetgruppen, im E-Mailverkehr etc., also allgemein in der Online-Kommunikation.

Nonverbale Kommunikation: Nicht an Sprache gekoppelte Kommunikation, z. B. Gesten, Mimik, Haltung. (vgl. paraverbale K.)

Offline: Nicht verbunden sein (z. B. mit dem Internet).

Offshoring: Verlagerung von Dienstleistungen, Prozessen oder Produktionsschritten ins Ausland, wo diese Leistungen kostengünstiger erbracht werden sollen.

Online: In Verbindung sein mit (z. B. dem Internet).

Online-Konferenz (auch Bildschirm-Konferenz, Online Meeting): Eine über geschlossene Netzwerke oder das Web abgehaltene synchrone Konferenz. Die Teilnehmer/innen sind virtuell verbunden und können – je nach genutztem Tool – Chat, Application-Sharing, Whiteboard, Voice-Mitteilungen etc. teilen/nutzen.

Online-Polling (auch Online-Questionnaires oder Cockpits): Online-Abfrage zu Meinung, Stimmung; Abstimmung. Neben der Erhebung der Daten beherrschen die Tools gleich auch die Auswertung und Aufbereitung der Daten (z. B. grafisch).

On-site-Meeting: Andere Bezeichnung für Präsenzmeeting.

Open Source: Bezeichnung für Software, deren Programmierung (Quell-Code) öffentlich zugänglich ist, um so die Weiterentwicklung einer Software durch jedermann zu ermöglichen.

Paraverbale Kommunikation: mit der Sprache verbundene Kommunikation, die über Stimmführung, Lautstärke, Räuspern und Betonung Informationen transportiert. Paraverbale K. ist also zu unterscheiden vom gesprochenen Wort selbst (vgl. auch nonverbale K.).

PIN: Persönliche Identifikationsnummer; Personal Identification Number.

Pinnwand, hier: In Online-Konferenzen oder in Groupware-Tools gemeinsam verwendetes Anwendungsfenster, auf dem kurze Mitteilungen wie ein Notizzettel angeheftet werden können.

Podcasts: Mediadateien (Audio, Video) zum Herunterladen und Gebrauch.

Remote Management: Synonym für Management auf Distanz.

Request oder Service Request: Service Anfrage z. B. bei einer Service Hotline oder bei einem Help Desk.

Server: Spezieller Rechner, der dafür zuständig ist, innerhalb eines Netzwerks Dienste (Daten oder Anwendungen) für die angeschlossenen Rechner (Clients) zur Verfügung zu stellen, Netzwerke zu steuern und zu verwalten (Dateizugriffe, Bereitstellung von Software, Steuerung von Webzugriffen, Druckdienste).

SLA (Service Level Agreement): Vereinbarung zwischen Kunde und Dienstleister über die Qualität einer Dienstleistung, z. B. die Verfügbarkeit eines Netzwerkes in Prozent der Laufzeit, Reaktionszeit nach einem Service Request etc.

SMS (short message service): Mobilfunkdienst, eigentlich ein Übertragungskanal für Service-Mitteilungen in Mobilfunknetzen, der heute vielfältig genutzt wird für diverse Anwendungen im Mobilfunkbereich.

Social Media: Sammelbezeichnung für Medien und Technologien für interaktive Information und Kommunikation auf Basis von Webtechnologien/„Web 2.0". Bestimmend ist der Rollenwandel vom Medienkonsumenten hin zum sog. Prosumenten, der also konsumiert *und* selbst produziert und der über vielfältige Vernetzungen nicht nur one to many, sondern many to many kommuniziert.

SSL (Secure Sockets Layer): Netzwerkprotokoll zur sicheren Übertragung von z. B. Internetseiten oder Dialogen, die via Internetprotokoll abgewickelt werden (z. B. Formulardaten auf Internetseiten).

Tagging (engl. „tag" = Etikett): Schlagwortvergabe durch die Nutzer selbst in Wikis, Blogs oder Microblogs. Dadurch können Dokumente sortiert oder gefiltert oder Nutzer/innen entsprechend ihrer Schwerpunktthemen in Verbindung gebracht werden. „Social Tagging" bezeichnet die kollektive Schlagwortvergabe und Vernetzung von Inhalten.

Teamroom: Auf Webtechnologie basierender virtueller Projektraum.

Terminfinder: Webtool zur Abfrage von Terminen, dient der Terminkoordination.

Thread: Diskussionsstrang in einem Online-Forum. Die Antworten werden jeweils dem Ursprungsbeitrag, auf den sie sich beziehen, zugeordnet. Dabei sind Ursprungsbeitrag und Antworten zum besseren Überblick oft visuell hierarchisch geordnet, z. B. durch Einrückungen.

Tool: Ursprünglich separat zu installierendes Dienstprogramm für die Betriebssystemebene, später auch Bezeichnung für Hilfsprogramme, die kleine Spezialaufgaben wie Konvertierungen oder Anzeigefunktionen ausführen. Inzwischen verallgemeinert verwendet für Softwareanwendungen, die der methodischen Unterstützung dienen. In diesem Sinne verwenden auch wir den Begriff, z. B. „Collaboration Tool".

Tweet: Ein Beitrag im sozialen Netzwerk Twitter (s. Microblogging).

Versionen-Management: Arbeiten mehrere Personen an einem Dokument, dann ist es nicht mehr einfach, den jeweils aktuellen Bearbeitungsstand zu erkennen oder die verschiedenen Versionen bestimmten Personen oder Zeitpunkten zuzuordnen; spezielle Software unterstützt dieses „Versionen-Management".

Videoconferencing: Technologie zur Übertragung bewegter Bild-Tondaten (audiovisuell) über Telekommunikations- und Informationstechnologie.

Virtuell: Begriff, der die Nachahmung realer Gegenstände und Ereignisse auf dem Computer (-Bildschirm) umschreibt; das können sein: Konferenzen, Gebäude, Produktionsabläufe, Arbeitsgruppen usw. „Virtuell" heißt eigentlich „der Möglichkeit nach vorhanden" (Duden 2006), ein „virtuelles Team" jedoch ist ganz real vorhanden, allerdings räumlich verteilt und deshalb nicht „auf einen Blick sichtbar".

Visits: Besuche auf einer Website.

VoIP (Voice over IP): Internet-Telefonie, die Übermittlung von Sprachkommunikation mittels Internetprotokoll. Ersetzt zunehmend die herkömmliche analoge oder digitale (ISDN-) Telekommunikationstechnologie außer in speziellen Bereichen wie Sicherheitstechnik und Telematik.

Whiteboard, hier: Bei Online-Konferenzen oder in Groupware-Tools gemeinsam verwendetes Anwendungsfenster für Skizzen, Notizen etc., vergleichbar einer Tafel, die von allen Teilnehmer/innen beschriftet und bemalt werden kann. Alle Teilnehmer/innen sehen unmittelbar das Ergebnis. Da die auf dem Whiteboard angebrachten Informationen digitalisiert vorliegen, können diese gespeichert, ausgedruckt und weiterverarbeitet werden.

Web 2.0: Frühere Bezeichnung für Social Media, als diese noch rein internetbasiert ohne ausgeprägte mobile Kommunikation auftraten.

Weblog: siehe Blog

Widgets: Kleine, unselbständige Desktop- oder Website-Elemente, die die Anzeige oder Einbindung von Informationen oder Funktionen aus anderen Anwendungen ermöglichen (z. B. Reiseinfos, Kalendereinträge oder Einträge aus Social-Web-Anwendungen).

Wiki: Hypertextbasiertes System zur (gemeinsamen) Erstellung von Content für Webseiten. Meist als Synonym gebraucht für das Ergebnis, also umfangreiche Stoffsammlungen oder Lexikoneinträge, die in einem mehr oder weniger verteilten und dialogischen Prozess das Wissen der Beteiligten abbilden. Im Rahmen von Enterprise 2.0 für Wissensmanagement oder Skill-Informationen/Profileinträge von Unternehmensmitarbeitern genutzt, mitunter auch erweitert um die Darstellung von Kundenprojekten.

Zertifizierung: Nachweis über die Einhaltung bestimmter Standards zu Produkten, Prozessen oder Dienstleistungen.

Literatur und Links

BACK, Andrea und Dominik FRIEDEL (2011): Enterprise 2.0 – Nutzung und Handlungsbedarf im innerbetrieblichen, B2B und B2C Kontext. Eine Studie des Instituts für Wirtschaftsinformatik IWI der Universität St. Gallen in Zusammenarbeit mit T-Systems Schweiz AG (Hg.), Zollikofen.

BOSCH, Gerhard, Heribert KOHL und Wolfgang SCHNEIDER (1995): Handbuch Personalplanung – Ein praktischer Ratgeber. Köln: Bund.

BÜSSING, André und Claudia MORANZ (2003): Initiales Vertrauen in virtualisierten Geschäftsbeziehungen. in: Zeitschrift für Arbeits- und Organisationspsychologie, 2003/2, S. 95-103.

DÖRNER, Dietrich (2006): Einfach mehr durchwursteln. Interview mit D. Dörner in Brandeins, 1/2006, S. 85 ff.

DOPPLER, Klaus und Christoph LAUTERBURG (2002): Change Management. Den Unternehmenswandel gestalten. Frankfurt/M.: Campus.

DUARTE, Deborah L. und Nancy T. SNYDER (2001): Mastering Virtual Teams – Strategies, Tools, and Techniques That Succeed. 2. Aufl.; San Francisco: Jossey-Bass Inc.

DYSON, Esther (1999): Release 2.1 – Die Internet-Gesellschaft, Spielregeln für unsere Zukunft. München: Knaur.

FLAKE, Uli (2011): Enterprise 2.0 – Mitmach-Medien erobern die Arbeitswelt. in: Computer und Arbeit (CuA) 2/2011, S. 4 ff.

FRANCIS, Dave und Don YOUNG (1982): Mehr Erfolg im Team. Hamburg: Windmühle Verlag.

HALL, Edward T. (1983): The dance of life – the other dimension of time. New York: Anchor Books.

HALL, Edward T. (1976): Beyond culture. New York: Anchor Books.

HERRMANN, Dorothea und Markus BICK (2011): Virtuelle Community BELLA DONNAweb. In: HMD Praxis der Wirtschaftsinformatik, Heft 280, 48. Jahrgang, S. 16-25.

HERTEL, Guido, Boris ORLIKOWSKI und Udo KONRADT (2001): Virtuelle Teams erfolgreich managen. in: Wirtschaftspsychologie 4/2001, S. 28-34.

HERTEL, Guido und Udo KONRADT (2007): Telekooperation und virtuelle Teamarbeit. München: Oldenbourg Wissenschaftsverlag.

HOFSTEDE, Geert H. (1984): Cultures Consequences: International Differences in Work-Related Values. Abridged edition. London: SAGE Publications Inc.

HOFSTEDE, Geert H. (2005): Cultures and Organizations: Software of the Mind. New York: McGraw-Hill.

HOUY, Constantin, Peter FETTKE und Peter LOOS (Hg.) (2010): Einsatzpotentiale von Enter-prise-2.0-Anwendungen – Darstellung des State-of-the-Art auf Basis eines Literaturre-views. Veröffentlichung des Instituts für Wirtschaftsinformatik im Deutschen For-schungszentrum für künstliche Intelligenz (DFKI), IWi-Heft 192, Saarbrücken.

KERZNER, Harold (2003): Projektmanagement – Ein systemorientierter Ansatz zur Planung und Steuerung. Bonn: mitp Verlag.

KLEBERT, Karin, Einhard SCHRADER und Walter STRAUB (2003): KurzModeration. Hamburg: Windmühle.

KOCH, Michael, Florian OTT und Alexander RICHTER (2009): Wikis und Weblogs im Wis-sens- und Innovationsmanagement. In: HMD Praxis der Wirtschaftsinformatik, Heft 267, 46. Jahrgang.

KONRADT, Udo und Guido HERTEL (2002): Managements virtueller Teams: Von der Telearbeit zum virtuellen Unternehmen. Weinheim: Beltz.

KRAUSE, Daniela (2003): Interkulturelle Zusammenarbeit in virtuellen Kooperationen, BMBF Report „VirtOweB", C-LAB Report Vol. 2 (2003) Nr. 1.

KUMBRUCK, Christel (1998): Tele-Kooperation und Hintergrundkooperation. in: Erika SPIEß (Hg.): Formen der Kooperation. Göttingen: Verlag für Angewandte Psychologie.

LIPNACK, Jessica und Jeffrey STAMPS (1998): Virtuelle Teams: Projekte ohne Grenzen. Wien: Ueberreuter.

LITKE, Hans-D. (2004): Projektmanagement. Methoden, Techniken, Verhaltensweisen. Mün-chen: Hanser Verlag.

MEIER, Christoph (2001): Virtuelle Arbeitsräume im WWW. in: Wirtschaftspsychologie 4/2001, S. 78-83.

METTLER-MEIBOM, Barbara (1987): Soziale Kosten der Informationsgesellschaft, Frank-furt/M.: Fischer Taschenbuch.

PESENDORFER, Bernd (1995): Konfliktmanagement als angewandte Dialektik. in: Bärbel VOß (Hg.): Kommunikations- und Verhaltenstrainings. Göttingen: Verlag für Angewandte Psychologie.

PICOT, Arnold, Ralf REICHWALD und Rolf T. WIGAND (2001): Die grenzenlose Unterneh-mung. 4. Aufl.; Wiesbaden: Gabler.

REICHWALD, Ralf und Kathrin MÖSLEIN (2000): Telekooperation. Berlin, Heidelberg, New York: Springer.

ROEBERS, Frank und Manfred LEISENBERG (2010): WEB 2.0 im Unternehmen: Theorie& Praxis – Ein Kursbuch für Führungskräfte. Hamburg: Computerwoche/tradition Verlag.

SCHEIN, Edgar (2003): Organisationskultur. Bergisch Gladbach: EHP Organisation.

SCHROLL-MACHL, Sylvia (2000): Kulturbedingte Unterschiede im Problemlösungsprozess. in: Zeitschrift für Organisationsentwicklung, 1_2000.

SCHULZ VON THUN, Friedemann, Johannes RUPPEL und Roswitha STRATMANN (2000): Miteinander reden: Kommunikationspsychologie für Führungskräfte. Reinbek bei Hamburg: Rowohlt.

SEIFERT, Josef (2005): Visualisieren – Präsentieren – Moderieren. 21. Aufl.; Offenbach: Gabal.

STEMPFLE, Joachim und Petra BADKE-SCHAUB (2005): Führungshandeln im Alltag. in: Zeitschrift für Arbeits- und Organisationspsychologie, 2005/49, S. 93.

STOCKER, Alexander und Johannes MÜLLER (2011): Microblogging als Baustein im IT-gestützten Wissensmanagement von Siemens BT. In: HMD Praxis der Wirtschaftsinformatik, Heft 277, 48. Jahrgang, S. 38-50

TUCKMAN, Bruce W. (1965): Developmental Sequence in Small Groups. In: Psychological Bulletin, vol. 63, 1965, S. 384-399.

WARTA, Alexander (2007): Wiki-Einführung in der Industrie. Herausforderungen und Chancen am Beispiel von Robert Bosch Diesel Systems. In: Ullrich DITTLER, Michael KINDT, Christine SCHWARZ (Hg.): Online Communities als soziale Systeme. Münster: Waxmann Verlag, S. 41-60

Links

Die Landschaft der *Groupware-Anwendungen* für die standortverteilte Zusammenarbeit verändert sich laufend. Ein gedrucktes Buch hält mit diesen Entwicklungen nicht mit. Eine fortlaufend angepasste Übersicht erhalten Sie bei

Wikipedia: http://de.wikipedia.org/wiki/Groupware

Anregende *Fallstudien zu Enterprise 2.0* finden Sie hier:

http://www.kooperationssysteme.de/case/

http://www.e20cases.org/

Die Autor/innen

Dorothea Herrmann 	Dipl.-Psychologin (Wirtschaftspsychologie) und Wirtschaftsinformatikerin (M.Sc.). Seit 1990 als freiberufliche Beraterin tätig in den Arbeitsfeldern Organisationsberatung, Personalentwicklung und Coaching. Vor 1990 Leitungsfunktionen in Institutionen der Sozial- und Gesundheitsversorgung. Derzeitige Arbeitsschwerpunkte: Beratung von ko-präsenten und räumlich verteilten Teams im Aufbau und in Konflikt-/Krisenphasen, Führungsnachwuchs-Qualifizierung als Blended Learning-Programm. Dorothea Herrmann lebt und arbeitet in Essen.
Knut Hüneke 	Dipl.-Psychologe (Wirtschaftspsychologie), seit 1993 als freiberuflicher Berater tätig im Bereich Change Management, auch mit und durch Informations- und Kommunikationstechnik. Vor seiner freiberuflichen Tätigkeit war er zunächst Berater, später Standortleiter einer Unternehmensberatung in München und dort unter anderem für die Organisation der Zusammenarbeit zwischen den Standorten zuständig. Seit 2006 arbeitet er darüber hinaus als angestellter Organisationsentwickler, Projekt- und Prozess- sowie Qualitätsmanager in Krankenhäusern. Knut Hüneke lebt und arbeitet in München und Eisenberg/ Thüringen.
Andrea Rohrberg 	Beraterin für Telekooperation und Organisationsentwicklung. Zuvor arbeitete sie als Beraterin bei der kdw Management Consulting GmbH in Tübingen und im Bereich Beraterqualifizierung bei der DaimlerChrysler Management Consulting. Dort begann sie mit medienunterstützter Zusammenarbeit in international tätigen Unternehmen und Teams. Ihre derzeitigen Arbeitsschwerpunkte liegen in der Beratung standortverteilter Teams und in der Begleitung standortverteilter Innovationsprozesse. Andrea Rohrberg lebt und arbeitet in Berlin.

Dorothea Herrmann und Andrea Rohrberg sind Gesellschafterinnen des Beratungsunternehmens synexa consult in Essen und Berlin (www.synexa-consult.com). Knut Hüneke ist ehemaliger Mitbegründer und Gesellschafter und heute noch assoziiertes Mitglied von synexa consult. Zusammenarbeit auf Distanz ist somit nicht nur Beratungsthema, sondern eigener Erfahrungshintergrund und Alltag des Autorenteams.